Alfons Huckebrink

Wie Thomas Bitterschulte sich das Leben neu erfand

Roman

Alfons Huckebrink

Wie Thomas Bitterschulte sich das Leben neu erfand

Roman

sonderpunkt ••○
verlag

Bibliografische Information der Deutschen Bibliothek

Die Deutsche Bibliothek verzeichnet diese Publikation in der Deutschen Nationalbibliografie; detaillierte bibliografische Daten sind im Internet unter http://dnb.ddb.de abrufbar.

Lektorat: Martin Heiming

Umschlaggestaltung unter Verwendung der Farbradierung „Die Russen kommen" von Eckhard Froeschlin

© 2005 sonderpunkt Verlag Marianne Evrard & Julia Kisker GbR
Langemarckstraße 18
48155 Münster

Tel.: (0251) 29 39 57
Fax: (02571) 99 27 36
info@sonderpunkt-verlag.de
www.sonderpunkt-verlag.de

ISBN 3-938329-04-1

Der sonderpunkt Verlag wird unterstützt durch den Europäischen Sozialfonds und das Land Nordrhein-Westfalen

Mit finanzieller Unterstützung der Europäischen Union und des Landes Nordrhein-Westfalen

EUROPÄISCHE UNION
Europäischer Sozialfonds

Ministerium für Wirtschaft und Arbeit des Landes Nordrhein-Westfalen

NRW.

Dem Herrgott haben wir den Bart gestutzt
Jetzt sieht er aus wie der Genosse Lenin.
(Heiner Müller, Zement)

Christ und Antichrist

Ein sonniger Tag begann, einer der letzten schönen Septembertage des Jahres, als sich Thomas Bitterschulte endlich aus dem beschaulichen Emslake verabschiedete. Niemand, so meinte er, würde ihm und diesem Tag eine Träne nachweinen. Dabei schaute er selbst jedoch nicht mehr zurück, um sich davon zu überzeugen. Thomas ging sang- und klanglos, aber voller Tatendrang. Zu vielem bereit und alt genug, sein Leben in die große Waagschale zu werfen. Vor einem Vierteljahr erst hatten sie das Zeugnis der Reife ausgehändigt bekommen, obwohl sie selbige, so Bolwin in seinem emotional geprägten Kommentar im ‚Emslaker Kurier', absolut hätten vermissen lassen. Die wirklich und einzig zählende Reife nämlich, den menschlichen Anstand. Ein Zeugnis der Reife hätte ihrerseits ein Zeugnis der Reue vorausgesetzt. Vehement hatten sie einer Abiturfeier alten Stils mit Schulchor-Auftritt, Redemarathon und dem ganzen reaktionären Brimborium ihre Zustimmung verweigert. Stattdessen hatten sie sich wie beiläufig in der Schulbibliothek eingefunden und das zweiblättrige, bedeutsame Zertifikat zusammen mit einem broschierten Grundgesetztext als Entlassgabe entgegengenommen.

Kommentarlos entgegengenommen aus den Händen des Oberstudiendirektors Dr. Franz-Paul Wissing, den noch jede neu eingeschulte Sexta binnen kurzem respektlos als Wirsingdoktor zu titulieren gewagt hatte. Kommentarlos wegen des bestehenden Zerwürfnisses zwischen diesem Direktor vom alten, autoritären Schlag und der Nachkriegsgeneration mit ihrem antiautoritären Habitus. Wirsingdoktor. Der Titelspott klang wohl einfältig und eher harmlos, war aber selbst aus Kindermund schon nicht mehr so gemeint. Weitaus ärger jedoch als das Getuschel der Kleinen hinter seinem Rücken hatten ihm und seiner Frau Renate die Attacken aus der Oberstufe zugesetzt, die ihn wochenlang um die wohl verdiente Nachtruhe gebracht hatten. Jedenfalls war Dr. Wissing absolut davon überzeugt, dass einige seiner Schüler an dem obskuren ‚Rattenschwanz' hingen, unter dem die nächtlichen Telefonate getätigt wurden. Bombendrohungen hatte es für das Lehrerehepaar gegeben. Bombendrohungen? Ein monströses Wort in dieser behäbig kleinen Stadt mit Bahnhof. Eine anonyme, misstönende Stimme aus irgendeiner Telefonzelle, die ihn mit ‚Herr Doktor' ansprach und jede Feierabendbeschaulichkeit quäkend übertönte. Wissing hörte aus all ihrer Verstelltheit die Ironie und den Hohn heraus. Die Anrede klang ähnlich herablassend wie das süffisante ‚Lieber Freund', mit dem er einen Schüler gelegentlich anredete, wenn er diesen vor der Klasse (coram publico) auf eine gravierende Fehlleistung hinweisen und tadeln musste. (Leifeld, es mag ja sein, dass man bei Ihnen auf dem Bauernhof das ‚Molekül' mit ‚h' schreibt. Seien Sie aber versichert, lieber Freund, dass ...) Herr Doktor.

Guten Abend. Hier spricht wieder das ‚Kommando Rattenschwanz'. In Ihrem Haus ist eine Bombe deponiert worden. Mit solchen – bei Lichte betrachtet – pubertären Albernheiten hielten sie ihn nächtens auf Trab. Denn jede einzelne der stereotyp vorgebrachten Drohungen hatte der eng gebaute, humorlose Wissing sehr ernst genommen. Beamter durch und durch. Also vor allem korrekt. Korrekt auch gegen sich selbst. Und damit hatten die Anrufer gerechnet. Also wählte der Doktor Wissing Nacht für Nacht brav die Telefonnummer der Polizeiwache in der Hohestraße an, von wo der Einsatzwagen mit zwei missmutig gestimmten Uniformierten ausrückte, welche die alte Villa in der Lindenstraße penibel, aber ergebnislos vom Dachboden bis zum Keller durchforsteten. Sie suchten nach etwas, das sich wie Sprengstoff ansehen oder anfühlen lassen würde, während das bedauernswerte alte Paar, in wärmende Decken gehüllt, bis zur Entwarnung im Wohnzimmer der Löchtes, nächste Nachbarn und er, Paul Löchte, Direktor der Stadtsparkasse, auf dem Sofa, das sie in dieser Straße Diwan nannten, ausharrte. Zwar ahnte Wissing, wer seine nächtlichen Quälgeister waren, aber niemals vermochte er jemandem etwas nachzuweisen. Niemals gingen sachdienliche Hinweise ein. Keine Bekennerbriefe wurden aufgesetzt und an die Redaktion des ‚Kuriers' abgesandt. Nichts Politisches also? Ein Dummer-Jungen-Streich? Solche rüden Scherze prägten das Klima jener wilden Jahre und galten als antiautoritär. Sie brachten neben der Genugtuung für erlittene Schikanen in der Schulbank auch einen gewaltigen Spaß. Eine neue, perfide Art von Spaß. Unbezahlbar und todernst. Dazu ein Beispiel: In einer lauen Maiennacht spazierte Gustavo Haarlammert aus der Oberprima, der, ohne dass er selbst von dem Schatten wusste, der auf ihn fiel, zum Kreis der Verdächtigen zählte, wie zufällig und in aufgeräumter Stimmung an der Villa vorbei. Als er sich bei Wissing, der heute, wegen der milden Luft vielleicht, den Einsatz draußen abwartete, und einigen Schaulustigen mitfühlend nach der Ursache des mitternächtlichen Auflaufs erkundigte, die dank einiger Zeitungsartikel bereits seit Tagen zum Stadtgespräch avanciert war, wollte dieser ihm an die Gurgel springen. Davon wurde er wohl lediglich durch das Dazwischengehen eines Polizisten abgehalten. Haarlammert, Gustav, gab auf Befragen zu Protokoll, er sei direkt aus dem ‚Heaven Sent', einer mäßig beleumundeten Diskothek hinter dem Areal des Güterbahnhofs, und rein zufällig hier vorbei gekommen. Er wies auf den Einlassstempel auf seinem Unterarm. Natürlich wolle er von einer Anzeige wegen versuchter Körperverletzung gegen seinen Schulleiter, der offensichtlich mit den Nerven am Ende sei, absehen, beruhigte er dessen Ehefrau Renate, die ihm dafür dankbar die Hand tätschelte.

Ein Arschloch allemal, verdient hat er's wohl tausendmal, dachten die meisten Schüler des Arnoldinums, von denen fast jeder mit dem Herrn

Doktor die eine oder andere Rechnung offen stehen hatte, wenn sie Wissing in diesen schweren Wochen nach durchwachten Diwan-Nächten grau und mit spitzer Nase durchs große Treppenhaus schleichen sahen. Zwar stellten die bedächtigen Beamten der Ortspolizei ein paar verzagte Ermittlungen an, aber wirklich helfen, indem sie etwa dem gut abgeschirmten Zentrum der geschmacklosen Aktionen auf die Spur kamen und es aushoben, konnten sie dem alten Wissing auch nicht, auf dem sich die lang gestauten Frustrationen einer für dumm verkauften Generation entluden. Auf Mitleid konnte seinesgleichen nicht rechnen, zählte jemand wie er kraft seiner Stellung doch eindeutig zum Establishment, dessen exponierten Vertretern sie alle a priori einiges an Bitterkeit und Hass nachtrugen. Und auch das stand im Kalkül der Anrufer.

Indessen: Je länger die Bomben-Kampagne sich in den Frühsommer hineinzog, je stärker sie und ihre offensichtlichen Auswirkungen ins Gerede kamen, desto merklicher schlug die allgemeine Stimmung zugunsten des leidenden Chefs um. Es wurde deutlich an der Reaktion jener Handvoll als liberal bis progressiv eingestufter Lehrer, die plötzlich Flagge zeigten, vielleicht zeigen mussten, um nicht unter Verdacht einer Mitwisserschaft zu geraten oder mit dem Vorwurf heimlicher Sympathie für die Drahtzieher konfrontiert zu werden. Den Auftakt machte der beliebte Karsten Abelmann, Ordinarius der Oberprima, der vor drei oder vier Jahren aus Hamburg, wo er mit Klaus Voormann zusammen ein paar Semester Kunstgeschichte studiert hatte, nach Emslake gezogen war. Der Liebe wegen, gab der smarte Pädagoge auf Befragen bereitwillig zu. Der Liebe wegen, die einen Mann zu allerlei törichten Handlungen bewegen könne. Aber diese seien oft die einzigen poetischen Handlungen, zu denen Männer im Laufe ihres Lebens fähig seien, und deshalb entschuldigt. Dieser Voormann, sein früherer Kommilitone und immer noch Duzfreund, renommierte Abelmann gelegentlich im Unterricht, sei ein talentierter Grafiker, der seinerzeit die Hülle der Beatles-LP ‚Revolver' entworfen habe. Eine kongeniale Verpackung für ein musikalisches Meisterwerk. In kargem Schwarz-Weiß. Allein diese Zurückhaltung schon ein kühner Einfall für ein Pop-Album. Er sei stolz, dessen Entstehungsprozess miterlebt zu haben. Karsten Abelmann galt im selben Maße als progressiv wie Franz-Paul Wissing als reaktionär. Zwei von den vielen Schlagwörtern jener unruhigen Zeit. Sie wurden bei jeder Gelegenheit angewandt und auf alles Mögliche (progressive Musik, Bücher, Klamotten – oder eben ins Gegenteil gekehrt: reaktionäre Musik ...) bezogen. Kaum jemand aber, der sie erschöpfend hätte definieren können. Jedenfalls war dieser Abelmann einer, mit dem sie damals reden konnten. Der diese schwierige Generation zu akzeptieren und ihre provozierende Sprache zu verstehen schien und der selbst hin und wieder seine Frustrationen unmissverständlich abreagierte. Der Texte von den Beatles im Englisch-Unterricht übersetzen ließ und deren Inhalte zur Diskussion stellte. Die Poster der vier Pilzköpfe, die dem Sergeant-Pepper-Album beilagen, hatte er mitgebracht und im Klassenraum von der flinken Hanni Schöttler an die Wand pinnen lassen.

Die Luft ist raus, meinte dieser Abelmann eines Morgens sehr betreten, als Wissing, der seit Menschengedenken im Dienst nicht gefehlt hatte, sich krank gemeldet hatte und zu Hause geblieben war. Abelmann legte die Stirn in Falten und zupfte seinen schwarzen Rollpulli glatt. Er räusperte sich ein paarmal und bat sodann energisch um Ruhe. Ein ernstes Wort zu der leidigen Affäre um unseren Dr. Wissing. Gewiss, ihr könnt zu ihm stehen, wie ihr wollt. (Er duzte sie, seit er die Klasse in der Obersekunda übernommen hatte. Das ‚Sie‘ wolle ihm noch nicht so recht über die Lippen kommen, hatte er damals gemeint. Sie hatten verständnisvoll genickt.) Das sei allein ihre Sache. Ein alter, sehr müder Mann. Kurz vor der verdienten Pensionierung. Dazu das kranke Herz. Bei der Gesundheit, spätestens da, höre nun jeder Spaß auf. Deren Gefährdung sei nicht mehr als grober Unfug zu verbuchen. Das Ganze sei eine feige Quälerei. Rattenschwanz! Wie lächerlich pubertär. Aber schlimmer: ein Straftatbestand gar. Und er lanciere eine Warnung. Ganz allgemein. Möchten sich die Richtigen angesprochen fühlen. Nur solle hernach niemand behaupten können, er sei nicht gewarnt worden. Er, Abelmann, könne danach nichts mehr tun für sie. Der Staatsschutz habe seine Finger nämlich auch drin im Spiel. Im Spiel mit dem Feuer. Zu bedenken sei auch, ein rechtskräftig Vorbestrafter könne an keiner Uni mehr studieren. Nicht in Deutschland, einem Rechtsstaat. Er machte eine wirkungsvolle kleine Pause. Wenigstens nicht in dessen freiem Teil. Ein Zivilbeamter aus Münster, politisches Kommissariat, ein ausgewiesener Spezialist in anonymen Drohungen, eben gerade eingetroffen, sitze oben am verwaisten Schreibtisch des Chefs und lasse sich von Frau Beuting, der freundlichen Sekretärin, Kaffee und Akten auftischen. Der würde eins und eins schon zusammenzählen können. Darauf würde dann ein ganz anderer Rattenschwanz folgen.

Abelmann spielte seinen Schülern in der nächsten Englischstunde ‚Revolution‘ von den Beatles vor – nicht die Single, sondern die langsamere Version aus dem weißen Doppelalbum, das Thomas von seiner Oma (!) zu Weihnachten geschenkt bekommen hatte – und ließ sie nun den Text übersetzen. ‚We all want to change the world ... But if you want money for people with minds that hate / All I can tell you is brother you have to wait‘. Versteht ihr?, fragte Abelmann. ‚Don't you know it's gonna be alright‘. Das Ende aller Illusionen. Scheiß-Beatles, kommentierte Paule Glöckner mit dem Blutschwamm auf der rechten Wange und hatte in der darauf folgenden Stunde den ‚Street Fighting Man‘ von den Stones dabei und den Songtext in der großen Pause schon an die Tafel gekritzelt.

Die Zeilen ‚Hey, I think the time is right / For palace revolution' hatte er mit roter Kreide unterschlängelt. Was für den lethargischen Glöckner eine beachtliche Unternehmung darstellte. Abelmann zeigte sich bei Stundenbeginn wenig erfreut und weigerte sich, den anstößigen Text übersetzen zu lassen. Lohnt nicht, nicht die Stones, eiferte er sich und ließ die indizierten Verse vom dicken Breulmann wegwischen. Street Fighting Man. Das hätten die Stones auch nur einmal live zu spielen gewagt, fügte er hinzu. Beim heute schon legendären Free Concert im Londoner Hyde Park, damals im Juli 69, die Totenwache für Brian Jones, da hätten sie es einmal gewagt. Aber nach dieser Nummer auch feig den Schwanz wieder eingezogen. Zusammen mit Klaus Voormann wäre er dabei gewesen. Unvergleichlicher Tag. Die Gluthitze. Die flimmernde Luft. Zweihundertfünfzigtausend Leute. Dicht gedrängt standen alle. Und alle standen auf bei den ersten Riffs, mit denen Keith Richards ‚Street Fighting Man' einleitete. Eine Viertelmillion Menschen fing an zu tanzen. Spontan. Damals hätte es wirklich nur eines einzigen Winks bedurft. Einer einzigen Aufforderung von Mick Jagger. Und die Menge wäre losmarschiert. In die Sommerhitze. Hinaus in die ‚streets of sleepy London'. Da hätte er vielleicht nicht die Revolution, aber den Krawall, den hätte er gehabt. Hätte. Aber danach spielten sie ‚Sympathy For The Devil' an und alle setzten sich wieder auf den Arsch. Wusstet ihr, dass sich Jagger vor seinen Auftritten ein Tuch vorn in die Hose stecken soll? Abelmann konnte sich das Kichern, das seine letzte Bemerkung in der Klasse hervorrief, nicht erklären. Er wusste nicht, dass einige Mädchen schon länger steif und fest behaupteten, die Auswirkung solcher Staffage auch an seinen Hosen beobachten zu können.

Einige blasse Adepten aus Wissings freiwilliger Arbeitsgemeinschaft Philosophie – wenn man so will, seine Prätorianergarde – verfassten kurz darauf den später berühmt gewordenen offenen Brief, den sie auf eigene Rechnung vervielfältigten und eines frühen Morgens im Juni vor dem Schulgebäude verteilten. Sie schlugen darin einen scharfen Ton an und ergriffen eindeutig Partei. Sprachlich stellte der Brief kein Meisterwerk dar. Die anonymen Anrufer bezeichnete er als hirnamputiert und feige und forderte sie auf, den ‚Psychoterror' umgehend einzustellen. Der Brief wurde seinen Verfassern aus den Händen gerissen und sorgte allenthalben für Gesprächsstoff. Einige Lehrer besprachen ihn in ihrem Unterricht als schönes Beispiel für Zivilcourage im Alltag. In seiner nächsten Ausgabe berichtete auch der ‚Kurier' über diesen Vorgang. Er wartete mit einem respektablen Gruppenfoto der blassen Buben und dem Titel ‚Stimmen der Vernunft' auf. Die Initiatoren des Briefs, so war dort zu lesen, erklärten sich mit ihrem bedauernswerten Chef und dessen – bei allen Ressentiments, die man gegen diesen auch immer hegen könne

– doch völlig schuldloser Frau solidarisch und wünschten ihm schnelle und vollständige Genesung. Sie hatten namentlich auf ihrem Flugblatt unterzeichnet und ließen sich Anbiederung als Motiv ihrer spektakulären Aktion gefallen. Als auch wenig später das Lehrerkollegium in seltener Einmütigkeit beschloss, eine in ihrer Höhe nicht weiter spezifizierte geldwerte Belohnung auszusetzen für Hinweise, die zur Enttarnung der Täter führen würden, blieb Wissings Telefonapparat nachts endlich stumm. Die Philosophie-AG bewertete diese Tatsache als Erfolg ihres Flugblatt-Coups. Einige von ihnen behaupteten, nun endlich aufatmen zu können. Fast alle taten erleichtert, dass der Telefonspuk – zumindest vorläufig – ein Ende genommen hatte. Warum auch immer. Wissing nahm seinen Dienst bald wieder auf. Der bis zum Schluss der Affäre im Hintergrund gebliebene Schlapphut aus Münster wirkte als Einziger verstört. Er wurde von seiner Dienststelle nun eilig abberufen, um anderen Verschwörungen auf ihre geheime Schliche zu kommen, wobei er wohl Frau Beuting und ihren aromatisch duftenden Bohnenkaffee vermissen würde. Die Identität der nächtlichen Anrufer aber bleibt für immer im spekulativen Zwielicht (zumindest dieser Geschichte), was den gebeutelten Doktor Wissing erzürnte, da er doch, wie er in seinen Unterrichtsstunden noch lange nachher unumwunden zugab, jeden Einzelnen der am Komplott Beteiligten gerne zur Rechenschaft gezogen und von seiner Anstalt verwiesen hätte. Auch so kurz vor den Abiturprüfungen hätte er trotz der mit einer solchen Maßnahme verbundenen ernsten beruflichen Konsequenzen darauf bestanden. Dabei hätte er doch nicht einmal – beim derzeitigen Stand der Ermittlungen jedenfalls – mit Fug und Recht behaupten können, dass die Übeltäter unter der Schülerschaft des Arnoldinums zu finden wären. Wissings Groll nährte sich über den letzten Prüfungstag hinaus. Seinen persönlichen Schlussstrich unter die ganze Affäre zu ziehen hatte er sich für den Entlasstag der Abiturientia aufgehoben. Er hatte einiger Tage Zeit und Mühe auf die Ausarbeitung einer verbalen Retourkutsche verwandt, einer Rattenschwanz-Suada, die er während der Entlassfeier allen Anwesenden zu Gehör zu bringen gedachte. Ein rhetorischer Paukenschlag. Die Ohren hätten ihnen geklungen, dessen war er sich sicher, ob des ungewohnt scharfen Tons, in dem er das Wirken des Antichrists, mit dessen Einflüsterungen er sich das Treiben der nächtlichen Anrufer einzig erklären konnte, gegeißelt hätte.

Diese Feier fiel jedoch mitsamt des ihr zugedachten verbalen Rattenschwanzes ins Wasser und es fand jenes schlichte Stelldichein statt ohne Festansprachen und ohne lateinischen Chorgesang und unter Ausschluss jeglicher Öffentlichkeit im neuen, zweckbetont ausgestatteten Leseraum der Schulbibliothek, in dem Abelmann seine Klasse bereits ungeduldig mit einer Nikon-EM erwartete. Die frisch gebackenen Abiturienten, die sich allesamt bis auf Polly Winters und Robert Biederlack, die in grasgrünem Jerseykleid bzw. cremefarbenem Sakko steckten, im damals dominierenden Gammel-Look auf Jeansbasis präsentierten, mussten lange auf Wissing warten. Als der schließlich grußlos eintrat, war er wie aus dem Ei gepellt, und händigte ihnen – von Frau Beuting beflissen assistiert – mit unbewegtem Gesicht und schlaffem Händedruck Zeugnis und Grundgesetz aus. Schauen Sie sich genau an, was dort zum Beispiel über die Würde des Menschen, jedes einzelnen Menschen, festgelegt wird, riet er ihnen, nachdem er stocksteif wie ein Bonner Minister die kurze Front der diesjährigen Abiturientia, an deren Ende sich Abelmann aufgestellt hatte und fleißig knipste, abgeschritten war. Betretenes Schweigen, aber niemand wagte sich zu rühren oder gar den Raum vorzeitig zu verlassen. Haarlammert bekam einen Hustenreiz und lief rot an. Sie werden mir allerdings erlauben müssen, dass ich Ihnen heute alles Gute und Gottes Segen wünsche. Trotz allem Gottes Segen. Und Glück, meine Damen und Herren. Ja, Glück. Ein altmodisches, ein stumpf gewordenes Wort. Dabei: Das Glück ist immer blutjung. Danach verließ er mit Frau Beuting im Gefolge Abiturientia und Bibliothek. Abelmann schoss noch ein paar Gruppenfotos, bevor sie sich alle in aufgekratzter Stimmung auf den kurzen Weg zur Gaststätte ‚Zum Zeus' begaben, um mit Fanny Wöste, der Wirtin, die sie eingeladen hatte, gebührend auf ihren Erfolg anzustoßen. Es war die kürzeste und nüchternste Abschlusszeremonie, mit der jemals eine Abiturientia des Arnoldinums ins Leben verabschiedet worden war, und als solche fand sie ihren journalistischen Niederschlag in dem besagten Kommentar des alten Bolwin, dem offensichtlich einige Informationen durch die Feder geflossen waren, die er nur von Teilnehmern der schlichten Zeremonie erlangt haben konnte. Neben diesem schwarz umrandeten Kommentartext druckte der ‚Kurier' die übliche Liste mit den Namen der Abiturienten und ihren Berufswünschen oder Studienabsichten ab. Eine Veröffentlichung, mit der die Heimatzeitung wie in jedem Jahr ihre Glückwünsche zur Matura aussprach, die in diesem Jahr aber durch ihre Platzierung direkt neben Bolwins Standpauke ohne weiteres als öffentliche Denunziation aufgefasst werden konnte. Bitterschulte ließ sich nicht beirren und war trotzdem stolz auf sich. Er glaubte erst wirklich an das bestandene Abitur, als er seinen eigenen Namen in dieser Aufzählung schwarz auf weiß gedruckt sah: Bitterschulte, Thomas; Studium der Germanistik und Geschichte. Er begann sich mit dem, was dieser Name für ihn bedeuten könnte, anzufreunden.

Den eigentlichen Jubelfeiern stand nun kein Hindernis mehr im Wege. Und ein paar sommerliche Tage lang spürte Thomas in der Gemeinschaft der anderen diesen perlend leichten Zustand unbeschwerter Erwartung, ein lustvoller Taumel und fast ein Schwindel, der herrührt von der Empfindung der Jugend. Von ihrer Kraft und ihren ungebrochenen Versprechungen. Das Glück ist immer blutjung, hatte er gesagt. Ein merkwürdiger Satz aus dem Munde des Dr. Wissing, den viele aus ihrem Kreis bei der Zeugnisübergabe das letzte Mal gesehen haben würden. Merkwürdig, weil unerwartet. Sie überhörten ihn zunächst. Diesen kurzen Satz mit einem Klang, der anders war als das, was sie sonst von Wissing zu hören bekommen hatten. Überhörten seinen eindeutigen, aber ihnen noch verschlossenen Sinn. Er hätte ihnen sagen können, dass auch der Alkohol, den sie auf den zahlreichen Partys bei Kerzenlicht in Kellern und in lampionerhellten Gärten in rauen Mengen in sich hineinschütteten, ihrem Glücksrausch keine Dauer verleihen würde. Aber das würden sie bald schon selbst bemerken. Sie ahnten es bereits, als sie sich im Licht des dämmernden Morgens zum unweigerlichen Finale des letzten aller Gelage unbeholfen umarmten und tränenfeucht aus dem Paradies ihrer Gemeinschaft verabschiedeten. Zwar würden sie sich wiedertreffen in fünf Jahren und wieder in fünf Jahren und weiter in diesem Turnus, wie sie es freudig verabredet hatten, aber sie würden sich selbst nicht mehr antreffen und was der eine dem anderen auch einst bedeutet hatte, würde verblassen und nun zwischen ihnen stehen wie die wehmütige Erinnerung an ein nicht gehaltenes Versprechen, dessen fortdauernde Gültigkeit wieder und wieder mittels törichter Allusionen heraufbeschworen werden muss. Sie würden ihrer Wege gegangen sein.

Der traurige Höhepunkt all dieser Exzesse, so hätte Bolwin wohl formuliert, war zweifellos die Gartenparty auf dem Gelände der Winters'schen Villa gewesen, die in der beschaulichen Lindenstraße in guter Sichtweite zum Anwesen des Dr. Wissing lag. Die stolzen Eltern der schönen Polly hatten sich passenderweise zu einem international beschickten Chirurgenkongress in München verabschiedet, bei dem Professor Winters aufgrund einiger stark beachteter Publikationen für ein Referat zum Thema ‚Postoperative Behandlungsmethoden in der Magenresektion' engagiert worden war. Vor ihrer Abreise hatten sie der erfolgreichen Tochter, die zur Freude des erleichterten Vaters nun doch erklärt hatte, Medizin zu studieren, nachdem sie lange auf Publizistik fixiert zu sein schien, Schlüssel und Papiere zu einem fabrikneuen Karmann Ghia überreicht. Der knallgelbe schicke Flitzer funkelte unter dem Licht zweier Laternen und breit grinsender Lampionmonde im Kiesbett der Garageneinfahrt. Zunächst ging hier alles seinen gewohnten Gang. Zu bereits weit vorgerückter Stunde jedoch ließ Polly sich ausgerechnet von Josef Schürkötter, der selbst nur mit einer betagten Velo-Solex erschienen war, aber gerade seinen Führerschein ausgehändigt bekommen hatte, zu einer Probefahrt überreden. An dieser Stelle versuchte Abelmann, der rasch erkannte, welche zweifelhafte Wendung der Abend nehmen sollte, das Schlimmste zu verhüten. Sein Versuch pädagogischer Einflussnahme blieb indessen fruchtlos, was er zum Anlass nahm, wohl um zu dokumentieren, dass er jegliche Verantwortung für alles Weitere ablehnte, den Heimweg anzutreten. Die Probefahrt, wie hier nicht anders zu erwarten war, führte allerdings nicht sehr weit und fand im Rosenspalier eines Vorgartens ihr spektakuläres, aber unrühmliches Ende. (Gottlob nicht Wissings Vorgarten, sagten später alle, wenn von diesem Abend die Rede sein sollte.) Gottlob, so möchten wir hinzufügen, blieben Polly und Josef unverletzt, wurden aber weit nach Mitternacht und reichlich derangiert im Kleinbus der Ortspolizei zurückgebracht. Die beiden Dienst tuenden Beamten, die sich im Übrigen völlig korrekt verhielten, bestanden bei der Gelegenheit mit einer gewissen Sturheit auch auf einem Abschalten der immer noch pausenlos bis zur Leistungsgrenze in Betrieb gehaltenen Musikanlage, aus der Joe Cocker sein nicht enden wollendes Beatles-Cover ‚With a Little Help from my Friends' jaulte. Diese Freunde und Helfer drohten für den Weigerungsfall mit der sofortigen Konfiszierung des Verstärkers als deren technischem Herz. Ein Nachbar habe sich schon telefonisch beschwert. Eine Anzeige wegen ruhestörenden Lärms käme alle Anwesenden nicht eben billig. Dr. Wissings Rache!, mutmaßte Polly. Scheißbullen, nuschelte daraufhin Schürkötter noch etwas zaghaft. Als die gutmütigen Beamten, die ganz offenbar auch von dem bourgeoisen Ambiente des Winters'schen Anwesens beeindruckt waren und eine Strategie der Deeskalation zu verfolgen schienen, die peinlich wirkenden Pöbeleien des ohnehin Geschädigten und eindeutig unter Schock und Alkoholeinfluss Stehenden, dessen druckfrischen Führerschein sie eben hatten einbehalten müssen, klugerweise ignorierten, drehte der sonst eher bedächtige Schürkötter erst richtig auf. Er bezeichnete sie lauthals als Papiertiger, Schmeißfliegen und Schlachtbullen – wahrscheinlich meinte er: schlachtreife Bullen –, woraufhin die derart Brüskierten den zeternd Zappelnden unsanft in ihre Mitte zwängten und zurück in den Streifenwagen verfrachteten. Sie riegelten die Schiebetür hinter ihm ab und fuhren ihn auf das bescheidene Kleinstadtrevier in der Hohestraße. Ungeachtet aller Proteste der Zurückbleibenden, denen noch lange Schürkötters glasiger Blick durch das vergitterte Heckfenster vor Augen stand. Inzwischen hatte tatsächlich jemand die Musiklautstärke heruntergedreht und die Aufmerksamkeit der verbliebenen Gäste wurde nun von der angehenden Medizinstudentin Polly Winters in Anspruch genommen, die sich am dicken Breulmann festklammerte und sich nur noch lallend mit dem Wunsch nach Bett und Schlaf verständlich machen konnte. So wurde Polly von allen, die noch zu gehen imstande waren, grölend über die Freitreppe aus Marmor gehievt, die von der Diele in das erste Stockwerk hinaufführte. In ihrem Schleiflack-Mädchenzimmer wurde die Tochter des Hauses sorgsam entkleidet und abgelegt. Breulmann, der in den letzten Schuljahren neben der Schönen in einer Bank gehockt hatte, leitete daraus sein Privileg ab und kroch tapsig zu ihr hinein. Er wälzte sich brünstig in der geblümten Bettwäsche, fummelte mit seinen Wurstfingern ein bisschen an Pollys schwarzem Büstenhalter herum, war aber schnarchend eingeschlafen, bevor diese die südlichen Körperregionen erreicht hatten. Die anderen knipsten die Wandstrahler aus, deckten das ungleiche Paar zu und ließen die Schlummernden in Ruhe ihren Rausch ausschlafen.

Gegen halb fünf Uhr morgens glomm ein erster schütterer Lichtstreifen über dem nachtdichten Grün der Ligusterhecke auf. Josef Schürkötter, den sie Joppo nannten, war bis jetzt nicht aus dem Polizeigewahrsam zurückgekehrt, und die Hand voll Getreuen, die ihn auf der Winters'schen Veranda erwartete und rauchend gegen die Müdigkeit ankämpfte, machte sich mählich wachsende Sorgen über sein Schicksal in der Gewalt der lokalen Ordnungshüter. Spekulationen schossen ihnen aus dem halluzinogenen Kraut. Zwar trauten sie den Emslaker Schutzleuten jene brutalen Übergriffe eigentlich nicht zu, mit denen deren knüppelnde Plexiglas-Kollegen aus den Großstädten immer häufiger in den Fernsehprogrammen auftauchten, aber wer konnte schon wissen, wie sich die Dinge um Schürkötter im Laufe der Nacht entwickelt haben mochten. Zudem hatten sie erst bei der letzten Silvesterfeier erstaunt erlebt, als er in Gerlindes Rollstuhl gegen einen Laternenmast gefahren war, wie unausstehlich, ja unberechenbar Joppo Schürkötter unter Alkoholeinfluss werden konnte. An diesem Morgen, der einen herrlichen Tag versprach, war es schließlich Remski, der kurz nach fünf Uhr in die aufgehende Sonne blinzelte und seinen Kumpanen mit schwerer Zunge den Vorschlag unterbreitete, Schürkötter aus dem Gewahrsam der Ortspolizei zu befreien. Guido Remski, den seine Mitschüler trotz seiner auffälligen Korpulenz manchmal Rennski nannten, den aber Abelmann stets mit Remski-Korsakow aus unterrichtlichem Halbschlaf geweckt hatte. Das seien sie ihrem Kumpel und auch ihrer Ehre schuldig. Sie sollten es tun. Schon wegen Schürkötters armer Mutter, meinte Remski. Wie sollten sie ihr jemals wieder unter die Augen treten, ohne dabei nicht wenigstens auf einen Versuch zu Joppos Befreiung verweisen zu können. Nun waren Aktionen mit dem Ziel der Gefangenenbefreiung damals gerade ausgesprochen populär geworden, sodass Remskis unausgegorene Idee den anderen rasch zu Kopfe stieg. Sie legten ihre Barschaft zusammen, telefonierten nach einem Taxi und tranken ihre Bierflaschen leer. Daraufhin stellten sie sich als ‚Kommando Schürkötter' an die Straße. Hätte der von allem nichts ahnende, fröhlich ‚La Paloma' pfeifende Zeitungsbote, der just in diesem Moment mit dem druckfrischen ‚Emslaker Kurier' in die Winters'sche Einfahrt einbog und einige Tage später neben manchen anderen Personen von Pollys Eltern zu den Geschehnissen dieser Nacht befragt werden sollte, genau

hingesehen, hätte er später gewusst, dass es vier Personen gewesen waren. Vier schwankende, jedoch zu allem entschlossene Gestalten. Desperados. Neben Remski noch Gustavo Haarlammert, Hanni Schöttler und Thomas Bitterschulte, der dem heranbrausenden Taxi zuwinkte.
Ihr habt doch nichts ausgefressen? So früh zur Polizei! Wollt euch wohl freiwillig stellen? Der aufgekratzte Taxifahrer, der sich zu Recht auf einen baldigen Feierabend freute, glaubte, einen gelungenen Witz getan zu haben, als er vor der Polizeiwache in der Hohestraße hielt. Er blieb aber mit seiner Heiterkeit allein. Seine Fahrgäste verzogen keine Miene. Wart hier auf uns, bestimmte Haarlammert. Lass den Motor laufen. Es kann nicht lange dauern, meinte Hanni Schöttler. Sie klingelten an der Sprechanlage und traten bei einem Summton ein. Drinnen roch es nach gebohnertem Linoleum und frisch gebrühtem Kaffee. An einem wacklligen Schreibtisch im Flur saß ein hemdsärmeliger Beamter unter einem Ventilator. Beide im Ruhezustand. Der Polizist hielt die Sportseite des frisch ausgelieferten ‚Kuriers' in den Lichtkegel seiner Schreibtischlampe. Weiter hinten verstaubten ein paar Aktenordner in einem halb geöffneten Rollschrank. Eine Uniformjacke hing über der Lehne des Bürostuhls. Sie kannten den Beamten. Das war Hänsel Kurrat, der ältere Bruder von Georg, einem schüchternen Mitschüler, der zu Anfang der Unterprima abgegangen war und eine Lehre bei einem Uhrmachermeister begonnen hatte. Georg hatte immer viel von seinem großen Bruder erzählt und war richtig aufgeblüht, als der ihnen in der Obertertia Verkehrsunterricht gegeben hatte. Sie durften damals mit einem polizeieigenen Mofa auf dem Schulhof zur Probe fahren. Manchmal, wenn sie nachmittags bei Georg zu Hause saßen, der am Sonntag immer zu Tee und Butterkeksen einlud, hatten sie auch den Bruder angetroffen, der seine Eltern besuchte. Kurrat erkannte sie jetzt auch und faltete die Zeitung zusammen. Da kommen ja noch mehr von euch, stichelte er. Euren ungehobelten Kumpel könnt ihr nachher gleich mitnehmen. Hat ein wenig Schlaf nötig gehabt, der gute Joppo, und wird jetzt gründlich vernommen. Ergibt ein sauberes Protokoll. Muss ja alles seine Ordnung haben, nur dann kann's in eine Ordnung kommen. Er stand auf und winkte das verdutzte Quartett in einen Nebenraum. Dort trafen sie endlich auf Schürkötter, der ein wahrlich Mitleid erregendes Bild abgab. Er kauerte auf einer schlichten Holzbank, auf der er bis vor kurzem noch geschlafen haben mochte. Jedenfalls deuteten die roten Druckstreifen in seinem übernächtigten Gesicht darauf hin. Überhaupt war ihr ganzer Joppo reichlich zerknittert und wirkte zerknirscht. Seine blonde Haarpracht stand wirr in alle Richtungen ab, sein minzgrünes Hemd hing offen über der schmächtigen Brust und fiel locker über den Gürtel herab. Auf dem Boden unter der Bank lag Joppos Jeansjacke. Vor ihm auf dem Tisch duftete ein großer Becher mit heißem Kaffee. Die beiden

Fenster bestanden aus Milchglasscheiben und versperrten bis zur halben Sichthöhe den Blick nach draußen. An der Wand hingen mit Reißzwecken befestigte Plakate, die für die Olympischen Spiele in München warben. Joppo gegenüber saß einer der Beamten, die ihn wenige Stunden vorher abgeschleppt hatten. Der tippte unbeholfen mit zwei Fingern Schürkötters Einlassungen in eine betagte Schreibmaschine. Das ging nur langsam voran und sah äußerst mühselig aus. Offenbar hatten die beiden nachts schon vorgearbeitet, waren sie doch trotz der schneckigen Schreibtechnik bereits bis zur Rubrik ‚Tathergang' vorgedrungen. Das Befreiungsquartett bekam gerade mit, wie Schürkötter dem Beamten etwas kleinlaut die Bedeutung des Begriffs ‚Papiertiger' erklärte und dieser sich wegen der Schreibweise von Tiger (Tiger mit einfachem ‚i'?) vergewisserte.

Schürkötter, unterbrach Haarlammert endlich die absurde Befragung und fuhr in pathetisch getragenem Tonfall fort, wir sind gekommen, um dich hier rauszuholen. Hast du auch nur einen Moment daran gedacht, wir würden dich im Stich lassen? Stimme und Anblick seines Kameraden bewirkten bei Schürkötter die umgehend einsetzende Wiederbelebung. Er straffte seinen Oberkörper, rutschte wie früher zum Schulstundenende auf der Holzbank hin und her und giftete den tippenden Allrounder an, dieser möge ihn endlich entlassen. Er mache sich der Freiheitsberaubung schuldig. Er, Schürkötter, habe schon genug von seiner kostbaren Zeit in willkürlichem Staatsgewahrsam zugebracht. Er protestiere außerdem gegen die perfide Art der Befragung, die er als, als ... Suggestiv, half ihm Thomas hier aus. ... suggestiv charakterisiere. Er ereiferte sich immer stärker und wurde regelrecht hysterisch. Schließlich verstieg er sich zur Wiederholung seines nächtlichen Repertoires an Invektiven. Bei dem ‚Papiertiger'-Vergleich langte er weit über den Tisch und schlug mit der geballten Faust auf die Tastatur der soliden Olympia. Der Hieb verursachte ein schepperndes Geräusch. Ein Bündel Lettern verhakte sich ineinander und sprang knirschend gegen das eingespannte Formularblatt. Schürkötter setzte lautstark hinzu ‚mit einfachem i' und vermochte im Rhythmus dieser Wortverbindung die Attacke noch dreimal zu wiederholen. Als er sich erregt erhob, um den Restinhalt seines Kaffeebechers (mit roter Aufschrift: Ein Herz für Bullen!) über der malträtierten Maschine zu entleeren, fiel ihm Hänsel Kurrat beherzt in den Arm. Der andere Beamte war konsterniert und drehte vorsichtig den grauen Papierbogen aus der Walze. Bei dessen Sichtung standen ihm die Tränen einer unterdrückten Wut in den Augen. Der Schriftsatz des akkurat angefertigten Protokolls war durch zahlreiche Buchstabenabdrucke verunstaltet worden. Wertlos das Resultat langwieriger Zwei-Finger-Nachtübungen. Nun griff Gustavo Haarlammert, vom plötzlich erwachten Aktionismus seines Freundes offenbar angesteckt, ins Geschehen ein. Er zerrte mit Leibeskräften an

Hänsel Kurrats kurzärmligem Uniformhemd herum und versuchte so, ihn von Schürkötter wegzuziehen, wurde von dem trotz seines märchenhaften Rufnamens ziemlich stämmigen Beamten aber mit einem Schwenk seines Hinterteils unsanft beiseite geräumt. Bitterschulte und Remski zögerten noch und bedachten für sich das Für und Wider eines Eingreifens.

Das ganze Unternehmen hätte sich leicht zu einem Handgemenge mit durchaus gravierenden Folgen (Minimum: Widerstand gegen die Staatsgewalt) für Schürkötter und das nach ihm benannte Möchtegern-Kommando entwickeln können, hätte es nicht überraschend geschellt. So schnell alle Beteiligten, mit Ausnahme des beamteten Protokollführers, der immer noch fassungslos auf das geschändete Formular starrte, in Hitze geraten waren, so schnell kamen sie auch mit Ertönen des Türsummers wieder zur Besinnung. Wie auf ein Signal hin ließen die Kontrahenten voneinander ab. Hänsel Kurrat ging in den Flur, steckte seine Uniformbluse zurecht und betätigte die Öffnertaste. Die massive Holztür wurde aufgestoßen, der verlassene Taxifahrer stürmte herein und direkt hinter dessen Rücken betrat Josef Schürkötters Mutter, die morgens Zeitungen austrug, die Szenerie. Über ihrer Schulter baumelte schlaff eine rote Plastiktasche mit dem Schriftzug ‚Emslaker Kurier – Ihre Zeitung – Ihre Heimat'. Mein Geld, sofort, ich hab' schon Feierabend, wandte sich der ungeduldig gewordene Taxifahrer an Hanni Schöttler, bei der er unter allen Anwesenden wohl die größte Zahlungsbereitschaft ausmachte. Frau Schürkötter, stammelte das perplexe Kommando. Schürkötter selbst brachte nichts mehr heraus. Er knöpfte sich das Oberhemd hastig zu und griff nach seiner Jeansjacke. Frau Schürkötter, sagte jetzt auch Kurrat gequält, guten Morgen, Frau Schürkötter. Die beachtete ihn nicht weiter. Joppo, komm sofort zu mir! Sie wandte sich in beherrschter, aber keinen Widerspruch gestattender Stimmlage ihrem offenbar willenlos gewordenen und wie geistesabwesend wirkenden Sohn zu. Der stand verzagt auf und schritt auf Zehenspitzen, als dürfe er auf dem kurzen Weg kein Geräusch verursachen, zu seiner Mutter hinüber. Diese schob dem fordernden Taxifahrer, der immer noch begehrlich seine Hand ausstreckte und ultimativ mit einer Anzeige wegen Beförderungserschleichung drohte, einen Zehnmarkschein zu. Das reicht wohl!

Gertrud Schürkötter war eine untersetzte, aber durchaus energische Person, wie ihr beherzter Auftritt in der Emslaker Polizeiwache dem interessierten Leser wohl schon glaubhaft gemacht haben wird. Sie war damals Mitte vierzig und gehörte zu den wenigen Emslaker Frauen, die geschieden von ihrem Mann lebten. Von diesen wenigen war sie es als Einzige aus gutem Grund. Aus gutem Grund, der jedem einleuchtete und deshalb gelten gelassen wurde: Albert Schürkötter war überzeugter Kommunist und war dies auch nach dem Krieg und dem Beginn des Kalten Kriegs geblieben! Seine letzte Chance, sich in die Adenauergesellschaft einzufügen, hatte er beim großen Textilarbeiterstreik bekommen – und ungenutzt verstreichen lassen. Statt zu beschwichtigen und mäßigend einzuwirken, war er auf den Streikversammlungen mit Durchhalteparolen aufgefallen und hatte seinen Einfluss auf die Kollegen agitatorisch genutzt. Ein paar Jahre darauf wurde seine Partei in Westdeutschland verboten. Viele seiner Genossen wurden verhaftet und landeten wieder einmal im Zuchthaus. Schürkötter fuhr trotz mancher gut gemeinten Warnung zu den illegal gewordenen Konferenzen ins Ruhrgebiet. Eines Tages musste er von der Bildfläche verschwinden. Er war dann Hals über Kopf von Essen nach Leipzig gefahren und lieber dort geblieben. Seiner Frau wurde in Emslake, nachdem das rote Schaf ein für allemal in der russisch kontrollierten Zone verschwunden war, großmütig verziehen. Sie galt jetzt als im Grunde immer schon patente Person und war schließlich nicht für die politische Verstocktheit ihres Mannes verantwortlich zu machen.

Da dieser fortan in Leipzig weiterleben musste, galt er in der Weltsicht der heimatverbundenen Emslaker schon als ausreichend bestraft. Indessen bekam seine Frau, die ihn drüben noch einige Male besucht hatte, danach jedes Mal Besuch von Mitarbeitern des Verfassungsschutzes, die nie diskret genug in der kleinen Sandufergasse vorfuhren, als dass ihr Kommen den Augen der Nachbarschaft verborgen bleiben konnte. Nach dem Mauerbau in Berlin ließ sich Gertrud Schürkötter schweren Herzens von ihrem Albert scheiden. Ein Entschluss, der damals noch ein umständliches Verfahren zur Feststellung der Schuld einleitete und dessen Durchführung in ihrem deutsch-deutschen Fall wegen der politischen Umstände geradezu nervenaufreibend war. Gertrud blieb nun in allem auf sich allein gestellt, arbeitete nachmittags als Manglerin in einem Wäschereibetrieb und besserte ihren kargen Lohn mit ihrer Tätigkeit als Zeitungsbotin auf. In beiden Stellungen wurde sie wegen ihrer Zuverlässigkeit geschätzt. Sie und ihr ehemaliger Mann hatten dem einzigen Kind den frommen Vornamen Josef gegeben und viele Emslaker waren eine Zeitlang trotz dessen zutiefst christlichen Klangs davon überzeugt, der Junge sei insgeheim nach dem Vater aller Werktätigen benannt worden, der im fernen Moskau kurz vor Josefs Geburt gestorben war. Nach dem Stählernen also, der aus einem Priesterseminar in Tbilissi hervorgegangen war. Wie so viele andere Kinder seiner Generation sollte der Emslaker Josef, der in seinen Kinderjahren, wie sein Vater manchmal gescherzt hatte, eher ein kleiner Trotzki gewesen war, es einmal in allen Belangen besser als die Eltern haben, vor allem aber nicht in die politischen Fußstapfen seines Vaters treten, der ihm von drüben eilig beschriebene Briefbögen schickte. Die prall gefüllten Kuverts trafen manchmal bereits geöffnet bei ihm ein und enthielten nicht nur private Mitteilungen des Vaters an den Sohn, sondern auch Schulungsmaterial der ostdeutschen Einheitspartei, eng bedruckte gelbgraue Heftchen von schlechter, faseriger Papierqualität, die Joppo gewissenhaft und Seite für Seite durchging, obwohl er deren Inhalte erst nach und nach zu verstehen begann. Zumindest glaubte er damals, sie zu verstehen. In Wirklichkeit gewöhnte er sich wohl lediglich an die eigenartig verschachtelte und formelhaft geronnene Diktion der Texte. Zu einem mittleren Eklat, der in einer Vorladung zum Wirsingdoktor und einem schriftlich abgefassten Tadel gipfelte, war es am Arnoldinum gekommen, als sie im Unterricht ‚Marxismus und Arbeiterbewegung als Antwort auf die soziale Frage des 19. Jahrhunderts' abhandelten und Schürkötter aus einem Sendemanuskript zitiert hatte, einem Vortragszyklus, der unter dem Titel ‚Friedrich Engels – Revolutionär und Wissenschaftler' von ‚Stimme der DDR' ausgestrahlt worden war. Damals wurde der Empfang des Zonensenders im Westen häufig gestört. Deshalb hatte Josefs Vater ihm die schriftliche Textfassung zugesandt, die von beiden Geheimdiensten durchgelassen worden war. (Eines möchte ich zu Beginn klarstellen, hatte Wissing damals gezischelt. Es geht hier einzig und allein um Ihre unzulässige Agitation im Unterricht, Schürkötter. Der – hm – Aufenthaltsort Ihres Herrn Vaters spielt in der ganzen Angelegenheit nicht die geringste Rolle. Schließlich gibt es bei uns in Westdeutschland keine Sippenhaft. Wissing hatte Sippenhaft gesagt, wie Thomas auf Nachfrage von Joppo bestätigt bekam, aber wohl Sippenhaftung gemeint. Das geschah, als sich Thomas mit der zunehmenden Schluderei im öffentlichen Sprachraum schon nicht mehr abzufinden bereit war.)

Dass ihr Joppo morgens nicht in seinem Bett lag, als Gertrud Schürkötter das stabile Damenfahrrad aus dem Keller trug und zu ihrer Tour aufbrach, machte ihr die geringsten Sorgen, weil es in diesen vergangenen Monaten häufiger vorgekommen war. Schließlich war ihr Junge alt genug, um tun und lassen zu können, was er wollte. Vielleicht übernachtete er wieder bei der Hanni Schöttler, mit der er in diesem Sommer viel herumzog. Mütter müssen schließlich nicht alles wissen. Aber an jenem denkwürdigen Morgen hatte Gertrud Schürkötter auf ihrer Rundfahrt nach und nach immer mehr Informationen und Bemerkungen aufgeschnappt, die alle auf die Ereignisse der vergangenen Nacht Bezug nahmen. Informationen wäre schon zu viel gesagt. Besser Versatzstücke: Splitter, Schnipsel, Scherben. Einer Zeitungsbotin fliegt einiges zu. Ein Normalaufsteher denkt, die Stadt schlummere noch wohlig vor sich hin, und wäre deshalb erstaunt darüber, wen alles er so früh morgens schon auf den Beinen fände. Freiwillig oder notgedrungen. Verschlafene Fabrikleute auf dem Weg zur Frühschicht, oder – genau so müde – schon auf dem Rückweg, Menschen, die nicht mehr schlafen können, im Sommer viele Frühaufsteher, dazu Gesundheitsapostel, die schon im Garten arbeiten, bevor es richtig heiß wird, Mütter, die mit der Brötchentüte vom Bäcker an der Ecke kommen, torkelnde Zecher auf dem Weg ins Bett, die sich aber noch lallend erleichtern wollen. Erstaunlich, was all diese Passanten schon glauben beobachtet zu haben und schleunigst weitergeben müssen. Da flüstert es aus allen Ecken und unter vielen Haustüren hinweg. Da wird eine ausgeschlafene Zeitungsbotin zur Empfängerin aller möglichen Nachrichten, Andeutungen und Vermutungen. Kleine Stadt – große Hölle, hatte ihr Albert immer gesagt und aus seiner Sicht gewiss zu Recht. Auf diese Weise war Schürkötters Mutter bis gegen sechs Uhr in ein vollständiges Bild gesetzt worden und wusste ihren Sohn im Gewahrsam der Polizei. Eine Gewissheit, die – angesichts ihrer Vergangenheit durchaus verständlich – nicht eben zu ihrer Beruhigung beigetragen hatte. Sie entschied sich zu handeln.

Nur wenig später, im karg möblierten Flur der Emslaker Polizeiwache, entschloss sie sich ein zweites Mal zu handeln und ihrem Jungen aus der Bredouille zu helfen. Als der Taxifahrer gerade das Beförderungsentgelt eingesteckt hatte und sich erleichtert dem Ausgang zuwandte, hielt sie ihn am Jackenärmel zurück und kramte in ihrer Geldbörse. Hier haben Sie nochmals zehn Mark. Sandufergasse 10, erklärte sie dem Mann. Fahren Sie doch meinen Sohn bitte dahin. Der nahm überrascht das Geld entgegen und winkte dem Sohn zu folgen. Die beiden Polizeibeamten blickten sich verdutzt an, griffen aber nicht ein, als Joppo hinter dem Droschkenkutscher zum Ausgang trottete. Was habt ihr hier eigentlich genau gewollt?, fragte Kurrat nun in seiner umständlichen Art die vier vergeblich, aber dank Schürkötters Mama doch erfolgreich ausgerückten Befreier, als die Tür hinter den beiden ins Schloss fiel. Ich meine, man könnte ja meinen ... Es wurde still. Dem selbst ernannten ‚Kommando Schürkötter' fiel zunächst nichts Gescheites ein, um sich aus der verfahrenen Situation hinauszuwinden. Nur Remski schnäuzte laut und quälend lange in sein Taschentuch, bis Hanni Schöttler, eine ernste Madonna mit dünnem Mund und langem Haar, endlich hervorbrachte, sie hätten in der Berufsberatung der Schule Prospektmaterial des Innenministeriums zur Ansicht bekommen und möchten sich nun – einer Anregung dieser Informationsblättchen folgend – vor Ort nach den Bedingungen und Umständen einer Laufbahn im Höheren Polizeidienst erkundigen. Um halb sieben in der Früh!, grinste Kurrat und griff nervös zum Telefonhörer. Sicher, entgegnete Hanni dreist, wir legen Wert auf ein ungeschminktes Bild, bevor wir uns in einer derart lebenswichtigen Sache entscheiden. Noch einmal setzte sich Joppos Mutter schlagfertig durch. Lassen Sie die Kinder doch gehen, Herr Kurrat, sagte Gertrud Schürkötter. Die müssen jetzt wirklich ins Bett. Ihrem besorgten mütterlichen Drängen hatten an diesem Morgen auch die Beamten nichts mehr entgegenzusetzen. So lagen die Genossen und die Genossin des Befreiungskommandos bald im Bett und schliefen ihren Rausch aus, darin dem Beispiel des Befreiten folgend, der wohlbehalten und ohne sich zu übergeben zu Hause abgeliefert worden war. Auch der Taxifahrer konnte seine Nachtschicht beenden und endlich schlafen. Und selbst Gertrud Schürkötter, die mit ihrem schwarzen Botenrad nach Hause fuhr, fand noch einige Stunden Schlaf, bevor sie nach dem Mittagessen ihre zweite Tätigkeit in der Heißmangel aufnahm.

Wenige Tage der Ernüchterung folgten dieser Posse und an einem Sonntagmorgen stand Thomas frisch geduscht nach dem 10-Uhr-Hochamt beim alten Löbbel in der Sakristei von St. Konrad. Er hatte sich vorher beim Pastor, den er lange nicht gesprochen hatte, vergewissert, ob der ihm zwei Zeugniskopien beglaubigen könne. Für das Studentensekretariat. Unterlagen für die Immatrikulation. Überhaupt kein Problem, Thomas, hatte der am Telefon gemeint. Und leichthin gescherzt: Wer könne schließlich besser beglaubigen als ein Pfarrer. Seine Stimme klang Thomas noch vertraut, aber weit entfernt. Und zittrig trotz des gelungenen Wortspiels. Thomas dachte nach. Der Pastor musste nun auch schon Anfang siebzig sein. Zeit ist immer Lebenszeit. Löbbel hatte ihn wie selbstverständlich geduzt. Wie damals, in den Jahren mit Meiners.

Als Pastor Löbbel sich mit Hilfe der beiden beflissen agierenden Ministranten von dem Messgewand befreit hatte, holte er schwer atmend Luft. Tja, Thomas, ein selten gewordener Besucher, meinte er dann bedächtig und wischte sich den Schweiß mit seinem gestärkten Taschentuch von der Stirn. Die Bleikristallfenster in der Sakristei von St. Konrad waren trotz der sommerlichen Hitze fest verschlossen und im gesamten Raum stand ein Geruch nach Kerzenwachs und Weihrauch. Löbbel faltete das weiße Tuch auseinander, putzte zwei einfache Trinkgläser sorgfältig damit aus und hielt sie prüfend gegen das einfallende Sonnenlicht. Er zog eine angebrochene Flasche aus der Tiefe eines Schrankfachs hervor, schenkte ächzend von dem Wein ein und verstopfte die Flasche wieder umständlich mit dem Korken. Germanistik und Geschichte. Da läuft's wohl auf den Lehrerberuf hinaus. Nun ja, warum auch nicht? Ein ehrenwerter Beruf. Er reichte Thomas ein dreiviertelvolles Glas hinüber. Aus dem Ahrtal, Thomas. Garantierte Erzeugerabfüllung. Von meiner letzten Ferienvertretung im schönen Bad Neuenahr. Er prostete Thomas zu. Auf alle Lehrer dieser Welt. Also nicht nur die beamtete Spezies in den Schulen. Er schlürfte aus seinem Glas die Neige und drehte kennerisch die Augäpfel zur Decke hinauf. Herrlicher Tropfen. Ein sicherer Arbeitsplatz. Beamter. Und, glaub mir, eine staatliche Pension wird noch mal viel wert sein. Die schwierige Arbeit mit Kindern. Trotzdem ein schöner Beruf, der Pädagoge. Überhaupt nicht einfach, aber gerade deshalb befriedigend. Eine Menge an Verantwortung. Fast schon wie ein Geistlicher. Er setzte das Glas sorgfältig auf einem Stapel Totenzettel ab, die von der letzten Beerdigung übrig geblieben waren. Aber nur fast. Wir katholischen Pfarrer kennen leider keinen Ruhestand. Die Gemeinden wachsen und wachsen, aber der Nachwuchs bleibt aus. Er setzte sich an einen Tisch, kritzelte seinen Namen und die Titelabkürzung ‚Pfr.' unten auf die kopierten Zeugnisse. Er erhob sich und schickte einen der Jungen über den Kirchplatz ins Pfarrbüro, um nach dem Stempelkasten zu fragen. Dann steckte er sich eine Mentholzigarette zwischen die Lippen und hielt Thomas die geöffnete Schachtel hin. Der lehnte dankend ab, weil Reyno-Menthol bei ihnen als Homozigarette galt. Nichtraucher? Schön, bleib nur dabei. Ist gesünder und du kannst viel Geld sparen ohne das Nikotin-Laster. Er zündete die Reyno mit einem Plastikfeuerzeug an, nahm einen ersten tiefen Zug und hustete. Der Rauch entwich durch seine stark behaarten Nasenlöcher. Und, da wir schon bei den guten Ratschlägen sind, Thomas, halte dich von den Roten fern. Du weißt schon. Die neuen Gottlosen sind gemeint, die jetzt landauf, landab an den Universitäten den Ton angeben. Viel zu laut und viel zu aufgeregt. Zu lange Haare. Ich weiß, ich weiß, was jetzt kommt. Der Nazarener und seine Apostel waren wohl auch langhaarig. So ändern sich die Zeiten. In unseren Tagen sind also die Gottlosen langhaarig. Thomas strich sich mit einer schnellen Handbewegung die Haare aus der Stirn. Deren letzter Rückschnitt lag nun auch schon ein paar Monate zurück. Na, du hörst so was bestimmt nicht gern. Statt an die halte dich trotzdem lieber an den Roten, den roten Wein. Den hat noch niemand zurückgewiesen, ob Rebell oder Reaktionär. Im Wein liegt die Wahrheit für jeden. Nicht die ewige, erhabene Wahrheit, aber eine ganz praktische Wahrheit. Leicht handhabbar und immer tröstlich. Eine weltliche Milde. Der Junge kam jetzt keuchend zurück. Löbbel nahm ihm eine kunstvoll geschnitzte Schatulle aus den Händen und klappte deren gewölbten Deckel hoch. Der Pfarrer schickte den erhitzten Messdiener nun barsch nach Hause. Morgen früh kommst du wieder. Aber bitte pünktlich. Zur Frühmesse um sieben. So, Thomas. Nun zu deinen Beglaubigungen. Er drückte den Gemeindestempel auf die beiden Kopien ab und reichte sie Thomas mit dem Zeugnis-Original zurück. Die Beglaubigungen sind gebührenfrei. Ein Service für Gemeindemitglieder. Er erhob seine Stimme und schaute Thomas in die Augen. Auch für solche, die nicht mehr den Weg in unser schönes Gotteshaus finden. Wenn du willst, kannst du aber ein paar Groschen in die heutige Sonntagskollekte geben. Du hast dir genau den richtigen Tag ausgesucht. Heute machen wir ja unsere alljährliche Brasiliensammlung. Für die Yanomami, die Indios im Regenwald. Das hatte er sich bis zum Ende aufgespart und Thomas damit überrascht. Ja, genau, für die Schützlinge des seligen Meiners. Hilfe zur Selbsthilfe. Du staunst? Die sollten uns doch noch etwas wert sein! Thomas kramte in seinen Hosentaschen und zog endlich ein vom Vorabend übrig gebliebenes Markstück hervor. Er legte Löbbel die silberne Münze in den ausgestreckten Handteller. Der warf sie achtlos und gekonnt in das Kollektekörbchen auf dem Ankleidetisch. Bei dem scheppernden Geräusch dachte Thomas an die fünfzig Pfennige, die seine Eltern vor Jahren für die Gutendorf'sche Mission in Schwarzafrika abgezweigt hatten. Die Investitionssumme von damals hatte sich verdoppelt. Und heute stand ein realer Tauschwert gegen die fromme Spende. Thomas rollte sein Zeugnis samt beglaubigter Kopien zusammen, pfropfte alles in die Innentasche seiner Jacke und gab Pfarrer Löbbel zum Abschied die Hand. Als er sich in der Tür, die zum Kirchenschiff führte, noch einmal umdrehte, sah er, wie dieser sich aus der Flasche nachschenkte. Löbbel beim Auffüllen des Glases. Dies war Bitterschultes letztes Bild vom alten Pfarrer, der wenige Jahre darauf an Lungenkrebs erkrankte und, von seiner Gemeinde tief betrauert, unter Qualen verschied.

Am Anfang stehe die Provokation.

Womöglich haben Sie niemals darüber nachgedacht. Warum auch? Und oberflächlich betrachtet, also auf den ersten flüchtigen Blick, scheint leicht kein größerer Gegensatz denkbar als der zwischen Katholizismus und Kommunismus. Zwischen Glauben und Unglauben. Zwischen Vatikan und Kreml, Heiligem Vater und Generalsekretär: Ein Verhältnis wie das von Feuer zu Wasser, so möchte man meinen. Eben ganz unvereinbar. Der klassische Antagonismus. Unversöhnlich. Wie gesagt: Oberflächlich betrachtet gewiss, aber gerade deshalb ein Trugschluss. Vor allem aber ein Kurzschluss. Handelt es sich doch bei Don Camillo und Peppone weit eher um Brüder denn um Gegner. Zwar heillos zerstrittene, aber eben Brüder. Brüder im Geiste der Offenbarung. Brüder, die über gemeinsame Grundlagen verfügen, wenn sie auch niemals bereit wären, diese zuzugeben und offen zu legen. Brüder im Fleische, die sich erst ohne Schafspelz wie ein Zwilling dem anderen gleichen.

Schauen wir beiden Ideologien einmal genauer unter den Rocksaum und verschaffen uns die ersten Einsichten in eine vergleichende Heilskunde: Beide unterhalten ein Zentralkomitee. Beide gruppieren ihre Kräfte um ein Weltzentrum, das für die einen Rom, für die anderen Moskau ist. Beider Propheten verheißen ihren Anhängern die Rückkehr in das verlorene Paradies, die einen vorsichtigerweise erst posthum die himmlische Ewigkeit als Belohnung für irdische Entbehrung und Rechtschaffenheit, die anderen – wenngleich in einer vagen Zukunft – bereits den Himmel hienieden, beide also das pure Glück. (Erst diese Versprechungen machen sie – jede auf ihre Weise – einzigartig.) Einmal als Verheißung der Bergpredigt, ein anderes Mal als Morgenröte einer klassenlosen Gesellschaft nach den Mühen in der Ebene. Jenseitig oder diesseitig. Prozessionen zeugen für das eine, Demonstrationen für das andere Versprechen. Letztlich zu ihrem Unglück bedenken die Moskowiter nicht, dass sich die weitaus meisten Menschen den Garten Eden als eine Art Schlaraffenland auf Erden vorstellen, als das gelobte Land mit Milch- und Honigschwemmen, in dem solider Wohlstand, sogar immer währender Überfluss seine Bewohner zu Müßiggang und Trägheit verdammen. (Die Diesseitigen sehen über die Bauchlastigkeit der menschlichen Natur hinweg und müssen deshalb – woran sie scheitern werden – die Erschaffung des neuen Menschen bereits auf Erden dekretieren. Eine Kopfgeburt.) Leg ab den alten Menschen! Der Weg zum Paradies auf Erden darf zwar staubig und steinig, aber niemals Durststrecke sein, denn auf Dauer vertrösten lassen sich die Menschen ausschließlich auf den Jüngsten Tag und das himmlische Paradies. Niemals jedoch auf einen Sankt-Nimmerleins-Tag. Wenn ein Mensch sich in Bewegung setzt, ersinnt er sich für seine Anstrengung immer ein Ziel. Um hundert Tage zu gehen, braucht der Mensch unbedingt die Vorstellung, dass ihn am Ende dieser hundert Tage etwas Besonderes, etwas Gutes erwartet. Um die Kraft zu einer entsprechenden Bewegung aufzubringen, bedarf er der deutlichen Vorstellung von einem Gelobten Land. Aber das Gelobte Land liegt viel zu fern, und ein Mensch, der hundert Tage marschieren soll, darf nicht nur das Endziel vor Augen haben, sondern muss sich unter allen Umständen sagen können: Nach einem Tag komme ich an einen Ort, wo ich raste und ein bequemes Nachtlager finde. Und dieser Ort verdeckt während des Tagesmarsches das Endziel und zieht alle Wünsche und Hoffnungen auf sich. Und was den einzelnen Menschen bewegt und erfüllt, das bewegt und erfüllt eine Menge bei ihrem Marsch durch die Wüste immer noch unverhältnismäßig stärker.

Kirche und Partei pflegen einen ausgeklügelten Personenkult um ihre Spitzenfunktionäre, denen sie Unfehlbarkeit (ex cathedra) oder Auserwähltheit (Vorsehung) attestieren, und beide erheben ihre zahlreichen Märtyrer mittels einer klug inszenierten Liturgie und einer bedenkenfreien Hagiographie in den Stand von Blutzeugen. Nicht zu schweigen von dem Vorrat dunkler Kapitel in beider Erzählungen, von den Legionen der Ketzer, Renegaten und Apostaten, über die sie beide einen Bannstrahl verhängten oder – schlimmer – die sie in aufwändig geführten Prozessen des Verrats, der Irrlehre, der Kollaboration mit dem Feind zu überführen suchten und aburteilten. Ob mit abgepresstem Schuldbekenntnis oder ohne ein solches. In beider Diensten stehen dialektisch geschulte Dogmatiker, denen die verbindliche Auslegung der Lehre obliegt. Gerade weil deren Korrekturen und Windungen intransigent bleiben und dem gesunden Menschenverstand unzugänglich, das Streben nach dem rechten Weg aber weit verbreitet und die Sehnsucht nach Linientreue groß ist, finden Auguren und Astrologen ein zahlreiches und interessiertes Publikum sowie ein gutes Auskommen. Beide, Kirche und Partei, erheben einen universalen Anspruch auf die letzte Definition der Wahrheit, aber beide konnten – trotz mächtiger Apparate – das Schisma in Anschauung und Organisation nicht verhindern und mussten – trotz Chefideologe und Großinquisitor – die Etablierung einer konkurrierenden, die Omnipotenz der Zentrale bestreitenden Macht hinnehmen.

Es würde noch Zeit brauchen, bis sich Thomas Bitterschulte zu derart tiefschürfenden Reflexionen und Vergleichen durchgerungen hätte. In seiner alten Sporttasche hatte er an diesem warmen, lichtversponnenen Septembermorgen nicht allzu viele Sachen verstaut. Ein paar Konserven mit Ravioli, sein altes Transistorradio mit einer Abspielmöglichkeit für Kassetten, drei bis vier Bücher, darunter die Gedanken des Vorsitzenden Mao, und das Wenige sicherheitsgepolstert durch ein paar verknäulte Socken und etwas Wäsche. So lief er fast unbelastet dahin in seine neue Lebensfreiheit, geriet aber dennoch ins Schwitzen auf dem Fußmarsch zum Emslaker Bahnhof. Der Weg führte Thomas über den Marktplatz an der Alten Post vorbei, die eben Tür und Fenster weit aufsperrte. Das Betriebsgeräusch eines Staubsaugers drang nach draußen. Thomas schickte sich an, die Schenke in raumgreifenden Schritten zu passieren, als ihn Rita Pawelczyk mit heller Stimme bei seinem Namen rief. Lovely Rita, der blonde Engel aus dem ‚Heaven Sent'. Rita! Die hatte ihm an diesem Morgen noch gefehlt. Sie winkte ihm freudig zu, da Thomas anhielt und sich umdrehte. Rita stolzierte auf ihren wohlgestalteten Beinen heran und lud ihn ohne abzuschweifen zu einem Bier ein. Gegen den frühen Durst, ermunterte sie ihn, welcher der quälendste sei. Sie trug ihren schwarzen Minimalrock und eine gut sitzende, weinrote Seidenbluse. Ein hauchdünnes, zum Zerreißen gespanntes Tuch, das all denen, die Rita anstarrten, den einen Rückschluss zweifelsfrei gestattete, dass sie darunter ganz gewiss keinen Büstenhalter trug. Als Thomas verlegen bedauerte und unter Verweis auf die Unerbittlichkeit der Fahrpläne das verlockende Angebot tapfer ablehnte, versprach sie ihm, ihn demnächst in Münster zu überraschen. Zu jeder Zeit. Er würde sich freuen, sagte er und versprach, sie könne auch bei ihm übernachten. Lässig kritzelte er ihr seine neue Adresse auf einen Bierdeckel und dachte an Ritas feste, spitze Brüste, die sie an ihn gepresst hatte, wenn er sie in der Herrgottsfrühe auf seinem Velo nach Hause gefahren hatte.

Dabei hatte er in den verblassenden Sternenhimmel emporgeschaut und war beschwingt schlingernd in den Sonnenaufgang hineingefahren. Er hatte viel getrunken in diesem Sommer, hatte es aber doch in allen Nächten, ohne durch einen enthemmten Fahrstil die Aufmerksamkeit einer Polizeikontrolle zu wecken, bis vor ihre Haustür geschafft. Rita Pawelczyk wohnte in seiner Nachbarschaft in einem schlichten Mehrfamilienhaus am

Frischholt und verabschiedete ihn gewöhnlich mit einem Kuss auf die Wange. Ein flüchtig hingehauchtes Dankeschön. Danach war er selber heimgefahren, aber hatte trotz aller Müdigkeit noch nicht an Schlaf denken können, sondern ‚Pictures Of Lily' gehört. Per Kopfhörer ‚Pictures Of Lily' von den Who, und dabei produzierten ihm Musik und Phantasie die schönsten Lovely-Rita-Bilder. Er sah jetzt, wie Rita den Bierdeckel mit seiner Adresse knickte und in die Brusttasche ihrer Bluse zwängte. Er dachte an den Morgen, als sie ihn mitgenommen hatte in ihre Wohnung. Komm mit, Thomas. Lass dir endlich dein Beförderungsentgelt auszahlen, hatte sie gesagt und ihn diesmal auf den Mund geküsst. Sie hatte gelacht. Redlich verdient. Mit Zins und Zinseszins. Sie schob ihre Zunge in seinen Mund. Er hielt den Atem an und frohlockte. Endlich, dachte er, die Stunde ist gekommen. Er hatte sein Mofa an die Hauswand gelehnt. Sie hatte ihn an die Hand genommen. Er hatte überhaupt nicht gezögert, aber sie zog ihn hinter sich her und schloss vorsichtig die Haustür hinter ihnen. Mit gedämpfter Stimme bat sie ihn im Treppenhaus darum, ja keinen Lärm zu machen. Nachbarn lieben Nachtruhe, hatte sie ernst gemeint und den Finger auf die geschlossenen Lippen gelegt. Er starrte immerfort auf ihren festen runden Po, der unter dem Wildledermini gut zur Geltung kam und wackelnd vor ihm die Stiegen erklomm. Das grelle Flurlicht machte ihn etwas benommen. Hätte ich nur weniger getrunken, dachte er, weniger oder noch mehr. Sie wohnte im zweiten Stock und bugsierte ihn gleich ins Schlafzimmer. Das Schlafzimmer einer Barbedienung hatte er sich anders vorgestellt. Die ganze Einrichtung verruchter und glamouröser. Einzig das grün gedämpfte Licht eines Lampenschirms neben der Frisierkommode mit dem aufklappbaren Spiegel, auf deren Marmorplatte allerlei Tiegel und Döschen herumstanden, ließ sich in seine Vorstellung einpassen. Ein ziemlich geschmackloser Kleiderschrank aus furniertem Holz jedoch, dessen Türblätter lose übereinander lappten, weil das Schloss offensichtlich nicht mehr richtig funktionierte, verdeckte die der Tür gegenüber liegende Wandfläche. Vor dem Fußende des Bettes lag auf gefliestem Boden ein cremefarbener Flauschteppich aus, auf dem Kleidungsstücke herumlagen. Jetzt fielen in kurzen Abständen andere darauf herab. Wenn nicht die Gestaltung der Kissenbezüge, die auf italienische Städtewahrzeichen wie die Rialto-Brücke in Venedig oder das römische Kolosseum als Motive zurückgriff, diesen Bezug verwehrt hätte, wäre das Bett, in dem Thomas landete, von der Federung her betrachtet durchaus spartanisch zu nennen gewesen. Ja, Sparta. Er dachte an das antike Sparta, als Rita ihm die Knöpfe seiner hauteng anliegenden Jeans öffnete, als ihre behänden Finger sich Einlass verschafften und alsbald begannen, sich auf virtuose Art mit seinem Glied zu beschäftigen. Bei ihrem kundigen Tun betrachtete sie ihn lächelnd. Die Schlacht bei den Thermopylen. Bleibt standhaft, Spartaner.

Eine Anstrengung des Willens. Nur nicht zu früh die Waffen strecken. Ein ungleicher Kampf, seufzte er, als Rita sich auf ihn legte und ihren weichen Körper auf seinem Glied bewegte. Das reckte sich gebieterisch und eroberte den Engpass. Dann erblickte er Ritas Kopf, Hinterköpfe, die sich in den Spiegelflächen der Kommode zu einer Warhol'schen Serie reihten und genauso verbissen arbeiteten wie ihre Arschbacken, die er in seinen Handflächen hielt. Und auch er bekam tausend Hände. Aushalten! Jetzt befahl er sich nur an das eine zu denken! Die Spartaner und ihr tapferer König Leonidas gegen die Übermacht der Perser. Durchhalten. Sie roch süßlich und schmeckte salzig vom Schweiß, den er von ihrer Haut ableckte. Auch von den Brüsten, die wie reife Birnen über seinem gierigen Mund herabhingen. Er fixierte den Schiefen Turm von Pisa, der auf dem Bettlaken über Ritas Schulter herabhing, und stöhnte ‚Rita', als er ausspritzte, und ja, ja, ach ... und ach, das war es auch schon gewesen. Ging alles ziemlich schnell. Wanderer, kommst du nach Sparta ..., erinnerte er sich, aber von dieser Heldentat wird es nicht viel zu berichten geben, vielleicht hätte er doch besser Fontanes ‚Herr von Ribbeck auf Ribbeck im Havelland' dabei memorieren sollen. ‚... nahm er eine Birne mit ins Grab ...'. Zu spät. Er küsste sie dankbar auf die Stirn und bilanzierte stolz: Nicht schlecht für einen Anfang. Sie rauchten, aber Thomas machte seine Zigarette nach den ersten Zügen aus. Später wurde er in Ritas Armen wach. Sie schwitzte. Er schnappte nach Luft und befreite sich aus der Umklammerung. Sie murmelte etwas Unverständliches und drehte sich von ihm weg. In die klebrige Stille des Schlafzimmers hinein dröhnte ihr Schnarchen. Das grüne Wandlicht neben der Kommode brannte noch. Es erinnerte ihn an das ewige Licht unter dem Marienbild im Schlafzimmer seiner Eltern. Leise kroch er aus ihrem Bett, klaubte seine Sachen vom Boden und zog sich hastig an. Er fuhr nach Hause, schlich in sein Zimmer, stemmte das Fenster in der Dachgaube auf und sah auf den Nachthimmel hinaus, von dem die Sterne makellos glänzten. Alsbald schlief er tief und traumlos.

Dann war es so weit. Kurz vor zwölf bestieg Thomas Bitterschulte an diesem Septembertag den Personenzug Richtung Münster, der sich holpernd in Bewegung setzte. Während die Diesellok langsam anrollte, den kleinen Bahnhof verließ und zaghaft Geschwindigkeit aufnahm, beobachtete er aus dem schlierigen Waggonfenster, wie die Stadt von ihm abfiel. Die kleinen Läden und Handwerksbetriebe, die pünktlich geschlossen wurden. Die wenigen Menschen in der Mittagssonne. Die Silhouette der Sheddächer auf der Flaßkamp'schen Fabrik, aus der eilige Arbeiter mit dem Fahrrad in die Pause fuhren. Die herbstlich leuchtenden Gärten mit den Gladiolenbeeten und alten Apfelbäumen mit tief herabhängenden Zweigen. Die Barackensiedlung im Reckenfeld mit den bunt behangenen Wäscheleinen. Er dachte auch seufzend an Lovely Ritas

Italo-Bettwäsche. Er wusste genau, dass sie ihn nicht besuchen kommen würde. Er öffnete den Reißverschluss seiner Sporttasche, kramte die knallrot eingebundene Mao-Bibel aus seinen Sachen heraus und begann, wahllos in den Spruchweisheiten zu lesen. Er versuchte den Sinngehalt einiger Maximen des Vorsitzenden zu erschließen und wunderte sich über den Bilderreichtum des Chinesischen. Aus den Augenwinkeln beobachtete er, wie schräg gegenüber zwei distinguierte Herren sich wegen seiner Lektüre erregten und die Nasen rümpften. Er freute sich über ihr Benehmen. Das gute Leben hatte eigentlich schon begonnen, dachte er zufrieden. Er erwartete einiges davon. Er legte die provozierende Fibel neben sich auf die Sitzbank und schloss voller Vorfreude die Augen. Er beschloss jetzt, über alles ein genaues Buch zu führen.

Aus Bitterschultes Klessmann-Notizen

Erstes Bild: Vom Luftablassen

Neulich sah ich Klessmann in einem Fernsehbeitrag von der Frankfurter Buchmesse wieder. Er hat es zum Lektor in einem Kölner Verlag gebracht und bereitete dort gerade die Herausgabe der letzten Memoiren von Peter Ustinov vor. Ich hatte ihn schon lange aus den Augen verloren, war aber von seiner offensichtlichen Karriere nicht sonderlich überrascht. Er plauderte charmant und gestenreich über sein jüngstes Projekt und ich begann mich rasch wieder an alles zu erinnern.

Wer sich damals mit allem nicht abfinden wollte, suchte den Kontakt zu einer linken Hochschulgruppe. Der Bund marxistischer Studenten nannte sich kämpferisch Spartakus nach der Liebknecht-Luxemburg-Opposition gegen die deutsche Kriegsführung im Ersten Weltkrieg, die mit dem Titel ihrer Rundbriefe wiederum an den unerschrockenen Führer des großen Sklavenaufstands erinnerte, welcher das römische Imperium in seinen Grundfesten erschüttert hatte. Der straff organisierte Bund spielte in den meisten bundesdeutschen Universitätsstädten seine Rolle und tauchte folglich bald in den Hochglanzperiodika der Verfassungsschutzämter auf. Er war analog zu den Fakultäten aufgebaut und unterhielt dort Sektionen. Er solidarisierte sich mit der Revolution in Kuba, mit der Guerilla in Vietnam und dem Untergrund im lusophonen Afrika. Er sammelte Geld und Unterschriften gegen den faschistischen Putsch in Chile. Er offerierte zudem eine ganz brauchbare Studienberatung, engagierte sich bei der überfälligen Reform der Hochschulen und organisierte Demos für eine Erhöhung des BAföGs (Arbeiterkinder an die Unis!). Soviel Engagement wurde honoriert. In vielen Instituten stellte der Bund im Bündnis mit anderen linken Organisationen die Vertretung der studentischen Interessen und entsandte an manchen Hochschulen auch tüchtige Referenten in den Allgemeinen Studentenausschuss AStA.

Als ich mich immatrikulierte, hatte Bernd Klessmann schon einen klingenden Namen an der Uni. Ich kannte sein glatt rasiertes Gesicht mit der runden Nickelbrille von Flugblättern und Wahlplakaten. Er war Leiter der Sektion Germanistik des MSB, also des Marxistischen Studentenbundes Spartakus. Als Führungskader steckte er bis über beide Ohren in der Politik, Tag und Nacht. Er fand aber – zu meiner anhaltenden Verwunderung – noch ausreichend Zeit für eine intensive Beschäftigung mit Lessings Trauerspiel Emilia Galotti und dem Schrifttum Lenins. Auf beiden Gebieten galt er Gleichgesinnten als Experte. Selbst der große Lenin, wusste Klessmann, hatte sich respektvoll über Lessing und sein Werk geäußert. Apropos Lenin. Klessmann sonnte sich im gesamten Fachbereich als Einziger im

Ruf, den ‚Empiriokritizismus' nicht nur gelesen, sondern auch mehr oder weniger verstanden zu haben. Dieser hübsche Text von 1908 mit seinem vollständigen Titel ‚Materialismus und Empiriokritizismus. Kritische Bemerkungen über eine reaktionäre Philosophie' (zum Nachlesen: Lenin, Werke, Band 14) ist unter allen Drucklegungen des großen Wladimir Iljitsch eine der vertracktesten. Sie wurde wegen ihres unbestrittenen Gewichts in jenen theoriefreudigen Zeiten häufig zitiert, aber wenig gelesen und noch weniger verstanden. Anderen begreiflich machen konnte Klessmann Lenins komplexe Abhandlung zwar auch nicht, aber auskunftsfreudig, wie er war, bemühte er sich beharrlich und auch ohne gegebenen Anlass darum. Wohl etwas überraschend für diejenigen unter den Lesern, die mir bis hierher gefolgt sind, hatte er sich daneben in einer etwas derben, gleichwohl unbestritten musischen Fähigkeit vervollkommnet. Er organisierte den Austritt der Blähluft beim Furzen derart kunstvoll und posaunig, dass er damit die ersten, fanfarenartigen Töne der sowjetischen Hymne erzeugte – also: prr pr pr prr prr, falls Sie den triumphalen Auftakt gerade im Ohr haben – und intonierte dieses Kabinettstückchen einem wechselnden Auditorium bei jeder sich bietenden Gelegenheit, deren Anzahl naturgemäß auch von seinen kulinarischen Vorlieben und den anhängigen Verdauungsprozessen bestimmt wurde. Fremden Ohren zu Gehör und mancher fremden Nase zu Geruch. Ging ihm bald unten die Luft aus, strich er sich die langen blonden Haare aus dem Gesicht, spitzte die bartlosen Lippen und nahm die Melodie pfeifend auf. Die eifrigsten Bewunderer aus seiner Entourage fingen sie beim ersten Luftschnappen geschickt auf und schraubten sie gemeinsam wieder in ihre kompositorische Höhe. Andere, die sich durch seine ewigen und unvorhersehbaren Fourzvertüren akustisch und olfaktorisch belästigt fühlten, sahen in ihnen ein ärgerliches Relikt seiner ländlichen Herkunft. Eine überaus törichte Meinung, mit der sie letztlich nur ihrer kleinbürgerlichen Voreingenommenheit gegen die Landbevölkerung ein Zeugnis ausstellten.

Klessmann entstammte einer bodenständigen Familie in der Osnabrücker Gegend. Seine Eltern besaßen einen respektablen Hof bei Bramsche und galten als gottesfürchtig und rechtschaffen wie die meisten Einwohner dieses zwischen Hase und Mittellandkanal böse eingezwängten Städtchens. Vor Bernd hatten die Eltern schon einen Sohn gezeugt, Werner, der auf dem Hof geblieben war und diesen nach seiner Heirat mit Ann Ladiges, einer Fußpflegerin, die auch die Kicker vom VFL flott machte, übernehmen sollte. Nach ihm folgten drei Mädchen, Elfriede, genannt Elfe, Monika, genannt Mona, und Paula, genannt Pauline. Von der politischen Entwicklung ihres Zweitgeborenen in der Universitäts- und Bischofsstadt, die sie als Verirrung angesehen und der sie verständnislos gegenübergestanden hätten, konnten oder wollten sie nichts wissen. Vielleicht ahnten sie etwas davon, denn Thea Klessmann, Bernds Mutter, betete den Gnadenreichen Rosenkranz für ihn und steckte heimlich Kerzen an, deren Wachs sich vor dem Marienbild in St. Martinus gegen die bösen Mächte des Atheismus beharrlich verzehrte. Sie hatten ihn noch nicht besucht und weder Thea noch Günther, ihr Mann, wäre jemals auf diese Idee gekommen. Bernd wiederum schrieb ihnen nicht, telefonierte selten, verbrachte Weihnachten mit den Chefideologen der Weinverkostung in einer Winzer-Kooperative bei Bologna und kam nur im Frühjahr mit einem grünen VW Käfer über die A 1 nach Hause gefahren. Vor Beginn des Sommersemesters quartierte er sich mit den Genossinnen und Genossen der Sektion Germanistik auf dem einsam unter alten Eichen gelegenen Klessmann'schen Anwesen ein, um dort in behaglicher Abgeschiedenheit die Schwerpunkte der anstehenden Semesteragitation zu diskutieren und zu beschließen. Obwohl seine Eltern das alte Kinderzimmer unterm Dach für ihn beziehbar gehalten hatten, wohnte Berni, wie ihn hier alle noch ganz unbefangen nannten, mit den Genossinnen und Genossen in einer umgebauten Scheune, die Klessmanns auch als Ferienunterkunft vermieteten. Bernds Familie und der Dorfgemeinschaft gegenüber gaben sie sich als ‚Studienkollektiv Sturm und Drang' aus, das sich auf ein entsprechendes Hauptseminar im Sommersemester hin präparierte. Mit dieser akademischen Tarnung setzten sie auch ein sichtbares Zeichen gegen das unter der Landbevölkerung grassierende Vorurteil von den faulen Studenten. Und tatsächlich trafen sie sich jeden Morgen um acht Uhr zur Sektionssitzung. Klessmann machte jeden zur Schnecke, der zu lange geschlafen hatte. Die Revolution lege Wert auf Pünktlichkeit. Auch den Arbeitern in der Produktion würden Verspätungen nicht nachgesehen werden. (Später war ich selbst einmal dabei und habe sein Getöse mit eigenen Ohren ertragen müssen. Revolutionäre Disziplin fordere er ein von jedem Genossen, der Klassenkampf verzeihe keinen Schlendrian usw.)

Untereinander redeten sie sich auf dem Hof und abends im Gasthof Lessing (ja wirklich: Lessing! Ewald Lessing!) mit Kommilitone und Kommilitonin an. In der Dorfkneipe verzichtete Klessmann beim Furzen auf die Russenhymne und blies ihnen den Radetzkymarsch. Heimatmelodie. Wegen dieser Fertigkeit schien er auch hier gut gelitten zu sein, denn die Landjugend an Lessings Tresen fiel begeistert ein in die schmissige Melodie, die von dem Dichter Joseph Roth, wie Klessmann seinem Bruder Werner später bei einer Lage Köm erklärte, einmal als Marseillaise des Konservatismus bezeichnet worden war. Diese Art von Camouflage hielten sie für absolut notwendig. Sie verlieh dem politischen Geschäft einen konspirativen Hautgout und ihnen ein Gefühl von Bedeutung. Sie machte Spaß und brachte den Spartakisten einige angenehme Tage auf dem Land ein. Alles in allem ein ziemlich preisgünstiger

Kurzurlaub. Gesunde Luft und nahrhafte Kost inklusive. Denn wie alle Mütter ließ sich Thea Klessmann in puncto leibliches Wohl nicht lumpen, quälten sie doch stets die schlimmsten Befürchtungen bezüglich der Verpflegung ihres Sohnes in der Anonymität einer Universitätsmensa: Ihren Bernd stellte sie sich trotz regelmäßig eintreffender Bramscher Mettwurst-Pakete stets als darbend, zumindest aber grässlich mangelernährt und also für jeglichen Studienerfolg denkbar schlecht präpariert vor. Deshalb fühlte sie sich geradezu verpflichtet, eingebildete Versäumnisse auszugleichen, und stand bereit, alles in ihren Vorratskammern Hängende und Gestapelte herzugeben, um die kostbaren Tage heimatlicher Anwesenheit zur Aufpäppelung des, wie sie spürte, irgendwie verloren gegangenen Sohnes mit deftiger Hausmannskost zu nutzen. Sie schloss das gesamte ausgemergelte Kollektiv großherzig in ihre Bemühungen mit ein. Die solcherart nicht gerade Verwöhnten genossen ihre Fürsorge und fanden einen Weg, ihr insgeheim zu danken. Sie beschlossen nämlich zu fortgeschrittener Nacht nach langwierigen Debatten, Leerung etlicher Flaschen Rotweins und gegen den energischen Widerspruch Bernds, der ihnen keine privaten (= kleinbürgerlichen) Sentimentalitäten durchgehen lassen wollte, das Klessmann'sche Anwesen bei einer zukünftigen Kollektivierung der Landwirtschaft auszusparen. Die jungen Weltveränderer nahmen eine solche als unausweichlich an auf dem langen, aber unumkehrbaren Weg zum Sozialismus, konnten sie sich aber nicht anders als unter Anwendung von außerökonomischem Zwang als durchführbar denken. Denn in der westdeutschen Bauernschaft sahen sie nicht völlig zu Unrecht einen Hort gesellschaftlicher Rückständigkeit und politischer Reaktion, den man ganz gewiss einmal zu seinem kollektiven Glück und damit zu geregelten Arbeitszeiten mit Urlaubsanspruch wie in den LPGs im Osten werde zwingen müssen. Deshalb war auch Bernd Klessmann mit seinem Familienhintergrund (konservativ, agrarisch, christlich) ein seltener Vogel in der linken Bewegung und wurde nicht nur zu Fragen der Literaturtheorie gern gehört, sondern hin und wieder auch von übergeordneten Leitungen zur Erörterung von Problemen der Entwicklung des marxistischen Einflusses auf dem platten Land um Rat angegangen. Denn ohne die Bauern an der Seite der Arbeiter und Studenten, so lehrten sie alle historischen Erfahrungen, würde auch hierzulande, in einer der stärksten Bastionen des Imperialismus, an der Nahtstelle der Systeme, nichts gehen. Klessmann bestätigte gern die politische Rückständigkeit der westdeutschen Bauern und führte diese durch eine Kette von Niederlagen zurück bis auf die schreckliche Bestrafung der Aufständischen durch die siegreichen Fürsten und Bischöfe in den Bauernkriegen des 16. Jahrhunderts. Er selbst stand der bäuerlichen Lebensweise seit früher Kindheit reserviert gegenüber. Er vergrub sich lieber in die Dachkammer zu seinen

Büchern. Dort las er fromme Heiligenlegenden und später Bücher über die Kreuzzüge der Templer ins Heilige Land. An den Sonntagen pilgerte der Jugendliche nach Osnabrück und besuchte die Heimspiele des VfL an der Bremer Brücke. Bei Wind und Wetter und unabhängig vom Tabellenstand fieberte er mit. Wer auf der Gegengeraden so gestählt worden war, der wusste auch seinen Mann im Klassenkampf zu stehen. Und der würde, gerade in Westdeutschland, erbittert genug geführt werden müssen, wusste Klessmann.

Völkerfreundschaft

Seit dem Beginn ihrer von Widersprüchen geprägten Geschichte waren die Menschen untereinander zur Freundschaft begabt. Diese Fähigkeit ist als Wesenszug in einem doppelten Sinne human und dazu auf eine praktische Art und Weise vernünftig. In einer feindlich gesinnten Umgebung ist der Freund mit seiner Zuneigung überlebenswichtig, wird die Freundschaft zum Pakt auf Gedeih und Verderb. Die Bereitschaft, Partei zu ergreifen, wird sowohl Voraussetzung als auch Bestandteil des Menschseins. Nicht nur Ausdruck des Mitleidens, sondern auch bewusster Akt der Solidarität. Somit gilt die vertrauensvolle Beziehung zwischen Freunden als ‚condition humaine', die von Literaten und Erzählern aller Epochen gern als Thema aufgegriffen und zu edlem Stoff verarbeitet wird. Nach Kant das Steckenpferd der Romanschreiber. Aus der Freundschaft die Freundlichkeit. Nach Freud die erste und allgemeinste Erscheinungsform der Liebe. Neben dieser hehren Art gibt es andere Varianten der Freundschaft wie die, die zwischen den Menschen und manchen Tierarten existiert. Diese Sorte kommt nicht einmal selten vor, wenn man etwa an die Beziehung des Menschen zu seinem ältesten animalischen Freund, dem Hund, denkt. Sie hat gar nichts im Sinn mit gemeiner Tierliebe oder egoistischer Verhätschelung der Kreatur und wirkt anrührend vor allem in ihrer einseitig unbedingten Treue, wenn man wieder das Beispiel des getreuen, vor Kummer winselnden Vierbeiners heranzieht, der seinem toten Herrn vom kühlen Grab nicht weichen will. Selbst die Beziehungen zwischen Staaten und ganzen Völkern treten zuweilen in ein Stadium der Freundschaft ein. Dann ist diese nicht aus sich selbst heraus verständlich, sondern zur Kategorie der großen Politik geworden. Die sollte uns zu denken geben. Soll sie halten, bedarf diese Freundschaft der Erläuterung. Um die Bitterschulte sich seinerzeit bemühte.

Anfangs und für eine lange Zeit subsumierte Bitterschulte unter dem Oberbegriff der ‚Freundschaft' lediglich die stinknormale Freundschaft und die deutsch-französische Freundschaft. Unter der ersten Art verstand er die Freundschaft zwischen Jungen – diese etwas grundierter als die zwischen Mädchen oder die zwischen einem Mädchen und einem Jungen und nach dem Vorbild der Blutsbrüder Winnetou und Old Shatterhand auch verlässlicher und vor allem dauerhafter. Ist sie aufrichtig und echt, kennt sie keinen Verrat. Die zweite Art, so lernte Thomas sie im Geschichtsunterricht bei Sievers zu begreifen, kam als Ergebnis der Aussöhnung zwischen den Erzfeinden diesseits und jenseits des Rheins nach dem letzten verheerenden Krieg zustande und sollte den Grundstein abgeben für das stabile Gebäude eines zukünftigen friedlichen und vereinigten Europas. (Trotz dieser schönen Idee zogen die Völker des heimgesuchten Kontinents wenig später jedoch nicht in einen Palast namens EFG, also Europäische Freundesgemeinschaft, ein, sondern richteten sich schlicht und nüchtern ein im Haus der EWG, also einer Europäischen Wirtschaftsgemeinschaft. Was wiederum nur beweist: Gemeinsame wirtschaftliche Interessen sind kein ganz schlechter Kitt für eine Freundschaft. Was keineswegs ausschließt, dass umgekehrt auch Fremde oder gar Feinde ganz gute Geschäftspartner abgeben können, wie der florierende Interzonenhandel mit der DDR oder die Erdgas-Röhren-Geschäfte mit der Sowjetunion später bewiesen haben. Wer miteinander Handel treibt, schießt nicht aufeinander. Geschäfte zwischen solchen Partnern sichern also auch den Frieden.)

Während die individuelle Freundschaft spontan als Ergebnis gegenseitig empfundener Sympathie entsteht und sich in der grauen Gleichgültigkeit des Alltags als zweckmäßig zu bewähren hat, sind für das Zustandekommen und Funktionieren dieser zweiten Art als Architekten apostrophierte Staatsmänner verantwortlich zu machen. Im speziellen deutsch-französischen Verhältnis wurde eine Freundschaft über die Schützengräben nicht nur des letzten Krieges hinaus von zwei alten Männern entworfen und galt als gestiftet und vorzeigbar, als die ersten deutsch-französischen Ehen angebahnt wurden. Bei diesen bilateralen Eheschließungen, so stellte es sich für Thomas dar, angelten sich vor allem französische Männer deutsche Frauen. Selten las er in den Zeitungen – etwa im Fall der vergötterten Bardot – von einem deutschen Mann, der es genug war, um eine der begehrten französischen Mariannes für sich und das Ansehen der jungen Bundesrepublik zu erobern. Hieß eine davon Brigitte, musste der Mann vor allem Playboy sein. Ausnahmen bestätigen auch diese Regel und in der Regel schienen die teutonischen Mannsbilder den französischen Frauen nicht elegant, also vorzeigbar genug zu sein. Erst Jahre später, als die blonde Bardot nur noch als sorgenfaltenreiche Tierschützerin für Illustrierten-Schlagzeilen sorgte, erzählte Dennis Frister, Bitterschultes Zahnarzt des Vertrauens, eine langwierige und hochnotpeinliche Wurzelbehandlung anekdotisch begleitend, vom Zustandekommen seiner kürzlich geschlossenen Ehe mit Angèle, einer temperamentvollen Französin aus Perpignan. Da Bitterschultes Rachenraum aufgesperrt und betäubt blieb, ergab sich für ihn keine Gelegenheit, seine eigene Ansicht zu diesem besonderen Aspekt deutsch-französischen Freundschaftswerbens darzulegen. Er war vielmehr gezwungen, den kompletten Monolog des entflammten Dentisten über die Vorzüge des mediterranen ‚savoir vivre' anzuhören, die dieser bei der bevorstehenden ‚visite d'été' auf dem schwiegerelterlichen Weingut zu genießen dachte. Darüber hinaus ertrug Thomas tapfer das Brummen, Kreischen und Surren der medizinischen Instrumente, die schleifend, fräsend oder bohrend dem Unheil in seinem malträtierten Oberkiefer an die Wurzel gingen. (Wie beim Friseur, dachte Bitterschulte in einer der seltenen Verschnaufpausen, wenngleich dessen Reden damals schlüpfriger, das Klappern von Kamm und Schere als Geräuschkulisse erfreulicher und die Kostenrechnung geringer gewesen war; aber trotzdem klang das Gerede des Zahnarztes wie das beruhigende Geplapper von Gerry Overbeck, dem ungekrönten König des Emslaker Fassonschnitts. Ein parfümierter Sonnenkönig mit geföhntem Blondhaar. Aus der Brusttasche seines hellblauen Nylonkittels lugten Schere und Stielkamm hervor – die Insignien seines Königreichs. Ein besorgter Monarch, der seinen jugendlichen Untertanenstamm vor den großen Salonspiegeln standesgemäß versammelte und mit dem Abspielen alter Elvis-Platten bei der Stange zu halten suchte. Dessen Damen- und Herrensalon sie trotzdem oder gerade deshalb an der Schwelle zum ersten Rasiertwerden untreu geworden waren, als sie beschlossen, ihr Haupt- und Barthaar künftig ungehemmt sprießen zu lassen. Zum Ausweis einer natürlichen Renitenz.) Mag wohl sein, dass bei der Sachs-Bardot-Affäre Geld und Vermögen eine nicht unerhebliche Bindewirkung ausgeübt haben. Was wiederum nur bewiese: Geld auf der einen und materielle Interessiertheit auf der anderen Seite sind keine schlechten Voraussetzungen für eine erfüllte Beziehung. Dauerhafter zumeist als die pure Emotion und die Erektion erst recht.

Doch zurück zu den Architekten des neuen Europas und ihren völkerverbindenden Bauvorhaben. Alles in allem eine erstaunliche Entwicklung, konstatierte Bitterschulte, als ihm die Kino-Wochenschau die Herren de Gaulle und Adenauer mit ihren frackwürdigen Ministern in der Godesberger Redoute beim Dinieren vorführte. Welch ungeheure Dynamik der Geschichte. Gestern erst Okkupation hier, Résistance dort, vorgestern noch ‚Jeder Stoß, ein Franzos‘, heute ein blühender Völkerfrühling mit umhegtem deutsch-französischem Jugendwerk-Beet. Sievers freilich hatte ihnen damals im Geschichtsunterricht diese sich die Idee der Freundschaft zu Eigen machende Überhöhung einer zwischenstaatlichen Beziehung kühl entzaubert und machtpolitisches Kalkül als deren profane Ursache auszumachen gewusst. Frankreich kann ohne Deutschland nicht Weltmacht bleiben, Deutschland, hören Sie gut zu, Bitterschulte, das geteilte Deutschland ohne Frankreich nicht wieder dazu aufsteigen. So hatte er doziert und auf die weltpolitische Dominanz der beiden rivalisierenden Supermächte USA und UdSSR im Zeitalter des nuklearen Patts hingewiesen. Die Geschichte, pflegte Sievers, der sich als Bewunderer Bismarcks gab und mit Hingabe dessen Bündnissystem analysieren konnte, bei solchen Gelegenheiten zu räsonieren, sei eine gute, aber gestrenge Lehrmeisterin. Sie habe leider seit jeher schon schlechte Schüler gehabt, die sich die alte Vettel schönzureden suchten. Die Stunde für eine europäische Renaissance liege noch in weiter Ferne. Klingt einleuchtend, dachte sich Bitterschulte, obwohl er zu jenem Zeitpunkt schon damit begonnen hatte, zwischen den beiden Supermächten zu differenzieren, und seine Sympathien eindeutig vergeben hatte. Andererseits war er in Bezug auf die Grande Nation unvoreingenommen und hegte keine Ressentiments gegen die Franzosen und erst recht nicht gegen ihre Geschichte und Kultur. Doch davon später. Es soll ja auch ein deutschamerikanisches Pendant gegeben haben, wenngleich diese Freundschaft nicht mit demselben Tamtam zelebriert wurde wie jene zu den Nachbarn westlich des Rheins und sie – außer vielleicht in Westberlin – ein Schattendasein führte. In sonntäglichen Schaufensterreden reklamierten Politiker beiderseits des Atlantiks, auch diese Freundschaft mit pulsierendem Leben zu erfüllen, was aber nie überzeugend gelang. Denn wer fuhr damals schon in den Sommerferien in die USA und welche biedere Wirtschaftswunder-Frau heiratete schon freiwillig einen Uncle Sam mit seinen ungehobelten Tischmanieren?

Angesichts dieser Vorgeschichte war Bitterschulte nicht ganz unvorbereitet, als er in seinem eben neu begonnenen Leben mit den völlig andersartigen Dimensionen der deutsch-sowjetischen Freundschaft konfrontiert wurde. Eine Freundschaft, die als unverbrüchlich galt, wie stets attribuierend vorab betont wurde, wenn sie in Rede gestellt wurde. Eine Freundschaft, der sich auch ein nicht zu unterschätzender didaktischer Aspekt abgewinnen ließ. Zusammengefasst in der Behauptung: Von der Sowjetunion lernen, heißt siegen lernen. (Von der Sowjetunion zu lernen, heißt siegen zu lernen, wie Thomas zähneknirschend stets korrigierte, wenn der Slogan irgendwo zitiert wurde.) Eine Freundschaft, welche durch die vollkommen neue Qualität der Beziehungen zwischen den Völkern der SU und des neuen Deutschlands in ihren entwickelten sozialistischen Lebenszusammenhängen widergespiegelt wurde. Oder etwas anderes in diesem manisch-pathetischen Verlautbarungsstil. Vieles darin klang durchaus ähnlich versoffen wie die Tonart der Deklamationen zu den deutschfranzösischen Beziehungen. Da jedoch Russen von Deutschen in der leidvollen jüngsten Vergangenheit weitaus grausamer mitgespielt worden war als den Franzosen, konnte Bitterschulte sich noch weniger als bei diesen zusammenreimen, wie aus Feinden, besser aus Tätern und Opfern, so schnell feste Freunde für das Leben in einer Nachkriegszeit werden konnten. Jedoch hatte diese rasant gewachsene Freundschaft nur im östlichen Teil Deutschlands Wurzeln geschlagen. In dessen anderem Teil schien das Verhältnis zu den ehemaligen bolschewistischen Untermenschen, die von einer Laune der Geschichte den Siegern zugeschlagen worden waren, eher von diffusen Ängsten – Thomas prägte für sich die Fachbezeichnung ‚Iwanophobie' – und einem schlechten Gewissen geprägt zu sein, dessen Regungen kollektiv unterdrückt wurden. Die Ängste schlugen in Hass um. Nüchtern gesehen handelte es sich bei der deutsch-sowjetischen Variante nicht um die Freundschaft zwischen zwei ebenbürtigen Ländern, sondern streng genommen um die zwischen einem nicht einmal halben Land und einem Sechstel der Erde.

Ein Sechstel der Erde war rot. So verhielt es sich in der Fläche, so war es im Weltmaßstab um ihre große Sache bestellt. Dieses Fazit schien auch deshalb mathematisch-geographisch formuliert zu werden, damit sich ein jeder Genosse die Größe der kommenden Anforderungen exakt berechnen konnte: Es blieben immerhin noch fünf mehr oder weniger schwarz eingefärbte Sechstel übrig. Diaspora des Fortschritts. Thomas erinnerte sich an andersartig kolorierte Weltkarten, die er als Kind mit Missionarsblick betrachtet hatte, in denen die Landstriche mit überwiegend sich katholisch bekennender oder bekehrter Bevölkerung gelb dargestellt waren. Er verglich und vermochte nicht eindeutig zu bestimmen, welches von beiden Kartenwerken die eigene Sache optimistischer darstellte. Die Weltrevolution als eine simple Aufgabe der Bruchrechnung. Eine Angelegenheit der Buchhaltung. Und das nicht einmal halbe Deutschland und einige andere Länder kamen ja nach ihrer Befreiung vom Faschismus zu dem ursprünglichen Sowjet-Sechstel noch dazu. Wie viel ergäbe das in summa? Ein Fünftel? Zwei Sechstel? Drei Siebtel? Thomas konnte und wollte es nicht genau berechnen. Denn was war mit der VR China, die Thomas trotz ihrer Entzweiung mit der Sowjetunion für das fortschrittliche Lager noch nicht endgültig abschreiben wollte? Zählte sie schon nicht mehr dazu? Flächenmäßig ja auch kein ganz kleines Land. An Menschenmassen ein Gigant. Jeder dritte Mensch, hatte sein Vater einmal gesagt, sei heutzutage ein Chinese. Warum bestimmt man das Kräfteverhältnis zwischen Sozialismus und Imperialismus nicht anhand der Bevölkerungszahl?, dachte Thomas. Nach Menschen. Von den armen Schluckern hätte das fortschrittliche Lager bestimmt mehr als ein Sechstel auf der Haben-Seite. Und Vietnam, das sich mit China in einem erbittert geführten Grenzkrieg befand? Wozu rechnete man Vietnam? Zu welchem Lager zählten schließlich die um ihre Befreiung ringenden Völker in den immer noch existierenden Kolonien?

Die Deutschen der Demokratischen Republik ließen sich genau wie ihre mächtigen Freunde im Osten am liebsten nicht in die schlecht gemischten Karten gucken. Solche staatlichen Gepflogenheiten waren allerdings systemunabhängig üblich, sind es bis heute geblieben und werden es bleiben, solange gezinkte Karten im Spiel der Kräfte und Mächte mit dabei sind. Die von Waffen starrende Grenze zwischen den beiden deutschen Staaten hieß auf ihrer westlichen Seite Demarkationslinie und wurde vom Osten zur beinah unüberwindlichen (semipermeablen) Barriere zwischen den beiden antagonistischen Systemen ausgebaut. Noch mehr als Afrika oder Ozeanien galt Ostdeutschland den Westdeutschen trotz mancher grenzüberschreitender Verwandtschaftsbeziehungen als eine ‚Zone' genannte Terra incognita mit Pankow als mächtiger Zentrale der Finsternis. Die Bezeichnung ‚Drüben' besaß für die meisten aus ‚Hüben' einen schaurig-schönen Klang. Im Kalten Krieg begann für diese die Taiga an der Elbe. Am Volkstrauertag stellte der wohlhabende Westen viele beharrlich flackernde Kerzen in die Fenster und schickte Pakete, um seine Verbundenheit zu den in Unfreiheit darbenden Brüdern und Schwestern hinter dem Eisernen Vorhang leuchtend zum Ausdruck zu bringen. Im November stieg die Zahl der Wohnungsbrände an. Auch in der Bundesrepublik gab es indessen noch Menschen wie Wolfgang Uphoff, Zeitgenossen, denen eine Deutsche Demokratische Republik als das bessere der beiden Deutschlands galt und die sich nicht scheuten, ihre Meinung offen auszusprechen und die völkerrechtliche Anerkennung des kleinen Landes zu fordern. Das zu vertreten und Freundschaft zu praktizieren war während des Kalten Kriegs nicht ungefährlich. Unter dem Kanzler Adenauer ließ die Justiz, die sich auch schon gegenüber dem Nazi-Regime als willfährig erwiesen hatte, viele von ihnen wegen verbotener Kontakte ins Gefängnis oder Zuchthaus stecken.

Bitterschulte hatte nichts gegen die DDR. Seitdem er mit der Politik der wieder zugelassenen KP sympathisierte, bemühte er sich nach Kräften darum, den von den Medien – bürgerliche Medien, sagten sie – vermittelten, allgegenwärtigen ‚Zone'-Zerrbildern mit nüchternen Informationen und authentischen Zeugnissen über das Land und seine Politik entgegenzutreten. Wegen dieser Plädoyers wurde ihm in Gesprächen und Diskussionen häufig anempfohlen, das Territorium der Bundesrepublik für immer zu verlassen und sich auf das wesentlich kleinere der Zone zu begeben: Geh doch nach drüben. Thomas blieb angesichts solcher Polemiken, die von offensichtlichen Ignoranten oder verbohrten Kalten Kriegern ausgestoßen wurden, meist ruhig und besonnen. Er setzte ihnen lächelnd auseinander, dass er ja auch Frankreich oder etwa die liberalen Niederlande als das, verglichen mit der BRD, im Doppelsinn verträglichere Land betrachte, trotzdem aber im Moment keinen Gedanken daran verschwende, in einem der beiden Länder seinen Lebensmittelpunkt zu nehmen. Folglich werde er nicht in die DDR, wie die Zone völkerrechtlich korrekt bezeichnet werden müsse, auswandern, sondern stattdessen versuchen, auch hier, in diesem schönen reichen Land, für die Verwirklichung des Sozialismus zu kämpfen. Wenn sie samstags am Infostand vor dem Lebensmittel-Discounter ihre Zeitung zum Kauf und anderes Informationsmaterial gratis anboten, passierte es ihnen gewöhnlich, dass sie angerempelt oder angepöbelt wurden von allerlei Passanten. Sie taten alles für die Verbreitung ihrer Zeitung. Über ihre Zeitung hofften sie, die Menschen zu erreichen. ‚Höhe der Zeit' – die einzige konsequent linke Tageszeitung in der BRD. Die Zeitung der

KP. Kollektiver Organisator, kollektiver Agitator, kollektiver Propagandist; so hatte Lenin einmal die Aufgaben der Parteipresse beschrieben. Das Blatt wurde ihnen nicht aus den Händen gerissen. Die Menschen lesen lieber, was ihnen in der bürgerlichen Presse unter dem Schwindeletikett der Unabhängigkeit und Überparteilichkeit vorgesetzt wird, sagte Wedi, der Kreissekretär für Öff-Arbeit, auf den Beratungen. Am Infostand winkten die Leute wortlos ab, wenn sie ihnen die Wochenendausgabe anboten. Einige erregten sich. Darunter Personen, die geltend machten, früher in der DDR gelebt zu haben und von dort geflüchtet zu sein, oder alte Männer, die im letzten Krieg in sowjetische Gefangenschaft geraten waren und unter der Behandlung im Lager gelitten hatten. (Mir könnt ihr nichts mehr erzählen, ich war in Russland, meinten diese dann und waren irritiert von der Gegenfrage der Genossen, wer sie denn dorthin eingeladen hätte. Wieso eingeladen? War doch kein Geburtstag. War doch Krieg gewesen. Da fragt keiner nach Einladungen. Meinen Sie, wir wurden gefragt?) All denen war Bitterkeit geblieben, die ihnen lieb und teuer geworden war. Sie machten davon Gebrauch, wenn sie den vermeintlichen Protagonisten einer kommunistischen Diktatur in ihrem Wohnviertel begegneten. Einige verloren dann schnell die Fassung, schrieen und geiferten herum, dass die auf Wochenende gestimmten Leute mit ihren schweren Einkaufstaschen stehen blieben und sich an dem Polit-Straßentheater ergötzten. Offensichtlich ermuntert vom Zuschauerinteresse, verloren sich die Geh-doch-nach-drüben-Parteigänger in absurden Spekulationen und unterstellten der bundesdeutschen KP, diese trachte insgeheim danach, das politische und gesellschaftliche System der DDR im Goldenen Westen einzuführen. Selbst bei diesen Manifestationen eines unausgegorenen Antikommunismus blieben die im Klassenkampf erfahrenen Genossen höflich, wenn es ihnen auch einiges an Beherrschung abverlangte. Einer von den erregten Passanten hätte sich jederzeit als ‚agent provocateur' erweisen können. Sie jedoch ließen sich prinzipiell nicht provozieren. Keine Zwischenfälle riskieren. Nicht die Beherrschung verlieren. Sie argumentierten mit Zitaten aus dem Parteiprogramm oder anderen Dokumenten, beriefen sich bei Gebildeten auf Thomas Manns Ausspruch vom Antikommunismus als Grundtorheit unserer Epoche oder luden ganz hartleibige Kommunistenfresser manchmal betont freundlich zum Besuch einer der Informations- oder Bildungsveranstaltungen ein, die sich in jenem Jahr um das Thema ‚25 Jahre DDR' kümmerten. Dabei waren Referenten aus dem anderen Deutschland zu hören, namhafte Wissenschaftler oder Künstler. Oder Sportler zu besichtigen, veritable Olympiasieger wie die 100-Meter-Rakete Renate Stecher und das Rostocker Rückenphänomen Roland Matthes. Seltener wurden Fußballer geschickt. Von denen fürchtete man drüben, sie könnten den Verlockungen des Profisports erliegen und abgeworben werden. Nicht ganz zu Unrecht. Erst recht nach dem WM-Sieg des DDR-Kollektivs gegen die BRD-Kicker.

Die Deutsche Demokratische Republik wurde in diesen Veranstaltungen als ein Land vorgestellt, in dem der Sozialismus seine reale Gestalt angenommen habe. Das sei nicht Sozialismus der Phrase, wie er im Westen vollmundig gerade von Leuten propagiert werde, die mit beiden Füßen auf dem Boden des kapitalistischen Systems stünden, sondern ein Sozialismus der Tat. Er existiere heute im größten Teil des alten Kontinents, weiten Gebieten Asiens, selbst vor den Toren der USA, in Kuba. Das sei realer Sozialismus, weil er sich im Alltag bewährt habe. Er habe den Werktätigen immens viel gebracht. Im Gegensatz zur Bundesrepublik gebe es bezahlbare Wohnungsmieten, die Gleichberechtigung der Frau, gleiches Bildungsrecht aller, kinderfreundliche Einrichtungen und und und. Der Faschismus sei mit Stumpf und Stiel ausgerottet worden. Der reale Sozialismus sei heute bereits eindeutig überlegen, was die Entwicklung kultureller, ethischer und moralischer Werte, die Persönlichkeitsbildung, die Herausbildung neuer Beziehungen zwischen den Menschen und darüber hinaus den Nationen betreffe. Solidarität, Hilfsbereitschaft, Selbstlosigkeit würden Schritt für Schritt zum Gemeingut aller. Nicht zuletzt aber entstünde ein neuer Mensch.

Wie gesagt, Bitterschulte hatte nichts gegen die DDR, die, von ihrem unrühmlichen Ende her betrachtet, in jenen Jahren ihre vielleicht stabilste Phase durchlebte, obwohl er sich manchmal besorgte über die offenkundige Diskrepanz zwischen deren Image im Westen und den Informationen und Darstellungen, die sie selbst verbreitete oder die sie in den Publikationen der westdeutschen Partei über sich verbreiten ließ. Besorgt war er auch über das fatale Erscheinungsbild einiger ihrer führenden Politiker, Genossen der Bruderpartei. Natürlich waren ihnen in der westdeutschen KP die Gebrechen des Realsozialismus hinlänglich bekannt – angefangen von den fehlenden Südfrüchten bis hin zur eingeschränkten Reisefreiheit – Mängel, die sie selbst in ihren Diskussionen mit den Menschen gebetsmühlenartig auf die historischen Umstände, auf die Verheerungen des Weltkriegs und auf die Bedingungen des Kalten Kriegs zurückführten und so zu erklären suchten. Sich selbst und anderen. Aber besser das schlechte Neue als das gute Alte, plapperten sie frei nach Brecht und hielten sich für gewiefte und prinzipientreue Dialektiker. Und Uphoff, der kampferprobte ehemalige Maschinenbauer, wenn sie ihn befragten, wie sich Stalin ereignen konnte, zitierte Goethe: „Dass du die gute Sache liebst / Das ist nicht zu vermeiden / Doch von der schlimmsten ist sie nicht / Bis jetzt zu unterscheiden."

Deshalb war Thomas erleichtert, als ihm im Herbst dieses Jubiläumsjahres endlich Gelegenheit geboten werden sollte, sich mit eigenen Ohren und Augen von den Segnungen des Sozialismus in der DDR zu überzeugen.

Mehr als das erfreute ihn die Aussicht auf anregende Begegnungen und Gespräche mit dem, wie er hoffte, bereits weit verbreiteten Typus des Neuen Menschen, den er sich als moralisch integren, kampferprobten und gebildeten Menschenfreund vorstellte. Thomas wurde aufgrund seines politischen Engagements zum Mitglied einer Parteidelegation benannt, die auf Einladung der SED-Bezirksleitung in die Messestadt Leipzig reisen sollte. Natürlich erhoffte er sich als eifriger Goethe-Leser und Faust-Kenner vom Programm auch einen Aufenthalt in ‚Auerbachs Keller'. Ein solcher Besuch musste exakt geplant werden. Seine Vorbereitung fand unter Beachtung wesentlicher Grundsätze der Konspiration statt. Diese mussten unbedingt eingehalten werden, da der Verfassungsschutz Polittouristen in die DDR sorgfältig zu observieren und registrieren versuchte, um ihnen aus den so gewonnenen Erkenntnissen nachzuweisen, dass sie nicht nur das Staatsgebiet der BRD, sondern auch den Boden seines Grundgesetzes verlassen hätten. Bereits ein paar Wochen vor Abreise der Delegation in die DDR schaffte ein verlässlicher Kurier eine Auflistung persönlicher Daten ihrer Teilnehmer über die innerdeutsche Grenze. In einer vorbereitenden Sitzung wurden Gastgeschenke ausgewählt sowie Verhaltensweisen und Vorsichtsmaßnahmen bei der Einreise in die DDR abgesprochen. Schließlich wollte man vom westdeutschen Bundesgrenzschutz nicht als DDR-Reisender identifiziert und erfasst werden. Die gesamte Ausreise verlangte Geschicklichkeit und bekam zudem noch jenen Beigeschmack von Camouflage, der die Reise in der Erinnerung zu einem Abenteuer verklärte. Die Kunst sollte darin bestehen, sich bei Grenzübertritt möglichst lange wie x-beliebige Transitreisende in die besondere politische Einheit Westberlin zu verhalten, um schließlich mit beiden Autos, bereits außer Sichtweite der westdeutschen Beamten und schon nach dem Passieren der DDR-Hoheitszeichen, aus der langen Transitschlange auszuscheren und sich in die wesentlich kürzere zur Einreise in die Deutsche Demokratische Republik zu stellen.

Grüß euch Gott, Genossen der Grenzsicherung, wir sind Gäste der SED-Bezirksleitung in Leipzig, begrüßten sie keck die beiden stoisch agierenden Beamten am Übergang Herleshausen/Wartha, die auch ob dieser Eröffnung keine Miene verzogen. Die Delegationsmitglieder wurden höflich gebeten, auszusteigen und abzuwarten. Thomas betrat in diesem Moment zum ersten Mal sozialistischen Grund und Boden. Die Sonne schien freundlich und er beschloss, sich den Augenblick zu merken. Sie bekamen Formulare in die Hand gedrückt, mit denen sie ein Einreisevisum beantragen konnten. Die beiden wortkargen Uniformierten kassierten alle Reisepässe ein, warfen einen kurzen Blick auf das Einladungsschreiben und verschwanden mit den Dokumenten in einem verglasten Kabuff, in dem ein Honecker-Portrait vis à vis an einer Wand hing. Dort betätigten sie die

Wählscheiben zweier Telefone und führten endlos lange Dienstgespräche, bei denen die Pässe mit den aufgeschlagenen Fotos auf dem schmucklosen Schreibtisch lagen. Völlig klar, Sicherheit zuerst, meinte Wolfgang Uphoff beschwichtigend, der alte Genosse, der schon während der Illegalität unter Adenauer im Zuchthaus an der Gartenstraße eingesessen hatte. Wir hätten ja auch bezahlte Provokateure sein können. Ihr wisst, wie sehr die Springer-Presse jeden Grenzzwischenfall gegen die DDR ausschlachtet. Endlich schienen die uniformierten Genossen fernmündlich die gewünschte Auskunft erhalten zu haben, rückten die Pässe mit den eingelegten Visa wieder raus, tippten an die Mützenschirme und wünschten gute Reise.

Zwar gab es in dem kleinen Land, das man auch im Trabi an einem Tag bequem durchfahren konnte, anscheinend kaum kommerzielle Reklame, dafür jedoch Stelltafeln en masse sowie zahllose Transparente, beschriftet mit koketten Losungen, die gut sichtbar angebracht waren oder auch von den Bögen der Autobahnbrücken herabhingen und mahnten. Ob Regen oder Sonnenschein – die Ernte muss ja doch herein, lautete zum Beispiel die eindeutige Aufforderung, die jeweils aktuellen Witterungsverhältnisse bei der Landarbeit zu ignorieren. Ein Zweizeiler, den Thomas gleich ins eigens angelegte Tagebuch übertrug, weil es der erste war. Er dachte über dessen Sinn und Schlussfolgerung nach. Es gibt kein schlechtes Wetter, fügte er aus eigenem Erfahrungsschatz hinzu, sondern nur schlecht gewählte Kleidung. Viele der vorüberfliegenden Losungen bevorzugten wie diese den Paarreim, bezogen sich auf das 25-jährige Staatsjubiläum und priesen die Staatsgründung als einen entscheidenden Wendepunkt in der Geschichte Deutschlands sowie die DDR als bedeutendste Errungenschaft der deutschen Arbeiterklasse. Der Paarreim, dachte Thomas, ein entscheidender Unterschied. Westliche Werbelyriker bevorzugten für ihre Botschaften, ob kommerziell, ob politisch, offensichtlich den Stabreim. ‚Milch macht müde Männer munter' oder ‚Bauland muss bezahlbar bleiben'. Thomas notierte einige Parolenbelege aus dem Stegreif und fand Spaß am Sammeln. Er legte eine Slogan-Tabelle an, in der er West-Pest gegen Ost-Kost rubrizierte. Vielleicht ließe sich mit der Untersuchung des Materialschatzes ein Seminarschein erschreiben. Die anderen Genossen in Thomas' Auto, die nicht zum ersten Mal über sozialistisches Terrain fuhren, ließen sich von den vielen Polit-Parolen erst gar nicht beeindrucken. Endlich durchatmen, erklärte Friedel Liesenkötter, ein gestandener Brückenbauingenieur, am Steuer seines Passat-Kombis erleichtert, denn hier endet die Allmacht der Monopole, die mit ihren unerträglichen Reklamekampagnen das Bild unserer Innenstädte und Landschaften verschandeln. Rotraud Dorenkamp, eine kreuzbrave Kindergärtnerin, verkündete vom Beifahrersitz her, sie sei genau darüber froh und erleichtert, dass sie hier nicht an allen Ecken und Enden die frauenfeindliche und sexistisch motivierte Werbung der kapitalistischen Warenwelt ertragen müsse. Betty Lehmkuhl saß mit gerötetem Gesicht neben Thomas im Fond. Sie war Bibliothekarin und arbeitete in der Universitätsbibliothek. Hinter Herleshausen war sie eng an Thomas herangerückt, dass ihre flauschige Strickjacke, auf der ein blau-weißer Button mit Friedenstaube prangte, auch diesen mit erwärmte. Sie schwärmte. Von all den preisgünstigen Büchern, die sie in Leipzig für sich selbst und im Auftrag einiger Freunde zu erwerben gedachte. Danach vertiefte sie sich wieder in ihre Bordlektüre, einen zweisprachigen Majakowski-Gedichtband, aus dem sie hin und wieder zitierte, um den mitreisenden Genossen die Zeit zu verkürzen: Oder hier die ‚Ode an die Revolution'. Aus dem Jahr 1918. Herrlich auch diese Stelle: „Aufs sinkende Schlachtschiff / Schickst du Matrosen, / dorthin / wo vergessen / ein Katerchen miaut. / Da! ..." Die zahlreichen Schlaglöcher auf der Transit-Strecke durch das Lese-Land schienen ihren Genuss an der Lektüre nicht zu stören, sondern ihr vielmehr, wenn Liesenkötter in eine Schadstelle hineinfuhr, zu dem einen oder anderen Gedankensprung zu verhelfen. Der ganze Autobahnabschnitt könnte längst in einem Tipp-Topp-Zustand sein, schimpfte Friedel, der Fachmann, würde der Westen endlich mehr Knete rüberschieben, und spielte damit auf die deutsch-deutschen Verhandlungen um Ausgleichszahlungen der BRD-Regierung für die Benutzung der Transit-Strecken nach Westberlin an.

Unter solchen Gesprächen flossen Zeit und Kilometer holprig dahin. Sie erwarteten viel Gutes und hielten fleißig Ausschau nach den Feldzeichen der Arbeiter- und Bauernmacht. Als sie kurz hinter Erfurt eine staubige Parkbucht passierten, beobachteten sie die folgende Szenerie. Ein Wartburg der Volkspolizei parkte mit eingeschaltetem Blaulicht quer vor einem Mercedes-Benz einer gehobenen Modell-Kategorie. Der Fahrer der Luxuskarosse mit einem Düsseldorfer Kennzeichen war bereits zum Aussteigen angehalten worden und stand polternd in Lodenmantel und gamsbartgeschmücktem Filzhut neben den beiden Hütern sozialistischer Verkehrsordnung. Die geöffnete Kofferraumklappe ragte in den strahlend blauen Himmel. Die Vopos redeten ruhig auf den gestikulierenden Verkehrssünder und offensichtlichen Klassenfeind ein. Einer protokollierte. Wahrscheinlich wieder so ein Wahnsinniger, der mit überhöhter Geschwindigkeit erwischt worden ist. Rotraud Dorenkamp rieb sich die Hände. Lasst ihn ordentlich zur Ader, Genossen, schnaubte sie, schröpft ihn. Wenn ich an die vielen Kinder denke, die durch hirnlose Raser ums Leben kommen ... Der bildet sich wohl ein, wie im Westen so auch im Osten nach Belieben schalten und rasen zu können. Rücksichtsloser Rüpel! Für Rotraud ein starker Ausbruch und Betty Lehmkuhl klappte ihren Lyrikband erschrocken zu, pflichtete der erzürnten Erzieherin aber vom Sinne her bei. Geld wird er ja zuhauf bei sich haben, taxierte sie den

Lodentyp. Wahrscheinlich ein Geschäftsmann auf der Fahrt zur Messe. Dem tut's bestimmt nicht weh. Spesenkonto. Zahlt seine Firma aus der Portokasse. Und Friedel Liesenkötter erfreute sich an der Vorstellung – er fand sie ausgesprochen skurril –, dass der Klassenfeind in seiner hässlichen Lodenmantel-Gestalt kräftig daran mitwirken musste, den chronischen Devisenmangel der DDR zu beheben. Ganz schön clever, die Genossen Polizisten, effektive Kontrollen, präziser Zugriff und immer schön her mit dem schnöden Ausbeuter-Mehrwert.

Über solchen politökonomischen Betrachtungen passierten sie das Hermsdorfer Kreuz. Im Eifer der Debatte hatte Liesenkötter wohl die Kontrolle seines eigenen Wagens für ein paar entscheidende Momente vernachlässigt. Prompt wurden sie von einem Streifenwagen der Volkspolizei überholt und mittels einer rot blinkenden Kelle an den ausgefransten Fahrbahnrand gewunken. Scheiße, fluchte Liesenkötter, erblasste leicht und bremste gehorsam ab. Sie mussten mit ansehen, wie Wolfgang Uphoffs Kadett mit den feixenden Genossen unbehelligt an ihnen vorbeifuhr. Die uniformierten Beamten rutschten beidseitig aus ihrem Dienst-Lada und näherten sich langsam dem Auto der Verkehrssünder. Mit angelegten Handflächen beschatteten sie die Augenpartien gegen das tief einfallende Sonnenlicht. Liesenkötter fischte bereits in der Innentasche seines zerknitterten Sakkos nach dem Reisepass und die Genossin Dorenkamp legte ostentativ die Parteizeitung West mit dem gut sichtbaren Titelkopf ‚Höhe der Zeit' auf die Armaturenkonsole. Betty Lehmkuhl nestelte nervös an ihrem Friedenstaubensticker und sah Thomas Bitterschulte an, der aussprach, was alle dachten: Wir sind zu schnell gefahren! Er sah aber der neuerlichen Begegnung mit Vertretern der Staatsmacht Ost gelassen entgegen. Kann passieren. Diese fatalistische Einstellung schien sich nun auch Friedel Liesenkötter zu Eigen gemacht zu haben, der seinen Pass parat hielt. Selbst wenn wir wirklich ein wenig zu schnell gefahren sein sollten, was kann uns schon passieren, spekulierte er, wir sind schließlich Gäste der SED und können es wohl auch beweisen. Er kramte das offizielle Einladungsschreiben aus dem überfüllten Handschuhfach hervor. Offensichtlich war er der Auffassung, dieses auf BRD-Terrain sorgfältig versteckte Papier mit dem Emblem der ineinander verschlungenen Hände könne ihnen allen eine gewisse Immunität verleihen. Inzwischen waren die Vopos herangestakst und Liesenkötter beeilte sich, das Seitenfenster herunterzukurbeln, das wieder mal klemmte. Einer der Beamten schaute herein und musterte die Genossen Insassen mit einem wenig Gutes verheißenden, stechenden Blick. (Gibt es den Beamtenstatus auch in der DDR?, fragte sich Thomas unwillkürlich. Man weiß zu wenig über diesen Staat und seine Funktionsträger.) Dann erst tippte der Volkspolizist mit Zeige- und Mittelfinger gegen seinen breiten Mützenschirm und stellte sich als

Hauptmann Bleikamp vor. Liesenkötter sagte zaghaft: Liesenkötter, Friedel Liesenkötter. Der andere Ordnungshüter sagte nichts. Er blieb ein paar Schritte abseits vor dem Kühler stehen und flüsterte irgendetwas in ein knochiges Funkgerät. Thomas kannte sich mit militärischen Rangbezeichnungen nicht gut aus, stufte aber einen Hauptmann vom Gefühl her schon als ziemlich hoch ein. Wahrscheinlich gibt er unser Kennzeichen durch, mutmaßte Thomas. Dafür redete er aber zu lange.

Hauptmann Bleikamp warf ihnen nun in allem didaktischen Ernst eine Übertretung der erlaubten Geschwindigkeit in jenem unfallträchtigen Sektor vor, in dem höchstens 80 km/h gestattet waren, ratterte gekonnt die Bestimmungen irgendwelcher Paragraphen herunter und verlangte sofortige Herausgabe aller Dokumente. Als sie, beflissener als sie es auf Verlangen bundesdeutscher, von ihnen gewöhnlich als Bullen apostrophierter Polizisten je getan hätten, hastig ihre Pässe herausrückten, ergriff Liesenkötter wieder das Wort und plädierte unter Berufung auf das besagte Einladungsschreiben der führenden Partei, das er zur Einsichtnahme von innen gegen die Fensterscheibe presste, auf einen besonderen, ja quasi diplomatischen Status ihrer Delegation. Zwar eingeschüchtert durch Bleikamps Uniform, sprach er ihn nicht direkt als Genossen an, aber: Vier BRD-Genossen auf dem Weg in die Messestadt Leipzig, klang es gequält fröhlich aus seinem Mund. Die erwünschte Wirkung auf den Hauptmann blieb indessen völlig aus. Drei Jabbanesen mit dem Gondrabass, fauchte Bleikamp in seinem anheimelnden Dialekt, der die Strenge seiner Uniform konterkarierte, und pabberlababb ... Mürrisch wie alle Beamten in dieser mehr schlecht als recht verwalteten Welt sammelte er sämtliche, ihm entgegengereichte Papiere ein, blätterte sie flüchtig durch, legte einen Pass in den anderen ein und stapfte zu seinem Genossen hinüber, der noch immer per Funkverkehr von irgendeiner fernen Zentrale neue Direktiven zu bekommen zu versuchen schien. Die beiden hielten Kriegssowjet und fuchtelten mit den Pässen herum, dann kehrte Bleikamp zurück. Alle mal aussteigen!, bellte er durch den geöffneten Fensterspalt und riss, Liesenkötter zuvorkommend, die Fahrertür auf. Die vier Delegationsmitglieder kletterten geschwind heraus, verschlugen sich die Arme und stampften ihre eingeschlafenen Beine auf, als sie zum zweiten Mal an diesem Tag sozialistische Bodenberührung hatten. Betty Lehmkuhl legte ein Lesezeichen zwischen ihre Majakowski-Gedichte und versuchte hartnäckig, ihren Friedenssticker ins rechte, linke Wirkung entfaltende Licht zu rücken, ohne mit ihrer hektischen Nestelei indessen eine Beeinflussung der pflichtbewussten Polizisten zu erreichen. Achtzig Mark West, verkündete Bleikamp ihnen kurz und bündig und füllte routiniert irgendwelche Formulare aus. Liesenkötter startete einen letzten Vorstoß, um die Strafgebühr herumzukommen, und ließ sich plump mit der anzüglichen Bemerkung ein, sie würden den unangenehmen Zwischenfall natürlich bei der Bezirksleitung der Partei in Leipzig melden. Schon um ihre absehbare Verspätung dort begründen zu können. Bleikamp grinste bös, nahm dem West-Genossen jedoch den Wind aus den Segeln, indem er dem Berappen des Bußgelds eine eminent politische Dimension andichtete. Ihr wisst ja, Genossen, besser als wir selbst, schmunzelte er hämisch, ihr wisst ja bestimmt aus der Presse des Klassenfeinds, wie dringend wir hier auf eure Devisen angewiesen sind. Ziert euch nicht, gebt Herzen und Börsen einen Stoß. Liesenkötter knöpfte sein Portemonnaie auf und fragte die anderen kleinlaut, ob sie sich in die Bußgeldsumme teilen sollten. Für jeden zwanzig Mark? Gewiss viel Geld, aber Thomas fand diesen Vorschlag angemessen. Er griff nach seinem Brustbeutel und Betty Lehmkuhl überlegte, in welchem Umfang sie wegen des auf sie entfallenden Anteils ihre Bucheinkäufe würde reduzieren müssen. Stoisch sammelte Bleikamp die vier Zwanziger-Scheine, Ausgabe West, ein und stellte ihnen eine ordnungsgemäße Quittung aus. Er wünschte ihnen weiterhin gute Fahrt. Sie stiegen gut durchblutet wieder ein und Thomas fragte sich im Weiterfahren, warum Bleikamp sie überhaupt hatte aussteigen lassen. Betty zählte ihre verbleibende Barschaft, entnahm ihrer kargen Börse den ihr verbliebenen Zwanzig-Mark-Schein und starrte wehmütig auf das Konterfei der Dichterin Droste-Hülshoff. Wisst ihr denn, was das Lieblingsgedicht von Friedrich Engels gewesen ist?, fragte sie ihre Mitfahrer. Thomas tippte auf etwas von Georg Weerth, Liesenkötter nannte spontan den Namen Freiligrath und Dorenkamp kannte Heine. Alle lagen daneben, es war nach Betty ‚Die Vergeltung' von der Droste. Eine Ballade. Sie hat sie 1841 geschrieben und Engels konnte sie auswendig rezitieren. Ich hätte Bleikamp danach fragen sollen. Ob der Hauptmann die Lösung gewusst hätte? Und sie zitierte mit brüchiger Stimme die Empfindungen des Verurteilten unter dem Galgen: „Er sieht die Menge wogend spalten – / Er hört das Summen im Gewühl – / Nun weiß er, daß des Himmels Walten / Nur seiner Pfaffen Gaukelspiel!" Er ist unschuldig, büßt aber für ein anderes, ungesühnt gebliebenes Verbrechen. Sie schluchzte und Thomas legte seinen Arm um sie und tröstete die dünnhäutige Genossin. Bei Halle versprach sie Thomas, der in der Obertertia die ‚Judenbuche' lesen musste und von den Balladen nur ‚Der Knabe im Moor' kannte, einen Gedichtband ‚Unserer Droste' zu seinem nächsten Geburtstag.

Als sie die Messestadt im Blick hatten, war es bereits Abend geworden. Es werde Regen geben, meinte Liesenkötter und sprach damit aus, was seine Mitfahrer längst befürchteten. Der Himmel über Leipzig hatte sich mit schwefelgelben Wolkenmassen zugezogen. Durch einen Riss am Horizont drang ein Sonnenstrahl und fegte flammend über die Dächer der Stadt. Mit den Wolken war Wind aufgekommen. Im letzten fahlen Tageslicht kreiste schaukelnd ein Doppeldecker, der ein flattriges Schriftband wie einen Lämmerschwanz hinter sich herzog. Es warb mit leuchtenden Lettern für die bevorstehende internationale Herbstmesse. Irgendwo dahinter wurden inmitten der schmutzigen Wolkengebilde auch das 27 Meter hohe Doppel-M für die MusterMesse und der ‚Weisheitszahn', das erleuchtete Sektionshochhaus der Karl-Marx-Universität, sichtbar. In den unübersichtlichen und lausig beleuchteten Straßenzügen der Vorstadt Connewitz indessen hatten die Ankömmlinge aus der BRD einige Mühe sich zurechtzufinden. Ihrer Orientierung wenig dienlich war eine mitgebrachte Faustskizze, auf welche mit dürftigem Bleistift die Anfahrt zum Gästehaus der SED-Bezirksleitung gestrichelt war. Friedel Liesenkötter, der das Blatt auf den Knien liegen hatte, steckte seine Lesebrille auf und knipste die Innenbeleuchtung des Autos ein. Bevor er sich mit der Zeichnung befasste, wandte er sich an die Genossen. Er erläuterte ihnen die triste Wirkung des schattenreichen Zwielichts draußen wieder unter Verweis auf die fehlenden Neon-Werbetafeln, auf die ihre eigene Wahrnehmung schon geeicht sei. Nicht einfach, davon abzusehen. Er prophezeite ihnen, die glitzernden Einkaufsparadiese im Westen würden ohne den omnipräsenten Terror ihrer Leuchtreklame einmal einen ähnlich trüben Eindruck hervorrufen. Thomas entgegnete schläfrig, er habe sich nicht beklagt, er finde den Lichteinfall interessant und die durch ihn hervorgerufenen Effekte geradezu bizarr. Der Stoff eines Transparents, das über eine Fabrikfront gespannt war, flatterte im Wind. In der Aufschrift forderte die Belegschaft die sofortige Freilassung des chilenischen KP-Chefs Luis Corvalan aus den Klauen der Militärjunta. Die Wolkenlücke hatte sich geschlossen. Eine Sturmböe trieb einen Zeitungsbogen vor sich her und pappte ihn auf die Heckscheibe. Der Stadt schien ein regelrechtes Unwetter bevorzustehen. Der Aeroplan mit seiner Messe-Botschaft war in den grauen Kulissen des Himmels verschwunden. Es wurde rasch finsterer, regnete aber noch nicht. Dafür und angesichts der Tageszeit hielten sich auffallend wenige Passanten auf den von parkenden Autos gesäumten Straßen auf. Diese wenigen freilich, die ihm in Eile schienen, hatten, so registrierte es Thomas, nur wenig von dem an sich, was seiner Ansicht nach den neuen, sozialistisch erzogenen und gebildeten Menschen auszeichnen sollte. Obwohl er dieses Besondere, diese neue Qualität des Humanen, nicht genau hätte bestimmen können. Eine bestimmte Aura stellte er sich darunter vor, die, falls jemand sie ausstrahlte, den Betreffenden kenntlich machen würde. Ihn hervorheben würde aus den Gewöhnlichen. (Er konnte zu jener Zeit nicht wissen, dass später einmal nicht die Philosophen, sondern die Naturwissenschaftler und Geningenieure die Umrisse eines Neuen Menschen erschaffen würden nach den Erfordernissen der Produktion und dass dieser Neue Mensch wenig von dem unbestimmbar

Erhabenen an sich haben würde, das er bei den rastlosen Leipzigern in der Gewitterstimmung vermisste.) Vielleicht gibt es im Stadtzentrum eine Massenveranstaltung, spekulierte Liesenkötter. Internationale Solidarität. Chile. Irgendwo werden all die Menschen schon sein. Er hob ärgerlich die Schultern. Aber geht einmal nach Geschäftsschluss durch die Kölner Innenstadt, die dann fast wie eine Geisterstadt wirkt. Bei uns im Westen hocken die Menschen abends zu Hause vor der Glotze und sehen ihren Träumen hinterher. Dass sie leben wollen, erzählt ihnen niemand.

Leipzig. Was verbinde ich mit Leipzig, sinnierte Bitterschulte, während Liesenkötter behände ausstieg und sich zwecks Auskunft einer eiligen Passantin mit gefülltem Einkaufsnetz in den Weg stellte. Die ersten Regentropfen zischten auf dem Asphalt. Mitteldeutsche Großstadt an der Pleiße. Bedeutende Industrie- und Messestadt. Das hatte Thomas im Erdkundeunterricht durchgekaut. Johann Sebastian Bach und den Thomanerchor in Musik, die Völkerschlacht von 1813 und ihr monströses Denkmal in Geschichte. (Das größte Denkmal des Chauvinismus in Europa, so Sievers sarkastisch. Die Schlacht auf den Braunkohlefeldern, sagte er, in Anspielung auf die Schlacht auf den Katalaunischen Feldern 451 mit dem Sieg über Attila. Die Sachsen hätten jedoch zunächst auf der falschen, der napoleonischen Seite gestanden. Erst 1913, zum hundertsten Jahrestag der Schlacht, als das Monument mit einer pompösen Feier vom Kaiser eingeweiht wurde, gehörten auch die Leipziger zu den Siegern der Geschichte.) Dann in Deutsch Auerbachs Keller aus dem ‚Faust'. Der Dichter war zeitweilig Student an der juristischen Fakultät. Mein Leipzig lob' ich mir! Es ist ein klein Paris und bildet seine Leute. Goethes herablassendes Lob. (Eine Woche später würde Thomas natürlich weit kundiger sein. Die Erfolge der Sportstadt Leipzig würden ihnen vor Augen geführt worden sein. Er würde erfahren und akribisch notiert haben, dass Leipzig stolze Geburtsstadt ist von Karl Liebknecht, Walter Ulbricht und Georg Schumann, von Richard Wagner und Gottfried Wilhelm Leibniz, die Wirkungsstätte von August Bebel und Julius Motteler, Rosa Luxemburg und Franz Mehring, Clara Zetkin und Ernst Thälmann. Von Felix Mendelssohn-Bartholdy, Johann Christoph Gottsched und Christian Fürchtegott Gellert, Wilhelm Ostwald und Max Klinger. Sie würden nicht erfahren haben, wer nach 1949 die Stadt verlassen hatte.) Auch Lenin kam an die Pleiße und ließ hier die erste Nummer der Zeitung ‚Iskra' drucken. Hier waren kyrillische Lettern vorhanden, mit denen Bücher für die russischen Emigranten gedruckt werden konnten.

Und seit kurzem verband er auch Dimitroff mit Leipzig. Sein mutiges Auftreten vor dem Vierten Strafsenat des Reichsgerichts in Leipzig. Der von den Nazis gelenkte Reichstagsbrandprozess. Die Bulgaren Georgi Dimitroff, Blagoi Popoff und Vassil Taneff unter Anklage. Dazu Ernst

Torgler, Reichstagsabgeordneter der KPD, und mit ihm alle Kommunisten auf der Anklagebank, die gesamte Partei, beschuldigt der Brandstiftung und des Anschlags auf die Regierung der nationalen Konzentration. Die Hetze des Anklägers: der Reichstagsbrand – eine ruchlose Verschwörung der Komintern. Göring, der Ministerpräsident Preußens, im Zeugenstand und sein Tobsuchtsanfall („Sie sind ein Gauner, der an den Galgen gehört!"), als Dimitroff den Spieß umdreht und die Nazis als Drahtzieher benennt. Ihre Motive offen legt. Das berühmte Plakat von John Heartfield, das Dimitroff als Ankläger zeigt und den geschrumpften Göring als Angeklagten. Dimitroff, der den offensichtlich unter Drogenwirkung stehenden Holländer Marinus van der Lubbe als Nazi-Marionette entlarvt. Eben erst hatte Thomas ein Reprint des Braunbuchs zum Reichstagsbrand ausgelesen, das die Genossen 1934 im Pariser Exil herausgegeben hatten. Für die Weltöffentlichkeit ein erschütterndes Zeugnis vom diktatorischen Charakter der Nazi-Herrschaft. Seitdem hätte sich niemand mehr Illusionen machen dürfen. Georgi Dimitroff, der bulgarische Genosse, Vertreter der Komintern im Deutschen Reich – sie hatten ihn zum 40. Jahrestag des Reichstagsbrandprozesses in einem Bildungsthema durchgenommen. Die internationale Kampagne für die Freilassung. Ein Prozess, der für die Nazis zur Blamage wird. Die Kommunisten werden freigesprochen. Torgler verschwindet im Konzentrationslager Oranienburg. Die freigelassenen Bulgaren werden in Moskau empfangen. Die Niederlage Görings wird offen vor aller Welt. Von Dimitroff stammte die immer noch gültige Definition des Faschismus, die Thomas auswendig gelernt hatte wie damals bei Gutendorf im Religionsunterricht den Stammbaum Jesu, wie er im Evangelium des Matthäus überliefert wird. Der Faschismus, so hatte Dimitroff formuliert, sei zu betrachten als die offene terroristische Diktatur der reaktionärsten, am meisten chauvinistischen, am meisten imperialistischen Elemente des Finanzkapitals. Eine simple, aber stimmige Formel. Egal, ob er sich als Nationalsozialismus pompös inszeniert und über eine Massenbasis verfügt wie damals in Hitler-Deutschland oder sich als Militärdiktatur behauptet wie heute in Chile. Thomas freute sich auf das Dimitroff-Museum, das im ehemaligen Reichsgericht untergebracht war. Dort sollte man den Nadelstreifenanzug bestaunen können, den der Genosse bei der Verhandlung getragen hatte. Leipzig. Ach ja, Leipzig! Passend zum Augenblick fielen sie ihm wieder ein. Leipziger Allerlei. Die Kochkünste seiner Mutter.

Thomas erinnerte sich in diesem Moment, als der erste Blitz hochkarätig auf die Stadt herniederfuhr, an Albert Schürkötter, den Vater seines Klassenkameraden Josef. Einziger, einsamer Kommunist im schwarzen Emslake, der im Kalten Krieg geflohen war. Ob der alte Schürkötter jetzt hinter einer dieser renovierungsbedürftigen Fassaden lebte? Vielleicht hatte er es nach all den Jahren schon zum Spitzenfunktionär in der SED gebracht! Ob er überhaupt noch lebte? Ich wäre ja heute sein Genosse, dachte Thomas stolz. Könnte mich mit ihm von gleich zu gleich unterhalten. Ihn duzen, wie es unter Genossen selbstverständlich ist. Weltweit. Eine große Gemeinschaft. Sich mit ihm über die Weltlage austauschen. Ihn nach damals fragen. Er sah Josef vor sich, den sie in der Klasse Joppe genannt hatten, den der Vater verlassen hatte. Wegen der großen Politik. Verlassen musste? Hatte es damals nur diesen Ausweg gegeben für Schürkötter? Thomas hatte bald nach jener übermütigen Aktion, mit der sie Joppe am Ende einer trunkenen Sommernacht aus dem Gewahrsam der Ortspolizei befreit hatten – in seiner Erinnerung zum Handstreich befördert –, jeglichen Kontakt zu ihm verloren. Stand Joppe noch mit seinem Vater in Verbindung? Als Thomas in den Semesterferien seine Eltern besucht und beim Flanieren auf dem Emslaker Wochenmarkt Remski, Haarlammert und Schöttler getroffen, mit ihnen über die Schulzeit geplaudert hatte, hieß es über Joppe Schürkötter, der sei, nachdem er schnell studiert und überraschend geheiratet habe, eine strohige Norddeutsche mit kleinen arroganten Brüsten, mitsamt seiner Mutter nach Hamburg verzogen. Dort betreibe er ein Ingenieurbüro, wusste Remski sicher, das durch ein Abrissgeschäft und eine Baufirma ergänzt werden solle, munkele man. Eine schlüssige Kombination von kapitalistischer Sinnbildlichkeit. Das Unternehmen floriere und expandiere, meinte Gustavo Haarlammert kopfschüttelnd. Vater wird Kommunist und sozusagen Staatsfeind, Sohn erfolgreicher Unternehmer des Systems. Seltsam, wie's manchmal zugeht, soufflierte Remski. Zwei Kinder, Junge und Mädchen, habe er auch schon, seufzte Hanni Schöttler. Darin und in vielem anderen waren sie sich noch einig gewesen an jenem Samstagmorgen auf dem Wochenmarkt gegenüber der Feuerwache, als sie am Fischstand des dicken Holländers bei jungem Matjes und altem Genever über vergangene Tage redeten, sich austauschten, umständlich vergewisserten und nach dem dritten oder vierten Schnaps wirklich glaubten, von drüben, hinter Heiner Kattenbecks dicht umlagertem Gemüsestand, Benckenforts schlohweiß gewordenen Schopf auftauchen zu sehen. Ausgerechnet Benckenfort, ihren alten Peiniger und gestrengen Ordinarius aus der Sexta, der gekrümmt über einem Stock ging und sich Frühkartoffeln abfüllen ließ in ein mitgebrachtes Einkaufsnetz. Täuschten sie sich jetzt oder hatte er, als er ihre mitleidlosen Blicke auf seinem runden Rücken spürte, sich tatsächlich umgedreht und drohend den eleganten schwarzen Stock in ihre Richtung gehoben, bevor er in einem Pulk feilschender Hausfrauen untertauchte. Das Bild ließ sich nicht reduzieren: Eine beherzte Gauleitergeste, die sie leider als nicht der Rede wert erachteten. So war noch Leben in ihm, das sich seinen Platz erstritt in ihrer Erinnerung.

Ein kolossaler Donnerschlag korrespondierte mit der schon fast vergessenen Blitz-Ouvertüre und war das imposante Signal zur Öffnung der himmlischen Schleusentore. Die ortskundige Passantin auf dem Gehsteig stand Liesenkötter zuliebe unter einer eigenartigen Dachkonstruktion, die auch an regenfreien Tagen die Bürger vor Herabfallendem schützte. Da das Wasser zwischen den Brettern durchrieselte, hatte sie inzwischen eine transparente Plastikhaube aus einer Manteltasche gezogen. Sie drückte Liesenkötter das schwere Einkaufsnetz in die Hände und band sich den praktischen Regenschutz, den Thomas auch schon im BRD-Regen auf dem Kopf seiner Mutter verabscheut hatte, über das ondulierte Blondhaar. Liesenkötter schlug hilflos den Kragen seiner braunen Cordjacke hoch und rekapitulierte hastig die eben vernommene Wegbeschreibung. Die Plastikhaube nickte zustimmend und ließ sich ihren Einkauf zurückgeben. Alles klar, meinte Liesenkötter zuversichtlich und schlug erleichtert die Autotür hinter sich zu. Wir sind hier in der Biedermannstraße. Er stutzte, kurbelte hastig das Seitenfenster herab und bedankte sich bei der Frau, die sich bereits abgewandt hatte (Vielen Dank, Genossin!) und nun überrascht noch einmal zu ihnen zurückblickte. Liesenkötter drehte sich seinen schweigend zuschauenden Genossen zu. Mit den Fingern am Zündschlüssel und dem Effekt einer Kunstpause: Habt ihr die Bananenstaude in ihrem Netz gesehen?, fragte er die Mitreisenden triumphierend. Schöne goldgelbe Bananen. Wahrscheinlich von einer kubanischen Plantage. Habt ihr auch darauf geachtet? Nach dieser Widerlegung westlicher Propagandalügen über die mangelhafte Versorgung mit Südfrüchten in der DDR startete er beglückt lächelnd den Motor und bog an einer Spitzkehre nach rechts ab. Bananen auf der Zuckerrohrinsel? Thomas hatte noch nie davon gehört. Zwei dunkle Straßenecken weiter stellte Liesenkötter die Scheibenwischer an. Ein greller Blitz entlud sich aus gelbgrauen Wolkenschichten. Es schüttete wie aus Kübeln. Von schadhaften Dächern spritzte es auf die Gehsteige. Das Regenwasser schäumte bald über den staubigen Asphalt und sammelte sich in schmutzigen Pfützen. Im Rinnstein trieb eine tote Maus. Mächtige Ströme verschwanden glucksend in die aufgesperrten Rachen der Kanalisation. Erneut krachte es ohrenbetäubend und Thomas, der seit schlaflosen Kindernächten die Abstände zwischen Blitz und Donner nach Sekunden abzählte, stellte fest, dass das Gewitter der Stadt näher gekommen war. Thomas überlegte für sich, ob er hier gerne leben würde. In dieser großen Stadt. Ganz unabhängig vom gesellschaftlichen System, beschwichtigte er sich. Wie mochte der alte Schürkötter mit ihr und ihm zurechtgekommen sein? Liesenkötter kannte sich jetzt aus.

Eine Viertelstunde später passierten sie die breite Toreinfahrt des von einer ockerfarbenen Ziegelmauer abgeschirmten Hofs und parkten direkt neben Wolfgang Uphoffs altem Kadett. Das Regenwasser klatschte mit erheblichem Getöse auf Autodächer und Pflasterung und spritzte vom Blech und von schlüpfrigen Kopfsteinen hoch. Hinter ihnen schob ein hagerer Mann in Gummistiefeln eilends die eiserne Pforte zu. Sein Gesicht war nicht zu erkennen. Gegen den peitschenden Regen hatte er sich ein beige Blouson über den Kopf geworfen und verschwand, nachdem er die Zufahrt sorgfältig verriegelt hatte, alsbald mit raumgreifenden Schritten in einer Art Torhäuschen. Hingegen trat nun eine stämmige Frau von vielleicht dreißig Jahren aus der alten Sandsteinvilla, deren Fassade ihre klassizistische Hilarität auf einem Hügel im Sonnenlicht der Toskana wohl entfaltet hätte, auf die überglaste Veranda heraus. Sie schaute prüfend herüber, spannte einen bunten Regenschirm auf und patschte tapfer die fünfzig Meter auf die Neuankömmlinge zu. Liesenkötter stieg bei ihrem Anblick sofort aus, lief ihr entgegen, umschlang sie mit beiden Armen und drückte sie kraftvoll an sich. Während dieser innigen Begrüßung senkte sie flink den Schirm, dass beide für einen langen Moment den müden Blicken der übrigen entzogen waren. Sieh an, der Liesenkötter, dachte Thomas. Liesenkötter betonte bei jeder Gelegenheit sein prinzipiell solidarisches Verhältnis zur DDR. Ich bin nicht trotz der DDR Kommunist geworden, sondern ihretwegen, tat er sich gern hervor. Beim Anblick der Begrüßungsszene konnte Thomas sich einen Reim darauf machen. Die Frau ließ dann Liesenkötter verdattert im Regen stehen und beugte sich durch die Fahrertür zu ihnen herein. Cordula, sagte sie, und Thomas überraschte ihre tiefe, angenehme Stimme. Seid gegrüßt Genossen, sagte sie, willkommen in der Messestadt Leipzig, willkommen im Gästehaus der Bezirksleitung der SED. Und entschuldigt bitte tausendmal den Regen, ziemlich scheußliches Wetter, aber dessen Planung steht leider noch nicht in unserer Macht. Sie hielt ihnen den Schirm entgegen, breitete dabei ihre starken Arme zur Begrüßung aus, sodass sie selbst dem Regenwasser preisgegeben wurde. Auch für Liesenkötters Mitfahrer fiel die Willkommensumarmung trotz Wolkenbruchs überaus herzlich aus. Sie folgten endlich der Empfangsgenossin auf die bedachte Veranda hinauf und traten durch die doppelflügelige Eingangstür in eine Art Lesesaal, dessen behagliche Stimmung sich gleich auf sie übertrug. Sie trafen dort auf Wolfgang Uphoff und seine drei Beifahrer, die offenbar bereits lange vor ihnen trocken eingetroffen waren und es sich inzwischen bequem gemacht hatten. Die saßen nun entrückt, in behagliche Leder-Fauteuils geräkelt, um einen massiven Klubtisch und waren ihrer jeweiligen Lektüre hingegeben. Prasselnd verbrannten Holzscheite in einem offenen, hellbraun gekachelten Kamin. Auf einer grauen Bordüre, welche die Kaminverkleidung etwa einen halben Meter unter der Decke abschloss, die berühmte letzte Feuerbach-These von Karl Marx: „Die Philosophen haben die Welt nur verschieden interpretiert, es kommt darauf an, sie zu verändern." Thomas hatte sich das erste Mal mit ihrer bezwingenden Logik auf der Toilette des Germanistischen Instituts auseinandergesetzt, wo jemand sie an die Wand gekritzelt hatte. Trommelnd schlug der Regen gegen die Glasfüllungen der schön geschwungenen Fensterbögen. Die ins matte Licht einer Stehlampe gehaltenen Bücher der selbstvergessenen Leser ragten über die Rückenlehnen der Sessel hinaus und hingen wie große Nachtvögel im Raum. Thomas erkannte einen ‚Abriss der Geschichte der SED', einen voluminösen Bildband ‚Im Flug über die DDR' und eine aufwändig gestaltete Broschüre über den Bezirk Leipzig, ‚Starker Sozialismus – unsere Friedenstat' betitelt. Uphoffs knochige Hände hielten die neueste Ausgabe von ‚Neues Deutschland' hoch, von der noch weitere Exemplare auf der Tischplatte zur Einsichtnahme bereit lagen. Ebenso wie die Tageszeitung der westdeutschen Bruderpartei. Bis zum Bersten gefüllte Bücherregale stellten die den Fenstern gegenüberliegende Wand zu. Auf dem rissigen Dielenfußboden zeichneten sich eingelaufene Wege ab. Eine auffällig breit ausgetretene Spur mündete in die stumpfe Trittfläche vor einer Bücherwand, die mit einer kompletten, blauen MEW-Ausgabe und der langen Reihe braun eingebundener Lenin-Werke prunkte. Die Nachzügler waren erleichtert, aus dem Regen zu sein, und setzten sich aufgeräumt zu Uphoffs Leuten. Mit nicht zu überhörender Ironie lobten sie diese wegen ihrer ambitionierten Abendlektüre und ihres darin aufscheinenden, offenbar niemals erlahmenden Bildungseifers. Derweil verschwand Cordula mit dem Genossen Friedel und den triefenden Jacken ihrer Gäste in der angrenzenden Garderobe. Wolfgang Uphoff bestand nun gereizt darauf, er habe lediglich die aktuellen Fußballresultate der DDR-Oberliga studiert. Er faltete das ‚Neue Deutschland' zusammen, fischte aus einer Vitrine noch ein paar zusätzliche Gläser und goss ihnen von dem Kognak ein, den die anderen schon einem eingehenden und offenbar zufriedenstellenden Examen unterzogen hatten. Sie stießen mit Cordula auf einen ereignisreichen Aufenthalt an.

Als das Gewitter abgezogen war und der Regen endlich nachgelassen hatte, war es draußen stockdunkel geworden. Der Torwärter mit dem durchnässten Blouson, das ihm jetzt wie angegossen passte, betrat grußlos den Saal. Statt mit den Gummistiefeln von vorhin schlurfte er in Hausschuhen über den Fußboden. Er war beträchtlich jünger als Cordula. Ende zwanzig, schätzte Thomas. Er hatte ein schmales, sehr langes Gesicht, das in eine hohe Stirn auslief. Seine gesamte Physiognomie erinnerte Thomas verblüffend an Prinz Charles, den hageren Thronfolger aus dem englischen Königshaus. Der wortkarge Mensch kümmerte sich um das Kaminfeuer und legte routiniert, obwohl es im Raum bereits angenehm warm geworden war, ein paar faserige Birkenscheite in die Glut, die alsbald hell entflammt waren und ihren würzigen Waldgeruch verbreiteten. Eine behäbige, beinah schläfrige Stimmung hatte sich nach den Strapazen der langen Autofahrt allmählich eingestellt. Schlaftrunken im Doppelsinne, denn bald tat der VEB-Kognak seine Wirkung bei den Uphoff-Leuten. Indessen forderte Cordula Schlickmann, so stellte sie sich jetzt noch einmal allen vor, die Mitglieder der Delegation aus dem Partnerbezirk Ruhr-Westfalen, für deren Betreuung sie seitens der SED-Bezirksleitung verantwortlich war, nun auf, alle Taschen und Koffer aus den parkenden Autos zu holen. Nehmt bitte alles heraus. Ihr werdet die Autos hier wohl nicht benutzen können. Zu gefährlich. Nicht wegen des berüchtigten Leipziger Verkehrs. Sie verwies vielmehr auf die geheimen Aktivitäten westlicher Dienste in der DDR, deren Mitarbeiter sie mehrmals mit dem Kunstwort Sabogenten bezeichnete. Sabogenten und Diversanten. Sie können überall auftauchen. Ein westliches Automobil fällt sofort auf. Ein Kennzeichen ist schnell notiert und an euren sogenannten Verfassungsschutz weitergeleitet. Die möglichen Folgen kennt ihr selbst am besten. So leicht wollen wir es dem Klassenfeind nicht machen. Deshalb stehen eure Autos hier bei uns sicherer. In unseren Hof späht niemand rein. Sie rief laut nach Torsten und Prinz Charles sprang prompt herbei. Er schleppte die meisten ihrer Gepäckstücke herein.

Die beeindruckten Delegationsmitglieder wussten natürlich, worauf sich die wachsame Genossin Cordula mit ihrer Warnung vor den Schlapphüten bezog. Die schändliche Praxis der Berufsverbote im öffentlichen Dienst in der Bundesrepublik. Die Regelanfrage beim Verfassungsschutz. Von Lehrer bis Lokführer blieb niemand davon verschont. Lagen Erkenntnisse vor? Berufsverbote. Einmalig im demokratischen Europa. Die Regierung nannte sie natürlich nicht so, sondern sprach vom Radikalenerlass. Keine originale Erfindung der Brandt-Genscher-Administration. Eine Wiederentdeckung. „Seine Wort' und Werke / Merkt' ich und den Brauch." Eine Einschüchterung. Eine perfide Maßnahme, die sich nicht allein gegen die Kommunisten und ihre neu konstituierte Partei wandte. Sondern gegen alle, die links von der SPD standen und handelten. Für den Geschmack der Herrschenden waren das schon zu viele. Thomas dachte an die Genossin Gerda Bertling, eine fähige Lehrerin, die nach dem Referendariat noch ein halbes Jahr an einer Hauptschule in Lünen-Brambauer unterrichten durfte. ‚Sozialer Brennpunkt' hießen solche Stadtviertel damals schon. Die Genossin kam ausgezeichnet klar und erhielt glänzende Beurteilungen. Das zählte alles nicht, denn sie war als Studentin Mitglied der Partei geworden. Ein Gericht hatte die für sie günstige Entscheidung einer untergeordneten Instanz aufgehoben. Eines Morgens im Dezember holte sie der Rektor aus der Klasse. Mitten aus einer Unterrichtsstunde heraus. Fach Deutsch. 7. Klasse. Schwieriges Alter. Nicht nur für Goethes ‚Zauberlehrling'. Die Schüler mochten sie. Die Eltern standen hinter ihr und verfassten Protestbriefe. Der Rektor bedauerte, berief sich im Lehrerzimmer und während der Elternversammlung auf die Anweisung der Schulbehörde. Kandidatur für die Kommunistische Partei hatten sie ihr vorgeworfen. Reisen in die DDR. Eine Hintertür ließen sie ihr offen. Sie hätte austreten und widerrufen können, wies dieses Ansinnen entrüstet zurück und berief sich auf ihre grundgesetzlich verbrieften Rechte. Solche Fälle häuften sich. Die Hexenjagd hatte begonnen.

Genossinnen und Genossen! Unsere marxistisch-leninistische Partei ist die kampferprobte Vorhut der Arbeiterklasse, gleichzeitig auch der höchste Ausdruck ihres gesellschaftlichen Wirkens. Das kehlige Tremolo des Redners ergoss sich in das flirrende Sonnenlicht dieses bildschönen Herbstmorgens. Die führende Rolle bedeutet jedoch keineswegs Alleingang. Das wäre ein problematisches Avantgarde-Verständnis. Der entwickelte Sozialismus muss jeden Bürger einbeziehen und für sich gewinnen ... Der erste Leipziger Morgen hatte für die BRD-Genossen mit einem reichhaltigen Frühstück Punkt acht begonnen, bei dem sie Unmengen an Kaffee konsumierten. Bester Bohnenkaffee, wie Liesenkötter zufrieden registrierte. Von dem sie mehrmals nachholen mussten. Nun lauschten sie im Lesesaal dem Referat des Genossen Kurt Schneidewind, dem dieser den anspruchsvollen Titel ‚Über die Rolle der Partei sowie zu einigen Problemen des Parteilebens und der Parteientwicklung' gegeben hatte. Thomas versuchte sich zu konzentrieren. Fraglos ein wichtiges und interessantes Thema. Er wollte viel vom Inhalt mitbekommen. Er leerte sein Glas mit Mineralwasser, goss nach und trank gierig. In seinem verkaterten Schädel dröhnte und hämmerte es, als ginge eine komplette Aktivistenbrigade darin auf Normüberbietung aus. Sein empfindlicher Magen quälte sich blubbernd ab mit der Verdauung einer sehr anständigen Portion Rührei mit Speck, die im Innern des Organs in einem Kaffeesee herumtrieb und dem Zersetzungsprozess fühlbar Widerstand leistete. Den anderen schien es nicht besser zu gehen als ihm. Sie hingen schlaff in den heute Morgen noch bequemeren Sesseln und hatten ersichtlich Mühe, die Augen und Ohren offen zu halten. Einige hatten Schreibhefte auf die breiten Armlehnen gelegt und machten tapfer dann und wann ihre Notizen, vorzugsweise, wenn im Referat die bekannten Signale aufblitzten, also Stichworte wie ‚Arbeiterklasse', ‚Dialektik' oder ‚Klassenkampf' zu hören waren. Die Morgensonne stach in übernächtigte Gesichter und sie hatten schon nach einer halben Stunde den Referenten gebeten, die Fensterflügel zu öffnen. Gestern hatten sie sich nach dem Abendessen trotz aller Müdigkeit noch lange wach gehalten und in der Mokkabar die aktuellen Weltwirren entflochten. Und vom Klassenstandpunkt aus bewertet. Es ging allenthalben voran. Cordula erläuterte ihnen die Positionen der SED zu einzelnen Konfliktherden der Weltpolitik und es war ihnen wichtig, diese als O-Ton zu vernehmen und nachzuhaken, wenn sie von den Erfordernissen der internationalen Solidarität abzuweichen und staatspolitischem Kalkül zu folgen schienen. Außer der Genossin Betty Lehmkuhl, die sich strikt an Selterswasser gehalten hatte, hatten alle am überraschend leckeren Kognak Geschmack gefunden und sich, da das Gästehaus davon offensichtlich eine strategische Reserve eingelagert hatte, daran gründlich gütlich getan. Nacheinander stießen sie auf den Sieg jeder einzelnen Befreiungsbewegung irgendwo in der weiten Welt an. Die Zukunft des blauen Planeten malten sie sich tiefrot. Später erklang Musik. „Hier schaff' ich selber, was ich einmal werde / Hier geb ich meinem Leben einen Sinn / Hier hab ich meinen Teil von unsrer Erde / Der kann so werden, wie ich selber bin." Als die letzten Scheite langsam im Kamin verglommen, legte Cordula eine Platte des DDR-Barden Reinhold Andert auf. Liesenkötter, offenbar ein Fan, kannte die meisten Texte aus dem Gedächtnis und summte einzelne Strophen mit. Und bevor sie alle schlafen gingen, ihre erste Nacht in Leipzig, sang Betty ihnen a capella das schöne Friedenslied von Wader, der sich auch in der DDR einen Namen zu machen begann. Dafür, dass sie sich das zutraute, ohne einen einzigen Tropfen Alkohol intus zu haben, bewunderte sie Thomas. Sie hatte eine schöne Stimme und sang mit Inbrunst. So hatte sie auch am Nachmittag auf der Autobahn die Majakowski-Verse vorgetragen.

Schneidewind schaute vom Manuskript hoch, ein prüfender Blick, der sich rasch der Aufmerksamkeit seiner Zuhörer vergewisserte. Dann leitete er erleichtert über zu einem historischen Exkurs. Eindeutig seine Spezialität. Er holte weit aus, erinnerte an die Herausbildung des Demokratischen Blocks nach der Zerschlagung des Faschismus und ging auf die damaligen Meinungsverschiedenheiten ein, die im Zuge der Herausbildung der revolutionär-demokratischen Entwicklung unvermeidlich geworden wären. Aus den damaligen Klassenauseinandersetzungen, betonte er, sei die heutige Stabilität des Bündnisses entstanden. Heute seien 460 000 Bürger Mitglied der 4 Blockparteien, davon 45 128 auch Mandatsträger. Er erläuterte nun den Wahlvorgang, beginnend mit der Nominierung durch die einzelnen Parteien und Massenorganisationen und nannte es Kandidatenpflicht, sich in den Arbeitskollektiven und in den jeweiligen Territorien vorzustellen. Erst mit ihrer ausdrücklichen Zustimmung könne jemand kandidieren und Verweigerung käme durchaus vor, was bedeute, dass ein Kandidat durchgefallen sei. Ein durch und durch demokratisches Prozedere. Gerade und auch im Vergleich zum lediglich formalen Demokratieverständnis im Westen. Nur Böswillige könnten Gegenteiliges behaupten. Auch nach den Wahlen seien alle Abgeordneten ihren Wählern stets Rechenschaft schuldig. Davon könnten die Wähler in der BRD, wo die Abgeordneten einem imaginären Gewissen, in Wirklichkeit aber nur den Lobbyisten und

59

Geldgebern verantwortlich seien, wohl nur träumen. Thomas bewunderte die Genossen, die aus dem Gehörten hurtig die Quintessenz zogen und eifrig in ihre dickleibigen Kladden übertrugen. Er selbst kapitulierte vor dieser Anstrengung und legte seinen Kugelschreiber beiseite. Er litt und goss sich erneut Wasser nach. Die Ausführungen Schneidewinds trugen auch nicht gerade zur Linderung seines Kopfschmerzes bei. Der Referent hatte eben einen Überblick über die soziale Zusammensetzung der Volkskammer abgeschlossen und bezog jetzt zu einigen Aspekten des Parteilebens Stellung. Er erhellte zunächst die Vorzüge des Prinzips des demokratischen Zentralismus, dem auch in der westdeutschen Partei gehuldigt würde, betonte die Wichtigkeit der Parteidisziplin, hob die Pflicht zur Teilnahme an den Sitzungen der Grundorganisationen hervor, unterstrich die Rechenschaftspflicht der Leitungen, erklärte das Prinzip der Kollektivität und feierte das Institut von Kritik und Selbstkritik als dialektisches Nonplusultra der Parteientwicklung. Der dialektische Dreiklang, Genossen, ihr kennt ihn alle: These – Antithese – Prothese. Immerhin, dachte Thomas, ein Scherz, eine Auflockerung. Sie lachten und notierten für zu Hause. Am Ende einer komprimierten Darstellung forderte der Redner seine Zuhörer zur freimütigen Diskussion auf, überforderte sie jedoch rein physisch. Ihr guter Wille reichte lediglich für ein paar müde Nachfragen aus, die Schneidewind weitschweifig beantwortete. Irgendwann erschien Torsten, auf dessen Kopf jetzt eine weiße Kochmütze theatralisch schwankte. Torsten schien im Heim der Bezirksleitung offenbar den Part des Genossen für alles zu spielen. Mit außerordentlichen Vollmachten. Denn er verfügte nun eindringlich den Beginn der Mittagspause. Auf diese Ordre schien auch Schneidewind schon gewartet zu haben. Ran an die Buletten. Mit diesen knappen Worten brach er seine gedrängte Darstellung der zugespitzten internationalen Lage vom August 1961, unmittelbar vor der Errichtung der Mauer in Berlin, Grenzbefestigung hätte er wahrscheinlich gesagt, ab. Referent und Zuhörer folgten dem sozialistischen Lukull ins Speisezimmer.

Für Erholung und Verarbeitung des Gehörten blieb ihnen keine Zeit. Die Pausenzeit war knapp kalkuliert. Zur festgesetzten Stunde fuhr ein Ikarus-Omnibus vor der Schiebetür des Gästehauses vor. Er war bestellt für eine Tour in die nahegelegene Kreisstadt Grimma an der Mulde. Cordula machte sie beim Einstieg auf die ungarische Fabrikation des Gefährts aufmerksam und erläuterte am konkreten Objekt das Prinzip der internationalen Arbeitsteilung, das im Rahmen des Rates für gegenseitige Wirtschaftshilfe praktiziert werde. Die Ungarn produzieren die Busse für den gesamten RGW, meinte sie enthusiastisch. Sie machen das hervorragend. Warum sollen wir uns alle damit abgeben? Es gibt genug anderes zu tun. Die Vorteile der Spezialisierung liegen auf der Hand. Natürlich ist das sozialistische Arbeitsteilung, nur möglich dort, wo Konkurrenz und Profitstreben auf immer abgeschafft sind. Lediglich die große UdSSR mischt eigentlich überall mit. Wir in der DDR sind bekanntlich führend im Bereich der Groß-Chemie. Davon werdet ihr euch nachher selbst überzeugen können, wenn wir das Chemie-Anlagen-Kombinat besichtigen. Dies immerhin jetzt schon: Jede fünfte Tonne Erdöl, die in der UdSSR gefördert wird, und das sind immerhin 500 Millionen Tonnen pro Jahr, fließt durch Rohre des Chemie-Anlagen-Kombinats Leipzig-Grimma, versicherte sie stolz. Jede fünfte Tonne Erdöl! Thomas ließ sich gerne durch Zahlen beeindrucken und fand Cordulas Aufrechnung bestechend plausibel. (Er mochte seit jeher die Mathematiker und Naturwissenschaftler. Sie machten die Welt erst erträglich, fand er. Schon in der Schule hatten sie ihn wie selbstverständlich abschreiben lassen.) So ähnlich wie Leipzig es mit seinen Rohren tat, strichen viele Städte den Rang ihrer weltbeglückenden Produkte mit den verblüffenden Resultaten derartiger Zahlenarithmetik heraus. „Jede zweite Kirsche in einem Cocktailglas der Partywelt kommt aus Traverse City". Thomas dachte an ein blühendes Städtchen im Norden des Michigansees unweit der kanadischen Grenze, das vom Ertrag seiner vielen hunderttausend Kirschbäume lebt. In einem Erdkundefilm hatte er die altertümlichen, handwerklich betriebenen Unternehmen gesehen, in denen gesunden Früchten das entzogen wurde, was die von der Natur gewollte Kirsche ausmacht, bis nur noch ein farbloses, wabbelndes Ding zurückblieb, dem man Aroma, Süße, Farbe zufügte, bis eine pralle, hellrote, makellose, universal verwendbare Kirsche in der Retorte prangte. Die Kirsche am Baum war in diesem Prozess nichts anderes als die Vorstufe eines Trägers von möglichen Eigenschaften gewesen, die der Unternehmer, nach Säuberung des Rohstoffs ‚Kirsche' – von allem, was an ihr Natur ist – nach seinen Vorstellungen in eine korrekte, universal verkäufliche Cocktailkirsche verzauberte. Diese erzeugte Makellosigkeit bestimmt den Tauschwert. ‚Aus Frucht wird Ware'. So lautete der Titel eines Referats, das Thomas in der Schule gehalten hatte. Die Erzeugung der nordamerikanischen Cocktailkirsche hatte ihn zu einem kritischen Vergleich angeregt. Verfuhr der Kapitalismus mit dem Rohstoff ‚Mensch' auch nur in einer Hinsicht anders? Nach seiner Denaturierung durch die Agenturen der Gesellschaft ist der Mensch zum Träger von Eigenschaften geworden, die sich im Produktionsprozess verwendbar machen lassen. Der gute Mensch des ungebremsten Kapitalismus ist der allseitig funktionierende Mensch. Der Neue Mensch des sozialistischen Zeitalters, so folgerte Thomas für sich, darf also auf keinen Fall funktionieren. Er muss sich in allen Fragen seiner individuellen und gesellschaftlichen Emanzipation frei entscheiden können. Thema verfehlt, hatte Sievers damals geurteilt, obwohl er Thomas' Gedankenführung gelobt hatte.

Cordulas dunkle Stimme drängte zur Abfahrt. Sie stand in der offenen Tür des Ikarus und tippte auf die Armbanduhr. Den fleißigen Ungarn musste Thomas wegen seiner Fehleinschätzung insgeheim Abbitte leisten. Er hätte ihnen eher die Rolle des RGW-weiten Paprika- und Schaschliklieferanten zugetraut. Er hatte sie eben unterschätzt. Vielleicht war er auch westlichen Zerrbildern vom Gulaschkommunismus aufgesessen. Zudem zeichneten bürgerliche Massenmedien häufig ein abschätziges Bild von kleineren Ländern. Beileibe nicht nur von denen hinter dem Eisernen Vorhang. Schließlich produzierten auch die Holländer für die EWG nicht ausschließlich Butter, Käse und Tomaten. Bei solchen Überlegungen stellte er vergnügt fest, dass seine Kopfschmerzen nachgelassen hatten. Ihn hätte nun brennend interessiert, worin die ökonomische Rolle Polens, Rumäniens oder auch Bulgariens im RGW bestünde. Er stieg ein und beschloss für sich, die Genossin Cordula mit solchen Detailfragen erst später im Bus zu belästigen. Der Blick durchs Rückfenster bot ihm einen merkwürdigen, beinahe komisch wirkenden Anblick: In der Hofeinfahrt fegte Torsten das Pflaster und winkte ihnen mit einem Straßenbesen nach.

Der Puszta-Bus erwies sich als ein solide konstruiertes Transportmittel. Die wenigen Fahrgäste fanden natürlich reichlichen Platz. Sie machten es sich auf den Sitzbänken bequem, um die bevorstehende Fahrtzeit bei einem Verdauungsschlaf sinnvoll verstreichen zu lassen. Dazu servierte ihnen ein versierter Fahrer republikgemachte Schlagermusik aus dem Radio, die nach jeweils zwei Titeln von vorgelesenen Hörergrüßen unterbrochen wurde. Die vor sich hindämmernden Fahrgäste stellten betroffen fest, dass auf dem Gebiet der Unterhaltungsmusik nach wie vor gesamtdeutsch seicht gesendet und gefühlt wurde. Auch schienen die Hörer ähnlich belanglose Botschaften wie im Westen durch den Äther zu schicken. Thomas gedachte die Fahrtzeit nutzbringender auszufüllen. Er hatte einen Platz neben Cordula ergattert und sprach mit ihr über einige Probleme der sozialistischen ökonomischen Integration. Hinter ihnen streckte sich Liesenkötter missmutig aus. Sie hätten gestern Abend noch über den Kampf des vietnamesischen Volkes gesprochen. Sei etwa daran gedacht, Vietnam nach der endgültigen Befreiung in den RGW aufzunehmen und welchen ökonomischen Sinn mache dies. Er fand ein offenes Ohr. Cordula gestand bewegt ein, dass diese Erweiterung des RGW vor allem auch unter politischen Aspekten bewertet werden müsste, also auch einen Akt der internationalen Solidarität mit diesem vom US-Imperialismus malträtierten Land darstellen würde. Des weiteren beschränke sich der RGW natürlich vornehmlich aus ökonomischen Erwägungen heraus nicht auf Europa, wie etwa die Vollmitgliedschaft Kubas seit dem Jahre 1972 zeige, aus der alle beteiligten Staaten einen guten ökonomischen und politischen

Gewinn zögen. Unter solchen Gesprächen, in denen beide Lenins berühmte Prophezeiung von der Putzfrau, die im Sozialismus mitregieren können müsse, in Erfüllung gehen sahen, hatten sie endlich das Weichbild der großen Stadt hinter sich gelassen und durchquerten nun auf schattigen Alleen deren Hinterland. Thomas bestaunte die riesigen Ackerflächen, die zu einer Landwirtschaftlichen Produktionsgenossenschaft gehörten. Ihn beeindruckte die feierliche Ödnis frisch umgebrochener Erde und er freute sich bereits auf einen Besuch, der ihnen zum Thema ‚Die sozialistische Umgestaltung auf dem Lande' avisiert worden war. (Darin enthalten ein Treffen mit Vertretern des Jugendmähdruschkollektivs E 512 der LPG Ziegelheim.) Auf einem hügeligen Teilareal steckten noch Kartoffeln in der Erde und Thomas begeisterte eine abgasumflorte Kolonne höllisch klappernder Maschinen bei der Rodung. Auf ihnen saßen Frauen mit bunten Kopftüchern, die braune Knollen sortierten. Unsere LPG Otterwisch, kommentierte Cordula stolz die Phalanx der heiklen Vehikel. Irgendwann musste Betty Lehmkuhl aus schweren Träumen erwacht sein. Sie hangelte sich eben schlecht gelaunt vom Fahrersitz zurück an ihren Platz im Heck. Thomas machte sich Vorwürfe. Hoffentlich war sie nicht durch seine Unterhaltung mit Cordula geweckt worden. In einer Hand hielt Betty eine selbst aufgenommene Pink-Floyd-Kassette. Sie hatte versucht, dem Fahrer diese Kostbarkeit ans Herz zu legen, um endlich das Schlagergeplärre zum Schweigen zu bringen. Leider war ihre musikalische Neuerer-Initiative von vornherein zum Scheitern verurteilt, da sich die ‚Ikarus'-Ingenieure noch nicht auf das dafür erforderliche technische Niveau eingelassen hatten. Es ging folglich munter weiter mit dem Herzschmerzgedudel, bei dem sich doch wenigstens angenehm schlummern ließ. Thomas schaute nach hinten. Er war der Politökonomie müde geworden und hätte sich nun gern zu Betty auf die Rückbank gelegt.

Von der bevorstehenden Besichtigung des Chemie-Anlagen-Kombinats versprachen sich die westfälischen Genossen vor allem Informationen und Erkenntnisse über die Rolle der sozialistischen Gewerkschaftsorganisationen. Sie erkannten an, dass deren Stellung eine völlig andere sein musste als im Kapitalismus mit seinem antagonistischen Gegensatz von Arbeit und Kapital. Liesenkötter etwa gehörte im Westen der sozialreformistischen Industriegewerkschaft Bau Steine Erden an, die sich unter ihrem Vorsitzenden Leber zu einem antikommunistischen Bollwerk entwickelt hatte. Dorenkamp war Mitglied der stolzen Kluncker-ÖTV, deren Aktionen selbst der Bundesregierung Respekt eingeflößt hatten. Beide Genossen fragten sich jedoch, wie gewerkschaftliche Interessenvertretung unter den Bedingungen des Volkseigentums an Produktionsmitteln gelänge. Sie hatten sich vorgenommen, zu Hause in ihren Gewerkschaftsgruppen darüber zu berichten.

Bevor sie den Grimmaer Industrie-Komplex in Augenschein nehmen konnten, rochen sie ihn bereits deutlich. Die Delegation wurde zum Verwaltungsgebäude geleitet, dort freundlich empfangen und von zwei Herren, einer mit Brille, in Schlips und Anzug, der andere im Kord-Janker und Karo-Hemd, in einen blitzblanken Empfangssaal gebeten. Zur Freude aller war der großflächige Konferenztisch mit Kaffeetassen und Tellern eingedeckt. In der Mitte standen Backbleche mit frischem Streuselkuchen, der außerordentlich duftete und von den beiden Kombinatsvertretern gleich zum Verzehr freigegeben wurde. Sie langten tüchtig zu und waren einmal verschwenderisch in ihrem Urteil. Ausgezeichnet! Lecker saftig! Überhaupt kein Vergleich zur trockenen Fabrikware westlicher Provenienz. Darin waren sich schon mal alle einig. Vom Kaffee wunderbar belebt, harrten alle der Dinge, die jetzt kommen sollten. Zur Programmeröffnung gab es jedoch wieder ein Referat, auf das erfreulicherweise durch einen Film eingestimmt wurde. Ein typischer Industriefilm mit vielen Zahlen und optimistisch dreinblickenden Menschen. Saubere Arbeit. Interessante Schnitttechnik. Sachlich aufgesprochener Kommentar. Programmmusik. Gar nicht schlecht gemacht. Als das Licht wieder aufflackerte, setzte der Genosse im Anzug seine dunkle Hornbrille wieder auf. Er hieß Rudi Volkert und arbeitete in der Parteileitung des Kombinats. Er saß mit Rosenau, dem Genossen im Janker, und Uphoff, der hier als offizieller Delegationsleiter fungierte und der seine Genossen nun einzeln und namentlich vorstellte, am Kopfende unter einem Bild von Walter Dötsch aus dem ‚Held der Arbeit'-Genre. Volkert begann und erläuterte ihnen zunächst das Wesen eines Kombinats als quasi sozialistischen Konzern und zeigte die volkswirtschaftliche Bedeutung des Chemie-Anlagen-Kombinats auf. Im Gesamtkomplex seien rund 37 000 Werktätige beschäftigt. Dessen 11 Apparatebau-Betriebe repräsentierten einen Maschinen-Anlagenwert von 3,5 bis 4,5 Milliarden Mark. Damals habe man die Ausplünderung durch die Amerikaner nicht verhindern können. Moment, dachte Thomas, Industriedemontage, Amerikaner! Wie weit waren die nach Osten gekommen? Er erinnerte sich an ein Foto im Geschichtsbuch, das den historischen Handschlag zwischen GIs und Rotarmisten 1945 bei Torgau an der Elbe dokumentierte. Zeitweilige Verbündete, Sieger in einem gerechten Krieg. Aus diesem Händedruck zwischen Waffenbrüdern war keine Völkerfreundschaft entstanden. Ein Kalter Krieg hatte beide Armeen zu Gegnern gemacht. Die gesamte Produktion sei nach Kriegsende zum Erliegen gekommen, fuhr Volkert fort, und erst durch die Bemühungen der Roten Armee wieder angekurbelt worden. Völkerfreundschaft der werktätigen Art! Ein glänzendes Beispiel. Und Thomas notierte Zahlen und Fakten. Das erste Chemieprogramm der DDR sei dann Anfang der 60er Jahre aufgelegt worden. Allein in dem Werk Grimma arbeiteten zurzeit

3500 Werktätige, davon seien immerhin 500 Lehrlinge. Volkert legte eine kleine Verschnaufpause in sein Zahlenwerk und bekräftigte strahlend (Du hast richtig gehört, 500!) die letzte Zahl, weil Betty Lehmkuhl, die bundesdeutsche Lehrstellenmisere im Kopf, ungläubig gefragt hatte: Fünfhundert? Die durchschnittliche Leistungsentwicklung, sprich Steigerung, in der Volkswirtschaft der DDR solle in den kommenden Jahren 5 % betragen, im Chemie-Anlagen-Bau jedoch 7 %. Ihr Kombinat stelle her Anlagen zur Braunkohle-Verarbeitung, zur Erdöl-Entschwefelung, zur Kohle-Hydrierung und speziell für Kuba solche zur Erdöl-Hydrierung. Durch den steigenden Export und die daraus erfolgende Erwirtschaftung von Devisen leiste das Kombinat auch einen nicht unerheblichen Beitrag zur Rohstoffversorgung der DDR. Schließlich traute sich der alte Uphoff angesichts dieser beeindruckenden Bilanz auch die erhebliche Belästigung anzusprechen, die offenbar von dem hiesigen Werk und seinen weithin ruchbaren Schloten ausgine. Auch in der Stadt Leipzig sei ihnen dieser penetrante stechende Geruch aufgefallen. Im Westen scheine man in Sachen Umweltschutz doch schon einen bedeutenden Schritt weiter zu sein. Unterlegenheit des Sozialismus in olfaktorischer Evidenz. Könne man sich das denn noch lange leisten? Volkert schien direkt begeistert darüber zu sein, dass auch dies überaus ernste, quasi in der Luft liegende Problem endlich angesprochen wurde. Er lobte den Fragesteller für sein kritisches Nachhaken und schlug für seine Antwort einen emphatisch-beschwörenden Ton an. Genossen! Wir sind uns des ernsten Problems bewusst und – seid versichert – arbeiten mit Hochdruck an seiner Beseitigung. Zum Beispiel werden neue Produktionsanlagen nur noch mit geschlossenen Kreisläufen gebaut. Gemeinsam mit einer englischen Spezialfirma ist der Bau einer Rauchgas-Entschwefelungsanlage bereits projektiert. Die Zukunft gehört meiner Meinung nach jedoch der Biotechnologie. Aber! Das muss auch allen klar sein, wir sprechen hier von einem Bereich der Hochtechnologie. Deren Erwerb ist allerdings auch immer eine Frage der Devisenerwirtschaftung. Ein neuralgischer Punkt. Deshalb werden wir auf die Braunkohle als Energielieferant noch lange nicht verzichten können. Der Zusammenhang von ökonomischer Entwicklung, Luftverschmutzung und Devisen. Thomas dachte an Hauptmann Bleikamps hämische Bemerkung, mit der er den Inkassovorgang auf der Autobahn quittiert hatte. Danach gab Volkert Informationen weiter über die Parteiorganisation der SED, die im Werk Grimma aus zirka 900 Mitgliedern bestehe. Das seien etwa 24 % der Werktätigen, die in 19 Abteilungsparteiorganisationen mit ca. 50 Parteigruppen organisiert seien.

Bevor Volkert sich setzte, gab er das Wort an den Genossen Gerd Rosenau von der Betriebsgewerkschaftsleitung weiter. Rosenau, ein gedrungener Enddreißiger mit mächtigem Schnauzer, der bisher gelegentlich kopfnickend, ansonsten aber schweigend neben seinem Vorredner gesessen hatte und den Gästen im Übrigen dadurch aufgefallen war, dass er geraucht und Volkert die Kaffeetasse nachgefüllt hatte, ergriff nun das Wort zur Arbeit der Gewerkschafter im Kombinat. Er wartete gleich zu Anfang mit einer eindrucksvollen Zahl auf: 99 % aller Kolleginnen und Kollegen seien Mitglied im FDGB. Etwas anderes hätte die West-Genossen auch sehr verwundert und Thomas überlegte fieberhaft, welche geheimnisvollen Gründe das sein mochten, die dieses eine Restprozent der Kollegen von der Mitgliedschaft bisher abgehalten hatten. Persönliche Zerwürfnisse mit Funktionären? Geiz? Desinteresse? Vielleicht waren einige auch ausgeschlossen worden, also der FDGB-Zugehörigkeit unwürdig, oder gar nicht erst aufgenommen worden? Persönliche Unzuverlässigkeit. Verkrachte Existenzen des real existierenden Sozialismus. Im gesamten Kombinat, verkündete Rosenau routiniert, gebe es 21 Abteilungsgewerkschaftsleitungen und 120 Gewerkschaftsgruppen, die sich um die Interessen der Werktätigen kümmerten. Dabei sei der Interessenbegriff wesentlich weiter gefasst, als sie im Westen sich das vielleicht vorstellen könnten. Es existierten verschiedene Kommissionen, in denen die Werktätigen für ihre ureigenen Belange aktiv werden könnten. Der Redner erwähnte die Arbeitsschutzkommission, die Sportkommission, die Küchenkommission und die Frauenkommission, der nun nicht etwa die Küchenkommission unterstünde, sondern die sich unter anderem der Erstellung von Frauenförderplänen widmete. Eine Bestimmung, die Betty Lehmkuhl zu einem beifälligen Kopfnicken animierte, während die anderen Rosenaus Frauen-und-Küche-Anspielung verlegen lächelnd quittierten. Betty stellte die Kaffeetasse ab und notierte das Gehörte. Rosenau arbeitete jetzt die immense Bedeutung der Wettbewerbskommission für die Gestaltung des Sozialistischen Wettbewerbs und der sozialistischen innerbetrieblichen Demokratie heraus. Ein von der Betriebsleitung einmal aufgestellter Planentwurf werde von ihnen mit einem Gegenplan beantwortet, in welchem versteckte Reserven nutzbar und Wege zu noch größerer Effizienz aufgezeigt würden. Thomas, der sich in Mathematik immer schwer getan hatte, dachte schaudernd an die dafür notwendigen Berechnungen. Dabei gehe es ihnen zunehmend um die Verbesserung der qualitativen Kennziffern, also Intensivierung statt Extensivierung. Im Rahmen dieses Wettbewerbs würden auch die Bedingungen für die Neuererbewegung diskutiert sowie die Leistungsstimulierung durch Ausrichtung des Lohn- und Prämiensystems am Prinzip der materiellen Interessiertheit. Das trete immer entscheidender neben den moralischen Appell. Materielle Interessiertheit an der Entwicklung des Sozialismus! Möglicherweise die entscheidende Weichenstellung, freute sich Thomas und überlegte, ob der Komparativ von ‚entscheidend', den Rosenau eben benutzt hatte, unter semantischem Aspekt nicht unlogisch sei. Entsprechend der Leninschen Erkenntnis, fuhr der fort, dass die Erzielung einer höheren Arbeitsproduktivität das letztlich Entscheidende für die Überlegenheit des Sozialismus über den Kapitalismus sei, unternähmen die Werktätigen des Kombinats wie des gesamten Bezirks alle denkbaren Anstrengungen, um diese kontinuierlich und mit hohem Tempo zu steigern. Thomas hörte genau hin, schrieb diese Aussage wörtlich mit und nahm sich vor, nachher in der Diskussion dazu eine Frage zu stellen. Der Aus- und Weiterbildung der Kollegen sei nicht zuletzt das Hauptaugenmerk der Gewerkschaftsorganisationen gewidmet, da der Qualifizierung im Zeichen der Wissenschaftlich-Technischen-Revolution eine immer größere Bedeutung zuwachse. Schlussendlich ginge es den Gewerkschaften um die Verbesserung der Arbeits- und Lebensbedingungen insgesamt. In diesem hehren Ziel wüssten sie sich in völliger Übereinstimmung mit den übrigen gesellschaftlichen Kräften und der sozialistischen Staatsmacht. Denn der Grundwiderspruch der kapitalistischen Raubtiergesellschaft existiere nicht in der DDR. Alle hier noch vorhandenen Widersprüche seien nichtantagonistischer Natur und könnten deshalb früher oder später beseitigt werden. Er korrigierte sich. Müssten deshalb früher oder später beseitigt werden. Nach diesem gesprochenen Schlussstrich setzte er sich und genoss den Applaus. Er strich zufrieden über seinen Schnauzer, während Volkert ihm Kaffee einschenkte.

Nur immer raus mit der Sprache! Über dem Beginn der Diskussionsphase lastete trotz Volkerts Aufmunterung zunächst eine andächtige Stille, in der hörbar wurde, wie Dorenkamp und Liesenkötter genussvoll die letzten Stücke Streuselkuchen verputzten. Schließlich traute sich Thomas und rückte mit seinem Problem heraus vor das Plenum: Wenn, so habe Rosenau eben Lenin zitiert und an der Gültigkeit dieser Aussage sei kaum zu zweifeln, wenn also die Entwicklung der Produktivität den Systemwettkampf letztlich entscheide, wie wolle der Sozialismus den Westen darin übertreffen, ohne sich der gleichen ausbeuterischen Methoden zu bedienen. Schiele man nur auf die Produktivität, sei ein System mit dem nackt hervortretenden Zweck der Profitmaximierung doch ungleich effizienter als eines, das einem sozialistisch motivierten Humanismus verpflichtet sei. Da saßen die Weltverbesserer (West) nun im Konferenzsaal des stolzen Kombinats und der Streuselkuchen blieb ihnen im Halse stecken. Die Überraschung hätte größer nicht sein können. Die Genossen schauten sich verlegen an. Uphoff bekam eine Hustenattacke nicht in den Griff und wurde krebsrot. Rosenau blieb indessen gelassen. Er bügelte seine Schnauzerflügel glatt und wandte sich rhetorisch geschickt mit einem Lob direkt an Thomas: Eine großartige Frage des Genossen Bitterschulte. Rührt sie doch direkt an den ökonomischen Kern der Systemfrage. Thomas, der sich mit diesem

Lob ins Zentrum allgemeiner Aufmerksamkeit gerückt sah, fixierte verlegen das Honecker-Foto an der Seitenwand. Er fühlte, dass ihn die Blicke der West-Genossen erstaunt musterten, und dachte: Verdammt. Si tacuisses. Rosenau fuhr unbeirrt fort. Wer wird den Herausforderungen der Wissenschaftlich Technischen Revolution besser gerecht werden? Auch mit deren politischen und gesellschaftlichen Aspekten zurechtkommen? Wir oder sie? Derart präzisiert sich die bekannte Leninsche Formel ‚Wer wen?' in unserer Epoche des weltweiten Übergangs vom Kapitalismus zum Sozialismus. Noch ist dieser Übergang nicht unumkehrbar. Ihn aber so weit voranzutreiben ist eine alles überlagernde Aufgabenstellung, die auch über Krieg und Frieden entscheiden wird. Das ist der tiefere Sinn unserer Losung ‚Den Sozialismus stärken – Unsere Friedenstat'. Zum Kern deiner Frage zurück, Genosse Bitterschulte. (Thomas freute sich nun darüber, so von dem Redner tituliert zu werden.) Natürlich sehen wir nicht ab von der Wolfsnatur des Kapitalismus. So blauäugig sind wir nun doch nicht. Auch in der tiefgreifenden Krise seiner Verwertungsbedingungen wird er immer raffiniertere, immer verzweifeltere Anstrengungen unternehmen, um den Ausbeutungsgrad von Mensch und Natur zu erhöhen. Weltweit. Diesen Weg können und wollen wir nicht gehen. Selbst, wenn er wollte: Der Sozialismus besitzt keine ehemaligen Kolonien, die er ausbeuten könnte. Wir setzen große Verantwortung in euch, Genossen. In Westdeutschland, heute eines der stärksten imperialistischen Länder, an der Trennlinie zwischen den gesellschaftlichen Systemen, kann und muss es der Arbeiterklasse im Bündnis mit allen fortschrittlichen Kräften gelingen, den ökonomischen und politischen Spielraum der Herrschenden einzuengen. Wir wissen um die Schwere und Kompliziertheit eurer Aufgabe, Genossen. Eure Partei ist nicht groß, aber wir in unserem kleinen Land zählen sehr auf euren Beitrag. Dünner, fast erschrockener Beifall. Wolfgang Uphoff, der bei diesen Worten kreidebleich geworden war, starrte durch das Fenster auf den staubigen Fabrikhof. Er sah die gewaltigen Anstrengungen vor sich. Er kannte sich aus mit DiaMat und HistoMat und hatte lernen müssen in seinem bedrängten Leben, ein Kräfteverhältnis objektiv einzuschätzen. Von allen West-Gästen ahnte Uphoff wohl als Einziger, wie schwierig das alles noch werden würde. Die anderen schwiegen und Cordula bedankte sich jetzt bei den Referenten für ihre Vorträge. Uphoff überreichte ihnen eine Unverricht-Graphik als Geschenk. Sie zeigte den Täufer-König Jan van Leiden vor dem Gericht des Bischofs von Münster. Darunter ein Brecht-Zitat: „Warum, fragten wir uns / Das goldene Zeitalter noch aufschieben? / Wir leben nicht ewig."

Sie freuten sich endlich auf den Abschlussabend in Leipzig am Freitag, welcher der Kultur und dem Schauspiel reserviert war. Dem großen Schmuckstück Brecht und seinem Theater der menschlichen Vernunft.

Schon den Abend vorher, als sie mit den Aktivisten des Jugendmähdruschkollektivs E 512 aus der LPG Ziegelheim zusammentrafen, diskutierten sie über den Genossen Dramatiker und seine großen Bühnenstücke. Deren Stoffe zu kennen gehörte hier zum Standard allgemeiner Bildung und ein Gespräch darüber ergiebig zu führen, war selbst auf dem platten Land nichts Ungewöhnliches. Galileo Galilei. Von der Verantwortung des Wissenschaftlers. Der kaukasische Kreidekreis. Die Kinder den Mütterlichen, damit sie gedeihen! Die Vernunft der Menschlichkeit. Aber stets auch, bemerkte Thomas an der Garderobe, die Menschlichkeit einer Vernunft! Die Courage und ihre Kinder. Eine Mutter zwischen Geschäft und Gefühl. Das Sittengemälde aus dem 30-jährigen Krieg. Von der Parteilichkeit der Kultur gerieten sie auf die Kultur des Klassenkampfes. Führte nicht auch die DDR seit 30 Jahren ihren Krieg? Zweifellos einen gerechten Krieg. Mit hehren Zielen. Um die Köpfe und Herzen ihrer Menschen wurde der geführt. Gegen die Rückständigkeit im Denken und die ewige Leier vom guten Alten. Gegen das Vergessen. Gegen die Durchtriebenheit der Gesinnung vor allem, die sich im Westen so mühelos wieder breitgemacht hatte. Um den sozialistischen Weg. Drohte nicht auch die Revolution unkenntlich zu werden und ihre Kinder in diesem Krieg zu verlieren? Die Heranwachsenden des sozialistischen Wegs. An den way of life. Der Jugendklub, in dem sie sich mit den Aktivisten trafen, war in einer restaurierten Scheune mit Tresen und kleiner Bühne eingerichtet worden. Der Einlass wurde von einem Volkspolizisten kontrolliert. Nicht jeder, der ihn begehrte, bekam einen Zutritt und sie beobachteten erregte Dispute am Eingang. Halbstarke, suchte der Dorfpolizist ihnen später zu erklären. Thomas hatte Bekanntschaft gemacht mit den verschwitzten Kontrolleuren am Eingang der Schützenfestzelte in Emslake, wunderte sich aber, dass hier Uniformierte die Arbeit machten. Aber wozu? Wer sollte wobei stören? Die sogenannten Halbstarken machten ihm einen ziemlich harmlosen Eindruck. Die Aktivisten der Ernteschlacht schenkten nun Bier aus, dazu standen plötzlich Schlachtplatten auf den Tischen bereit und Kornbrannt zum Nachspülen. Bald ertönte Schlagermusik aus einer Beschallungsanlage. An deren rustikalem Sound wäre eine Fortsetzung des Literaturgesprächs, das sich zuletzt mit dem gesellschaftlichen Engagement des Schriftstellers und dessen unterschiedlichen Voraussetzungen in Ost und West befasst hatte, schon akustisch gescheitert. Ein Aktivist aus dem siegreichen Agrar-Kollektiv versetzte diesem Diskurs in Bierlaune den endgültigen Todesstoß. Lieber Beate Uhse als Bodo Uhse, grölte Fred durch den Saal und hatte viele Lacher für sich, bevor er Betty zum Tanzen mitnahm. Rotraud beobachtete wenig später, wie der Vopo und Torsten ein paar Jugendliche, welche durch das plötzliche Aufdrehen der Musik zu einem neuen Anlauf ermuntert wurden, mit vereinten Kräften von der

Saaltür in die Dorfdunkelheit zurückstießen. Rotraud selber hatte den tätigen Torwächter am Vortag eingeladen, die Delegation zur ländlichen Begegnung zu begleiten. Sie bedauerte das jetzt und überlegte ernsthaft, zugunsten der Ausgeschlossenen zu intervenieren. Sie machte Thomas auf den Tumult aufmerksam. Diese zornigen Jugendlichen, meinte die Erzieherin resigniert, so können sie nicht mit ihnen umgehen. Wenn ihnen einmal der ganze Laden um die Ohren fliegt, dann wird gewiss auch ihr rigider Umgang mit den Jugendlichen schuld daran sein. So sieht doch keine zeitgemäße Jugendpolitik aus. Thomas gab ihr Recht. Die Bekämpfung sogenannter Halbstarker sei keine marxistische Politik. Eher Ausdruck von Hilflosigkeit. Unterdessen wurde die Saaltür von innen verriegelt und sie spülten ihren Ärger herunter. In einer Ecke hockten Liesenkötter und Cordula knutschend beim Bier.

Am Freitag, ihrem letzten Leipziger Nachmittag, streiften Betty und Thomas durch die Innenstadt. Warenkunde im Kaufhaus ‚Konsument'. Sie stöberten im Buchmessehaus am Markt in den Regalen, kauften ein. Vieles, was Betty mitnehmen wollte, war vergriffen. Thomas kaufte „Spur der Steine" von Erik Neutsch, zwei Romane von Anna Seghers und ein Lehrbuch zur Politischen Ökonomie des Kapitalismus, das ihm Rosenau empfohlen hatte. Die Bücher verstauten sie, um unangenehmen Fragen des Bundesgrenzschutzes nach deren Herkunft zu entgehen, auf den Böden ihrer Taschen und Koffer. Denen entnahmen sie danach ihre schickste Kleidung für den Abend. Im real existierenden Sozialismus legte das Theater Wert auf eine Etikette, die im Westen durch die Verdikte der Jugendrevolte weitgehend diskreditiert worden war. Ein Theater, das, wie Cordula ihnen nicht vorenthalten durfte, stolzer Träger des Karl-Marx-Ordens war. Für diesen Anlass hatte sich Thomas ein Jackett und sein selten getragenes weißes Hemd mitgebracht, das ihm Tausendsassa Torsten am Nachmittag fix gebügelt hatte. Karl-Marx-Orden. Eine hohe Auszeichnung. Aber welche stolze Theater-Brust wird diese ordentlich schmücken?, grübelte Thomas, der in seinem bisherigen Leben wenige Orden, ja eigentlich nur den Knabbelorden eines kompromittierten Emslaker Karnevalsvereins gesehen hatte. Er selbst trug gelegentlich einen Lenin-Sticker an seiner Jeansjacke. Sie hatten gute Plätze im Parkett bekommen. Thomas saß neben Betty und genoss beides. Brechts Kunst und Bettys Küsse. Denn als der Richter Azdak der Grusche das Kind zusprach („Nimm dein Kind und bring's weg"), schluchzte Betty wieder einmal und lehnte sich an Thomas. Bestimmt keine abgeklärte Reaktion im Sinne Brechts, dachte der, legte aber dennoch den Arm um seine Nachbarin und zog sie sanft zu sich. Drei Stunden Zeit beanspruchte die Aufführung vom ‚Kreidekreis'. Sie hätte für Thomas gern andauern dürfen. Hatte nicht Brecht gesagt, auf der Bühne solle nicht zum Zeitvertreib gespielt werden?

Am Ende gab es für das Ensemble stehenden Beifall, dem sich die beiden verspätet anschlossen. Danach musste unbedingt noch Zeit sein für einen Abstecher in die Mädlerpassage und den Besuch von Auerbachs Keller. In dem weltberühmten Lokal wurden sie durch einen mürrischen Kellner platziert. Ohne eigenes Zutun saßen sich Betty und Thomas jetzt gegenüber und blickten sich unentwegt an. Liesenkötter hatte es mit seinem Platz besser getroffen. Der Ingenieur saß neben Cordula Schlickmann und hatte einen Arm um sie geschlungen.

Im Haus der Bezirksleitung war Torsten bis zur Rückkehr der Delegation hellwach geblieben. Der Nimmermüde hatte seinen Gästen belegte Brote und Essiggurken für den Mitternachtshunger bereitgestellt. Die üppig aufgefüllte Nirostaplatte wurde durch einige Flaschen Kognak flankiert. Abschiedsstimmung. Die ersten Toasts wurden ausgebracht, vorläufige Bilanzen gezogen. Unter dem Vorwand, morgen, am Tag der langen Rückreise ausgeruht sein zu wollen, zogen sich Betty und Thomas in die Schlafetage zurück. Geborgen und aneinander geschmiegt lagen sie bald im Bett, während unten mit schwankender Stimme in den Trinksprüchen ein ums andere Mal die Internationale Solidarität beschworen wurde. Schallplatten wurden aufgelegt und die ‚Ballade von der XI. Brigade' drang dumpf bis zu ihnen unters Dach. Hör genau hin, sagte Thomas zärtlich, die Lieder aus dem spanischen Bürgerkrieg. Da du ihnen nichts vorsingst, muss es wenigstens Ernst Busch sein, flüsterte er glücklich ins Ohr der empfindsamen Betty und bat sie um ein Lied nur für ihn.

Aus Bitterschultes Klessmann-Notizen

Zweites Bild: Bekehrungsversuche

Das Germanistische Institut war in einem Backsteingebäude an der Westseite des Domplatzes untergebracht. Eine schmale Steintreppe führte von dort zum Kellereingang. Ich traf Klessmann erstmalig im Kakaobunker, wie ein öder, lichtarmer Schankraum im Untergeschoss des Gebäudes von den Studenten weltanschauungsübergreifend genannt wurde. Es war bereits Oktober und es regnete seit Tagen. Klessmann strich mit einer schönen Schwarzhaarigen, deren üppige Körperformen von Jeansbluse und Minirock zusammengehalten wurden, um die voll besetzten Tische. (Im Nachhinein, da alles schon lange hinter mir liegt, stelle ich fest: Die schönsten Frauen hingen in jenen Jahren bei den Linken herum.) Es war gegen Mittag und die beiden betrieben Erstsemesteragitation, wie ihr Tun im Politjargon jener Jahre umschrieben wurde. Sie verteilten textlastige Flugblätter, auf denen für ein Teach-In mit dem Heidelberger AStA-Vorsitzenden Moritz Brentano im hiesigen AudiMax geworben wurde. Laut Ankündigung sollten auf dieser Versammlung die Perspektiven einer demokratischen Hochschulreform diskutiert werden. In jenem Semester stand allerdings die Auseinandersetzung um den Bau eines neuen Studentenwohnheims auf dem Gelände der alten Sternwarte ganz oben auf den Listen politischer Wichtigkeiten. Das hatte ich, der ich gierig die wortgewaltigen Verlautbarungen einer, wie es den Anschein hatte, brodelnden studentischen Politszene aufsog, schon aus den zahlreich herumliegenden Flugblättern mitbekommen. Außerdem prangten kämpferische Losungen auf flächendeckenden Wandzeitungen oder leuchteten von rot bemalten Bettlaken, die als Transparente die Räume und Gänge überspannten. Ich hatte soeben – um einiges ratloser als vorher – die Studienberatung verlassen, die von zwei blasierten Hilfskräften aus der sprachwissenschaftlichen Abteilung angeboten wurde, hatte wenig verstanden und war beeindruckt worden eigentlich nur von den vielen, hochwissenschaftlich klingenden Titeln der germanistischen Lehrveranstaltungen. Ich hatte schon auf gut Glück in eine überfüllte Vorlesung bei Professor Proksch geschaut, in der es um den Marburger Sprachatlas ging, und konnte der ganzen Veranstaltung wenig abgewinnen. Ich saß gerade hungrig und erschöpft vor einer halben Terrine Linseneintopf – dies war der preisgünstigste Mittagstisch, und eine Wursteinlage versprach er auch – und blätterte im voluminösen Vorlesungsverzeichnis, als Klessmann mir ihr Flugblatt unter die Nase hielt. Ich weiß nicht woran, aber er hatte mich sofort als Erstsemester identifiziert. Irgendetwas musste mir anhaften. Wie ein Urlauber in einem südlichen Land von Kleinhandel treibenden Einheimischen unfehlbar erkannt und angequatscht wird. Aber die Kleidung konnte es bei mir nicht sein. Und einen Fotoapparat schleppte ich auch nicht mit mir herum. Es musste irgendwie an meiner Aura liegen. Sie setzten sich also zu mir, und Klessmann zerriss kommentarlos die gedruckten Stellungnahmen einer sich christlich gerierenden Studentenorganisation, die die Tischfläche bedeckten. Ich nahm an, die christlichen Kommilitonen verfuhren mit seinem Material genauso. Klessmann und seine Genossin hatten das Abzeichen der Spartakisten angesteckt, das eine geballte Faust vor aufgeschlagenem Buch zeigt, und Pia, so hieß die schwarze Schöne, wäre von keiner noch so edlen Brosche vorteilhafter herausgeputzt worden. Ich hatte nur Augen für Pia und kriegte kaum mit, wie mich Klessmann agitierte. Wir unterhielten uns wohl hauptsächlich über Musikgeschmack. Welche Scheiben jeder sein Eigen nannte. Wir sprachen über Cream und Grateful Dead und stellten einiges an Übereinstimmung fest. Pia nestelte an ihrem Abzeichen. Es sah kokett aus, wie sie damit durch den Stoff stocherte, und ich befürchtete, sie würde sich die silberne Spangennadel durch das gespannte Tuch ihrer Bluse in den bis dato makellosen Busen rammen. Am Ende hatte ich für eine Kakaobunker-Fete am nächsten Abend zugesagt. Ich hatte auch versprochen, Teile meiner Rolling-Stones-Sammlung mitzubringen, mit der ich unvorsichtigerweise geprotzt hatte. Etwas leichtfertig. Ich hatte wenige Tage vorher ‚Exile On Main Street' gekauft und gedachte nicht, die Zusage einzuhalten. Dafür war mich das Doppelalbum doch zu teuer gekommen. Damals gab ich das meiste Geld (nach dem Budget für Alkohol) für Schallplatten aus und war dementsprechend penibel. Ich lieh sie prinzipiell nicht aus, obwohl mir ständig Bekannte mit diesbezüglichen Bitten in den Ohren lagen. Dreimal verliehen ist wie einmal verloren, sagte meine Oma immer. Ein Erfahrungsschatz aus Notzeiten. Die allermeisten Plattenspieler meiner Freunde waren in einem ramponierten Zustand und insbesondere die ziemlich teure und gemeinhin unsachgemäß grob behandelte Diamantnadel wurde von ihnen nur ganz selten einmal ausgetauscht. Schon gar nicht brachte ich meine Schätze mit zu obskuren Kellerfeten, nachdem ich schmerzlich miterleben musste, wie sie von Ignoranten barbarisch behandelt wurden und am Ende in einer Bierlache schwammen. Am Morgen danach waren sie immer zerkratzt oder verklebt und konnten weggeworfen werden. Das tat mir in der Seele weh. Ich behandelte meine Vinylschätze wie andere Leute ein neues Auto, was ich in der Intensität nur ganz selten bei anderen beobachtet habe.

Meine Linsensuppe war über der Fachsimpelei kalt geworden. Wir drehten uns Zigaretten. Damals bevorzugten die meisten diesen holländischen Tabakschnitt, der in Vakuumbeuteln verkauft wurde. Pia und ich rauchten halfzwaren Van Nelle, Klessmann hingegen Schwarzer Krauser. Pia besaß von uns dreien die größte Fingerfertigkeit. Sie rollte in wenigen

Augenblicken ein faltenfreies Prachtexemplar mit Filter. Sie lieh sich mein Feuerzeug aus und machte einen Lungenzug. Sie war Medizinstudentin im zweiten Semester. Klessmann studierte im Vierten Germanistik und empfahl mir von sich aus ein literaturdidaktisches Seminar bei Professor Brandstetter. Ein entschiedener Reformer und verlässlicher Bündnispartner. Von denen es in der Bischofsstadt nicht so viele gebe. Meine Erfahrungen mit Professor Proksch tat er ab. Ein Arschloch durch und durch. Vertreter einer reaktionären Germanistik. Sprachhistoriker. Sie, also der Spartakus, riefen zum Boykott seiner Seminare auf. (Grob vereinfacht gesagt galt damals die Beschäftigung mit der Geschichte der Sprache als reaktionär, die Analyse schichtenspezifischen Sprachverhaltens, also die Soziologie der Sprache, als progressiv.) Pia gab mir Feuer aus meinem Feuerzeug. Ich fasste mit meiner Rechten um ihr Handgelenk und spürte ihren sachten Puls. Ich verabschiedete mich von beiden und bevor ich gehen konnte, nannte Klessmann mir den Termin für die nächste Mitgliederversammlung des Spartakus. Ich sei herzlich eingeladen, fügte er hinzu. Mal sehen, sagte ich. Vielleicht. Dabei blickte ich zu Pia. Sie lächelte und blies gekonnt Zigarettenrauch in die sowieso schon stickige Luft. Komm nur, sagte sie mit ihrer warmen, rauchigen Stimme. Ich brachte Terrine und Besteck auf den klapprigen Geschirrwagen zurück und war irgendwie froh, den beiden für heute entkommen zu sein.

Am nächsten Tag regnete es wieder. (Ich werde von jetzt an nicht mehr eigens darauf hinweisen und nur noch außergewöhnliche Wetterlagen erwähnen. Sollte vom Wetter also nicht die Rede sein, so können Sie sich zu jeder Szene gerne einen wolkenverhangenen Himmel mit latenter Schauerneigung vorstellen. Außerdem haben unsere Protagonisten Wichtigeres zu tun, als wie die Spießbürger über das Wetter zu tratschen.) Am Nachmittag schrieb ich mich in die Teilnehmerliste des Seminars bei Professor Brandstetter ein. Ich besorgte mir einen Leseausweis der Uni-Bibliothek und schaffte es auch noch kurz vor deren Schließung, mir ein paar Bücher aus der umfangreichen Literaturliste zu sichern. Am Abend wollte ich ausgeruht sein und legte mich darum noch ein paar Stunden hin. Ich wohnte in jenem ersten Semester bei der Familie Gröner, die ein Haus neben dem alten Luftschutzbunker am Kanal besaß. Ich war im Dachgeschoss untergekommen, das durch Zwischenwände aus Rigipsplatten parzelliert war, und so bekam ich aus dem Nebenzimmer ein einseitig geführtes Gespräch mit, in dem Gottes Gerechtigkeit und Güte gepriesen wurden. Ich wohnte im Haus dieser Familie Gröner ganz bequem und einigermaßen billig. Herr Gröner war ein unauffälliger Studentenbuden-Vermieter mit einem ausgewiesenen Heinz-Drache-Gesicht. Nichts deutete darauf hin, dass er und die ganze Familie den Zeugen Jehovas angehörten. Ich habe überhaupt nichts gegen die Zeugen

Jehovas. Sie genießen meinen Respekt schon deshalb, weil sie den Dienst an der Waffe kategorisch verweigern und nicht zur Bundeswehr gehen. Unter den Nazis blieben viele standhaft. In den Konzentrationslagern trugen sie den lila Winkel. Ernste Bibelforscher. Wenn überhaupt, sieht man die Angehörigen dieser Religionsgemeinschaft ja mausgrau und wohltuend unaufdringlich mit ihrem ‚Wachtturm' an der Straßenecke stehen. Die Vorschriften ihrer religiösen Praxis fielen uns allerdings ein bisschen lästig. Herr Gröner erklärte mir eines Tages feierlich, zu seinen Pflichten gehöre es, einmal am Tag einem Menschen zu predigen, und er wolle sich besonders den Jugendlichen widmen, deren Herzen noch nicht so verhärtet seien, (sein Blick streifte das Che-Guevara-Plakat an der Wand), und was läge näher, als seinen Studenten, die mit ihm unter einem Dach lebten, ein gottgefälliges Werk zu erweisen ... Von Religion hatte ich mich längst verabschiedet und den historischen Jesus dachte ich mir etwa auf einer Wellenlänge mit dem bärtigen Guerillero an der Wand. Wie gesagt, die Zimmermieten waren vergleichsweise günstig, wir wohnten zu viert unterm Dach und so nahm man's in Kauf. Indessen dachte ich kurz vor dem Einschlafen, Gott sei Dank, heute Abend geht dieser Kelch an mir vorüber, heute muss mein Zimmernachbar Jürgen, ein Medizinstudent im fortgeschrittenen Semester, dran glauben. Ich drehte mich von der Wand weg, schloss die Augen und dachte ein wenig an Pia, die, wie ich erst später erfuhr, komplett Pia Orzessek hieß, aus Recklinghausen stammte und mit Klessmann in einer Kellerwohnung im Antoni-Viertel zusammen lebte. Klessmanns Eltern, so erfuhr ich noch später, glaubten ihren Sohn in einem katholisch geführten Studentenwohnheim am Hohenzollern-Ring vorzufinden, wenn sie jemals nach Münster fahren würden. Darüber schlief ich ein. Beim Erwachen wurde ich unfreiwilliger Zeuge, wie Jürgen und Herr Gröner nebenan ein Dankgebet sprachen. Ich duschte ausgiebig, trank ein Glas Rotwein und gönnte mir ein paar extra Spritzer Old Spice gegen hartnäckigen Körpergeruch.

Die Musik dröhnte bis auf den menschenleeren Domplatz herauf. Mick Jagger sang Tumblin' Dice, was mich insofern ein wenig beruhigte, da ich das ‚Exile On Main Street'-Album zu Hause gelassen hatte. Ich faltete meinen Regenschirm zusammen und ging nach unten. Die Luft war schon zum Schneiden dick und die Musik verhinderte jedes vernünftige Gespräch, sodass sich viele Menschen gestisch zu verständigen suchten. Tische und Stühle waren an einer Wand aufgestapelt worden. Ich zahlte Eintritt, bekam einen Stempel auf den Unterarm gedrückt und suchte in den flirrenden Lichtkaskaden jemanden zu erkennen. Vergeblich, zumal die hopsende, springende, zuckende Menge einem nicht gestattete, sich in Ruhe umzusehen. Dann hatte Jagger zu Ende gesungen und das dichte Wogen auf der Tanzfläche beruhigte sich etwas. Schließlich gewahrte ich

Pias in der abseitigen Ecke an einem Bücherstand. Sie stand mit einem blassen Genossen hinter einem niedrigen Tisch. Ein Tapeziertisch, der mit knallrotem Tuch umkleidet war, auf dem gelbe Großbuchstaben zu irgendeiner Losung geklebt waren. Hammer und Sichel markierten am Schluss das revolutionäre Ausrufezeichen. Auf der Tischfläche lag neben einigen Klassikerbroschüren linkes und antiautoritäres Schrifttum zum Kauf aus. Ein Besucher blätterte im Raubdruck einer Habermas-Vorlesung. Die Broschüre hatte den Titel ‚Thesen zur Theorie der Sozialisation'. Über dem Titel prangte der Stempel der Roten Fachschaft Germanistik mit Buch und Gewehr. Ich schaute mich um. Klessmann befand sich etwas weiter entfernt bei der gigantischen Musikanlage und gestikulierte. Seine Brillengläser funkelten im Rhythmus der Lichtmaschine. Er stand im Zigarettendunst und schien sich auf einen scharfen Wortwechsel mit zwei bärtigen Kommilitonen mit Maomütze eingelassen zu haben, die abwechselnd nickten oder die Köpfe schüttelten. Also hatte ich Zeit für Pia, deren Augenschmaus-Oberkörper heute Abend in ein feines Lederwams geschnürt war. Eins von der knappen Art, die damals durch Uschi Nerke im ‚Beat-Club' populär gemacht wurden. (Uschi Nerke! Zum Reinbeißen hübsch. Tja! Ein solch primitives Frauenbild hatte ich damals noch. Und – ich will es lieber gleich gestehen – nur ein paar Jahre früher schwärmte ich sogar für Helga Anders aus dem ‚Immenhof'.) Pia trug es wie eine zweite Haut und die saß perfekt. Ihre Brustwarzen piecksten in das hauchdünne Leder. Ich musste meinen Augen Zwang antun und richtete sie zur Abwechslung auf ihren blassen Mitstreiter, der einem Kunden ein paar Groschen Wechselgeld auf die Habermas-Broschüre abzählte. Ich versuchte von ihrem Busen unbeeindruckt zu wirken. Wohl ohne Erfolg. Denn nun fragte Pia mich, ob ich etwa auch Medizin belegt hätte. Jetzt hatte sie mich verblüfft. Also kannte auch sie den Film ‚Schießen Sie auf den Pianisten'. Ich ließ mir mit der Antwort ein wenig Zeit und schaute ihr in die Augen. François Truffaut, entgegnete ich dann. (Sein zweites abendfüllendes Werk von 1960. In dem Schwarz-Weiß-Streifen spielt Charles Aznavour den vom Schicksal geschlagenen Pianisten Charlie Kohler, der in einem Café zum Tanz aufspielt. Berühmt unter Kennern ist vor allem der folgende kleine Dialog: Eine zierliche Schwarzhaarige stellt ihren hüftsteifen Partner zur Rede: Sagen Sie mal, warum starren Sie dauernd auf meine Brust? Die Antwort des schwitzenden Brillenträgers erfolgt mit stoischer Schlagfertigkeit: Weil ich Medizinstudent bin. Ah, so!, gibt sich die schwarzhaarige Schönheit zufrieden. Kameraschwenk zu einem anderen Paar.) Ein göttlicher Film. Ich zog mein Päckchen mit Tabak hervor und begann zu drehen. Schließlich war ich kein Medizinstudent. Wir unterhielten uns über Truffaut und seine Filme. Pia meinte, ‚Jules und Jim' sei überhaupt der schönste Liebesfilm aller Zeiten. Ich fand ihn zu traurig und

Pia meinte, deshalb ja. Sie entpuppte sich als echte Cineastin. Denn nun drückte sie mir ein gewichtiges Buch von ihrem Büchertisch in die Hand. Ein sehr ansprechender Band über Sergej Eisenstein und seine Filme. Bilder, Bilder, wenig Text. Sehr gewichtig. Wegen des Preises aber wohl ein echter Ladenhüter. Ich blätterte darin und erfuhr von ihr, dass sie 20 Prozent vom Verkaufspreis behalten könnten. Für ihre Sektionskasse. Finanzierung der politischen Arbeit. Sie hingen schließlich nicht am Tropf des großen Kapitals wie die sich christlich nennende Konkurrenz. Ich seufzte. Ein wirklich schönes Buch mit den berühmten Szenenfotos: der Kinderwagen auf der Treppe in Odessa und andere, aber absolut unerschwinglich für mich. Dann setzte die Musik wieder ein. Sie spielten ‚I'm Going Home (By Helicopter)' von Ten Years After, und der angeregte Disput mit Pia erstarb im Jauchzen der E-Gitarre. Ich fasste sie an der Schulter. Sie zuckte zusammen. Ich machte eine Handbewegung zur Tanzfläche, aber sie bedeutete mir mit einer gegenläufigen Bewegung ihre Unabkömmlichkeit am Büchertisch und mit einem kurzen Zucken ihres linken Mundwinkels ihr Bedauern darüber. Ich entzündete meine Zigarette und hielt ihr meinen Tabakbeutel hin. Dann starrte ich wieder auf ihren Busen und bekam zur Strafe einen gewaltigen Schlag auf den Rücken. Klessmann hatte ich gar nicht kommen gehört. Hätte ich zu diesem Zeitpunkt bereits Kenntnis über seine skurrile Musikalität erlangt, hätte mir die starre Mimik signalisiert, dass seinen Eingeweiden eben gerade die Sowjet-Hymne entwich, obwohl sie wegen der lauten Musik nicht vernehmbar wurde. Er küsste Pia auf den Mund und zog unter dem Büchertisch einen Stapel Flugblätter hervor. Diese unbelehrbaren Sektierer, giftete er. Dabei schaute er zu den beiden Ballonmützenträgern am Tresen. Sie werden sich am Ussuri eine blutige Nase holen, prophezeite Klessmann.

Romantiker

Ihre Lieblingsrevolution war immer Kuba gewesen, die Revolution unter Palmen. Che und Fidel und die bärtigen Compañeros. Die rote Karibikinsel als leuchtendes Fanal vor den Gestaden des US-Imperialismus. Besser ging's nicht und Zigarrenraucher passten wieder ins Zeitbild. Zu Beginn der 70er Jahre des vergangenen Jahrhunderts gehörte auch Frankreich zu jenen Ländern, die innerhalb der Linken zu den allerschönsten Hoffnungen berechtigten. Noch waren die Rebellion vom Mai des Jahres 1968 und ein Jahr später der Rücktritt de Gaulles in bester Erinnerung. Nächtelange Debatten über eine Welt von morgen. Rote Fahnen in Nanterre und an der Sorbonne, Straßenschlachten, sogar ein Generalstreik, wenngleich sie keine Übereinstimmung erreichen konnten in der Einschätzung der Rolle, welche die französische KP vor allem in der Schlussphase dieser Rebellion gespielt hatte. Und gerade jetzt wurde an Büchertischen und in Seminaren das endlich auch in deutscher Übersetzung vorliegende ‚Programme commun', ein programmatisches Übereinkommen zwischen dem PS und dem PC – Frankophile verwendeten demonstrativ den männlichen Artikel vor dem jeweiligen Parteikürzel – zur Eroberung der Regierungsmehrheit, leidenschaftlich diskutiert. Überhaupt schienen von vielen Völkern gerade die Weichen in Richtung des sozialen und demokratischen Fortschritts umgestellt zu werden, zog man nur das lang ersehnte und viel bejubelte Ende der faschistischen Regime in Portugal, Spanien und Griechenland dafür als Beispiel heran. Die Welt drehte sich linksherum. Dem Imperialismus ging endlich doch die Puste aus. Seine ihm von der Geschichte selbst zugestandene Frist war bald abgelaufen. Wie Marx und Engels vorhergesagt hatten, scheiterte er an seiner eigenen Unersättlichkeit. An seiner eigenen Widersprüchlichkeit. Alles schien möglich und nur eine Frage des Zeitpunkts, vor allem aber eine Gesetzmäßigkeit des historischen Materialismus zu sein. Theorie und Praxis in beglückendem Einklang. In Übersee wankte das lusitanische Kolonialreich unter den mächtigen Schlägen der unterdrückten Völker. In Vietnam, Laos und Kambodscha gerieten die USA und die von ihnen ausgehaltenen Marionettenregime trotz flächendeckenden Bombenterrors und des Einsatzes von Agent Orange immer stärker unter den militärischen und politischen Druck der Befreiungskräfte, die auch auf einen wachsenden Widerstand gegen den Krieg bei der amerikanischen Jugend rechnen konnten. Im fernen Chile hatte endlich eine Volksfrontregierung in parlamentarischen Wahlen die Mehrheit errungen. Eine Ermutigung für den gesamten Kontinent. Diese Unidad Popular machte sich unter ihrem charismatischen Präsidenten Allende nun ernsthaft daran, den Himmel auf Erden zu verwirklichen und garantierte vorerst jedem Kind täglich seinen halben Liter Milch. Die Verstaatlichung der Kupferminen galt als mutiger Schritt, mit dem sich die Genossen allerdings die Feindschaft des nordamerikanischen Kapitals und seiner Regierung zuzogen. Von derart lichten Perspektiven konnte in der reichen Bundesrepublik – trotz ihrer sozialliberalen Neuorientierung – allerhöchstens geträumt werden. In Deutschland fiel, was die Sache der Revolution anging, alles um ein paar Nummern bescheidener aus. Im Westen blieb es bei universitären Solidaritätsbekundungen und Geldsammlungen für die Kämpfe im Trikont. Zwar wurden die Unis rot, aber die Arbeiter und Gewerkschaften verharrten auf ihren sozialreformerischen Positionen. Als Stachel im Fleisch der Ausbeuter und sozialistischer Vorposten existierte im Osten die DDR, deren reale Entwicklungsrichtung zur Ursache erbitterten Streits in der linken Bewegung wurde. Staat der Arbeiter und Bauern? Aufbau des Sozialismus? Wie konnte sich jemand zu einem Land verhalten, das über ein vorzügliches Bildungs- und ein kostenloses Gesundheitssystem verfügen sollte, aber seine Bürger nicht ins westliche Ausland reisen ließ! Firmierte dieser Zustand schon unter ‚Sozialismus'? Und in welcher Entwicklungsetappe befand sich der? Fragen über Fragen. Zu einem anderen Streitpunkt entwickelten sich China und Albanien. Jawohl, Albanien, der weltabgewandte kleine Balkanstaat. Altes, zerklüftetes Bergland der Skipetaren, deren archaische Wildheit man aus Karl-May-Romanen zu kennen glaubte. Bitterschulte oder wer immer in jenen Jahren im Jugoslawien des Marschalls Tito, dessen Sonderweg zu Blockfreiheit nach außen und Arbeiterselbstverwaltung im Innern ideologisch auch nicht eindeutig bewertet werden konnte, preiswerten Urlaub machte, empfing nachts in einem Steilwandzelt an der kroatischen Adriaküste neben dem Flüsterton der Liebsten in seinem Ohr unweigerlich auch die wortgewaltigen Tiraden von Radio Tirana. Anstelle der Deutschen Welle, die er wegen der aktuellen Fußballergebnisse eigentlich reinholen wollte. Die albanischen Ätheragitatoren waren unermüdlich und geißelten in akzentfreiem Deutsch das vermeintliche Renegatentum der Koexistenzler in Belgrad. Sie waren erfinderisch und ihre heiseren Stimmen überschlugen sich in dem winzigen Lautsprecher mit Wortschöpfungen wie ‚Spottgeburten des Revisionismus' und ‚speichelleckende Lakaien Moskaus'. Sie schienen auf allen Frequenzen präsent zu sein und überlagerten mit ihrem polit-pathologischen Gekeife alle anderen Stationen im Band. Ihre wortmächtigen Polemiken standen indessen in einem weltpolitischen Zusammenhang. Diese apoplektisch aufgedrehten Albaner mit ihren Lobgesängen auf Enver Hodscha waren ausgerechnet mit China verbündet. Die fernöstliche Volksrepublik erhob ähnlich schwerwiegende Vorwürfe, wie sie die Albaner gegen Jugoslawien schleuderten, ihrerseits gegen die große Sowjetunion. Ein unverständlicher und schmerzlicher Bruderzwist, wie es den Liebenden im Zelt bei Dubrovnik damals erscheinen mochte. Und sämtliche Lager des Weltsozialismus verfügten über Anhänger in der bundesdeutschen Studentenschaft. Zusätzlich gab es auch noch versprengte Gruppen, die von allen nichts wissen wollten und sich auf Trotzki und die IV. Internationale beriefen. Verwirrendes dieser Art hatte Bitterschulte und andere Jugoslawienurlauber dazu gebracht, in der Oberstufe des Emslaker Gymnasiums die erste Zelle der ULTTP, der Ultralinken-Trotzkistisch-Titoistischen-Partei, ins Leben zu rufen. Sie trafen sich im Bastelkeller bei Gustavo Haarlammert. Klein, aber radikal und straff konspirativ. Bis ihnen dessen Eltern, die ein florierendes Haushaltswarengeschäft besaßen und ihren geschäftlichen Erfolg wohl in Mitleidenschaft gezogen sahen, auf die Schliche kamen, den Dokumentenordner konfiszierten und ihren Einzigen unmissverständlich vor die brüske Alternative stellten: Enteignung oder Enterbung.

Trotz alledem: Im Weltmaßstab gab es ordentliche Geländegewinne für die Kräfte des Fortschritts, das ließ sich kaum übersehen. Sah man einmal ab von dem atavistischen Zustand Südafrikas, das unter der Willkürherrschaft eines von den meisten zivilisierten Staaten geächteten Apartheidregimes stöhnte. Die Arbeit für die Revolution bereitete in jenen Jahren das pure Vergnügen und auf der Seite des geschichtlichen Fortschritts zu stehen sowie Verbündeter in einem weltweit um die gerechte Sache der Unterdrückten geführten Kampf zu sein, schenkte ihnen ein erhebendes Gefühl: Das Gespenst ging nun um in der ganzen Welt und sie waren Mitverursacher der Angst, die es bei den Herrschenden erzeugte. Ein subversiver Stolz im Sinne eines Brecht-Verses, in dem er formulierte, er hoffe, die Mächtigen hätten ohne ihn sicherer gesessen. Natürlich würde dieses System nicht einfach sang- und klanglos aus der Menschheitsgeschichte verschwinden. Das anzunehmen wäre naiv und Wunschdenken gewesen. Einem verwundeten Raubtier ähnlich verfügte es noch über genügend Kraftreserven, um seine Pranken zu erheben und blutig zurückzuschlagen. Um die Völker der Welt mit seinen blindwütigen Ausbrüchen in Angst und Schrecken zu versetzen. Die historische Gesetzmäßigkeit konnte es jedoch trotz aller Raserei nicht außer Kraft setzen, dem Rad der Geschichte nicht mehr auf Dauer in die Speichen greifen und gelegentliche Rückschläge für die Kräfte des Fortschritts änderten nichts am prinzipiellen Charakter dieser glorreichen Epoche, in welcher sich nun – mancherorts träg und kaum als solcher wahrnehmbar, aber doch unaufhaltsam und endgültig – der Übergang der Menschheit zu demokratischem Fortschritt und Sozialismus vollzog.

So in etwa stellten sie sich das internationale Kräfteverhältnis dar, als Thomas Bitterschulte Partei ergriff und sich beherzt in den Klassenkampf stürzte. Er tat dies, wie er dachte, ideologisch wohl gerüstet und nach bestem Wissen und Gewissen. Denn all das, was er bisher über den

Marxismus – und sei es auch entstellt und bespeit von dessen zahlreichen Feinden, Verdrehern und Verleumdern – gehört oder gelesen hatte, schien ihm einleuchtend und vermögend, die Enge und Bedrücktheit seines bisherigen Lebens zu erklären. Gegen die Sattheit und das Vergessen stand die radikale Absage an jede Art von Zugeständnis oder Kompromiss. Die Negation der Negation. Standen Theorie und Praxis der Revolution. Darunter konnte es für Thomas nicht mehr abgemacht werden. Kein Liebäugeln mit dem Reformismus. Sich niemals abspeisen lassen mit den Brosamen vom Tisch der Reichen und Mächtigen! Der aufrechte Gang. Klassenkampf statt Sozialpartnerschaft! Soviel hatte er bereits verstanden. Wer anders sollte die bedrückende Armut, die weltweite Ausbeutung, die Herrschaft des internationalen Kapitals, die skrupellose Kriegsführung der Amerikaner in Südostasien bekämpfen und beenden, wenn nicht die Kommunisten und die mit ihnen verbündeten Volkskräfte! Wie anders, wenn nicht durch die gemeinsame, gewaltige Kraftanstrengung der unterdrückten, geschundenen Massen sollten die uralten Menschheitsträume zur Realität werden! Die historische Mission der Arbeiterklasse. Von der Klasse an sich zur Klasse für sich. Sich aus dem Elend zu erlösen, das konnte auch er, Thomas Bitterschulte aus dem kleinen Emslake, nur selber tun. Aber nicht allein und auf verlorenem Posten, sondern straff organisiert, in einer weltumspannenden Gemeinschaft Gleichgesinnter. Das war die Verheißung des historischen Materialismus. Thomas sah sich mit seiner Vergangenheit nun in einen weit größeren, weltgeschichtlichen Zusammenhang eingeordnet. Ich hingegen stamme aus einem proletarischen Elternhaus, spreizte er sich im Kreise seiner künftigen Genossen von zumeist klein- und bildungsbürgerlicher Herkunft, wenn von der Intelligenz als Klasse und historischem Bündnispartner der Arbeiterbewegung geredet wurde. Obwohl er genau wusste, dass sein Vater an jedem Wahltag, den das System den Kopfnickern bescherte, das Kreuz bei der alten Tante SPD eintrug, die den Arbeitern als Belohnung für ihre Fügsamkeit die Brosamen der Sozialpartnerschaft zusammenkratzte. Aber: Wie Lenin gelehrt hatte, galt es neben der großen Politik stets auch den Kampf um das tägliche Teewasser zu führen. Deshalb setzten sie sich in ihrer Gruppe auch mit aller Kraft ein für die Erhöhung der Ausbildungsförderung, den Bau einer neuen Mensa oder die Einstellung von fortschrittlichem Lehrpersonal. Diese unmittelbaren Bedürfnisse der Studenten durften sie nicht aus den Augen verlieren oder den sozialdemokratischen Kommilitonen allein überlassen. Gewerkschaftliche Orientierung nannten sie diese Politik. Zum konsequenten Sachwalter der materiellen Interessen der Studierenden musste ihre marxistische Organisation werden. Unbestechlich, konsequent, wie es in einem ihrer Wahlslogans hieß. Die politische Kleinarbeit, das Tagesgeschäft in den Vorlesungen und Seminaren, durfte über der Solidarität in den internationalen Konflikten nicht vernachlässigt werden. Vertrauen aufbauen. Einfluss gewinnen. Bündnisse schmieden.

Wieder war es September geworden, der ihnen heuer schon feuchtkühle Nächte beschert hatte. Bitterschulte stand eines Vormittags mit einigen Genossen vor einem bis unter den Rand mit sämiger Erbsensuppe gefüllten Kochkessel. Er wärmte sich an dem verhalten blubbernden Eintopf. Mit einer emaillierten Schöpfkelle rührte er die Fleischeinlage vorsichtig vom Bodensatz her auf. Über ihnen knatterte zwischen dem herbstlich angehauchten Laub zweier Silberlinden das Transparent des Spartakus. Der Wind hatte auch die Regenwolken vertrieben, die gestern noch ihre Aktion in Frage gestellt hatten. Thomas rührte in einem politisch wohl abgeschmeckten Eintopf herum, dessen kostenlose Austeilung auf der Rasenfläche vor den Mathematisch-Naturwissenschaftlichen Instituten während der Mittagszeit erfolgen würde. Zusammen mit einem untergelegten Flugblatt, in dem für den Mensaneubau auf der nahegelegenen Brachfläche am Coesfelder Landweg agitiert wurde, sollte die Polit-Speisung die Studentenschaft auch auf den politischen Geschmack bringen. Der alte Bau am Aasee, der Mensa und Studentenwerk beherbergte, war dem Massenansturm der neuen, staatlich geförderten Bildungsbeflissenen nicht mehr gewachsen und stets grauenhaft überfüllt. In der Mittagszeit bildeten die BAföG-Hungrigen lange Warteschlangen, die bis zur Uferpromenade hinunterreichten. Ein offensichtlicher Missstand. Die berechtigten Klagen der entnervten Esser nehme man durchaus ernst, klang es unisono aus den universitären Gremien heraus. Trotzdem tat sich seit Semestern gar nichts in der Leib-und-Magen-Angelegenheit. Der Spartakus machte mit den mit ihm verbündeten Gruppen Druck und nahm sich der Forderung gerade jetzt an, da der Wahlkampf um die Sitze im Studentenparlament (StuPa) auch an dieser Frage entbrannt war. Keine Ausflüchte mehr! Keine Vertröstungen! Die ewigen Vertröstungen hingen ja nicht einmal vom Geld ab. Das – so hatten sie in ihrem Flugblatt nachgewiesen – war reichlich vorhanden, floss aber in die falschen Taschen, nämlich die der Rüstungsgewinnler und Monopolherren. Das sei normal im Kapitalismus, der sich in seinen Metropolen zum staatsmonopolistischen Kapitalismus, kurz Stamokap, entwickelt habe. Also, her mit der Knete! Die wirksamste Methode, ihren berechtigten Interessen Nachdruck zu verleihen, so rieten sie den Empfängern des Flugblatts, sei die Stimmabgabe für die marxistischen Kandidaten bei den bevorstehenden StuPa-Wahlen. Verteidigung des linken AStA und Stärkung seiner marxistischen Kräfte! ‚Mensa II – Baubeginn sofort' lautete die griffige Parole und nachher, während des größten Andrangs an die dampfende Terrine, wollten sie auf dem Brachgelände einen symbolischen ersten Spatenstich vornehmen.

Zeitlich gerade noch passend kam Hubert angeradelt, auf den sie gewartet hatten, weil er eine wichtige Rolle spielen sollte. Musikalisch gesehen. Der Student lebt nicht von Hülsenfrüchten allein. Sondern auch von Tönen und Zwischentönen. Hubert Behlmann löste seine Gitarre aus der Klemme des Gepäckträgers und ließ sich von Thomas einen Pappteller vom köstlichen Eintopf auffüllen. Hubert pflegte einen Kinnbart und genoss als Musiker bei vielen Studenten hohes Ansehen. Er spielte Gitarre bei ‚Fiedel und Sichel', einer ernstzunehmenden Folkloreformation, die sich den demokratischen Traditionen deutschen Volksliedguts verpflichtet fühlte. Huberts Virtuosität sollte heute der Eintopfaktion an der Brache, die einmal Baugelände werden sollte, die musikalische Würze geben. Hubert blies lange in den ersten Löffel, schmeckte schließlich vorsichtig ab, schluckte und führte danach die Spitzen von Mittelfinger und Daumen in der Luft zu einem O zusammen. Derart pantomimisch bestätigte Hubert den Genossen Qualität und Geschmack des Erbseneintopfs, den diese am Abend zuvor bei der Musik von Simon & Garfunkel sowie dem Genuss französischen Rotweins in der Küche der Genossin Roswitha Beckonert gemeinsam aufgesetzt hatten. Hubert aß wacker, achtete darauf, dass sein Ziegenbart nicht in die Brühe stippte, und erbat sich einen Nachschlag. Danach zog er endlich sein Instrument aus dem Futteral, um es umständlich zu stimmen. Die ersten Studenten wurden bei den Dissonanzen auf das Geschehen um den Kochkessel aufmerksam und näherten sich. Auch breitete sich aus dem Topf ein herzhafter Geruch weit über das Gelände aus. Dann stimmte Hubert mit seiner glockenhellen Stimme ‚Miteinander' an, ein damals sehr populäres Mitsing- und Mitmachlied, das seine Wirkung auch bei dieser Gelegenheit nicht verfehlte. Die Vorlesungen der naturwissenschaftlichen Fachbereiche gingen zu Ende. Immer mehr Math.-Naten, die aus dem erst kürzlich fertiggestellten Betonensemble strömten, ließen sich animieren und kosteten von der Erbsensuppe. Einige saßen ungeachtet der Feuchtigkeit auf dem Hosenboden, aßen mit Appetit, rauchten, diskutierten und verschlangen dabei das Flugblatt der Organisation. Nimmersatte Paare tauschten Küsse zum Dessert aus. Hubert sang nun ‚Bunt sind schon die Wälder …' und andere mehr oder weniger bekannte Herbstlieder. Es verbreitete sich eine heitere, gelöste Stimmung auf dem tristen Campus. Selbst ein paar vom vielen Vorlesen hungrig gewordene Professoren mit schweren Aktentaschen ließen sich blicken und äußerten ihre Zustimmung zur Aktion. Und das Wetter hielt sich leidlich. Endlich erschienen auch die Vertreter der Lokalpresse mit ihren Fotoapparaten. Nachdem auch sie vom Eintopf gekostet hatten, war der Zeitpunkt für den Baubeginn herangereift. Für diese Arbeit hatte die Ortsleitung Roswitha Beckonert und Hannelore Schwiddessen, zwei Genossinnen aus der Archäologie und aussichtsreiche

Kandidatinnen für das Studentenparlament, bestimmt. Die beiden hatten sich zünftig mit Gummistiefeln und Latzhosen ausgerüstet und auch zwei Spaten mitgebracht. Außerdem sollte eine Art Baustellenschild (Hier baut ...) aufgepflanzt werden, auf dem in ironischer Formulierung auf die jahrelange Verschleppung des Baubeginns und fortgesetzte Vertröstung der Studenten hingewiesen wurde. Alles begab sich also gesättigt und gut gelaunt mit Transparenten und Fahnen auf das benachbarte Brachgelände. Man schritt zur Aktion. An der Spitze dieser seltsamen Prozession stapften die beiden Archäologinnen mit geschulterten Spaten. Hinter ihnen Hubert. Er begleitete die Vorbereitungen auf der Klampfe mit dem Einheitsfrontlied von Bert Brecht und Hanns Eisler. ‚Und weil der Mensch ein Mensch ist, ...'. Da es durchschlagender klang, sang er ‚fressen' in dem Vers ‚Drum braucht er was zu essen, bitte sehr'. Ab der Zeile ‚Es macht ihn ein Geschwätz nicht satt, ...' schwoll seine Stimme kämpferisch an und drohte sich im Refrain ‚Drum links, zwo, drei!' zu überschlagen. Soweit kam es jedoch nicht, da er just im kritischen Moment durch einen gewaltigen Hülsenfrüchterülpser aus dem Konzept gebracht wurde. Das Malheur blieb indessen den meisten Aktivisten verborgen, weil der ganze Pulk bereits vehement in Huberts Vortrag eingefallen war. (Auf der gegenüberliegenden Straßenseite beobachteten zwei stoische Polizisten aus ihrem Streifenwagen heraus den bizarren Aufzug im nördlichen Weichbild der Universitätsstadt: Eine Gegend, die vor allem im Sommer eher von Prozessionen feierlich durchmessen wurde, die unter einem ganz anderen Leitstern standen.) So zogen sie dahin und bildeten auf dem Brachgelände einen großen Kreis aus, in dessen Mitte Roswitha und Hannelore unter anfeuerndem Beifall, fotografischen Blitzlichtern und Huberts ekstatischer Version vom ‚Lindenwirt' ihre Spaten in die feuchte Erde traten. Die Aktion wurde propagandistisch ein großer Erfolg und selbst in der Lokalpresse, die ansonsten an der sozialistischen Linken kein gutes Haar finden wollte, fand sich tagsdrauf eine angemessene Würdigung in Wort, das auch die Qualität der Erbsensuppe nicht unerwähnt ließ, und Bild, das Roswitha und Hannelore in ein positives Licht setzte. Beide Genossinnen wurden wenig später auch ins Studentenparlament gewählt, in dem die linken Gruppen erneut ihre knappe Mehrheit zusammen bekamen.

Im Winter 1980/81 gab es den ersten lausigen Kälteeinbruch zwischen Weihnachten und Silvester. Thomas traf mit Ulrich Unverricht, dem schwäbischen Maler, der seine künstlerische Ader auf einen Vorfahren aus dem Haufen um Jos Fritz, also einen leibhaftigen Bundschuh-Kämpfer gegen die Fürstenherrschaft zurückverfolgte, frühmorgens in Bobigny ein. Es war dunkel und noch nicht sechs Uhr durch. Ein Schneetreiben hatte ihnen die Fahrt auf den letzten Kilometern arg verleidet. Für den tristen Vorort im Nordosten von Paris gingen die Nächte, egal ob Sommer oder Winter, um diese Zeit schon zu Ende. In den Hochhausfassaden erhellten sich die ersten Fensterrechtecke. (Tagwerke werden begonnen. Sommers wie winters.) Von den Wandflächen am Straßenrand hingen Plakatfetzen der letzten Wahlkampagne. (Bobigny gehört zum Ring der Trabantenstädte, der ‚ceinture rouge' der französischen Hauptstadt, einem damals noch durchgehend rot gewirkten Gürtel, in denen Arbeiter und einfache Menschen lebten. Paris-Pendler, die den beiden linken Parteien sichere kommunale Mehrheiten verschafften. Dazu gesellten sich schon in jenen Jahren vermehrt Immigranten, vor allem arabische Familien aus dem Maghreb. Freilich klangen die Namen der Straßen und Boulevards, die sich jetzt in billigem Weihnachtsfirlefanz präsentierten, wie die in Ostberlin und erinnerten an Marx und Engels oder an bedeutende humanistische Schriftsteller wie Maxim Gorki und Romain Rolland.) Unverricht und Bitterschulte gähnten übernächtigt. Sie waren in der Nacht über Straßburg und Reims heraufgekommen mit einem betagten Ford Transit, der eine Ladung Bilder barg, und hatten lange Stunden frierend und rauchend auf den winterlichen Autobahnen überstanden. Für die Kunstwerke hinten im Laderaum existierten keine gültigen Papiere und ein unerbittlicher Zöllner – eine borniente Realschulseele, wie Unverricht hinterher abfällig meinte – hatte ihnen deren Ausführung ins benachbarte Frankreich verwehrt und sie samt ihrer kostbaren Kunstfracht am Rheinübergang bei Kehl zurückgewiesen. Alles Zureden und Erklären ihrerseits hatte den diensttuenden Beamten nicht umstimmen können. Sie hatten sich beraten und sich einige Zeit in der Gegend herumgefragt, bis sie einen Tipp erhielten und einen kleinen, abseitig gelegenen Grenzübergang ansteuerten, den sie ohne jegliche Kontrolle passieren konnten. Jedoch bleibt ein Malheur selten allein. So war später die Heizungsanlage ausgefallen und sie waren trotz Schafspelz und BW-Parka und trotz gelegentlicher Zugriffe auf ihre Wodkareserve bis Paris gründlich verfroren. Beide freuten sich nun auf ein warmes Nachtlager und ein paar Stunden ungestörten Schlafs.

Sie brachten dem chilenischen Maler Wifredo Gomez seine Werke zurück. Während der Fahrt hatten sie sich auch daran erwärmt, wie sie dem deutschen Zoll ein Schnippchen geschlagen hatten. In Tübingen hatten sie erst am Morgen zuvor die weithin beachtete Ausstellung abgehängt und sämtliche Exponate sorgfältig auf der Ladefläche verstaut. Thomas hatte Gomez' Bilder bei dieser Tätigkeit erstmals ansehen können. Er erschaute vor allem seine großformatigen Leinwände, bedeckt von verkrümmten, gemarterten Körperteilen, die klaffend ausbluteten. Er erschauerte vor den Arbeiten in Öl, ausgeführt teils in schreiendem Rot, teils in brandig schwärenden Farbtönen, die pastos aufgetragen waren und verschmelzend ineinander übergingen. Schrundige Kinderköpfe, ein blutiger Uterus, ein schlaffes Glied: Sezierte, deformierte Körperlichkeit war dort zu entdecken, glasige Augäpfel, von struppigen Bestien verscharrte Gedärme oder monströse Gliedmaßen und wie im Schlachthaus gehakte, nummerierte Fleischbrocken. In allem leicht zu erkennen: die Schrecknisse der Folter. Aber unergründlich: ihr malerischer Ertrag.

Unverricht und Bitterschulte schreckten Gomez auf in seinem winzigen Appartement im zehnten Flur eines seelenlosen Hochhauses am Boulevard Lénine. Die geräumige Aufzugkabine war kalt und stank nach Zigarettenrauch und Urin. Sie traten hinaus und bevor einer von ihnen hätte läuten können, öffnete Gomez ihnen zerzaust die Wohnungstür. Er breitete die Arme weit aus und begrüßte Unverricht, mit dem er bekannt war, innig und respektvoll wie einen Kollegen und Genossen. Dann umarmte er Bitterschulte, noch bevor dieser ihm von Unverricht vorgestellt worden war. Sie folgten Gomez leise durch eine Art Garderobenflur in die wohlige Wärme seiner kleinen Küche, wo er ihnen Kaffee mit aufgeschäumter Milch zubereitete. Die bescheidene Unterkunft des Chilenen bestand außer dieser Kochnische und einer Nasszelle lediglich aus einem weiteren Zimmer, das ebenfalls über den Vorraum zugänglich war. Gomez sprach ein gebrochenes, kehliges Französisch und Bitterschulte hatte liebe Mühe damit, seine hastig hervorgestoßenen und gestisch begleiteten Wortfolgen, die einem ungeübten Zuhörer größte Aufmerksamkeit abverlangten, immer zu verstehen. Der Maler hatte die Genossen und die Rückkehr seiner Bilder aus Westdeutschland sehnlichst erwartet. Er hatte die meisten der Exponate für eine bedeutende Präsentation chilenischer Exilkunst vorgesehen, an deren Konzeption und Organisation er maßgeblich beteiligt war. Die Zeit drängte, da die Eröffnung bereits für Anfang Januar im Musée des Beaux Arts von Calais vorgesehen war. Die Schau würde erstmals all die Kunstschaffenden mit ihren aktuellen Werken vereinigen, die es wie Gomez aus dem geschundenen Andenland ins Exil nach Westeuropa verschlagen hatte. Gomez trug eine Jeanshose, die von einem geflochtenen, hellbraunen Ledergürtel gehalten wurde. Darüber fiel locker ein weißes, um den offenen Kragen rot und blau besticktes Folklorehemd. Unverricht und Bitterschulte hockten schläfrig um einen schmalen Klapptisch unter dem Fenster. Sie rauchten Selbstgedrehte und Unverricht wischte sich ein paar Tabakkrümel aus seinem Bart. Der Morgen graute immer noch nicht. Stattdessen bot sich Thomas trotz des diesigen Wetters ein grandioser Ausblick auf den gepriesenen Lichterglanz des nächtlichen Paris. In den Fensterfronten der Nachbarhäuser grinsten grelle Weihnachtsmänner und Tannenbäume aus grünem Plastik blinkten unentwegt durch das Schneetreiben. Unten auf dem Boulevard arbeitete sich ein Müllauto langsam voran. Der Maler reichte ihnen nun getoastete

Brotscheiben mit Butter und Salz zum Kaffee. Mangez, camarades! Ulrich und Thomas spürten nicht erst bei dieser Aufforderung ihren Heißhunger und langten ordentlich zu.

Wifredo Gomez war ein hagerer Mann von Mitte dreißig mit halblangem, schwarz glänzendem Haar und einem indianisch anmutenden Teint. Er hatte dunkle, beinahe schwarze Augen, die man schön oder unergründlich hätte nennen können, wenn nicht beide Lider wie die Flügel eines Insekts fast ohne Unterbrechung über die Augäpfel geflattert wären. Nichts an ihm selber oder in der aufgeräumten Wohnung deutete auf die tätige Schaffenskraft eines bekannten Malers hin. Nach der gestrigen Betrachtung der Bilder hatte sich Bitterschulte ihn – und Unverrichts Schilderungen während des Transports hatten ihn darin bestärkt – als einen von der Kunst besessenen, einen von grauenhaften Erlebnissen getriebenen sowie bei Tag und bei Nacht ausschließlich seiner Arbeit verpflichteten Menschen und Genossen vorgestellt. Die Kleidung übersät mit Flecken und Spritzern von seinen Ölfarben. Bis jetzt hatte Thomas in der Wohnung jedoch keine Staffelei erblickt. Keine einzige verhüllte Leinwand lehnte an den Wänden, und nicht einmal Pinsel oder angebrochene Farbtuben lagen in irgendeinem Winkel herum. Gomez' schlanke Hände waren hell und sauber und gänzlich ohne Farbreste. Nicht wie die von Unverricht, dem Graphiker, dessen Pranken stets unübersehbare Spuren von Druckerschwärze aufwiesen. Neben der Tür haftete an der Wand das Bild ‚Die gebrochene Säule'. Eine Arbeit der mexikanischen Malerin Frida Kahlo. Diese Reproduktion war der einzige Verweis im Raum auf die Malkunst. An der anderen Seite des Türrahmens hing ein schlicht gerahmtes Foto, das den chilenischen Sänger Victor Jara mit Gitarre zeigte und offenbar eine persönliche Widmung enthielt. Über dem Tisch ein von Gomez gestaltetes Poster, das für das Pressefest der L'Humanité im vergangenen September geworben hatte. Er füllte ihre Kaffeeschalen noch einmal auf und bot ihnen von seinen Gitanes an. Sie rauchten behaglich und Unverricht und Bitterschulte fühlten ihre Müdigkeit dabei mächtiger als zuvor. Indessen lasen sie Gomez die Sehnsucht nach seinen Bildern von den nervös flatternden Augen ab, und sie entschieden sich, noch vor dem Schlafengehen den Transporter auszuräumen. Der Maler geleitete sie in den Etagenflur und schloss hinter ihnen die Wohnungstür ab. Der Aufzug stand auf der Etage noch bereit und ließ sie hinab bis zum Parterre. Dort folgten sie Gomez in den rückwärtigen Teil des Gebäudes. Sie gingen einen gefliesten Flur entlang und stießen nach zwei Biegungen auf eine doppelflügelige Metalltür, die Gomez wieder mit einem Schlüssel öffnete. Sie betraten einen hallenartigen Raum mit einer durchgehenden Fenstereinlassung zur Hofseite. Gomez drückte auf einen Schalter. Eine Reihe von Neonröhren flammte auf und Thomas dachte bei dem flackernden Licht an Gomez' Augenliderflattern. Das augenfällige

Durcheinander in seinem weiß getünchten Atelier passte nun wieder zu Thomas' nicht wenig bohemehafter Vorstellung vom Lebensraum eines Künstlers. Sie räumten eine Stellage an der Seitenwand für die Bilder aus dem Transit frei. Danach fuhr Unverricht den alten Ford um den gesamten Gebäudekomplex herum in den Hof hinein und parkte rückwärts, direkt vor dem Hintereingang dieses Hauses. Die von Hochhäusern umstandene Hoffläche war von einer dünnen Schneeschicht gepudert, in die sich die Reifenspuren des Transporters als zarte Linienmuster einzeichneten. Als Gomez und Bitterschulte durch die Hintertür ins Freie gingen, um endlich die Bilder auszuladen, begann es zu dämmern. Hinter einer Rabatte mit schneeverwehten Bodendeckern erstreckte sich ein geräumiger Parkplatz, wo auf vereisten Frontscheiben bereits die ersten Kratzlaute erzeugt wurden. Die Startgeräusche eingefrorener Motoren drangen stotternd zu ihnen herüber. Daneben erblickten sie einen kleinen, durch hohe Fanggitter gesicherten Spielplatz, der von einer Schaukelkonstruktion beherrscht wurde. Bitterschulte schien es für einen Moment, als ob sich noch ein Sitzbrett an seinen Halteleinen taumelnd hin und her bewegte. Wahrscheinlich eine optische Täuschung, der Übermüdung geschuldet, da es im Hof doch absolut windstill war. Für das Schaukeln bin ich jetzt schon zu alt, dachte er wehmütig. Bei der Arbeit spornten sie sich gegenseitig an. Sie schirmten die kostbaren Leinwände mit dem Körper gegen den Schneeeinfall ab und standen bald vor einer leergeräumten Ladefläche. Sie nahmen zuletzt ihre Reisetaschen aus der Fahrerkabine und Unverricht fuhr den Wagen auf einen freien Stellplatz. Gomez hatte inzwischen seine Bilder wieder in Besitz genommen, jedes einzelne unter dem gleißenden Licht des Ateliers sorgfältig auf etwaige Schäden überprüft und in einer Kontrollliste nacheinander ausgestrichen. Er blickte ganz zufrieden drein und räumte seinen todmüden Spediteuren in einer Ecke des Raums zwei Sofas leer. Aus einer riesigen Holzkiste suchte er ihnen ein paar Wolldecken heraus. Davon breitete er zwei über die verschlissenen Bezüge der Sitzflächen, bevor er sich von ihnen verabschiedete. An der Tür schaltete er das Licht ab, ließ aber eine Notbeleuchtung an der Wand brennen. Thomas und Ulrich streckten sich in ihrer Kleidung aus, gönnten sich eine letzte Zigarette und den restlichen Wodka gegen die Kälte. Sie sprachen noch über ihre Paris-Pläne und darüber, was ihnen Paris bedeutete. Kurz darauf fielen ihnen die Augen zu und sie glitten hinüber in einen erquickenden Schlaf.

Als sich Gomez schließlich doch entschied, die beiden zu wecken, war es Nachmittag geworden. Ein kraftloser, fahler Winternachmittag. Um arbeiten zu können im Atelier, hatte er die Deckenbeleuchtung schon wieder einschalten müssen. Der Künstler hatte sich einen ramponierten Kittel übergezogen und stand nachdenklich rauchend vor einer Staffelei. Thomas, der gern noch länger geschlafen hätte, überwand seine Morgenapathie und wusch Hände und Gesicht in dem großen, trogartigen Bassin, in dem Gomez Pinsel und andere Gerätschaft zu säubern schien. Aus dem silbrig sprudelnden Strahl barg Thomas einige Hände voll kalten Wassers und trank sie aus. Sein Kopf schmerzte beträchtlich und er bewunderte Unverrichts Verve, der inzwischen neben Gomez an der Staffelei stand, allem Anschein nach zwar auch lädiert und unausgeschlafen, aber mit diesem bereits im Gespräch über aktuelle Arbeitsvorhaben und zu seinen eigenen Ausführungen lebhaft gestikulierend. Unverricht ist unbeirrbar, nutzt jede Gelegenheit zu einem Austausch über die Bewandtnisse mit der Kunst, dachte Thomas neidvoll. Nicht nur, dass er, Thomas, es nicht einfach hatte, Gomez in dessen diffuser Artikulation zu folgen, er hätte auch nicht recht gewusst, worauf er ihn hätte ansprechen sollen. Was wäre aber dabei gewesen? Hätte er den Maler nicht ermuntern müssen? Anders Unverricht, der hatte mit ihm die Kunst. Aber was hätte Thomas ihm, dem bekannten Künstler und Genossen, bedeuten können? Ihm ausrichten können? Um ‚Venceremos!'-Floskeln oder andere Solidaritäts- und Internationalismus-Sprechblasen auszutauschen, hielt er sich selbst und ihn für zu erhaben. Für Thomas blieb Gomez im Schmerz um seinen Verlust eingeschlossen und unerreichbar. Und unberührbar. Ein Zeugnis zwar gab er ab von der Größe des Menschen. Vom aufrechten Gang. Von seinem Heroismus. Aber unberührbar. Ein Zeugnis, aber kein Verständnis.

Thomas hatte von Unverricht einiges über das Schicksal des Chilenen gehört. Gomez war in seiner Heimat nicht nur als Künstler populär geworden, dessen Bilder Salvador Allende höchstpersönlich geschätzt und für die Wände in La Moneda, dem Präsidenten-Palais, erworben hatte. Er war auch als Funktionär der Partei bekannt gewesen, der in wichtigen Häusern ein- und ausging. Er hatte Pablo Neruda persönlich gekannt. Während des Putsches vom 11. September konnte Gomez untertauchen. Er stand ziemlich weit oben auf den Fahndungslisten und hätte zweifellos ein ähnliches Schicksal wie sein Freund, der Sänger Victor Jara, erlitten, der von den Militärs ins Estadio Nacional verschleppt und dort bestialisch ermordet worden war. Nach den ersten Tagen der Hatz, die Gomez, aufs höchste gefährdet, in provisorischen, häufig gewechselten Verstecken überstand, gelang es ihm, das Terrain der französischen Botschaft zu erreichen. Dort wurde dem prominenten Künstler als politischem Flüchtling vorerst eine Zuflucht gewährt. Er musste aber noch ein halbes Jahr ausharren, bis die Vertretung Frankreichs von den neuen Herren des Landes die Zusicherung erhielt, dass Gomez mit einigen anderen Flüchtlingen unbehelligt nach Europa ausfliegen durfte. An dem Tag, als sie in Autos der Botschaft zum Flughafen gefahren wurden, waren viele seiner Genossen schon ermordet oder galten als verschollen. Zu den Verschollenen zählten auch sein Bruder Antonio und sein Vater, ein engagierter Radiojournalist und exponierter Anhänger der Unidad Popular. Gomez musste seine Arbeiten in Santiago zurücklassen. Ein großer Teil von ihnen war nach dem Putsch mit seinem Atelier zerstört worden. Zum Glück waren viele der Kunstwerke, wie er nach und nach erfuhr, noch vor dem Eintreffen der Schergen aus öffentlichen Gebäuden von Freunden und Genossen gerettet und versteckt worden. Wenngleich die Bilder für ihn vorerst unerreichbar blieben, halfen ihm diese Nachrichten in Frankreich wieder auf die Beine. Seit seiner geglückten Flucht lebte er in der kleinen Wohnung am Rande von Paris, wo ihn Unverricht und Bitterschulte aufgesucht hatten, und wurde von seinen französischen Genossen betreut. Vom Ministerium für Kunst und Kultur erhielt er zudem ein bescheidenes Stipendium, sodass er malen konnte, ohne zu hungern. Das war schon viel. Die Mairie von Bobigny hatte ihrem Gast diesen Lagerraum als Atelier überlassen. Die meisten Exilchilenen hatten der Militärjunta nur eine kurze Lebensdauer eingeräumt und zuversichtlich darauf gesetzt, bald wieder in ein freies Land zurückkehren zu dürfen. Nicht so Gomez, der wusste, dass die ‚Mumios', wie er die Putsch-Generäle nannte, auf Finanziers und mächtige Verbündete in Nordamerika zählen konnten und sich etablieren würden. Gomez hatte deshalb danach getrachtet, sich das Exil einzurichten. Das hieß, er arbeitete weiter an der Zuspitzung seiner Kunst und gab den Genossen seinen bekannten Namen her. Der Klang seines Namens wurde eingesetzt, um in den Ländern Westeuropas Zeugnis abzulegen von der chilenischen Tragödie.

Thomas schaute durch die große Fensterfläche auf den umzäunten Spielplatz. Er beobachtete, wie renitente Kinder, die sich im fahlen Licht der Wintersonne auf ihren Luftschaukeln vergnügt hatten, von keifenden Müttern heimgebracht wurden. In den engen Wohnungen gingen die ersten Lampen an und bald würde sich die bleiche Parkfläche mit heimkehrenden Autos füllen. Dann würden die Kinder ihr Abendbrot essen und danach unter dem üblichen Gezeter ins Bett gesteckt werden. Einigen würden ihre Mütter noch eine Gute-Nacht-Geschichte erzählen oder sogar ein Schlaflied anstimmen, andere würden lediglich ein wenig fernsehen dürfen. Welche Geschichten erzählten die chilenischen Mütter ihren quengelnden Kindern? Thomas wusste wenig über das Land, in dem viele deutsche Nazis nach dem Ende des Dritten Reiches Zuflucht und ein gutes Auskommen gefunden haben sollten. Unter ihnen auch bekannte Fußballer. Ja, auch in Chile galt der Fußball als beliebteste Sportart. Vor fast zwanzig Jahren einmal hatte er mit dem Vater am Radioempfänger gesessen, als aus dem fernen Land die Spiele der Fußballweltmeisterschaft übertragen wurden. Der Reporter schilderte die Begeisterung der fußballverrückten Menschen, die kurz zuvor noch von einem verheerenden Erdbeben heimgesucht worden waren. Er erinnerte sich daran, dass

Deutschland in der Vorrunde 2 : 0 gegen die favorisierten Gastgeber gewonnen hatte, die am Ende bis ins kleine Finale kamen und Dritte wurden. 67 000 Zuschauer im Estadio Nacional, als es gegen die Andenkicker ging. Später war die deutsche Auswahl zu seinem unsäglichen Schmerz schon im Viertelfinale mit einem 0 : 1 gegen Jugoslawien ausgeschieden. Mit dieser WM hatte seine Fußballleidenschaft begonnen. Danach hatte er bunte Bildchen mit den Konterfeis der Fußballspieler gesammelt und sich mit den Bildern immer neue Aufstellungen gelegt, die auf seiner eigenen, unkonventionellen Taktik basierten. Einen hatte er immer dabei. Er schwärmte in jenen Jahren für einen Rechtsaußen, Albert Brülls von Borussia Mönchengladbach, der zu Thomas' Leidwesen als erster deutscher Spieler Profi geworden und nach Italien gegangen war und dann bei der WM in England als Spieler des ASC Brescia in den Statistiken geführt wurde. Einer, der schwach geworden war. Deshalb bewunderte er den Hamburger Uwe Seeler, den ganz Italien mit mafiafinanzierten Traumgagen über die Alpen locken wollte. Seeler gehörte jedoch zu ihnen und war standhaft geblieben. Das fand den Beifall der Gazetten und der Malocher, die auch nicht viel verdienten. Seeler verdiente sich deshalb zu Recht den Ehrennamen ‚Uns Uwe'.

Ein finster dreinblickender General hatte den gütigen Präsidenten Allende beseitigt, der sich heldenhaft in seinem Palast verteidigt hatte. Bitterschulte kannte die Fernsehbilder von der brennenden Moneda. Darin Allende mit Stahlhelm und der Maschinenpistole unterm Arm, die ihm Kubas Castro geschenkt hatte. In Chile hatte die Soldateska nicht nur das Stadion geschändet. Derselbe Rasen, dessen rechte Außenseite Albert Brülls von der Mönchengladbacher Borussia für Deutschland entlanggestürmt war, wurde elf Jahre später zum Gefängnishof für die Genossen. Victor Jara hatte hier mit seiner Gitarre gesessen und mutig seine populären Lieder gesungen, bevor die Schergen ihm mit Gewehrkolben die Hände zerschlagen hatten. Sein letztes Lied, das unbeendet und ohne Musik bleibt, schrieb er in dem Stadion. (Das 30 Jahre später nach ihm benannt werden würde.) „Gesang, wie schlecht gelingst du mir / wenn ich voller Entsetzen singen muss ..." Mitgefangene lernten das Fragment auswendig und bewahrten es den Überlebenden. Thomas fror. Er sehnte sich nun trotz der vorgerückten Tageszeit nach einem Frühstück mit starkem Kaffee, getraute sich aber nicht, das lebhafte Gespräch der Freunde zu stören. So musste er sich allerdings noch bis zur vorläufigen Unterbrechung des Malerdisputs gedulden. Dann forderte Gomez sie auf, ihm nach oben in seine Wohnung zu folgen. Sie bekamen wieder getoastetes Brot vorgesetzt, diesmal mit Konfitüre und Camembert als Beilagen. Sie tranken Kaffee in rauen Mengen, rauchten nach dem Essen und auch Gomez setzte sich heute zu ihnen an den kleinen Tisch unter dem Fenster und erzählte von seiner großen Verpflichtung, die er mit der Vorbereitung der Calais-Schau übernommen hatte. Eine wahre Bürde an Verantwortung. Es würde aber auch ein künstlerisch wie politisch herausragendes Ereignis werden. Mit dem sie Aufsehen erregen würden. Mit der Vielfältigkeit der anwesenden Maler, Chiles künstlerischer Avantgarde, und dem Reichtum ihres Schaffens würden sie die Militärjunta bloßstellen und deren kulturelle Barbarei dokumentieren. Die Solidaritätsbewegung stärken. Thomas schaute nach draußen. Zwischen zwei Hochhäusern klemmte der gelbe Mond. Neben dem Plastik-Weihnachtsmann im Fenster gegenüber stand ein kleines Mädchen und winkte beseelt. Thomas bildete sich ein, der Gruß gälte ihm, und winkte zurück. Unverricht griff zur ‚L'Humanité‘, deren aktuelle Ausgabe auf der Anrichte lag, und blätterte suchend darin herum. Gomez machte ihn auf einen fachkundigen Artikel über die große Retrospektive ‚Les Réalismes 1919–1939‘ aufmerksam, die sich gerade anschickte, im Centre Georges Pompidou alle bisherigen Besucherrekorde einzustellen. Realismus zwischen Revolution und Reaktion. Nicht nur Unverricht zeigte sich an der einmaligen Zusammenstellung brennend interessiert, sodass alle drei für den kommenden Tag bereits eine Besichtigung einplanten. Thomas freute sich auf Paris und Unverricht und er brachen nun, auch weil ihnen Bewegung gut tun würde, beschwingt auf, um den heutigen Abend in der Metropole zu verbringen. Gomez konnte sie nicht begleiten. Er war eingeladen zu einer Podiumsdiskussion in der ‚Salle Pablo Neruda‘ im Rathaus von Bobigny. Es ging um die ‚Künstler im Exil‘. Es gab sie zu allen Zeiten.

Mit der Metro fahren viele Berufstätige in ihren wohl verdienten Feierabend. Sie rutschen müde auf den Bänken herum, schleppen prall gefüllte Einkaufstüten nach Hause und lesen Zeitung. Thomas machte Unverricht auf die zierliche ältere Frau im verschossenen Trenchcoat aufmerksam. Sie stand unbeachtet abseits, im Eingangsbereich, eingezwängt zwischen der Rückwand eines Sitzes und einer Haltestange. Von ihrem Handgelenk hing eine geräumige Handtasche gewichtig herunter. Sie trug eine große Hornbrille, die auf ihre Nasenspitze gerutscht war, und las seelenruhig in der ‚L'Humanité‘. Sie hatte das Blatt einmal gefaltet und hielt es mit beiden Händen gegen die Deckenbeleuchtung. Sie erfreuten sich des Anblicks und dachten sogleich daran, wie mühsam es war, die Zeitung der deutschen Partei unters Volk zu bringen. Lag es an ihrer Zeitung, lag es am Volk? Unverricht machte spontan und unauffällig ein Foto von der Lesenden. Für die Genossen in Deutschland, kommentierte er nach dem Schnappschuss. Deren Traum von der Massenpartei zu illustrieren, dachte Thomas. Die beiden stiegen aus und kamen am Louvre ans Tageslicht. Sie schlenderten an der Seine entlang. Es war kalt, schneite aber nicht und zufriedene Menschen präsentierten sich um diese Stunde, vermummt in ihre neue Wintergarderobe, auf den Quais. Heiter gestimmte Flaneure. Unverricht steckte die kleine Kamera wieder weg und knöpfte seinen Schafspelz zu. Auch das Zentrum der riesigen Metropole war nicht von den abgeschmackten Ideen der Weihnachtsdekorateure verschont geblieben. Breite Lichtbögen spannten sich über die Boulevards, und von den Geländern der Seine-Brücken blinkten ‚Joyeux Noël'-Girlanden herzlos hinunter auf den unbeeindruckten Fluss. „... Elle s'en va vers la mer / En passant par Paris." Unverricht inspirierte der Anblick zu einem Zitat aus dem ‚Chanson De La Seine', seinem Lieblingsgedicht von Jacques Prévert. Thomas war beeindruckt und beschloss insgeheim, sich bei passender Gelegenheit zu revanchieren. Die beiden wurden von den Auslagen der Bouquinisten angezogen und sie verweilten hier und dort, um nach Herzenslust in alten Schriften zu stöbern. Sie zogen Bücher und Zeitschriften unter wackligen Stößen hervor, blätterten sich durch Zigarrenkisten, die mit bebilderten Postkarten vollgepfropft waren, und beugten sich beflissen über Zeichenmappen, die komplette Sammlungen stockfleckiger Varieté-Plakate enthielten. Beide waren in ihrem Element und Unverricht berauschte sich an der Vorstellung, dass jemand, wenn er nur Glück habe und fest daran glaube, wirkliches Entdeckerglück also, schon einmal einen Originalabzug, vielleicht eines Stichs von Daumier oder Grandville, vielleicht auch das Original eines Plakats von Toulouse-Lautrec, das er allerdings weit weniger schätzen würde denn die Produkte der beiden Vorgenannten, unter all den vergilbten und wie zufällig zusammengetragenen Papierbergen finden könne. Staunend zeigten sie sich alte Ausgaben der ‚Essais' von Montesquieu, hielten ergriffen Rares von Racine in Händen. Manche lebhafter Kaufwunsch entstand beim Anblick dieser Fundstücke und wurde erst durch den Anblick der fabelhaft anmutenden Preise unterdrückt. Beide hatten schließlich genug gesehen und waren von dem ausdauernden Stöbern und Blättern sowie der frischen Winterluft hungrig geworden. Sie wechselten über die Ile de la Cité auf das linke Seineufer. Auf der Suche nach einem ihren finanziellen Möglichkeiten angemessenen Restaurant gelangten sie auf den betriebsamen Boulevard St. Michel. Dort inspizierten sie die Aushänge zahlreicher Restaurants unterschiedlichster Provenienz, warfen abschätzende, manchmal abschätzige Blicke in deren Interieurs, verglichen Preise und Qualitäten und entschieden sich endlich für ein unscheinbares vietnamesisches Etablissement, das ‚City Of Saigoon', mit Lampions und roten Vorhängen in den Fenstern, auf das sie in einer Seitengasse gestoßen waren. Natürlich vergötterten sie beide das befreite Vietnam und seine tapferen Menschen, die der mächtigsten Militärmaschine der Welt die Stirn geboten hatten. ‚Nur eine Schale roten Reis zu jeder Mahlzeit, / ohne Gemüse, ohne Salz, nicht einmal Brühe dazu ...' deklamierte Bitterschulte, der die zarte Poesie in den Gedichten Ho Tschi Minhs bewunderte, aufgeräumt den Anfang von ‚Gefängnismahlzeiten'. Ein Gedicht aus dem eben in Deutsch erschienenen ‚Gefängnistagebuch', das der Erleuchtete, nichts anderes bedeutet der Name des Dichters und Revolutionärs, 1942 in chinesischer Gefangenschaft schrieb. Auf Intervention der USA wurde er 1943 wieder freigelassen. Die Amerikaner, wusste Bitterschulte, sahen in ihm noch einen Verbündeten gegen die Japaner, die damals Vietnam okkupiert hatten. Sie unterstützten ihn und versorgten ihn mit Waffen zum Aufbau einer Guerilla.

Es begann erneut zu schneien, als sie endlich eintraten. Die beiden Genossen gelangten in einen schmalen Gastraum, der mit drei hintereinander aufgestellten Tischchen aufwartete, die zu dieser frühen Stunde allesamt noch unbesetzt waren. Auch vom Service hielt sich niemand darin auf, um die ersten Gäste zu begrüßen. Als Wandschmuck dienten einige verblasste Touristik-Plakate, auf denen Rikschas, Wassertaxis und Reisterrassen die Motive hergaben. Unter dem Schragen einer Holztreppe im rückwärtigen Bereich des Gastraums baumelte eine rosige Schweineseite in der Zugluft. Die Eintretenden fragten sich bei diesem Anblick, wie die unsichtbaren Restaurant-Betreiber wohl zum endgültigen Sieg der Befreiungskräfte und zur demokratischen Regierung in ihrem fernen Heimatland stünden. Am Namen ‚City of Saigoon' mache er seinen Verdacht fest, meinte Thomas zuerst. Schließlich sei die Stadt offiziell in ‚Ho-Tschi-Minh-Stadt' umbenannt worden, und das nicht erst seit gestern, sodass genügend Zeit zur Umbenennung des Betriebs gewesen wäre. Wenn die Besitzer diese gewollt hätten, schürte er weiter ihren Argwohn. Ob sie es nicht sogar unter Umständen mit Gegnern des befreiten Vietnams zu tun haben würden, denen er sein knappes Geld nur ungern in den Rachen werfen würde, gab Unverricht zu bedenken. Vielleicht wären die Inhaber Kollaborateure, denen der Boden in Indochina zu heiß geworden wäre, Angehörige einer gewissenlosen Kompradoren-Bourgeoisie, die schon vor vielen Jahren mit den bei der Dschungelfestung Dien Bien Phu geschlagenen französischen Kolonialherren ihr Heimatland hätten verlassen müssen. Von solch finsteren Erwägungen misstrauisch gestimmt, schreckten sie bei einem knarrenden Geräusch zusammen.

Zum Glück kam ihnen der dürre alte Mann, der sich nun flink die Holztreppe hinaufbemühte, seltsam vertraut vor. Diese Vertrautheit zerstreute ihre anfänglichen Ressentiments. Sie entstand, wie ihnen aber nicht sofort bewusst wurde, durch die verblüffende Ähnlichkeit des ‚City Of Saigoon'-Patrons mit Onkel Ho, wie der 1969 verstorbene Revolutionsführer nicht nur von seinen Landsleuten genannt wurde. Dass ihnen diese nicht gleich aufgefallen war, lag wahrscheinlich daran, dass sie den Erleuchteten nur von Bildreproduktionen auf Demoplakaten und aus

Filmaufnahmen kennen gelernt hatten und ihre Vorstellung von ihm mit der Realität dieses Pariser Winterabends nichts gemein hatte. Zum anderen irritierte sie die gefaltete Leinenserviette, die dem alten Mann über dem rechten Handgelenk herunterhing, sowie seine blütenweiße, gestärkte Schürze, die er über dem Hosengurt zusammengebunden hatte. Beides zusammen verlieh ihm eine servile Aura, ja ein koloniales Gepräge. Er begrüßte seine Gäste nun auch mit einer lächerlich anmutenden Verbeugung und wies grinsend auf einen Tisch. Sie störten sich nicht an den braunen Flecken auf der Tischdecke und nahmen Platz. Die Speisenkarte steckte in einem beschmierten Plastikbezug. Die beiden beschlossen, die darauf offerierten, bescheidenen Wahlmöglichkeiten voll auszukosten. Thomas bestellte Safranreis mit Gemüse und Brathuhn. Unverricht dasselbe zu Schweinefleisch. Dazu verlangten beide dringend nach Bier. Thomas hatte schon, seitdem sie die Bouquinistengegend verlassen hatten, nach einer Toilette Ausschau gehalten. Hier sollte sich eine im Keller befinden und er schob sich, mit dem Rücken zur Wand, jede Berührung vermeidend, an der Schweineseite vorbei, die mit dem glattgeschuppten Fußglied in einer Drahtschlaufe hing und langsam hin und her kreiselte. Thomas begutachtete die blauen Veterinärstempel auf Rippenbögen und Schinken und stieg die knarrende Treppe hinab. In dem dämmrigen Kellerraum sorgte eine bullernde Kochstelle für die wahre Höllenhitze. Die Kochfläche glühte rot. Unter dem Herd lagen geschichtete Birkenprügel auf Vorrat. Der Inhalt diverser Töpfe, Tiegel, Kessel und Pfannen machte pfeifend, dampfend und blubbernd Aufhebens von sich. Neben dem Herd erhob sich jetzt eine Art Spitz aus dem Halbdunkel und knurrte eine Warnung in Thomas' Richtung. Der Hund stellte sich vor dem Eindringling auf und schnappte, als Thomas weitergehen wollte, nach dessen Bein. Hund lebt, Schwein mausetot, kein schlechter Befund, dachte Thomas, den er Unverricht angesichts der bevorstehenden Mahlzeit nicht vorzuenthalten dachte. Er fühlte sich aber trotzdem erleichtert, dass er selbst Huhn bestellt hatte, das bei allen ihm bekannten Zubereitungsarten stets zweifelsfrei als solches zu identifizieren war. Thomas hatte, was sein Geschäft anging, keine Zeit mehr zu verlieren und herrschte den Höllenhund auf gut Deutsch an. Der jaulte und verzog sich auf eine zerlumpte Decke zu ein paar malträtierten Knochen, die Thomas beim besten Willen keiner Tierart mehr zuordnen konnte. Er schritt nun hastig zu der mit einer Nachttopf-Miniatur aus Messing gekennzeichneten Sperrholztür im rückwärtigen Kellerbereich und verschwand dahinter. Als er wenig später erleichtert wieder heraustrat, sah er das Ho-Doppel ohne Schürze am Herd stehen und etwas Flüssigkeit aus einem Löffel kosten. Er schlürfte, schmeckte, schluckte und trocknete sich den Mund an einer Art Sacktuch ab, das aus einer Hosentasche herabhing. Als Thomas ihn passierte, wischte sich der erhitzte Küchenchef damit den

Schweiß aus dem Gesicht und verbeugte sich erneut. Die Töle wagte sich in Anwesenheit ihres Herrn nicht zu mucken und blieb friedfertig bei ihren traurigen Knochenresten kauern. Thomas stieg in den Gastraum hinauf und setzte sich zu Unverricht, dessen Oberkörper über einem Paris-Faltplan lag, den er auf der Tischfläche ausgebreitet hatte. Onkel Ho hatte ihnen inzwischen zweimal Kronenbourg gebracht. Sie waren durstig, stießen an und tranken die kleinen Flaschen in gierigen Zügen leer. Unverricht wischte den Bart am Ärmel seines Schafspelzes sauber, beugte sich erneut über den Tisch und erkundete mit dem Zeigefinger die Karte nach der Rue Garamond. Genau dort soll sich der ‚Père Tanguy' befinden, erklärte er, ein in Künstlerkreisen geschätztes Farbengeschäft, in dem er sich mit einem Vorrat an der in dieser speziellen Güte in der BRD nicht erhältlichen Druckerschwärze versorgen wollte. Auf deren erwiesene Qualität er bei seinen graphischen Arbeiten nicht verzichten wolle. Unverricht erzählte von der ‚Intergraphik' in Berlin (Hauptstadt der DDR), bei der im vergangenen Frühjahr einige seiner Werke zugelassen worden waren. Die international beschickte Ausstellung habe ein insgesamt erstaunliches Niveau gehabt, künstlerisch wie politisch. Eine erfreuliche Vielfalt fortschrittlichen künstlerischen Schaffens aus vielen Ländern sei auf der Schau dokumentiert worden. Die Verdikte des sozialistischen Realismus schienen ihm wohl endgültig überwunden. Bis auf wenige Ausnahmen. Als Beispiel eines zählebigen geistigen Schrebergartentums beschrieb er Thomas das Werk eines nordkoreanischen Kulturschaffenden, ‚Wir sind bereit' betitelt, das im Zentrum einen Piloten – kitschig-plakativer Heroenstil – im Cockpit einer MiG mit den Hoheitszeichen der KVDR-Luftwaffe zeige, die auf ein am Boden, durch die gehissten Fahnen identifizierbares Militär-Camp Südkoreas und der USA herabstürze. Er distanziere sich von einer derart plumpen Ausdrucksweise, die nicht mehr in der Kunstsphäre anzusiedeln, sondern lupenreine Agitprop-Darstellung sei. Sein eigenes künstlerisches Schaffen habe in Berlin eine unerwartet große Beachtung, ja Anerkennung gefunden. Auch beim zahlreich erschienenen und aufgeschlossenen Publikum. Insbesondere seine Farbradierung ‚Die Russen kommen', durch die er die im Westen grassierende Russenphobie mit Raffinesse und bösem Witz kommentiere, habe den einhelligen Zuspruch einer hochkarätig besetzten Jury gefunden und sei mit Preis und einem hübschen Valutasümmchen bedacht worden.

Das laudierte Werk würdigt den selbstvergessenen Sprung des eben vom Amt zurückgetretenen amerikanischen Verteidigungsministers James Vincent Forrestal. Er springt durch ein Klinikfenster in die schwarze Tiefe. Das Bild rückt seinen Freitod in ein grandios phantastisches Szenario, das unter virtuoser Fortschreibung bester Pop-Art-Traditionen komponiert worden ist. Genau besehen erhascht der Betrachter vom armen

Forrestal nur noch ein Paar menschlicher Füße und Beine – ins Bild montiert als weißer Scherenschnitt. Die unteren Extremitäten des aus dem Leben Scheidenden verschwinden vor der Wolkenkratzer-Silhouette einer nächtlichen Großstadt durch einen geöffneten Fensterrahmen in den Abgrund. Die zurückgelassene Uniformjacke des hohen Offiziers sieht der Betrachter am rechten Bildrand säuberlich am Garderobenständer aufgehängt. Den Bildmittelpunkt verstellt eine schlichte Schultafel, auf der mit Kreide dreimal untereinander geschrieben steht – wie der Beginn einer sinnlosen Strafarbeit – der ins Englische übersetzte Bildtitel: The Russians are comin'. Lange bevor die Geschichte derart ins Bild gesetzt wurde, gab es sie als reales Ereignis: Forrestals finaler Sprung erfolgte am 22. Mai 1949 aus dem Fenster im 16. Stockwerk eines amerikanischen Marinehospitals. Zwei Monate zuvor war der Patient wegen nicht erfüllter Etatforderungen vom Amt des Verteidigungsministers zurückgetreten. Das scheinbare Ende eines paranoiden Kreuzzugs. Überzeugt von einem baldigen sowjetischen Einmarsch in den USA und gepeinigt von dieser Vorstellung, begab sich Forrestal mit starken Depressionen in psychiatrische Behandlung. Der banale Anlass für seinen grotesk anmutenden Selbstmord soll eine Feuerwehrsirene gewesen sein, die ihn in Panik versetzt hatte. Das entsprechende Spielzeugauto steht in Unverrichts Bild unschuldig auf dem Fenstersims. Forrestals Platz im Krankenbett hat eine ebenso aufgeblasene wie aggressive Figur aus dem Arsenal der Comicstrip-Erfindungen eingenommen – ein aufgeblasener ‚Captain America' in den US-amerikanischen Farben, mit einer gegen den Betrachter geballten Faust, im Gesicht das Zahnpastalächeln des ewigen Siegers, auf den allerdings – auf weißem Bettlaken stehend – ein kleines, rotes Sowjetteufelchen, ausstaffiert mit Militärmütze, Russenkittel und Stiefelchen, mit einem Beil einhackt. Inspiziert wird die Szene von zwei ins Bild hineinragenden, distinguierten Männern mit Filzhüten. Graue, schemenhafte Gestalten mit einem breiten Hollywood-Grinsen. Untersuchungsbeamte wohl, mit einer klaren Distinktion zwischen ‚good guys' und ‚bad guys'. Dunkelmänner, die nicht nur in einschlägigen Filmen die Hüte aufbehalten dürfen.

Und der historische Forrestal? Der alte Haudegen wurde am 25. Mai mit allen möglichen Ehren beerdigt. Sein Grab findest du auf dem Arlington Nationalfriedhof, wusste Unverricht. Es liegt in der Sektion 30, wenn ich mich nicht irre. Wusstest du aber, dass er den Abschiedsmonolog des Ajax aus dem Sophokles-Stück kopiert hatte, in derselben Nacht, in der er aus dem Fenster sprang?, fügte er begeistert hinzu. Er faltete den Plan de Paris geschickt zusammen, als Onkel Ho, wie sie sich mittlerweile angewöhnt hatten, ihn wenig pietätvoll unter sich zu nennen, mit einem Messingtablett balancierend die Treppe heraufstapfte, auf dem in einem Reisbett kleine Bällchen aus hauchdünnem Tapiokateig dampften, die, wie sie später entdeckten, mit einer Spinatmousse und gedämpften Mungobohnen gefüllt waren und wahrlich pikant schmeckten. Ein Hors d'œuvre nach Art des Hauses, das sie dankbar annahmen und das eine anregende Wirkung auf ihr Gespräch ausübte. Damit bekommt die Geschichte Forrestals einen gleichsam tragisch grotesken Zug, dozierte Unverricht vollmundig. Welche Verblendung aber auch bei ihm, welche Hybris! Ausgerechnet den Abschiedsmonolog des Ajax abzuschreiben. Als quasi Testament. Den Sophokles diesem in den Mund legt, bevor er sich in sein aufgepflanztes Schwert stürzt. „Um dies lass mich dich anflehn, Zeus; doch ruf ich auch / den Totenführer Hermes, dass er Frieden mir / gewährt, wenn ich entschlossen und mit raschem Sprung / durchbohre meinen Leib mit dieser Klinge hier." Unverricht zitierte gekonnt einige Verse aus dem Gedächtnis. Ajax tötet sich aus verletzter Ehre, fuhr er fort. Die verletzte Ehre des großen Kriegshelden aus Salamis. Um seinen Entschluss zu rechtfertigen, hält er, der große Schweiger und Mann der Tat, vor dessen Ausführung vier Monologe. Die Versicherung vor dem Urteil der Nachwelt.

Der Maler wurde in seiner Deutung unterbrochen, als Onkel Ho mit dem Hauptgang aufwartete und ihnen einige Platten mit Fleischgerichten und Reis, eine mit verschiedenen Kräutern aufgefüllte Schüssel sowie zierlich gemusterte Schälchen ablud, die verschiedenfarbige Saucen enthielten, welche genauso scharf schmeckten, wie sie aussahen. Schon der Anblick dieser Speisen erfreute sie zutiefst und ermunterte sie dazu, sich zunächst einmal reichlich zu bedienen. Was wiederum Onkel Hos Pläsier zu befördern schien. Sein Lächeln zog sich noch breiter und er verneigte sich ein paar Mal sehr devot. Sie kosteten von all den Herrlichkeiten und ließen sich von Onkel Ho die Speisen benennen und erklären. Es gab eine Suppe mit Rind- und Schweinefleisch als Einlage, von ausgesuchten Zutaten wie etwa Zitronengras, Pfefferminze und Bananenblättern gewürzt, die sich mit dem wohlklingenden Namen Bun Bo Gio Heo schmückte. In einer Porzellanschüssel dampfte Canh Bi Ro Ham Dua, also geschmorter Kürbis in Kokosmilch. Aus Bitterschultes schnöder Brathuhn-mit-Reis-Bestellung war auf wunderbare Art und Weise Ga Quay Mat Ong geworden, ein in Honig und Sesamöl gebratenes Hühnchen, und Unverrichts simple Schweinefleisch-Ordre hatte Onkel Hos Kochkunst am höllisch heißen Herd im dunklen Keller zu einem Thit Heo Kho Tieu inspiriert, einem auf der Zunge zart zergehenden, in einer Marinade aus Fischsoße und Karamelsirup gedünsteten Schweineschinken. Schon die Namen und Gerüche all dieser köstlich klingenden Gerichte verhießen ihnen exquisite Gaumenfreuden und vertrieben einige sorgenvolle Gedanken, die Höhe der späteren Rechnung betreffend. Die beiden bedankten sich höchst beeindruckt für die Erläuterungen, verbeugten sich nun ebenfalls und

Bitterschulte bestellte in seinem passablen Schulfranzösisch noch zwei Flaschen Kronenbourg.

Zurück zu Sophokles und unseren griechischen Helden, nahm Unverricht den Faden seines Monologs wieder auf. Ajax erblickt in der Selbsttötung den einzig möglichen Weg aus der gesellschaftlichen Schande, nachdem er im Streit mit Odysseus, dem die Waffen des toten Achills zuerkannt werden, übergangen worden ist und er sich mit der Ausübung seiner Rachepläne derartig entblößt hat. Im Wahnsinn nämlich, mit dem ihn die Göttin Athene schlug, die Partei für Odysseus ergriff, kämpft er statt mit den griechischen Helden mit der erbeuteten Herde und metzelt das Vieh nieder in seiner maßlosen Raserei. Einige Tiere schleppt er gar in sein Zelt und zerfleischt sie mit bloßen Händen. Einen Widder, in dem er Odysseus erblickt, bindet er an den Zeltpfosten und peitscht ihn mit einem Ledergürtel zu Tode. Nachdem er aus dem Wahnsinn erwacht ist und seine Demütigung erkennt, kann ihn niemand mehr vom Selbsttod abhalten. Selbst sein Weib Terkessa nicht, das ihm den Sohn Eurysakes entgegenstreckt. Bitterschulte, der seinen Sophokles noch aus der Schulzeit kannte, zog gerne die darin angelegte Analogie zu Forrestal: Der eine rächt sich an einer Viehherde, der andere, die amerikanische Comic-Kopie, bekämpft seine eigenen Obsessionen. Wobei, ergänzte Unverricht, der eine, also Ajax, an einer erstarrten Adelsethik zugrunde geht, der andere, der arme Forrestal hingegen, gar nicht mehr aus seinem Wahn erwacht und dadurch zum Opfer seiner Zwangsvorstellungen wird. Diese werden aber nicht seine privaten bleiben. Denn letztlich war sein persönlicher Russen-Kreuzzug ja nicht vergeblich. Spätestens mit dem Tag seiner Beerdigung in Arlington werden Forrestals phobische Obsessionen zur respektablen Grundlage einer politischen Doktrin. Die Zeit ist reif für Senator McCarthy. Der bläst zur Hatz auf alles Linke und dafür Gehaltene. Viele amerikanische Künstler, Schauspieler und Schriftsteller, darunter Immigranten wie Brecht und Eisler, werden vor den Ausschuss für unamerikanische Aktivitäten geladen. Eine ganze Nation versinkt nun in Forrestals Wahnvorstellung. In High Falls, einem kleinen Ort im Bundesstaat New York, wird das Haus des Malers Chagall in dessen Abwesenheit nach Beweisstücken durchsucht. Beweise für unamerikanische Aktivitäten. Marc Chagall war ehrenamtlicher Präsident des ‚Jewish Writers and Artists Committee', einer als links geltenden Organisation; als er nach Frankreich zurückkehrte, wurde er ehrenamtlicher Präsident des ‚Committee for the Suppression of Anti-Semitism and the Promotion of Peace'. Antifaschist zu sein ist damals schon verdächtig. „O Tod, o Tod, nun komm, wirf einen Blick auf mich! / Doch erst wenn ich dort unten bin, begrüß' ich dich", zitierte Unverricht noch einmal aus dem Ajax-Monolog, lehnte sich zurück und fertigte sich eine Zigarette an.

In beiden Schicksalen, trumpfte Bitterschulte nun seinerseits auf, erkennen wir die Absage an die Welt als einzig noch möglichen Heroismus. Bei Sophokles als ergreifende Tragödie gestaltet; mehr als zweitausend Jahre später, als Inszenierung des amerikanischen Imperialismus, ist das tragische Moment zur Farce geraten. Allerdings verzeiht die Geschichte den Menschen keine Farce. Die Geschichte bestraft, mit den blutigsten Konsequenzen für die gesamte Menschheit. Er bediente sich noch einmal nach dieser Schlussfolgerung aus den verschiedenen Schüsseln und Tiegeln, obwohl er im Grunde gesättigt war. Unverricht fand mit dem Stichwort zu seiner eigenen Arbeit zurück.

Eine Farce. So habe er auch sein Bild ‚Die Russen kommen' angelegt. Sie vergegenwärtigten sich nun Korea, Vietnam und natürlich Chile als Stichworte oder Belege der Aggression und Unverricht wusste noch von einer brandaktuellen Inszenierung des Ajax-Stoffes – das Stück stehe ja eher selten auf den Spielplänen – zu berichten, von der er neulich in einem dritten Programm des Fernsehens einen Ausschnitt gesehen hatte. Eine gewagte Inszenierung von Peter Sellars, ein Reflex auf das Vietnam-Trauma, begann Unverricht mit seiner Zusammenfassung. Das Stück spielt vor der erleuchteten Fassade des Pentagons; der Chor der salaminischen Seeleute besteht aus amerikanischen Soldaten in Kampfanzügen, Athene ist eine Schwarze; Ajax, der schweigsame Mann der Tat, wird von einem echten Taubstummen gespielt – welch tiefe Symbolik. Er hat das Blutvergießen zu verantworten, wie ein amerikanischer General im Krieg gegen Vietnam. Er schlachtet die unschuldigen Menschen ab, glaubt aber bis zuletzt, er bekämpfe fern von seiner Heimat das Böse. Die Sache des Helden im Theater, schloss Unverricht ab, muss genau untersucht werden. Fällt er nämlich für eine schlechte Sache, die er für eine gute hält, ist er ein Dummkopf. Fällt er für sie und erkennt fallend, dass sie seines Einsatzes unwürdig war, ist er eine tragische Figur. Fällt er für eine gerechte Sache, überzeugt, dass nur sein Tod ihr dient und nicht sein Weiterleben, ist er mein Mann. Am besten allerdings, er fällt überhaupt nicht. Die gerechte Sache braucht keine Märtyrer. Weder auf der Bühne noch in der Realität.

Auch Unverricht überlegte nach Abschluss seiner tiefschürfenden Erwägungen, ob er nicht doch noch einmal bei den Speisen zulangen sollte, als Onkel Hos Gesicht unterhalb der baumelnden Schweinehälfte auf der Kellertreppe auftauchte. Wieder balancierte der fernöstliche Maître ein Tablett herauf, von dem er ihnen grinsend das Dessert auf den Tisch räumte. Che Chuoi Chung, erklärte er selbstbewusst, eine Bananen-Sago-Creme aus Milch der Kokosnuss und einer Beigabe von gerösteten Sesamkörnern. Dann räumte er das benutzte Geschirr und die geleerten Schüsseln und Schälchen zusammen. Seine verwöhnten Gäste freuten sich vor allem am ersten Wort dieser alliterierenden Namenskonstruktion. Sie kosteten voreingenommen und beglückwünschten den Patron zu seinem feinen Restaurant. Ho füllte nun drei Gläschen mit giftgrünem Minzelikör auf, setzte sich an den Tisch und stieß mit den beiden Boches an, die auch zu dieser Stunde seine einzigen Gäste geblieben waren und die mit einem improvisierten Trinkspruch seine kulinarische Meisterschaft zu würdigen suchten. Sie stellten sich mit ihren Namen vor und boten ihm eine Selbstgedrehte an. Ho, der in Wirklichkeit Tram Van Conh hieß und ab jetzt so genannt werden soll, war Nichtraucher und amüsierte sich über den Klang der deutschen Vornamen. Beim Nachsprechen schaffte er es lediglich, Thomas als Toma hinzukriegen. Mit Unverrichts Vornamen, mit dem dieser selten gerufen wurde, hatte er mehr Glück und sprach dessen Kurzform Uli einwandfrei aus. Nach dem zweiten Glas Likör traute sich Thomas, den freigiebigen Patron auf dessen verblüffende Ähnlichkeit mit dem verehrten Leiter des vietnamesischen Befreiungskampfes anzusprechen. Der Wirtnamese freute sich ob dieser Feststellung, lächelte noch geheimnisvoller und lobte die beiden jungen Gäste für ihre Beobachtungsgabe. Diese äußere Ähnlichkeit, klärte ihr Gastgeber sie nun auf, sei keineswegs als Laune der Natur zu betrachten, sondern sei biologischen Gesetzmäßigkeiten geschuldet. Er stehe sozusagen in einem verwandtschaftlichen Verhältnis zu dem berühmten und außerordentlichen Revolutionär. Bitterschulte stutzte und staunte, begann an seinen Französischkenntnissen zu zweifeln und fragte nach. Verwandtschaftliches Verhältnis, wiederholte der Wirt gelassen und erhob sich. Er wolle aber, bevor er ihnen die ganze Geschichte erzähle, noch einen Likör spendieren. Bitterschulte schaute verwundert durchs Fenster. Es war dunkel geworden und das Schneetreiben hatte sich verdichtet. Die kleine Straße versank darin mitsamt den wenigen geparkten Autos. Die beiden maroden Straßenlampen flackerten wie Gaslaternen. Ihr gelbes Licht warf einen milden Glanz auf die weiße Pracht. An ihrem Ende, wo sich die Gasse ein helles Rechteck auf den ausgeleuchteten Boulevard St. Michel aussparte, stapften Fußgänger vorbei und Autos quälten sich über den frisch gefallenen Schnee.

Der Ho-Verwandte kehrte nun gleich mit einer ganzen Flasche zurück und schenkte ein. Santé, camarades! Bitterschulte hielt das zierlich geschliffene Glas ins Licht und erfreute sich an dem giftig gleißenden Grün des Likörs. Auf den Erleuchteten, entgegnete er dem Wunsch des Gastgebers. Der begann endlich zu erzählen. Eine lange Geschichte. Sie erfuhren von ihm, dass Trams Vater ein Cousin Ho Tschi Minhs gewesen war. Beide waren 1919 nach Paris gekommen. Ho habe sich in der ersten Zeit als Fotograf und Gelegenheitsjournalist durchgeschlagen, während Trams Vater seinen Lebensunterhalt bei Landsleuten im Gastronomiegewerbe verdient habe. Ho sei in Paris erstmals öffentlich wahrgenommen worden, als er die Forderung erhoben habe, Präsident Wilsons ‚14 Punkte', das auf dem Selbstbestimmungsrecht der Völker aufgebaute Friedensprogramm, auch auf Indochina anzuwenden. Damit habe er natürlich gegen die französische Kolonialherrschaft gezielt. Er habe in Paris Paul Longuet kennen gelernt, den Enkel von Karl Marx, der in jenen Jahren noch Chefredakteur der Zeitschrift ‚Le Populaire' war. In diesem Blatt habe Ho den Kolonialismus in seiner Heimat angeprangert. Seine Artikel erschienen regelmäßig unter dem Pseudonym ‚Nguyen O-phap', also ‚der Franzosenhasser'. Im Dezember 1920 habe er sich an dem Parteitag der französischen Sozialisten in Tours beteiligt, auf dem die französische KP gegründet worden sei. Als Delegierter habe er an dem historischen Ereignis unter dem unverfänglichen Decknamen ‚Nguyen Ai Quoc', was ‚der Patriot' bedeute, teilgenommen. 1923 sei Ho nach Moskau abgereist, dort in die Führung der Kommunistischen Bauern-Internationale gewählt worden und im folgenden Jahr als Mitglied der von Borodin und Blücher geführten Beratergruppe für die Kuomintang-Regierung nach China gegangen. Trams Vater jedoch sei von anderem Naturell gewesen, habe seinem Cousin nicht zu folgen gemocht, in doppelter Hinsicht. Er sei zum Helden nicht geschaffen gewesen, sondern habe sich in den französischen Verhältnissen zurechtgefunden und eingerichtet. Er habe sich emporgearbeitet, in einer der zahlreichen vietnamesischen Garküchen eine solide Ausbildung genossen. Ein Heroe des Alltags sozusagen. Schließlich habe er eine bildhübsche Tochter seines Chefs geheiratet und mit ihr fünf Kinder in die Welt gesetzt. Anfang der dreißiger Jahre habe die Familie das ‚City Of Saigoon' günstig erwerben können, das 1955, nach dem plötzlichen Tod seines Vaters, an ihn, Tram, gegangen sei. Sein Vater jedoch habe zu seinen Lebzeiten mit Ho Tschi Minh immer in Kontakt gestanden, es habe einen – trotz aller weltpolitischen Wirren und daraus resultierender Schwierigkeiten im Postverkehr – nie abgerissenen Briefwechsel zwischen den beiden so grundverschiedenen Cousins gegeben. In seinem, Trams, Besitz befänden sich noch etliche dieser Ho-Briefe, die er hüte wie seinen Augapfel. Dokumente von unschätzbarem Wert. Er vermute heute, nachdem er dieselben unzählige Male gelesen, ja regelrecht studiert habe, dass sein Vater auch auf Hos Wunsch in Frankreich geblieben sei. Ein Gewährsmann in der Fremde. Ho sei ein listiger und weitsichtiger Mensch gewesen, immer auf alles gefasst. Wahrscheinlich habe er in der soliden Existenz von Trams Vater in Paris eine Anlaufstation gesehen. Eine Rückzugsmöglichkeit. Für alle Fälle. Vielleicht werde er, Tram, demnächst einmal das geeinte Vietnam besuchen und den Menschen dort Hos Briefe an seinen Vater als Geschenk mitbringen. Bei denen wären sie wohl am besten aufgehoben. Tram war ein guter Erzähler und fand würdige Zuhörer. Die beiden lauschten ergriffen seiner Familiengeschichte, in die zugleich ein gutes Kapitel der Weltgeschichte hineingewoben war, und besonders Bitterschulte bekam beim Eintauchen in die Vergangenheit leuchtende Augen. Sie meinten den Atem der Geschichte zu verspüren und der böse funkelnde Likör, mit dem Tram sie zuvorkommend traktierte, erhitzte sie und stieg quecksilbrig in ihren Nervenbahnen empor. So angeregt reisten sie zu den Menschen am Mekong und am Roten Fluss. Sie begannen sich die Perspektiven des freien Vietnams auszumalen, vergegenwärtigten sich erschüttert die fürchterliche Erblast des Krieges – der Flächenbombardements, der chemischen Kriegsführung Agent Orange, wie die GIs das Entlaubungsgift wegen der orange Ringe um die Metallfässer getauft hatten. Sie rechtfertigten die vietnamesische Vorgehensweise gegen das bluttriefende Pol-Pot-Regime in Kampuchea und rangen um Deutungsversuche für die chinesische Aggression gegen die vietnamesische Nordgrenze. Sei es wegen des ungünstigen Datums zwischen Weihnachten und Neujahr oder sei es wegen des sich verschlechternden Wetters: Sie sollten die einzigen Gäste des ,City Of Saigoon' an diesem still versinkenden Abend bleiben, an dem es nicht mehr aufhörte zu schneien und das kleine Restaurant mitsamt der stillen Seitengasse des Boulevard St. Michel langsam in den Verwehungen verschwand. Hätte sich jemand bis dahin verirrt, er hätte wohl nichts als einen vagen Lichtschein hinter der weißen Pracht bemerkt und vielleicht noch gedämpft die Stimmen der Freunde vernommen, die sich besorgten um das Schicksal eines weit entfernten, geschundenen Landes und seiner tapferen Menschen. Soviel sei allen Pfennigfuchsern nachgetragen: Die Rechnung, die ihnen Tram Van Conh auf einem zierlichen Silbertablett gegen Mitternacht präsentierte, trug ihren bescheidenen finanziellen Potenzen Rechnung. (Merde! Ein schrecklich verquaster Satz. Bleibt aber genau so stehen. Excusez-moi! Nehmen Sie doch einfach an, dass der Autor sich beim Vergegenwärtigen der Vergangenheit ein wenig zu oft aus einer bauchigen Flasche mit Minzlikör bedient hat.) Bevor sie gingen, musste ihnen Tram den Ausgang von Schnee freischaufeln. Er umarmte Toma und Uli zum Abschied und aus dem Keller kläffte ihnen der Spitz ein wütendes Adieu hinterher.

Am nächsten Morgen wachten sie erst spät in Gomez' Atelier auf. Thomas stöhnte, denn auch bei seinem zweiten Erwachen in Paris litt er unter Kopfschmerzen. Unverricht klagte ähnlich. Sie erhofften sich Linderung durch eine ordentliche Kanne starken Kaffees und fuhren nach oben. Gomez hatte ein Notizheft aufgeschlagen und telefonierte wegen seiner Calais-Ausstellung in halb Europa herum. Seine Augenlider flatterten nervös. Sie mussten sich um ihr Frühstück selbst kümmern. An dem kleinen Tisch unter dem Fenster saß bereits Cathérine rauchend vor einem Café au lait. Gomez stellte sie ihnen zwischen zwei Telefonaten als

Genossin und liebe Freundin vor. Ein wahrhaft französisches Geschöpf, das mit seiner blonden Haarmähne, dem breiten, sinnlichen Mund und einer schlanken Figur, deren Weiblichkeit von ihrer hautengen Jeans mehr als nur betont wurde, über die laszive Komplett-Ausstattung einer Françoise Hardy verfügte. Mit ihr wurde es eng in der kleinen Küche. Unverricht und Bitterschulte erzählten von ihrem gestrigen Souper Vietnamien, von den exzessiven Tischgesprächen, bei denen ihnen die exquisiten Verwandtschaftsverhältnisse des ‚City Of Saigoon'-Patrons Respekt abgenötigt hatten. Gomez, der nur mit einem Ohr zugehört hatte, bezweifelte deren Wahrheitsgehalt. Cathérine bestätigte zumindest die historischen Fakten, Ho Tschi Minhs Aufenthalt und Tätigkeit in Paris betreffend. Apropos, wandte sich Unverricht an Thomas, hat dir Tram den Brief noch überreicht? Und ergänzte ahnungsvoll, als er Ratlosigkeit in Bitterschultes Gesicht erblickte: Er hat doch angekündigt, dir einen der Original-Ho-Briefe aus seiner Sammlung mitzugeben. Als Geschenk gedacht für die Genossen in Deutschland. Tram ist deshalb kurz vor unserem Aufbruch noch einmal in den Keller hinabgestiegen. Kannst du dich nicht mehr erinnern?, fragte er unduldsam. Du musst dich doch daran erinnern können. Bitterschulte konnte sich überhaupt nicht an ein solches Gespräch, geschweige denn an ein diesbezügliches Versprechen Trams entsinnen, stülpte jedoch, Unverricht zu Gefallen, alle Taschen seiner Parka nach außen, ohne freilich jenes wertvolle Schriftstück ans Licht zu befördern. So, in morgendlicher Missgunst, warfen sie sich gegenseitig eine durch übermäßigen Alkoholgenuss übersteigerte Einbildung bzw. eine eben dadurch forcierte Vergesslichkeit vor, bis Gomez allen vorschlug, zum Besuch der Ausstellung ins Centre Pompidou zu fahren.

Das Centre Georges Pompidou ging in jenem Jahr wegen seiner Ästhetik noch als sensationell durch und sorgte bei den zahlreichen Besuchern immer noch für entschiedene Bewunderung oder ebenso heftige Ablehnung. Planung und Baubeginn lagen in der Regierungszeit des 1974 verstorbenen Präsidenten der Republik, dessen letzte Jahre Thomas via Fernsehen noch verfolgt hatte. Der Präsident war ihm in Erinnerung geblieben wegen seines aufgeschwemmten Gesichts, das die Folge einer krankheitsbedingten Cortison-Behandlung war, wie alle Nachrichtensprecher zu vermelden wussten. Das leidende Staatsoberhaupt sollte die Fertigstellung des Prestigeobjekts nicht mehr erleben. Nach seinem Tode wurde der Kulturtempel wenigstens nach ihm benannt. Wegen seiner futuristisch anmutenden Architektur war der exorbitante Quader aus Glas und Beton auch unabhängig von den Ausstellungsaktualitäten in kurzer Zeit zu einer 1A-Attraktion für Paris-Besucher avanciert. Damals wurde das Centre, dem mehrere Häuserreihen weichen mussten, auf dem belebten Plateau Beaubourg entweder als kühnes Stück Architektur gefeiert oder als Missgriff verdammt. Das Ensemble erschafft mitsamt den vielen Gauklern und Straßenkünstlern sowie den farbenfrohen Skulpturen von Niki de Saint Phalle und den metallenen Konstruktionen von Jean Tinguely in der Fontaine Stravinsky einen Marktplatz urbaner Hilarität inmitten des alten Forum des Halles. Die große Realismus-Retrospektive dieses Winters zog die Zuschauer in Massen an. Auch an einem unwirtlichen Werktag wie diesem standen lange Schlangen frierend vor den Kassen an. Unverricht in seinem speckigen Schafspelz galt als am besten gegen die Kälte gewappnet und reihte sich in der kürzesten ein. Später fuhren alle vier auf Rolltreppen durch die nach außen gelegten Glasröhren nach oben und sahen auf das Stadtgewimmel herab. Die Realismus-Ausstellung von 1980/81 basierte auf einer einzigartigen Konzeption. Sie umfasste Werke aus zehn europäischen Ländern sowie aus den Vereinigten Staaten, die in dieser Fülle und Qualität noch nicht zusammen gesehen werden konnten. Die Schau unterwarf sich dem hochgesteckten Anspruch, die Vielschichtigkeit des Realismus-Begriffs darzustellen, seine verschiedenen Richtungen, Strömungen und Auseinandersetzungen in dem durch die Eckdaten markierten Zeitraum von zwanzig Jahren, also vom Ende des ersten Krieges 1919 bis zum Beginn des zweiten 1939, zu erfassen. Gomez hatte die Ausstellung bereits zweimal besucht und weigerte sich auch jetzt, mehr als fünf Bilder, die er sich bereits vorher herausgesucht hatte, auf einmal anzuschauen. Danach sei seine Aufnahmefähigkeit allemal erschöpft. Er bot Unverricht und Bitterschulte an, mit ihm und Cathérine zunächst seine fünf Bilder anzuschauen. Danach würde er zurückgehen und sie, die ja wahrscheinlich nicht so schnell wieder Gelegenheit zum Besuch der Ausstellung bekommen würden, könnten sich nach Belieben weiter umschauen. Die beiden stimmten zu und Gomez erklärte nun, seine heutige Auswahl umfasse einige Werke aus der reich bestückten französischen Abteilung.

Sie gelangten zu Balthus. Den Stil des Malers Balthus bezeichnete Antonin Artaud einmal als ‚organischen Realismus' – weit davon entfernt, die Poesie, das Wunderbare oder die Fabel zu fliehen. Er versuche seine Welt zu organisieren, eine Welt, die ihm angehöre. Sein Realismus sei geprägt von den tiefen Sondierungen, die das authentische surrealistische Denken auf dem Gebiet des Unbewussten unternommen habe. Ergriffen stand das Kunst-Quartett vor Balthus' 1933 geschaffener Leinwand ‚Die Straße', vor die Gomez sie geführt hatte. Eine Pariser Straße, in der Automaten aus unseren Träumen zu defilieren scheinen. In dem warmen, hellen Licht, in das die Komposition getaucht ist, spazieren Menschen. Die Menschen in diesem Bild sind erstarrt. Sie sind allerdings nicht wie beiläufig in der Pose festgehalten, sondern im Augen-Blick versteinert. Die Achse des Bildes nimmt ein ganz in Weiß gehaltener Maurer ein. Er balanciert auf der linken Schulter einen Balken und durchschreitet die Szene wie ein Phantom. Die übrigen Personen schreiten aneinander vorbei, begegnen sich, ohne sich zu sehen oder gar anzusehen. Selbst die Akteure der merkwürdigen Szene, die sich unter den Augen des Bäckerjungen abspielt, dessen Gedanken wohl denen des Kindes ohne Alter gleichen, das völlig in Gedanken versunken Ball spielt, blicken in verschiedene Welten. Ein junger Mann nähert sich. Sein Blick verliert sich im Traum. Seine schwingenden Arme erstarren in der Geste eines Automaten, während ein ihm entgegenkommendes Mädchen unbewusst ausweicht, um diesen Traum nicht zu zerbrechen und den eigenen weiterzuverfolgen. Eine Frau geht weg. Sie trägt ein gequält schlafendes Kind auf dem Arm.

Man glaubt, in einen merkwürdigen Traum hineinzusehen, begann Unverricht, mit den anderen im Bann dieses Bildes stehend, zögernd nach einer Weile der Besinnung, einen Traum, dessen handelnde Personen Schlafwandler sind. Die im Schlaf wandeln und den Schlaf wandeln in sein dramaturgisches Geschick. Welchen unwiderstehlichen Impulsen folgen sie, welchen geheimen Gesetzen gehorchen sie bei der Ausführung ihrer rätselhaften Choreographie?

Diese perfekte Komposition, lobte Gomez, der bisher geschwiegen und auch Unverricht gar nicht zugehört hatte, die Arbeit des Malers, deren plastisches Gleichgewicht und deren Rhythmus vollständig mit der Konzeption übereinstimmen, strahlt eine beängstigende Atmosphäre aus. Sie bekommt ihren geheimen Sinn durch eine künstlich anmutende Beleuchtung, eine Lichtfülle, ohne dass man weiß, woher dieses Licht kommt.

Balthus, versuchte sich Bitterschulte, malt vor allem Licht und Formen. Er geht vom Bekannten aus, von universell erkennbaren Elementen und Aspekten. Auch in seinem Fall ist das Bekannte unterschieden vom Erkannten. Seine Malerei ist Revolution, in zweifacher Hinsicht Revolution: gegen die Formensprache des Surrealismus wie gegen einen überkommenen Akademismus.

Wir wissen doch, glaubte sich Unverricht abschließend in Szene setzen zu können, der Realismus ist nicht die Realität an sich. Die Kunst bleibt immer unter ihren Möglichkeiten. Und ist nicht die Realität lediglich eine Frage der Vorstellung? Vielleicht ist ‚Die Straße' der Zwischenraum, wo der Tag der Nacht das Feld räumt und umgekehrt. Darauf schien niemand mehr antworten zu wollen. Erst nach einer ganzen Weile übertrumpfte Cathérine den Graphiker dann doch noch.

Le réalisme, warf Cathérine leichthin ein, c'est toujours une idée nouvelle. Mit dieser wundervollen Bemerkung nahm sie ihrer Begleitung von Kunstkennern endgültig den Wind aus den Segeln und erntete dafür von Gomez einen anerkennenden Blick ohne jegliches Lidflattern.

Die beiden gingen nach dem fünften Bild, einander bei den Händen haltend, wie angekündigt nach Hause. Unverricht und Bitterschulte hingegen hielten bis zum späten Nachmittag durch im Reich des Realismus. Danach fuhren sie zwecks Kaufs von Druckerschwärze zum ‚Père Tanguy' in die Rue Garamond. Sie überlegten, ob sie das im Schnee verwehte ‚City Of Saigoon' jemals wieder finden würden. Der kulinarische Realismus, meinte Bitterschulte, sei immer eine neuartige Idee, worauf Unverricht ihn mit der Antwort beglückte, im Kulinarischen bevorzuge er stets den Surrealismus, der sich allerdings mit dem orgiastischen Realismus im Unendlichen der Kunst treffe.

Aus Bitterschultes Klessmann-Notizen

Drittes Bild: Herzensbildung

Leg doch etwas von Degenhardt auf, meinte die schöne Pia Orzessek, nachdem sie es sich unter meiner Dachschräge bequem gemacht hatte. Sie räkelte sich behaglich. Ich besaß damals ein durchaus praktisches Ausziehsofa mit integriertem Eckregal, in dem eine bescheidene Handbibliothek Platz fand. Für den heutigen Besuch hatte ich extra ein paar Bände MEW und Lenin herausgestellt, die von Pia auch gleich registriert worden waren. Allerdings verstand ich ihren Hinweis, mir fehle in meiner Sammlung noch der Band 14, also Lenins Schrift ‚Materialismus und Empiriokritizismus', die man ja nicht lesen müsse, aber auch nicht nur deshalb nicht lesen sollte, weil sie als schwer zugänglich gelte, als veritable Rüge. Ich notierte den Fall auf meinem Memory-Board und versprach Abhilfe spätestens nach der nächsten BAföG-Überweisung. Auch in Degenhardts Liedersammlung würde ich noch einiges investieren müssen. Zum Glück hatte ich von irgendeiner Ingrid mal die ‚Schmuddelkinder'-Platte vererbt bekommen, die ich selten abspielte. Heute legte ich zur Feier des Spätnachmittags den Ohrwurm von Väterchen Franz auf den Plattenteller. Pia schob bei den ersten Gitarrenakkorden mein einziges Sofakissen hinter den Oberkörper und lehnte sich genießerisch zurück. Ihr extremer Minirock zog sich hüftwärts und gewährte mir den Anblick absoluter und makelloser Beinfreiheit. Pia blies in ihren Instant-Kaffee, den ich rasch aufgebrüht hatte. Ich war nervös und drehte uns beiden erstmal Zigaretten. Dann bot ich Zucker und Milch zum Kaffee an. Erst als sie beides ablehnte, fiel mir ein, dass ich lediglich einen verpappten Raffinadeklumpen im Küchenregal stehen hatte. Ein weiterer Posten auf meiner Einkaufsliste. Jetzt war sie also zu mir gekommen, wie ich es mir schon manches Mal ausgemalt hatte, und ich schickte ein Stoßgebet gen Himmel des Inhalts, Gröner möge in der nächsten Stunde nur ja nicht zu seiner Tagespredigt auftauchen. Um Gottes Willen nicht. Für sein erhofftes Fernbleiben versprach ich ihm stumm, ein anderes Mal den kompletten Sermon des Zeugen Jehovas geduldig über mich ergehen zu lassen. In Bezug auf Pia erschien es mir zweckmäßig, das Gespräch von den Klassikern weg und auf ihre Leidenschaft für das Liebesfilm-Genre zu bringen. Ein sicheres Terrain, wie ich dachte. Und, hey, sagte ich, sie spielen doch diese wunderbare Truffaut-Reihe im ‚Guckloch', wie in jenen wilden Jahren ein Programm-Kino in einem Altstadtkeller hieß. Ich hatte aber schon bemerkt, dass sie auf das Thema nicht recht anspringen wollte. Natürlich implizierte mein Programmhinweis dezent den Vorschlag, uns den Abendfilm – ich glaube, es war ‚Ein Mann und eine Frau' – gemeinsam anzuschauen. Das Kino war und ist der ideale Ort für die ersten Küsse. So dachte ich damals und denke ich noch heute. Die Helden auf der Leinwand sind beschäftigt und kümmern sich nicht darum, ob unten im Parkett gekuschelt oder geknabbert wird. Oder beides zugleich. Pia führte jedoch an diesem Nachmittag, ich hatte es fast geahnt, anderes im Schilde, obwohl sie in gewisser Weise beim Thema blieb.

Sie drückte jetzt nämlich ihre Zigarettenkippe aus, zupfte ihren Rocksaum zurecht und setzte sich aufrecht hin. Na klar, mutmaßte ich, sie hat mich in offiziellem politischem Auftrag aufgesucht. Väterchen Franz sang gerade über den beschissenen ‚Deutschen Sonntag'. ‚Hütchen, Schühchen. Täschchen passend ...' Dabei dachte ich: Wie mag der deutsche Sonntag à la DDR beschaffen sein? Gibt es auch einen spezifisch französischen Sonntag? Kann der genauso schlimm sein wie der in deutschen Landen? Ich beschloss, mir zumindest anzuhören, was Pia zu sagen hatte, und danach meine Lichtspielstrategie weiter zu verfolgen. Pia tat den letzten Schluck aus ihrer Kaffeetasse. Thomas, begann sie recht förmlich, du hast nun einige Male an den Aktivitäten unseres Verbands teilgenommen. Mein Eindruck ist, dass du mit unserer Politik sympathisierst. (Ich wusste, dass ich bei ihnen den Status eines Sympathisanten genoss, und erwartete nach ihrer Einleitung, dass sie mich ermuntern würde, mich um die Mitgliedschaft zu bewerben. Ich sage bewerben, weil man im Spartakus nicht so einfach Mitglied werden konnte. Der Kandidat wurde in einer Versammlung feierlich aufgenommen und musste der Gruppenleitung im Vorfeld bereits eine gewisse Zuverlässigkeit und ideologische Abgeklärtheit unter Beweis gestellt haben.) Es ging ihr jedoch um etwas anderes: In der kommenden Woche führen wir unseren dritten Bildungsabend im Bildungsjahr durch, kündigte mir Pia verheißungsvoll an. Wie immer im Café Maliziös. Wir möchten dich herzlich dazu einladen. Behandelt wird das Thema ‚Sexuelle Revolution und Sozialismus'. Die einführenden Referate werden Bernd und die Genossin Overesch halten. Wenn ich nach ihrer Enthüllung etwas konsterniert dreingeschaut haben mag, so lag es daran, dass ich für mich eigentlich keinen Bedarf für eine Weiterbildung auf diesem Gebiet erkannte, mich zudem darüber wunderte, dass sich die Genossen mit einem derartigen Thema beschäftigen wollten. Zumal man ja schon mitbekommen hatte, dass die sexuelle Revolution sich nicht gerade die DDR als bevorzugtes Experimentierfeld ausgesucht hatte. Andererseits konnte ich Pia ihren Wunsch – ich bildete mir ein, dass mein Erscheinen bei ihrer Bildungsveranstaltung auch ihrem persönlichen Wunschdenken entsprach – auch nicht so brüsk abschlagen. Ich bat Pia also, die Problematik dieses delikaten Themas zunächst noch einmal genauer zu umreißen. Liefe es etwa auf Moralvorschriften oder einen Verhaltenskodex hinaus? Wir sind doch nicht bei Katholikens, beruhigte

Pia schnell. Sie spielte damit auf die jüngste Enzyklika des Pillen-Papstes zur Empfängnisverhütung an. Sie zog ein Heftchen aus ihrer Jackentasche hervor, das sie als Bildungsbaustein bezeichnete und mir dalassen wollte. Zur vorbereitenden Lektüre auf das Thema, meinte sie. Also hatte sie, wie ich messerscharf schloss, mich insgeheim schon fest eingeplant. Hier und jetzt wolle sie nur ganz kurz die Implikationen dieser Fragestellung deutlich machen. Ich war überrascht, weil sie die Themenstellung zuvor nicht in Frageform ausgesprochen hatte. Bereits Lenin, hub sie an, habe in seinen Gesprächen mit Klara Zetkin darauf verwiesen, dass die sexuelle Frage des Menschen nur im Zusammenhang mit der sozialen Frage gelöst werden kann. Die Qualität aller zwischenmenschlichen Beziehungen hänge von den ökonomischen und politischen Verhältnissen der jeweiligen Gesellschaftsordnung ab, in der sie sich entwickelten. Ganz im Sinne von Karl Marx übrigens, der ja gesagt habe ... Sie unterbrach sich, schlug eine Seite im Bildungsbaustein auf und zitierte: „Der erste Klassengegensatz, der in der Geschichte auftritt, fällt zusammen mit der Entwicklung des Antagonismus von Mann und Weib in der Einzelehe, und die erste Klassenunterdrückung mit der des weiblichen Geschlechts durch das männliche." Jedes Verhalten und jede Erziehung seien also klassengebunden und würden zu allen Zeiten von der herrschenden Moral beeinflusst. Und die herrschende Moral sei immer die Moral der Herrschenden. Nach dieser bezwingenden Konklusion sah sie mich erwartungsvoll an. Ich muss gestehen, so eloquent hatte ich Genossin Pia noch nicht erlebt, obwohl sie inhaltlich sicherlich voll und ganz Recht behalten würde. Sie hatte sich beim Reden in eine gewisse Begeisterung gesteigert und ihr zimt'ner Teint erglühte von einer inneren Wallung. Ich konnte diesem Anblick nicht widerstehen, gab meinerseits einer Wallung nach, kniete mich über sie und küsste sie auf den beredten Mund.

Als ich einen zweiten, energischer angelegten Versuch startete, schob sie im letzten Moment den Bildungsbaustein zwischen unsere Lippenpaare. Sie stieß mich entrüstet weg, stand auf und erzählte hastig etwas über die Überformung der biologisch-natürlichen Bestimmtheit des Menschen durch das, was Marx als Kulturgewordenes bezeichnet habe. Als Beleg zitierte sie wieder aus dem besagten Heft: „Hunger ist Hunger, aber Hunger, der sich durch gekochtes, mit Gabel und Messer gegeßnes Fleisch befriedigt, ist ein anderer Hunger, als der, der rohes Fleisch mit Hilfe von Hand, Nagel und Zahn verschlingt." Dies Klassiker-Zitat schien mir gegen mich und meine atavistischen Avancen gemünzt zu sein. Auch das Sexualverhalten und Sexualerleben der Menschen seien nicht nur biologisch determiniert, fügte sie mokant hinzu. Sie streckte mir das Heft entgegen, nahm dann ihre Lederjacke von dem Sofa auf und schlüpfte hinein. Bevor sie die Tür öffnete, drehte sie sich noch einmal zu mir herum und strich ihre langen schwarzen Haare über die Schultern zurück. Also, bis zum kommenden Dienstag, ermahnte sie mich. Sei pünktlich! Sie sah mir fest in die Augen. Einen Augenblick lang blieb sie so stehen, als wolle sie noch etwas sagen oder als erwarte sie eine Antwort meinerseits. Ich schwankte und zögerte. Ich bekenne, ich war drauf und dran, in der Sinnlichkeit des Marx'schen Zitats meinen Hunger zu befriedigen, indem ich rohes Fleisch mit Hilfe von Hand, Nagel und Zahn verschlänge. Es war aber auch der Augenblick, in dem ich der Versuchung widerstand. Die kulturgewordene Überformung der Menschheit erwies sich auch als Hegemon meiner Gefühle und ich wusste nicht, ob ich mich darüber freuen oder laut schluchzen sollte. Ich schloss die Augen und entschied mich gegen eine Verhaltensweise, die Marx zweifellos als atavistisch charakterisiert hätte und die mir mit Sicherheit den Zugang zu der nach ihm benannten Studentenorganisation auf immer versperrt hätte. Ich werde kommen, seufzte ich und warf ihr im Flur einen Handkuss hinterher. Als sie die Treppen hinunterging, wurde sie von einem Entgegenkommenden mit einem fröhlichen ‚Gott zum Gruße' begrüßt. Ich erkannte Gröner an Stimme und Formel, verzog mich eilig in mein Zimmer, das ich abschloss. Ich verhielt mich ruhig und öffnete nicht, als der Zudringliche an meine Tür klopfte.

In den nächsten Tagen beschäftigte ich mich mit dem Inhalt des Bildungsbausteins. Ich las das Heft sorgfältig durch, erfuhr einiges Neue und strich mir ein paar Textstellen heraus, von denen ich dachte, sie seien wichtig oder fragwürdig oder beides zugleich. Ich selbst fragte mich beim Lesen, welche Aspekte des Themas ausgerechnet Bernd Klessmann, den ausgewiesenen Experten für Lenins ‚Materialismus und Empiriokritizismus', für das einleitende Referat prädestiniert haben mochten. Nun gut, Lenin hatte sich mit Clara Zetkin ja auch über andere Dinge als die Möglichkeiten und Grenzen der Erkenntnis, worum es in dem besagten Werk vor allem geht, unterhalten. Die Genossin Overesch kannte ich noch nicht gut, fand aber gelungen, dass das Thema geschlechtsheterogen eingeleitet werden sollte.

Am nächsten Dienstag befand ich mich zeitig im Versammlungsraum des Café Maliziös. Es gab noch genügend freie Plätze im Rund der zusammengestellten Tische. Klessmann saß aber schon mit einer Frau, in der ich die Genossin Overesch vermutete, am Kopfende und blätterte in handschriftlichen Notizen. Der blasse Genosse aus dem Kakaobunker bot auch zu diesem Anlass marxistische und fortschrittliche Literatur an, deren Titel zum Teil auf das Thema des Abends Bezug nahmen. Die meisten anderen Besucher hatten das rote Bildungsheft vor sich liegen und rauchten entspannt oder quatschten. Ich blieb noch in einer Ecke stehen, weil ich Pias Erscheinen abwarten und mich neben sie setzen wollte. Endlich traf sie ein und winkte mir von weitem zu. Sie schien sich über meine Anwesenheit zu freuen, setzte sich aber zwischen zwei andere Gäste, die offensichtlich ebenfalls von ihr eingeladen worden waren. Allmählich füllte sich der Raum und ich fand einen freien Stuhl ihr schräg gegenüber zwischen zwei blonden, starkknochigen Soziologinnen. Beide hatten sich für den Abend mit einem halben Liter Bier versehen und ich beschloss, mich von der beleibten Kellnerin genauso ausstatten zu lassen.

Nach einer Weile räusperte sich Klessmann und stellte sich und die Genossin Rosel Overesch vor. Beide erhielten einen freundlichen Applaus. Er begrüßte alle Gäste und besonders herzlich, indem er uns als Einzige mit Namen ansprach, die anwesenden Sympathisanten. Klessmann überraschte mich damit, dass er in seiner Einführung nicht auf den Wortlaut des Bildungsbausteins, sondern, da bald Frauentag sei, auf Alexandra Kollontai Bezug nahm und den Abend mit einem Zitat aus ihrer 1926 erschienenen ‚Autobiographie einer sexuell emanzipierten Kommunistin' eröffnete: Nicht die sexuellen Beziehungen bestimmen das moralische Ansehen der Frau, sondern ihr Wert im Arbeitsleben, bei der gesellschaftlich nützlichen Arbeit. Auch das Auditorium schien überrascht. Es wurde ganz ruhig. Ich war fast überzeugt, dass Pia ihm den Tipp mit der Kollontai gegeben hatte. Alexandra Kollontai und ihr Kampf um eine neue Sexualmoral, fuhr Klessmann deklamatorisch fort. Wer war die Genossin Alexandra Kollontai? Er streute einige biographische Daten ein: Tochter eines russischen Generals und einer Finnin, las 1895 August Bebels grundlegendes Werk ‚Die Frau und der Sozialismus', 1917 erste Frau im revolutionären sowjetischen Kabinett, Volkskommissarin, geschiedene, allein erziehende Mutter eines Sohnes, verantwortlich für die kurzzeitige Lockerung des Eherechts, setzt das Recht auf Abtreibung durch, später sowjetische Botschafterin in Norwegen, Mexiko und Schweden. Kollontai, hob Klessmann hervor, erkannte, dass die wirklich befreite Frau materiell vom Mann unabhängig sein und von den mit der Mutterschaft verbundenen Pflichten entlastet werden muss. Volksküchen und kollektive Kindererziehung seien damals wie heute unabdingbare Voraussetzungen, patriarchalische Strukturen infrage zu stellen. Er sprach noch in Andeutungen von ihrer eigenen sexuellen Unvoreingenommenheit, die von einigen Weggefährten als bürgerliche Libertinage missdeutet wurde. Am Ende gab er seiner Hoffnung auf lebhafte Diskussion Ausdruck, lachte Pia zu und schaute triumphierend ins Auditorium, das zunächst mit Beifallsäußerungen knauserte, aber dann, als Pia rhythmisch auf den Tisch zu klopfen begann, befreit einfiel.

Es war nun Part der Genossin Rosel Overesch, die Geschlechterfrage wieder auf die Klassenfrage zurückzuführen. Sie begann mit einer Paraphrase über Engels Schrift ‚Der Ursprung der Familie, des Privateigentums und des Staates', zeigte auf, wie die besondere Benachteiligung der Frau entstanden sei als Folge des Privateigentums, sich im Kapitalismus durch die Wiedereingliederung der Frau in den gesellschaftlichen Arbeitsprozess unter Beibehaltung ihrer Diskriminierung verschärft habe und wie sich mit der Oktoberrevolution und dem jungen Sowjetstaat ihre Lage grundsätzlich zum Besseren gewandelt habe. Scharf wandte sich die Genossin Referentin dagegen, die Geschlechterfrage zu verabsolutieren und falsche Fronten aufzubauen. Schließlich gebe es in der Bourgeoisie Männer wie Frauen, denen in der Arbeiterklasse Männer wie Frauen im Kampf gegenüberstünden. Erst in der Proletarierehe erfolge die Familienbildung auf der Grundlage von Liebe zum anderen Partner, weil hier – und sie berief sich wieder auf Engels – alles Eigentum fehle, zu dessen Bewahrung und Vererbung ja gerade die Monogamie und die Männerherrschaft geschaffen worden seien. Die Proletarierehe habe also den Klassencharakter der Ehe verändert. Rosel Overesch schloss mit einem Appell an die Anwesenden: Kommunisten, marxistische Studenten, klassenbewusste Arbeiter sollten sich darum bemühen, ihren eigenen Lebensgemeinschaften so weit wie möglich schon heute jene neue Qualität zu geben, um die wir für die ganze Gesellschaft kämpfen, die jedoch erst unter neuen gesellschaftlichen Verhältnissen, erst im Sozialismus möglich sein wird.

Ein hehrer Anspruch, der in manchem der jungen Gesichter eine gewisse Bedrückung hervorrief. Trotzdem entspann sich nach den beiden Einführungsreferaten eine kontrovers geführte Diskussion, deren Pros und Contras sich zunächst daran schieden, inwieweit die intimen Beziehungen zwischen Mann und Frau gesellschaftlich bedingt und also überhaupt der marxistischen Analyse zugänglich sein könnten. Und gäbe es denn so etwas wie eine marxistische Moral? Vor allem Henning, ein gut gewachsener Blondschopf aus dem Fachbereich Veterinärmedizin, der für seine ausgelebte Promiskuität bekannt und genau darob bei den Genossinnen gefürchtet war, verwahrte sich vehement gegen eine besondere, marxistisch fundierte Sexualmoral und warb für offene, zu nichts verpflichtende Beziehungen. Natürlich auf der Basis vollkommener Gleichberechtigung, fügte er rasch hinzu, als er in der Stille, die auf sein engagiertes Plädoyer hin eintrat, durch den Tabaksqualm die ihm geltenden pikierten Blicke einiger Genossinnen wahrnahm. Jetzt räusperte sich Konstanze, die couragierte und belesene Soziologin zu meiner Rechten, nahm einen kräftigen Schluck aus ihrem Humpen, stand auf und hielt dem Vorredner Lenins degoutanten Ausspruch entgegen, ein Kommunist dürfe seine sexuellen Beziehungen nicht so häufig wechseln, wie er dies mit seiner Leibwäsche hoffentlich tue. Sie brachte sich allerdings selbst um die Wirkung ihrer Worte, als sie auf kritische Nachfrage hin nicht in der Lage war, die Fundstelle des angeblichen Zitats zu benennen. Helmut, ein bärtiger

Theologe aus dem Westmünsterland, warf der Referentin Overesch eine Verklärung der Arbeiterehe und Proletarierromantik vor. Was wisse sie denn, wie es am Tisch und im Bett eines werktätigen Paares zugehe. So wogten die Wortmeldungen hin und her, und ich wartete gespannt, welchen Beitrag Pia beisteuern würde, die sich aber bis jetzt auffällig zurückgehalten hatte. Ich schaute häufig in ihre Richtung. Als sich unsere Augen trafen, lächelte sie. Dann meldete sie sich zu Wort und schlug vor, während sie mich unbefangen anstrahlte, auch den anwesenden Sympathisanten das Wort zu erteilen.

Ich war zunächst perplex, da ich noch nicht daran gewöhnt war, öffentliche Rede zu führen, fing mich aber rasch. Ich wollte mir vor Pia keine Blöße geben. Jedenfalls keine rhetorische. Ich erfasste sofort die Möglichkeit, mich durch eine gewitzte Betrachtung in ihrer Ansehung zu verbessern und knüpfte an den kritischen Beitrag aus dem Westmünsterland an. Zwar, so führte ich aus, seien in der Proletarierehe keine Klassengegensätze mehr vorhanden, jedoch könne nach meinen persönlichen Einblicken schwerlich von Gleichberechtigung gesprochen werden. Wenn der Haussegen schief hänge, habe die neue Qualität ausgespielt. Ich erwähnte wieder einmal meine Herkunft aus dem Textilproletariat und sprach von Streitigkeiten um das knappe Haushaltsgeld, von alkoholischen Exzessen, die einhergingen mit Gewaltausbrüchen, fortwährenden Kleinkriegen, unterdrücktem nächtlichem Schluchzen, das aus ehelichem Schlafzimmer drang, und verweinten Augen am Morgen. Ich erwähnte den schädlichen Einfluss der Religion auf den Mann, aber vor allem auf die Frau, der in diesem katholischen Erzland nicht hoch genug veranschlagt werden könne. Zu behaupten, in der proletarischen Ehe würden die neuen sozialistischen Geschlechterverhältnisse vorweggenommen, entspräche reinem Wunschdenken. Ich geriet in einen Sprechfluss und registrierte die Wirkung meiner Worte auf das Auditorium. Ich sah, dass Pias Blicke an mir hingen, und bildete mir ein, ihr aufmunterndes Lächeln gälte mir. Deshalb entschloss ich mich, abschließend einen neuen und radikalen Aspekt einzubringen, indem ich die Ehe als bürgerliches Institut brandmarkte und sie prinzipiell in Frage stellte. Kann es wahre Gleichberechtigung und Freundschaft im rechtlichen und sozialen Korsett der Ehe geben? Ich sicherte mich ab durch Bezug auf Klessmanns Referat, indem ich auf Alexandra Kollontais Versuche zur Abschaffung der Ehe verwies, auf die er dort aufmerksam gemacht hatte. Sie hatte das Haupthindernis für gleichberechtigte Beziehungen zwischen Mann und Frau erkannt und benannt, setzte ich den Schlusspunkt, und arbeitete an dessen Abschaffung. Letztlich scheiterte sie an den patriarchalischen Strukturen einer konsolidierten Revolution. Ich sagte erleichtert danke. Als ich mich setzte, begannen Pia und Bernd gleichzeitig Beifall zu klatschen. Einige andere fielen ein. Konstanze, die Soziologin zu meiner

Rechten, legte ihre Rechte schwer auf meinen Oberschenkel, und Barbara, ihr Pendant zu meiner Linken, schlug mir anerkennend auf die Schulter, bevor sie lauthals ein frisches Bier orderte. Das Echo auf meinen Beitrag fiel dennoch zwiespältig aus. Einige lobten mich schon wegen meines für einen Sympathisanten beherzten Auftretens, andere denunzierten meine Ansichten und Schlussfolgerungen als sektiererisch. Die Forderung nach Abschaffung der Ehe stehe der Lebensweise des Proletariats entgegen und verprelle mögliche Bündnispartner. Außerdem sei es unmarxistisch, vom Klassencharakter der Ehe zu abstrahieren. Eine sozialistische Ehe sei mit einer Ehe unter kapitalistischen Verhältnissen eben nicht zu vergleichen. Vergeblich wartete ich jedoch auf eine Unterstützung von Pia. Am Ende standen alle auf. Rosel und Bernd stimmten die Internationale an. Bei der letzten Wiederholung des Refrains hoben alle die geballte Faust. Danach ging ich auf Pia zu und wollte sie fragen, ob sie mit mir in den Film ‚Ein Mann und eine Frau' gehen würde. Den Film würde ich als vortreffliche Ergänzung zu dem doch recht trockenen Material des Bildungsbausteins ansehen. Soweit kam es jedoch nicht. Während ich noch meinen Mut zusammennahm, stand Klessmann neben uns und beglückwünschte mich zu meinem Diskussionsbeitrag. Letztlich gäbe es in Herzensangelegenheiten keine Wahrheit. Oder nur die eine Wahrheit: In der Liebe sind wir doch alle Waisenknaben, orakelte Klessmann.

Die Kandidaten

Die nächste Gewinnstufe. Hier Ihre Frage: Wissen Sie, wie die beiden Kandidaten hießen, die bei den Bundestagswahlen am 5. Oktober 1980 für das Amt des Bundeskanzlers antraten? Zwei Kandidaten. Wer nennt sie beim Namen? Wer ...? Wie? Sie? Der Dicke und der Dünne? Aha! Besser allemal als Dick und Doof.

Wer im frühen 21. Jahrhundert das Wort ‚Kandidaten' hört, denkt wohl unweigerlich an eine der vielen TV-Quizshows und ihre auf dem Glatteis enzyklopädischen Wissens vorgeführten Versuchskaninchen.

Der Schwitzige und der Schneidige? Sehr schön. Aber Namen sind gefragt, Sie, keine Epitheta, keine Alliterationen! Fallen Ihnen Namen ein oder möchten Sie lieber schieben? Die Namen liegen auf der Zunge. Es kommt nicht. Ganz vorne auf der Zunge. Also aufschieben? Was? Sie sind kein Schieber? Auch gut. Eine Frage könnten Sie auch noch abwählen, Ihren derzeitigen Bundeskanzler leider nicht so einfach. Ha, ha! Also gut. Abwählen. Eine neue Chance. Eine neue Frage. Hören Sie zu! Wissen Sie, was ein ‚konstruktives Misstrauensvotum' ist?

Wie gesagt, Kandidaten. Aber so lang ist es auch noch nicht vorüber, dass von diesem Begriff ein gänzlich anderer Klang ausging, der auf einen anderen Bedeutungszusammenhang verwies, obwohl das Wort ‚Kandidaten' Thomas Bitterschulte auch vor einem Vierteljahrhundert eher an Kandis denken ließ. Denn auch die Infinitive der jeweiligen Verbformen, also ‚kandidieren' und ‚kandieren', liegen in ihren Lautgestalten gar nicht so weit auseinander. Den Kandidaten der schnöden Politik liegen solche Lautseligkeiten bis heute fern. Da sie in aller demagogischen Regel ihre Muttersprache wesentlich ungeschlachter mundhaben und auf die Feinheiten der Semantik oder Syntax entweder mangels eigener Kompetenz wenig Wert legen oder in Einschätzung der eigenen Klientel glauben, darauf verzichten zu können, ja zu müssen, um bei ihr „anzukommen". Stimmungs- und stimmenmäßig. Leutseligkeiten eben. Und auf gar keinen Fall Schachtelsätze. Kommt eine mundartliche Färbung hinzu, werden beide, Semantik wie Syntax, nahezu nebensächlich. Oftmals treten Lautstärke und Derbheit der Rede, die immer Zeichen von Verderbtheit sind der Predigt wie des Predigers, in den Vordergrund des rezeptionellen Interesses. Auch die kandierten Köder der politischen Festbankettrede, ausgestreut von den wenigen sprachgeschulten Verführern, verursachen Bauchgrimmen, das gewöhnlich erst nach dem Wahltag auftritt. Wir gehen zurück in das Jahr des Scheidewegs, in dem von Bayern eine Erneuerung der krisengeschüttelten Republik ausgehen sollte.

Der Bayer und der Hanseat! Jetzt hab' ich es! Nun, wie gesagt: Namen! Alles andere ist Schall und Rauch. Zudem viel zu spät. Ihre neue Frage ist die nach dem ‚konstruktiven Misstrauensvotum'. Hören Sie nicht weiter auf das Geschwätz der Kandidaten. Konstruktives Misstrauensvotum! Hm. Was könnte das sein? Der Begriff schließt ein ‚destruktives' aus. Ich gehe mal nach dem Ausschlussverfahren vor. Also, Misstrauen ist ja auch klar. Das Gegenteil von Vertrauen. Misstrauen. Nur gegenüber wem? Votum heißt bekanntlich Abstimmung. Nur über was? Aber ‚konstruktives Misstrauensvotum'! Beides zusammen. Das eine Wort ist positiv, das andere negativ besetzt. Passen irgendwie nicht zusammen. Aha! Passen nicht zusammen. Ich will ja nichts beeinflussen, aber vielleicht könnte das zur Lösung hinführen. Na, ich glaub', ich muss jetzt raten. Raten? Und spürt ihr's nicht, ihr werdet's nie erraten. Sagt wer? Raten? Gut beraten. Verraten und verkauft.

Der Bayer und der Hanseat! Um nicht zu politisch zu werden, übernehmen wir einmal diese Herkunfts- oder Stammesbezeichnungen des wenig sattelfesten Quizkandidaten und lassen sie für uns in einem anderen Kontext arbeiten. Geben noch ein Gamsbarthütchen und eine Prinz-Heinrich-Mütze dazu. Außerdem sind Namen bekanntlich Schnee von gestern und waren Politiker auch damals schon auswechselbar. So kann sich jedermann sein persönliches Idealpaar dazudenken und muss nicht länger spekulieren oder am Ende ein ordinäres Nachschlagewerk konsultieren. Geben wir beiden noch eine Rollenzuweisung an die Hand und bestimmen den Hanseaten als leidig-schneidigen Amtsinhaber und den Bayern als seinen hitzig-schwitzigen Herausforderer. Damit sind die Frontstellungen geklärt. Das Licht der frohen Botschaft sollte in jenem Wahljahr also aus Bayern kommen. Die Rettung des christlichen Abendlands bewirken. Doch wovor eigentlich? ‚Freiheit statt Sozialismus' lautete eine zentrale Weltuntergangsparole. Doch halt, so macht das Spiel noch keinen Sinn. Wir haben vergessen, die beiden Kontrahenten den großen politischen Lagern zuzuordnen. Also soll der Bayer den christlich-konservativen Block (CKB) der Großverdiener und Sozialreaktionäre anführen und der Hanseat dem sozial-liberalen Lager (SLL) vorstehen, das einen guten Teil der Kleinen Leute und Arbeiter hinter sich geschart hatte. Diese hatten ganz überwiegend nichts mit Sozialismus im Sinn, aber es ging dem CKB mit der ‚Statt'-Parole zuvörderst um eine Polarisierung, also darum, den großen noch unentschiedenen Anteil der Bevölkerung dem eigenen Kandidaten zuzuführen. Daneben war eine Diskreditierung der sozialistischen Ideen beabsichtigt, da die beiden Begriffe mit der Konjunktion ‚statt' antagonistisch zueinander in Stellung gebracht wurden. Weiterhin gerierte sich die Parteienkonstellation des CKB, die den Herausforderer unterstützte, als entschiedene Sachwalterin bundesdeutscher Interessen und Sicherheitsbedürfnisse gegenüber den Staaten des realen Sozialismus, insbesondere der DDR und der Sowjetunion. Der SLL-Konkurrenz wurden Nachgiebigkeit und Wankelmütigkeit unterstellt, vor allem in der

Frage der so genannten Nachrüstung durch Mittelstreckenraketen und Marschflugkörper in Europa, bei der nicht so sehr dem Amtsinhaber selbst als seiner zerstrittenen Volkspartei ein baldiges Einknicken vor der Friedensbewegung zugetraut wurde.

Namen sind Schall und Rauch? Gewiss. Kennen Sie noch alle Kanzler der alten Bundesrepublik? Wahrscheinlich nicht. Wissen Sie aber, wie viele davon Mitglied der NSDAP, wie viele Führungsoffiziere gewesen sind? Haben Sie die Namen ihrer jeweiligen Herausforderer parat? Wahrscheinlich vergessen, da die meisten erfolglos blieben. Aber wie viele von ihnen wurden Vaterlandsverräter geschimpft? Die Namen der Bundespräsidenten? Es waren gerade mal fünf, fünf Präsidenten bis zur Wiedereingliederung der DDR. Wie viele Baumeister gab es unter ihnen?

Ein heute beinahe vergessenes Wortungetüm jener Zeit war der Begriff der ‚Finnlandisierung'. Seine Klangwirkung liegt in unmittelbarer Nachbarschaft zu absolut Schaurigem und abgrundtief Bösem, zu Unwörtern wie ‚Kollektivierung' oder ‚Bolschewisierung'. Diese letzte Vokabel hat ihre Herkunft aus dem Russischen. Weil nicht ganz einfach in der Artikulation, ist sie wenig stammtischtauglich. Deshalb geriet sie selten über die schweren Zungen bundesdeutscher Politprominenz. Mit der eingängigen Vokabel ‚Finnlandisierung' indessen wurde eine vermeintliche Gefahr für das Vaterland heraufbeschworen, die darin bestehen sollte, dass ein Land sich – nach dem Beispiel des kleinen skandinavischen Staats – über freundschaftliche, gut nachbarschaftliche Beziehungen zur Sowjetunion in eine politische und militärische Neutralität begibt und damit in eine todbringende Abhängigkeit zur Supermacht gerät. Eine schleichende Gleichschaltung gewissermaßen. Dabei schienen die ahnungslosen Finnen in dieser für sie bereits wahr gewordenen Bedrohung, also im System des real existierenden Finnlandismus, ein ganz angenehmes Dasein zu fristen und auch ökonomisch von ihrer politischen Äquidistanz zu beiden Weltsystemen zu profitieren. Die finnische ‚Lebensart' – ein Begriff, der bei weitem nicht in allen Ländern mit ‚Lebenskunst' gleichgesetzt werden darf – strahlte etwas anarchisch Liebenswertes aus. Handfesten Pragmatismus und hintergründige Melancholie. Im Sommer genossen die Bewohner des sympathischen Landes das Angeln und Schwimmen in einem der glasklaren Seen, im Winter den Skilanglauf im unendlichen Netz der weißen Loipen. Zu allen Jahreszeiten blieb ihnen die Zuflucht in der Sauna. Das klassische Nachbarland der Sowjetunion. Zusammen verkörperten beide den Idealfall der friedlichen Koexistenz von Staaten unterschiedlicher Gesellschaftsordnungen. Ein ideales Land zum Leben, wenn nur im Winter die lange Dunkelheit nicht wäre. Sie hat aber immerhin den Tango und all die verrückten Musiker und wortkargen Filmemacher geboren.

Schade! Die Zeit ist abgelaufen für das ‚konstruktive Misstrauensvotum'. Jammerschade! Sie waren so dicht dran. Jetzt haben sie lediglich noch die Chance auf unseren Trostpreis. Das G'schaftelhuber-Universallexikon in 15 Bänden. Wenn Sie diese Frage beantworten können. Eine Frage aus der griechischen Mythologie. Was versteht man unter ‚Skylla und Charybdis'? Ein kleiner Tipp: Es handelt sich nicht um griechische Inseln und nicht um griechische Fußballprofis.

Leider lebten Thomas Bitterschulte und seine tapferen Genossen im rauen Klima der spätkapitalistischen BRD und mussten hier ihren Mann und ihre Frau im Klassenkampf stehen. Für sie hätte eine mögliche Finnlandisierung der BRD, von der sie natürlich wussten, dass es sich nur um ein an die Wand der Propaganda projiziertes Schreckgespenst handelte, einen Popanz der Politik, eher eine Hoffnung denn eine Bedrohung dargestellt. Auch machten sie das beidseitige Gerede von der Schicksalswahl nicht mit. Schicksalsfragen würden nicht durch Wahlen entschieden, behaupteten sie. Würden Wahlen wirklich Wesentliches verändern, wären sie längst verboten worden. In der Bedeutung, die ihre Partei Wahlen beimaß, gab es eine klare Reihenfolge: Ganz oben standen die Wahlen zum Betriebsrat und zur Personalvertretung. Danach kamen die Kommunalwahlen, die Landtagswahlen und erst am Ende die Bundestagswahlen. Revolutionen seien die eigentlichen Lokomotiven der Geschichte. Für die Genossen lagen keine Welten zwischen den körperlich so ungleich geratenen Kandidaten oder den beiden Lagern. Für sie war die Auswahl zwischen dem Bayern und dem Hanseaten gleichzusetzen mit einer Wahl zwischen Pest und Cholera. Die Gebildeteren pflegten zu sagen, zwischen Skylla und Charybdis, jene Meeresungeheuer aus der Odyssee. Die Wahl des kleineren Übels. Nicht mit uns, sagten die Kommunisten und machten in ihrer Kampagne auf eine wirkliche Wahlentscheidung, die der Alternative zum bestehenden System, aufmerksam. In einem Flugblatt eigneten sie sich Tucholskys Auffassung an, der 1932 an Carl von Ossietzky geschrieben hatte: „Außerdem ist es wohl dieser Nation vorbehalten, Wahlen zu veranstalten, um ein Übel zu wählen. Anderswo wählt man das, was einem – relativ gut erscheint ...". Bitterschulte hatte dieses Zitat irgendwo ausgegraben und war nicht wenig stolz darauf, als es unter den Konterfeis des Bayern und des Hanseaten abgedruckt wurde. Und dazu seine kleine Übelkeiten-Übung als Wahlempfehlung: Kleines Übel. Großes Übel, kleineres Übel. Nimm's nicht übel – Mensch, dein Übel. Gar kein Übel, mein Freund, ist auch nicht übel. Kommunisten!

Gar nicht übel, mein Freund. Die ersten Punkte gehören Ihnen. Sie haben es erraten. Sie dürfen noch weitermachen. Wissen Sie, was die ‚5-Prozent-Klausel' bedeutet? Ob es was ...? Mit den Tarifverhandlungen? Nein, damit hat es nichts zu tun. Auch nichts mit Steuern und anderen Abgaben.

Ganz so simpel ließ sich das politische Kalkül in diesem Wahljahr 1980 dann doch nicht an. Denn nach dem Einmaleins der Stimmen und Stimmungen und allen Erkenntnissen politischer Farbenlehre stand zu befürchten, dass sich die Kampfbedingungen für alle linken und fortschrittlichen Kräfte durchaus verschlechtern würden, sollten der Bayer ins Kanzleramt einziehen und mit ihm die reaktionärsten Kräfte aus dem CBK an die Schalthebel der Macht am Rhein geraten. Gegen diese höchst reale Gefahr von rechts erschien es als Gebot der Stunde, ein möglichst breites Bündnis zu schmieden. Ein Bündnis, das alle demokratischen Kräfte einbeziehen würde und dessen mögliche Mitstreiter, etwa Gruppierungen vom linken Flügel des SLL oder der Sache des Fortschritts verpflichtete Persönlichkeiten aus den außerparlamentarischen Bewegungen, nicht durch eine allzu schematische Gleichsetzung der Kontrahenten verprellt werden durften. Die Kampagne lief deshalb an unter dem brutalen Slogan: Blockt den Bayern! Dieser Imperativ war klug ausgedacht, hatte energischen Klang, besaß starken Aufforderungscharakter und spiegelte in knappen Worten den Minimalkonsens innerhalb des bunt schillernden Bündnisses wider, das sich einig war einzig in der syntaktischen Entschlusskraft dieser drei Wörter. Die ‚BdB'-Kampagne rollte im Frühjahr mit großem Getöse an und stieß von ihrem Beginn an auf eine sehr große Resonanz in der wahlberechtigten Bevölkerung. Deren Stimmung entwickelte sich mit einem klaren Trend in Richtung auf Unterstützung des ‚Blockt den Bayern'-Bündnisses. Zumindest für die nördlichen Gefilde der Republik galt diese Tendenz in hohem Maße, denn verständlicherweise kam in der Konstellation des Wahlkampfes auch eine landsmannschaftliche Komponente zum Tragen. Etwa nach der Maxime: Je tiefer man in den Süden der BRD geriet, desto stärker nahmen die Sympathien für den Bayern zu. Und umgekehrt proportional träfe diese Aussage auch zu. Eine regionale Verteilung von Sympathie und Antipathie, die in diesem Zuschnitt ganz gewiss auch für den Fußballclub der ‚Bayern' galt. An dem Substantiv ‚Landsmann' erweist sich wieder einmal in beeindruckender Weise, wie fein das phonetisch-morphologische Instrumentarium der deutschen Sprache mitunter beschaffen ist und wie präzise es Unterschiede auf der semantischen Ebene herauszuarbeiten vermag. Lediglich durch die Einfügung eines Fugenlauts, in diesem Fall des ‚s', entsteht aus dem Wort ‚Landmann' (für ‚Bauer' oder ‚Landwirt') ein neues Kompositum mit völlig anderer Bedeutung. So entsteht der ‚Landsmann', tritt dieser wie in einigen Urlaubsländern zuhauf auf, werden ‚Landsleute' aus ihm. Im Übrigen muss wohl eingeräumt werden, dass der Bayer sicherlich auch in der Schicht der Landleute bessere Karten hatte als etwa bei der Industriearbeiterschaft. Prinzipiell ließe sich also konstatieren, dass der Bayer den größten Zuspruch für seine politischen Positionen bei

Landsleuten erhielt, die dem ehrenwerten Beruf des Landmanns nachgingen. Wirft man jedoch einen Fußball in dieses Spiel hinein, wird aus alldem eine Landsmannschaft.

Die Kampagne lief wie geschmiert und bald auf vollen Touren. Prominente aller Sparten bekannten sich zu ihr und bezeugten öffentlich ihren Abscheu vor dem Bayern, dem erklärten Freund der chilenischen Putschgenerale. (Ein fortschrittlicher Fußballprofi – der einzige Bundesligakicker übrigens, der die ‚Höhe der Zeit' nicht nur abonniert hatte, sondern ihr auch hin und wieder unter der Rubrik ‚Linksaußen der Liga' einen Kommentar beisteuerte – schüttelte sich in einer Talk-Show angesichts dieser Perspektive und ließ sich gar zu der Aussage verleiten, er zöge, wenn er die Auswahl hätte, den Sieg des FC Bayern in der laufenden Meisterschaftsrunde dem Sieg des bayerischen Bewerbers bei der Bundestagswahl vor. Eine Aussage, die ihm eine Abmahnung der Vereinsführung einbrachte. Er gab diese Erklärung Anfang Mai ab, als ein Erfolg der Münchener Kicker sich bereits deutlich abzeichnete. Somit ging der erste Teil seines Wunsches am letzten Spieltag in Erfüllung und er wurde daraufhin mit der Einlassung zitiert, alles hänge von der Schlussoffensive der demokratischen und friedensliebenden Kräfte ab, damit sich auch dessen zweiter Teil erfülle.) Sämtliche Register der Überzeugungsarbeit wurden gezogen im Dienste politischer Aufklärung. Es erschienen faktenreiche Schwarzbücher über den Bayern, Farbfilme über des Bayern skandalträchtige Politkarriere liefen in den Vorprogrammen der Programmkinos. Das offizielle ‚Blockt-den-Bayern'-T-Shirt mit der Silhouette des bulligen Kandidatenkopfes wurde in diversen Farbstellungen zum Verkauf angeboten. Das textile Teil erwies sich über Nacht als Modehit. Bereits wenige Tage, nachdem es in die Läden gelangte, war es aus dem Straßenbild der Republik nicht mehr wegzudenken. Der Fummel war bald bis in die Mitte der Gesellschaft gesellschaftsfähig geworden und wurde von S bis XXL, beileibe aber nicht nur zu Jeans getragen. Die Leatherbubis, eine Folkrock-Combo aus Ingolstadt, kreierte einen ‚Blockt den Bayern'-Brachialsound, der musikalische Anleihen beim Schuhplattler nahm und es trotz Boykotts durch den Bayerischen Rundfunk bis auf die Spitzenränge der nationalen Charts schaffte. Musikalisch, wie angedeutet, sehr eigenwillig. ‚Endlich hat sich Deutschland einen authentischen Rocksound geschaffen', jubelte ein bekanntes Musikmagazin. Schriftsteller und solche, die es damit werden wollten, verfassten Erschütterndes wie Polemisches gegen den CKB-Kandidaten und verschickten Gereimtes wie Ungereimtes an linke bis linksliberale Redaktionsstuben. Linke Theologen kanzelten ihn ab.

Auch in der Bischofsstadt machten die linken und radikalen Kräfte Stimmung gegen das drohende Unheil aus dem Süden. Die Partei hatte einen Beschluss gefasst, in dieser Kampagne tonangebend und richtungsweisend zu sein, aber gleichzeitig für die Wahl des eigenen Wahlkreiskandidaten zu werben. Der Wahlkampf sollte als Tribüne genutzt werden, um die kommunistischen Politikangebote bekannt zu machen. Denn Wahlkampfzeiten sind stets Zeiten extremer Politisierung der Öffentlichkeit. Deshalb sollte die Partei nicht nur durch viele Stimmen, sondern auch durch neue Abonnenten für die ‚Höhe der Zeit' und vor allem durch die Gewinnung neuer Mitglieder gestärkt werden. Zur Bundestagskandidatin dieser Stadt hatten die Delegierten der Kreisdelegiertenkonferenz nahezu einstimmig die Genossin Roswitha Beckonert bestimmt. Roswitha arbeitete als Raumpflegerin bei der Uni-Verwaltung im Schloss und besaß somit einen 1a-Proletarier-Vorschuss, der in den anstehenden Veranstaltungen ausgespielt werden sollte. Sie warb für sich unter dem Slogan: ‚Ab nach Bonn. Das habt ihr jetzt davon. – Eine Arbeiterin aus Münster legt Hand an.' Dazu lichtete das Wahlplakat die Kandidatin Roswitha in Kopftuch und Kittel ab und zeigte, wie sie mit dem Schrubber dem verdreckten Bundesadler energisch ans Gefieder ging. Die Genossen wussten indessen, dass Roswitha, ausgebildete Archäologin, die nach ihrem Studium zwei Jahre an einem Ausgrabungsprojekt in Baschkirien mitgewirkt hatte, nach ihrer Rückkehr in die BRD lediglich vorübergehend und aus Geldmangel den universitären Reinigungsjob angenommen hatte und seit dem Frühsommer bereits einen Vertrag für ein neues Projekt in Laos in der Tasche hatte. Der Partei gegenüber stand sie jedoch im Wort, und auf ihr Wort, nicht vor dem Wahltag im Oktober ihre Stelle aufzukündigen, damit die Putzfrau kandidieren könne, war unbedingt Verlass. So stand sie als Person ein für die Lebendigkeit von Lenins berühmter Vision, dass im Sozialismus selbstverständlich auch eine Putzfrau in der Lage sein müsse, einen Staat zu leiten. Eine PR-Idee von Liesenkötter, dem bedächtigen Brückenbauer, der in jenem Jahr den Wahlkampf der Partei auf Kreisebene anleitete. Der Überraschungseffekt, den er sich davon versprach, wenn eine einfache Putzfrau plötzlich, etwa bei einer Podiumsdiskussion aller Wahlkreiskandidaten, zu einer intellektuell wie sprachlich geschliffenen Kritik der Verhältnisse ansetzen würde, ein politisches Pfingsten also, wäre gewiss beträchtlich.

Leider gab es eine Hürde, die den Sprung in das Parlament und also die Teilnahme an der politischen Willensbildung erheblich erschwerte. Der bürgerliche Staat hatte für die nicht etablierten Parteien die 5 %-Klausel bei den Zweitstimmen einer Bundestagswahl eingeführt. Zudem musste eine Partei, die in der aktuellen Legislaturperiode nicht im Bundestag vertreten war, bei den Stimmbürgern jedes Wahlkreises ein paar Hundert Unterstützungsunterschriften für den eigenen Kandidaturvorschlag sammeln, um überhaupt auf den Wahlzetteln erscheinen zu dürfen. Das hieß Klinkenputzen und Verslein aufsagen. Insgesamt ein mühsames Unterfangen.

Eine allerletzte Chance! Was bedeuten die Erststimme und die Zweitstimme bei den Bundestagswahlen? Welche ist wichtiger für die Erringung der Mehrheit? Ein Tipp: Die Zweitstimme ist kein Ersatz für eine verloren gegangene Erststimme. Obwohl, und das macht die Sache kompliziert, viele Erststimmen durchaus verloren gehen können. Zu kompliziert? Dann sagen wir lieber, unter den Tisch fallen können.

Der Augustsamstag war noch sehr heiß geworden. Thomas Bitterschulte wollte sich nachmittags mit Friedel Liesenkötter an der Kanalbrücke treffen, um das Unterschriften-Soll etwas erträglicher zu gestalten. Ein paar Hundert Unterschriften, die die Kandidatur einer Kommunistin ermöglichen sollten, bekam man in der Bischofsstadt nicht im Vorübergehen beisammen. Der antikommunistischen Vorbehalte gab es viele. Und die Tatsache, dass auch die persönlichen Daten, die natürlich im Melderegister überprüft werden würden, auf einem amtlichen Formular angegeben werden mussten, hielt auch weniger Verblendete, die einfach der Meinung waren, in einer Demokratie müsste es auch den Kommunisten und ihrer Partei ermöglicht werden, an Wahlen teilzunehmen, von einer Unterstützung ab. Oft aufrichtig bedauernd, aber in den Zeiten des Berufsverbots schaute einer dreimal genau hin, bevor er etwas Linksgewirktes unterschrieb, mit dem er einmal würde konfrontiert werden können. Und wer konnte dem Betreffenden seine Angst auch verübeln. Die gesamte Sammelaktion musste folglich generalstabsmäßig geplant werden und ihre Durchführung zog sich über mehrere Wochen hin. Zunächst wurden die Adressen bekannter Sympathisanten abgeklappert, also Leute, die, bei welchen Gelegenheiten auch immer, ihre Nähe zur Partei der Arbeiterklasse bereits in Wort oder Tat dokumentiert hatten. Zur selben Kategorie gehörten die Adresslisten von Bürgern, die schon einmal bei vergangenen Wahlen, aus welchen Motiven auch immer, ihre Unterschrift auf dem amtlichen Formular gegeben hatten. Sodann schellten die Genossen bei ihren eigenen Nachbarn an, von denen etliche bei der Gelegenheit erstmals erfuhren, wes Geistes Kind ihr freundlicher Hausgenosse in Wirklichkeit war. Sie kündigten ihren Besuch bei Freunden und Bekannten an, von denen einige exakt vier Jahre lang vernachlässigt worden waren. Endlich wurde die gesamte Stadt in Bezirke aufgeteilt und an die Wohngebietsgruppen vergeben, die sich ihrerseits überlegten, in welchen Straßen oder Straßenzügen ein Sammeln besonders ergiebig sein könnte und sich für ihre Vorgehensweise einen Ablaufplan im doppelten Wortsinn erstellten. Dabei musste vieles bedacht werden und nicht immer war dem einfachen Augenschein der Vorrang zu geben. Dazu das simple Beispiel einer irreführenden Konklusion: In dieser Stadt lebten viele Studenten. Studenten galten damals eher als links eingestellt. Straßen und Viertel, in denen verhältnismäßig viele Studenten wohnten, ließen sich leicht benennen. Trotzdem konnte es eine falsche Schlussfolgerung sein, in Erwartung einer besonders guten Unterschriftenausbeute die Sammelkräfte und -aktionen dort zu konzentrieren. Schließlich waren viele Studenten, wenn überhaupt, lediglich mit ihrem Zweitwohnsitz in ihrer Universitätsstadt gemeldet und solche Unterschriften würden nicht auf den Wahlvorschlag angerechnet werden. Dazu berechtigte ausschließlich der Erstwohnsitz. Ganz abgesehen davon, dass ein Großteil der Studenten in den Sommermonaten nicht auf ihren Buden anzutreffen waren, sondern diese Jahreszeit für etwas nutzten, wofür man sie nicht nur als Student nutzen sollte.

Thomas erreichte den Treffpunkt an der Kanalüberquerung um einige Minuten zu spät. Liesenkötter, in dieser Pose ganz Fachmann, saß rittlings auf dem Geländer dieser stark befahrenen Brücke und schaute auf das Gewimmel der vielen leicht bekleideten Menschen hinab, die auf beiden Uferwiesen in der prallen Sonne lagen oder im graugelben Wasser schwammen. Eine heitere, südlich anmutende Szenerie mit bunten Sonnenschirmen und prallen Schlauchbooten. Zahlreiche Transistorradios übertrugen die Spiele der Fußball-Bundesliga. Jugendliche liefen jauchzend mit ihren verspielten Hunden um die Wette und sprangen hinter ihnen her ins erfrischend kühle Wasser. Eltern übten mit ihren Kindern Federball oder trafen bereits erste Vorbereitungen für das abendliche Barbecue. Liesenkötter lehnte mit dem Rücken seelenruhig gegen einen Brückenpilon und biss mit sichtlichem Appetit in einen Apfel. Er trug eine Sonnenbrille und hob vorwurfsvoll den Arm mit der Uhr, als er Bitterschulte gewahrte. Er hatte eine Textiltasche mit aufgedrucktem Parteiemblem um die Schulter hängen, aus der die Flugblätter mit Roswithas Konterfei hervorlugten. Ich hoffe, du hast deine Badehose dabei, bemerkte er bei Thomas' Anblick, dann können wir nach getaner Arbeit auch noch kurz ins Wasser springen. Daran hatte Thomas nicht gedacht und er überlegte, ob es am späteren Abend an einer ruhigen Stelle vielleicht möglich sein würde, splitternackt ins Wasser zu springen, ohne Anstoß und öffentliches Ärgernis zu erregen. Liesenkötter verschlang derweil den Rest seines Apfels. Er aß den Grotzen mit und spuckte lediglich ein paar Kerne wieder aus, wie Thomas erstaunt feststellte, der darauf gewartet hatte, dass der Genosse das Gehäuse ins Wasser würfe, wie er selbst es getan hätte. Sie hatten sich für den Nachmittag zehn Unterschriften zum Ziel gesetzt. Mindestens. Die hatten sie der Genossin Beckonert versprochen, die sie eingeladen hatte, ihr im Erfolgsfall hernach die Signaturen noch vorbeizubringen. Egal wie spät es auch werden würde. Eine Flasche Bier sei für sie beide kaltgestellt und solche Sommernächte seien nicht unbedingt dem Schlafen vorbehalten. Liesenkötter sprang vom Geländer herab und gab Thomas die Hand. Dann zog er sich trotz der Hitze eine hellbraune Cordjacke über sein Hemd, die mit ihrem Aufhänger an seinem linken Zeigefinger gebaumelt hatte. Thomas schwitzte schon in seinem T-Shirt und fragte sich, warum Friedel sich bei dem Wetter so dick anzog.

Liesenkötter, innerhalb der Partei einer der seltenen Vertreter der technischen Intelligenz, hatte die ausgefallene Idee mit der Kanalufer-Agitation gehabt. Sie setzte auf den Sommer, die entspannte Ferienstimmung der Badenden und hoffte, deren Ressentiments gegen die Kommunisten wären in der Sonne oder im Wasser weit weniger ausgeprägt als in der emotionalen Beschränktheit der eigenen vier Wände. Thomas war mitgekommen, um von ihm seine Herangehensweise zu lernen. Und das war Liesenkötter: Er würde im September 34 Jahre alt werden. Er war zu seinem 24. Geburtstag in die Partei eingetreten und zwei Jahre später Mitglied des Kreisvorstands geworden. Ein Schritt, den er niemals bereut hatte. Das klang glaubwürdig bei ihm, und er erzählte es in seiner sanften Art den Sympathisanten, die mit dem Eintritt noch zauderten. Ohne die Partei hätte er sich nicht zu dem entwickeln können, was er heute sei. Er genoss wegen seiner Geradlinigkeit und Zuverlässigkeit hohes Ansehen, obwohl er manchmal das technische Unverständnis und die handwerkliche Ungeschicklichkeit bei den vielen geisteswissenschaftlich orientierten Genossen belächelte, die zwar ihre Klassiker studiert hätten, aber nicht wüssten, wie man den Flächeninhalt eines rechtwinkligen Dreiecks berechnet. Er setzte auf die Entwicklungen moderner Technik, war aber davon überzeugt, dass sich ihre Segnungen unter den Bedingungen privatwirtschaftlicher Verwertung ins Gegenteil verkehren, zum Alptraum werden würden, weshalb er den Sieg des Sozialismus als die Voraussetzung für das Überleben der Menschheit ansah. Aus Gründen der Praktikabilität ließen ihn die großen Welträtsel kalt. Mich erschreckt nicht das Rätselhafte, sondern die Ratlosigkeit, lautete eine seiner oft verlautbarten Maximen. Alles in allem eine solide Existenz, die gerne Cordanzüge trug, nicht schlecht verdiente und etwas davon zurückgelegt hatte. Die Ferien verbrachte er zusammen mit seiner Beatrice an der Schwarzmeerküste in Rumänien oder Bulgarien. Das war ganz angenehm, verbanden sie doch mit diesem Urlaubsziel die pekuniären Vorteile eines Billiglands mit der komfortablen Gewissheit, durch ihren Aufenthalt die sozialistische Ökonomie zu fördern. Lediglich bei der Frage des Schwarzumtausches ihrer Devisenvorräte gerieten beide Aspekte in einen Widerspruch. Liesenkötter leitete die diesjährige Wahlkampagne der Partei. Im politischen Vordergrund stand er ansonsten nicht so sehr, da er sich wegen seiner Berufstätigkeit als Bauleiter häufig bei auswärtigen Projekten aufhalten musste. In diesem Sommer hatte er es gut getroffen und betreute ganz in der Nähe die Sanierung einer alten Emsbrücke. Für die letzten Herbstwochen bis zum Wahltag im Oktober hatte er sich eigens den kompletten Jahresurlaub bei der Eisenbahn, seinem Arbeitgeber, reservieren lassen. Arbeitgeber? Ein irreführender Begriff, als solcher typisch für das in der BRD gepflegte Sozialpartnerkauderwelsch, betonte er gelegentlich, denn schließlich seien es die abhängig Beschäftigten, die ihre Arbeit hergeben, also verkaufen müssten. Und der so genannte Arbeitgeber nähme sie in Wirklichkeit entgegen, damit sie ihm den Mehrwert schüfe, sei also der eigentliche Arbeitnehmer. Warum sprechen wir heute nicht mehr von Lohnarbeiter und Kapitalist?, schloss er den ökonosemantischen Exkurs meistens ab. (Friedel Liesenkötter baute und renovierte Eisenbahnbrücken, und die Züge fuhren über sie nicht deshalb unsicherer hinweg, weil ein Kommunist sie geplant und ihre Errichtung beaufsichtigt hatte. Hätten sie von seiner politischen Orientierung gewusst, die hochmögenden Herren in den Cheffauteuils, sie hätten Liesenkötter vielleicht gefeuert, wie sie es mit einem seiner Genossen, der Lokomotivführer gewesen war, getan hatten. Und auch heute, da der Ex-Genosse Liesenkötter schon auf sein Altenteil zubaut und uns solche Frontstaat-Geschichten, obwohl sie gar nicht so lange zurückliegen, wohl arg skurril erscheinen mögen, halten alle Konstruktionen noch den Belastungen stand, für die sie konzipiert worden sind.) Der kommunistische Ingenieur wohnte mit der Genossin Beatrice Hölscher zusammen, die Krankenschwester war und in einem der Bettentürme des neuen Universitätsklinikums arbeitete. Sie lebten im siebten Stockwerk eines Hochhaus-Quartiers im Stadtteil Kinderhaus. Wenn er auswärts arbeitete und nur zum Wochenende nach Hause kam, betrieb er am Samstag seine Hochhaus-Agitation. Er hatte dann, wie er selbst formulierte, Entzugserscheinungen, weil er über die Woche politisch abstinent gewesen war. Er verteilte Materialien der Partei in die zahlreichen Briefkästen seiner Mitbewohner. Eine effiziente Angelegenheit, da er bei minimalem Zeitaufwand und im Trockenen, weil die Kästen im Treppenhaus angebracht waren, jeweils einen beträchtlichen Stapel Flugblätter, Nachbarschaftsbriefe oder Wahlbroschüren durch die Briefkastenschlitze versenkte. Zwischen halb und viertel vor elf Uhr erreichte samstags gewöhnlich der Briefträger den Eingang des Liesenkötter'schen Hochhauses. Als strategisch denkender, zugleich praktisch veranlagter Politaktivist hatte Friedel auch diesen Zeitfaktor mit einkalkuliert. Er bemühte sich, seine Verteilaktion noch vor dem Einwurf der Tagespost zu beenden, da die Briefkästen hinterher und gerade am Samstag mit Wochenendausgaben und Prospekten arg verstopft sein würden, was das Einstecken des Agitprop-Materials erheblich erschwert und verzögert hätte. Und das war Liesenkötters Bilanz: Unter den 86 Mietsparteien im Haus gab es außer Liesenkötter selbst noch vier weitere Abonnenten der Tageszeitung der Partei und eine Abonnentin der Wochenendausgabe. Außer seiner eigenen und der Beatrices hatte

Liesenkötter im Haus sieben Unterstützungsunterschriften für die Kandidatur Roswitha Beckonerts gesammelt und war nicht wenig stolz darauf, wie er verschmitzt grinsend eingestand.

Liesenkötter zog einen makabren Stielkamm aus der Innentasche seiner Jacke, restaurierte damit den Sitz seiner dunkelblonden Haare und ging Thomas voran. Sie stiegen die Steinstufen am oberen Brückenende hinunter und gelangten auf die östliche Uferböschung, die von einem asphaltierten Weg begrenzt war. Jenseits reflektierten die langen Glasdachreihen eines Gartenbaubetriebs das Sonnenlicht. Es war immer noch sehr heiß. Die vorgerückte Tageszeit hatte keinerlei Abkühlung bewirkt. Im Gegenteil. In den letzten Stunden war es schwül geworden und eine Gewitterahnung lag in der dumpf brütenden Luft. Die beiden Genossen hatten sich durch Blicke verständigt, zunächst einer jungen Mutter in grüner Bikinihose und weißem T-Shirt ihre Aufwartung zu machen. Während zwei etwa zehnjährige Jungen auf der Liegedecke Comics lasen und dabei Schokoriegel verputzten, pustete sie in die Holzkohlenlage eines Grillgeräts. Die langen blonden Haare trug sie als Pferdeschwanz. Frauen lassen sich eher überzeugen als Männer. Das war Liesenkötters in vielen Gesprächen gebildete, fest gefügte Meinung. Sie sind für die Logik der Argumente zugänglicher. Auch von seinen sieben Hochhaus-Unterschriften stammten vier von Müttern, eine von einer allein lebenden Sopranistin und nur jeweils eine von einem Arbeiter auf einer norwegischen Bohrinsel, der so selten zu Hause war, dass man von ihm, wenn man ihn einmal antraf, aus reiner Wiedersehensfreude alles bekommen konnte, sowie einem Eisverkäufer, der in Italien Parteikommunist gewesen war und sich als frisch gebackener deutscher Staatsbürger nunmehr stolz herausnahm, seine Unterschrift für die Kandidatur der deutschen Genossin zu leisten. Jedenfalls entschied Liesenkötter sich, wenn er die Auswahl hatte, stets für die Frau. Eine Verfahrensweise, mit der sich Bitterschulte unausgesprochen befreunden konnte. Die Genossen näherten sich der karierten Liegedecke und gaben sich unbefangen. Auf einer Nachbardecke übertrug ein Radio zwei jungen Männern den Bundesligaspieltag. Manchmal überschlugen sich die heiseren Stimmen. Die Sprecher der Konferenzschaltung reagierten hübsch hysterisch auf die Wechselfälle der Schlussphasen und fielen sich gegenseitig ins Wort. Die Frau, die immer noch vor dem Grill kniete und pausbäckig in die Kohlen blies, aus denen ein dünner Rauchfaden senkrecht in die Luft stieg, drehte ihnen den Rücken zu. Indessen hatten die beiden Jungen aufgehört zu kauen, das Lesen eingestellt und informierten ihre Mutter über die als solche jetzt erkennbare Annäherung: Da kommen zwei Verkäufer, Mama. Eine Fehleinschätzung, geschuldet einer kindlichen Fantasie, die sicherlich von Liesenkötters konventioneller Kleidung und der mit Kandidatenbriefen prall gefüllten Stofftasche beeinflusst war, dachte Thomas, aber erklärbar und doch nicht so völlig falsch. Zum einen, weil auf den Uferwiesen etliche Händler mit Kühlboxen und Taschen voller Eis, Getränke und Sandwiches zwischen den Menschen herumwieselten, ja selbst von einem an Riemen getragenen Bauchgrill bot ein als Wurst-Willi firmierendes schweißtriefendes Unikum krosse Krakauer an; zum zweiten, weil sie beide im recht verstandenen Sinne ja auch etwas verkaufen wollten und ein unverwechselbares politisches Produkt anpriesen. Thomas musste gerade an die Aktivisten der Zeugen Jehovas denken, die immer am Bahnhofseingang standen und schweigend ihre Erweckungszeitschrift feilboten. Ein wenig glaubte er nun zu wissen, wie die sich dabei fühlen mussten. Leider durften sie nicht schweigen; dafür war ihre Sache zum Glück von anderem Kaliber, war politisch, war die Sache des Fortschritts. Hallo, wir sind von der kommunistischen Partei der Bundesrepublik, meinte Liesenkötter zu der schnell atmenden Frau, die sich jetzt endlich umgedreht hatte. Im Spitzenspiel des Tages schien sich das Blatt durch ein spätes Tor noch einmal gewendet zu haben. Der Reporter vor Ort schrie seine Begeisterung in den Äther hinaus. Von einigen Liegeplätzen erschollen Freudenschreie und Freudensprünge gehörten dazu. Ein Schlauchboot, das tief ins Wasser drückte, geriet durch die ausgelebten Emotionen seiner Insassen gehörig in Schieflage.

Auf der Stirn der Frau lag eine hauchfeine Schicht Kohlenstaub, der zwischen den Faltenwürfen feucht glänzte. Sie erweckte ganz den Anschein, als hätte sie den Sinn seiner Ansprache nicht recht verstanden. Friedel, sagte Liesenkötter, und hielt ihr die Hand hin. Thomas, sagte Thomas und tat desgleichen. Überrascht legte sie eine Grillgabel beiseite, drückte beiden die dargereichte Hand und erwiderte: Elvira. Mama, was ist eine Partei?, fragte einer der beiden Jungen, der auf den Namen Kevin hören sollte. Ebenso erfuhren sie bald, dass die beiden Zwillinge waren, allerdings keine eineiigen, und dass der zweite von ihnen Sören hieß. Zur Auskunft drängte es Liesenkötter, der dazu seine Sonnenbrille abnahm und Blickkontakt zwischen sich und dem wissbegierigen Kleinen herstellte. Er hatte sich in dem kurzen Moment eine akzeptable, didaktisch aufbereitete Variante einfallen lassen. Für wen seid ihr im Fußball?, begann er stolz. Für Dortmund, antworteten die beiden Bengel unisono. Nun, so könnte man auch sagen, dozierte Liesenkötter, ihr haltet dazu oder seid die Partei von Dortmund. Kapiert? Die beiden nickten. Andere Leute bilden die Partei von anderen Clubs. Genauso wie im Fußball gibt es auch in der Politik Vereine, die ihre Fans oder Anhänger haben, aber auch Gegner. Daher kommt es, dass sie sich gegenseitig bekämpfen. Sie heißen Parteien und eine von ihnen nennt sich eben die kommunistische. Und nur eine Partei kann Meister werden. Das nennt man Wahlkampf. Und die darf dann regieren und stellt den Bundeskanzler für die nächsten vier Jahre. Den beiden Jungs schien die Erklärung auf Mausniveau zu genügen. Für welchen Verein bist du denn die Partei?, wollte Sören nun von Liesenkötter wissen. Eine simple Frage und trotzdem keine, die so ganz problemlos zu beantworten gewesen wäre, schlug doch des Genossen Herz seit jeher für Königsblau. Thomas war gespannt darauf, wie der sich aus der Affäre ziehen würde; ob er, um es mit den beiden nicht zu verderben, diese Vorliebe zum Erzfeind der Dortmunder leugnen würde. Nicht jeder kann BVB-Fan sein, begann Liesenkötter wieder ausgesprochen didaktisch, dann würde es keinen Spaß machen und wäre ohne Bedeutung. Noch nickten die Jungen zu seinen Worten. Genauso wie in der Politik, wenn da alle in einer Partei wären ... Langweilig, nicht wahr? Nein, ich bin Schalke-Anhänger, fuhr er tapfer fort, was die beiden Knirpse nicht verstehen konnten. Sie ließen sich zu einer nicht sehr feinen Äußerung hinreißen, was wiederum ihre Mutter, die bis dahin erstaunt der Politiknachhilfestunde ihrer Sprösslinge gefolgt war und vielleicht selbst noch etwas hinzulernte, dazu veranlasste, sie deswegen auf ebenfalls nicht sehr feine Art zu schelten. Thomas bewunderte Liesenkötter ob seiner geschickten Vorgehensweise: Einerseits sein klares Bekenntnis zum bürgerlichen Pluralismusmodell, dachte er, andererseits setzt er die abgrundtiefe Rivalität zwischen den beiden Vereinen als Vergleichsmoment für den Antagonismus zwischen Kapital und Arbeit auf der politisch-gesellschaftlichen Ebene ein. Was wollen Sie eigentlich?, fragte Elvira in Richtung Liesenkötter und schaute dabei seufzend auf den Grill, der gluttechnisch nun völlig tot schien. Jedenfalls gab er kein Rauchzeichen mehr von sich. Die Luft stand feucht und unbewegt. Thomas schaute zum Himmel. Über der Stadt zog vom Westen her eine gelbschwarze Wolkenfront heran. Nun, hob Liesenkötter wieder an, wir sind von der kommunistischen Partei der Bundesrepublik und sammeln Unterschriften für die Kandidatur. Er schaffte es innerhalb von zwei Minuten, ihr die schikanöse Besonderheit des bürgerlichen Wahlrechts zu erklären, und kramte bei seinen letzten Erläuterungen einen Hefter mit den Formularen des Wahlamts aus der Stofftasche. Bitte ermöglichen Sie mit Ihrer Unterschrift, dass unsere Partei und die Genossin Roswitha Beckonert überhaupt kandidieren dürfen. Er überreichte ihr das Flugblatt mit Roswithas Foto. Es war allzu offensichtlich, dass Elvira der ganze Vorgang ungelegen kam, da sie von ihren Vorbereitungen für das Abendessen abgehalten wurde, obwohl Thomas nicht daran glauben konnte, dass die Buben nach ihrer üppigen Schoko-Karamell-Ration in Kürze zu weiterer Nahrungsaufnahme in der Lage sein sollten. Im Gegensatz dazu konnte er sich durchaus vorstellen, selbst eine gut durchgebratene Wurst oder ein Kotelett mit Senf zu verdrücken. Er hatte am Mittag eine Dose Fisch in Balkantunke gegessen und seitdem nichts mehr. Die Jungen sprangen auf und verschwanden zum

Transistorradio auf der Nachbardecke, als der Moderator im Studio damit begann, die Endergebnisse und den neuen Tabellenstand zu verlesen. Jede einzelne Information wurde an den umliegenden Empfängern entweder mit lautem Jubel oder mit ebenso lauten Ausrufen der Enttäuschung quittiert.

Ich muss den Grill anwerfen, entschuldigte sich Elvira, das Essen muss rechtzeitig fertig werden. Sie wies erst auf die koffergroße Kühlbox und dann auf den kalt gebliebenen Grill. Das haben wir gleich, meinte Liesenkötter tatendurstig. Wenn du nichts dagegen hast ... Er entledigte sich seines Jacketts, legte es säuberlich gefaltet auf das verwaiste Plaid. Er räumte die Kohlen in der Brennschale beiseite, setzte neue Anzünder in Brand und häufelte ein paar kleinere Stücke darüber. Dann blies er mit voller Puste in die glimmenden Kohlenränder. Derweil schaute Elvira ihm skeptisch zu, ließ ihn aber gewähren. Sie setzte sich auf die Decke und Thomas setzte sich daneben auf Liesenkötters Jacke. Er empfand den aufdringlichen Aktionismus des Genossen zu offensichtlich als gute Tat, die ihn an ein Pfadfindergebaren erinnerte, dem er nichts abgewinnen konnte. Zudem würden sie mit ihrer Sammlung nicht sehr weit kommen, wenn sie sich bei jeder Vorsprache derart lange festlegen ließen. Thomas genoss die Nähe der Frau und roch ihren Körper. Ein süßlicher Parfümduft ging von ihr aus, über den sich eine strenge Brandnote legte. Er schaute zum Himmel und machte Elvira auf die düstere Wolkenformation aufmerksam, deren Ausläufer jetzt bereits am Wetterhahn der Herz-Jesu-Kirche hingen. Während Friedel sich also am Grill abmühte, von dem bereits eine viel versprechende Wärme abstrahlte, nutzte Thomas Zeit und Gelegenheit, um der Frau noch einmal begreiflich zu machen, was sie eigentlich von ihr wollten, und erklärte ihr das Formular. Ja, warum wollen Sie denn überhaupt kandidieren, wo Sie dieses System doch ablehnen?, war ihre nicht ganz abwegige Frage. Thomas atmete tief durch und wollte gerade zu einer grundsätzlichen Erklärung über die Funktion von Wahlen im spätbürgerlichen Parlamentarismus ausholen, als die beiden Gören zufrieden strahlend zurückkehrten. Ihre Zufriedenheit hatte zwei Gründe. Zum einen hatte Dortmund gewonnen und zum anderen hatten ihnen die beiden jungen Männer auf der Nachbardecke, aus Freude über den Sieg und weil sie Dortmunder waren, je eine Dose Cola geschenkt, die die beiden sofort aufrissen. Das zischte und Kevin spritzte einen Schwall auf Liesenkötters Jacke, was dieser an seinem Brandherd nicht mitbekam. Elvira rief den beiden Männern, die sie mit Vornamen ansprach, ein Dankeschön hinüber. Essen die Parteien mit uns?, fragte Sören und formulierte in Worten, was als unausgesprochene Frage schon länger in der Luft lag. Gleichzeitig zeigte er damit, dass von Liesenkötters Staatsbürgerkundestunde trotz aller didaktischen Raffinesse nicht sehr viel hängen geblieben war. Alle lachten und Liesenkötter entdeckte jetzt den dunklen Fleck auf seiner Jacke, den er schweigend ertrug. Lediglich seine rechte Gesichtshälfte verzog sich schmerzhaft. Ja, warum eigentlich nicht?, griff Elvira die Initiative ihres Sohnes auf. Zu essen ist genug da. Wie um dafür den Beweis zu erbringen, öffnete sie den Deckel der Kühlbox und offenbarte ihnen deren Inhalt: ausgesuchtes Grillgut, hygienisch verpackt, und gekühlte Getränke. Thomas und Friedel schauten sich an. Obwohl sie wussten, dass sie bei Annahme dieser herzlichen Einladung weitere Unterschriften – sie hatten ja noch nicht einmal diese eine sicher – zumindest für diesen Abend würden abschreiben können, beeilten sich beide zuzustimmen. Vielleicht ergäbe sich ja aus ihrer Bekanntschaft zu Elvira ein langfristiger Kontakt. Thomas bedankte sich für die Einladung und mit den Worten ‚Die Partei der Kommunisten bleibt zum Essen' beschied Friedel die beiden Rangen, die daraufhin vor Freude wild umhersprangen und immerzu ‚Dommunisten, Dommunisten!' schrieen. Das Gehabe sorgte für Aufmerksamkeit ringsum, die Elvira gar nicht recht war.

Die Gewitterfront schien ihren Essensplan nicht zu durchkreuzen. Sie hatte sich am Kirchturm verfangen und war in den letzten Minuten nicht weiter vorgerückt. Aus der Einladung wurde ein typischer Grillabend mit Würstchen, Koteletts und Kartoffelsalat. Das drohende Gewitter gewährte ihrem Schmaus Zeit bis gegen halb neun. Die Erwachsenen tranken Bier und Kevin und Sören bekamen nach der Leerung ihrer Coladose nur noch Apfelsaft. Sonst schlafen sie mir nicht ein, meinte Elvira. Sie führten gute Gespräche, diskutierten über den Frieden in der ganzen Welt, die Befreiungsbewegungen in der 3. Welt und das Verhältnis von Christentum und Marxismus in Deutschland. Ein Kommunist kann auch Christ sein, aber jeder Christ müsste auch Kommunist sein, provozierte Liesenkötter. Elvira war die Gattin des evangelischen Pastors an der Epiphaniaskirche. Natürlich war sie jetzt dafür, dass die Kommunisten in der Wahl zum deutschen Bundestag teilnehmen konnten und unterschrieb. Jede Partei müsse diese Chance haben. Gemeinsam gegen den Bayern. Hinterher spielten die Genossen mit den Jungen und den jungen Männern von der Nachbardecke Fußball. Danach sprangen alle außer Thomas erhitzt in den Kanal. Friedel kramte seine Badehose aus der Stofftasche hervor, reichte den Nachbarn zwei Flugblätter und zog sich unter der Decke um. Thomas bedauerte es, dass er keine Schwimmsachen eingesteckt hatte. Dafür konnte er jetzt allein mit Elvira plaudern. Thomas berichtete ihr, dass er aus einem katholischen Elternhaus stammte, und sie redeten über die Unterschiede zwischen Protestanten und Katholiken. Thomas erzählte, wie Kindern damals bei Strafe verboten worden war, mit evangelisch Getauften zu spielen. Er half ihr beim Aufräumen. Elvira lud Friedel und ihn ein mitzukommen. Sie sollten Friedrich, ihren Mann, kennen lernen.

Ganz sicher würde er auch ihre Liste unterschreiben. Die anderen kehrten aus dem Wasser zurück. Thomas beobachtete, wie Friedel gestikulierend auf die beiden jungen Männer von der Nachbardecke einredete. Thomas bekam noch mit, wie er sagte, eine starke KP sei die beste Garantie gegen den Bayern. Hinter ihnen her sprangen die beiden Jungs. Nachdem sich alle abgetrocknet und angezogen hatten, ging Friedel mit seiner Mappe zu den beiden Männern hinüber und ließ sie unterschreiben.

Eine Windböe kündigte das Gewitter an. Als der Regen endlich einsetzte, waren sie vorbereitet. Dann krachte der erste Donner und grelle Blitze erschreckten die beiden Kinder. Alle waren angezogen und die Sachen waren gepackt. In wenigen Minuten waren die Uferpartien von Menschen verlassen. Zurück blieb der Abfall. Dosen, Zeitungen und Papiertüten, die jetzt vom Sturm erfasst und in der Luft durcheinander gewirbelt wurden. Friedel und Thomas liefen hinter Elvira her. Sie hatten die beiden Jungen an die Hand genommen und duckten sich die Hauswände entlang. Friedel hatte seine Cordjacke über Sörens Kopf gelegt. Sein blaues Oberhemd war jetzt klitschnass. Thomas hatte für Kevin aus einer Zeitungsseite einen papiernen Dreispitz gefaltet, der sich eben aufzulösen begann. Zum Glück haben wir es nicht weit!, rief ihnen Elvira zu, deren triefend nasses T-Shirt die Formen ihres bewundernswert modellierten Oberkörpers betonte. Sie hielten schließlich vor einer schönen Altbaufassade in der Grafenbergstraße und gingen hinein. Ihr Mann saß Pfeife rauchend im Wintergarten und beobachtete das Gewitter, als ihm seine Söhne um den Hals flogen und ihn herzten. Ihr habt mich ja ganz nass gemacht!, beschwerte er sich nach einer Weile. Auf einem Stövchen vor ihm stand eine Teekanne. Daneben lagen ein Stift und zwei eng beschriebene Papierbögen. Wahrscheinlich die Sonntagspredigt, mutmaßte Thomas, vielleicht bringt er das Unwetter irgendwie darin unter. Elvira machte sie miteinander bekannt. Friedrich, ein ernster Mann, mit dichtem schwarzen Haar und gepflegtem Kinnbart, freute sich über den Besuch und bot sich an, frischen Tee zu bereiten. Vorher jedoch mussten alle unter die Dusche. Die geräumige Wohnung verfügte über zwei Badezimmer und bald saßen die Genossen warm und trocken beim Pastor Heising im Wintergarten, Elvira hingegen bei den Kindern am Bett, die wegen des Gewitters beunruhigt waren. Es stellte sich heraus, dass Friedrich die Genossin Roswitha Beckonert persönlich kannte. Er hatte an einer von ihr geleiteten Studienreise ins Heilige Land teilgenommen. Selbstverständlich war er dafür, dass sie kandidieren konnte, und unterschrieb ihren Wahlaufruf. Er bat sie darum, die Genossin Elvira von ihm zu grüßen. Er sagte ‚Genossin' mit einem ironischen Unterton. Als der Regen aufgehört hatte, verabschiedeten sie sich und versprachen Elvira und ihrem Mann, den Kontakt aufrechtzuerhalten und demnächst wieder vorbeizuschauen.

Vier Unterschriften, zwei neue Sympathisanten, keine schlechte Bilanz! Liesenkötters Miene strahlte zufrieden. Sein Auto stand noch in der Nähe der Kanalbrücke. Sie gingen zurück und fuhren zur Gartenstraße, wo die Genossin Roswitha gegenüber dem Knast wohnte. Die Wohnung im 3. Stock wirkte merkwürdig kalt. Für etwas Atmosphäre sorgte lediglich der Kanarienvogel in seinem Messingbauer. Die Einrichtung war spärlich. Na ja, meinte Roswitha, die Thomas verwunderte Blicke bemerkt hatte, ich wohne doch nur vorübergehend hier. Sie schaute auf das ‚Blockt den Bayern'-Poster, der einzige Schmuck der kahlen Wand. Spätestens in drei Monaten, wenn es hier ungemütlich wird, bin ich in Laos.

Der Bayer oder der Hanseat? Wissen Sie noch, wer den Wahlkampf gewann? Nein. Nun, der Hanseat gewann mit knappem Vorsprung. Ein Pyrrhussieg. Weder kam der Sozialismus, noch ging die Freiheit außer Landes. Bald zerbrach das SSL. Er wurde seines Sieges nicht mehr froh.

Aus Bitterschultes Klessmann-Notizen

Viertes Bild: Kommunisten und das Kleingedruckte

Nichts wird jemals so bleiben, wie es ist. Früher oder später stellte sich für unsere Alterskohorte die Frage nach dem Eintritt in die Partei. Mit der Vorbereitung auf die Examina und dem absehbaren Studienende wurde uns auch der marxistische Studentenbund zum biographischen Auslaufmodell. Die Parteimitgliedschaft war gar nicht so einfach zu erwerben. Nicht mit links. Nicht per Unterschrift auf ein Formular, also wie man in einen Sportverein eintritt. Zwar betrachteten die Kommunisten ihre Partei nicht eigentlich als Kaderorganisation, sie hatten auch keinen Kandidatenstatus in ihrer Satzung vorgesehen, andererseits wollten sie aber auch nicht jeden X-Beliebigen in ihre Reihen aufgenommen sehen. Eine Vorsicht, die als Selbstschutz verständlich war. Spitzel, Provokateure, Saboteure, allerlei unzuverlässige Elemente stellten nicht nur in Zeiten des Berufsverbots eine veritable Gefahr für alle Mitglieder dar. Deshalb sollte der eintrittswillige Sympathisant Bürgen benennen können und darauf vorbereitet sein, sich auf der Mitgliederversammlung, die über seinen Aufnahmeantrag zu beraten hatte, Fragen zur Person und zum politischen Werdegang zu stellen. Hatte man das Procedere mit Anstand überstanden, wurde man aufgenommen. Die offene Abstimmung erbrachte zumeist ein einstimmiges Ergebnis, dem Novizen stiegen Tränen in die Augen. Er erhielt viel Applaus, ein paar Umarmungen, eine rote Nelke und vielleicht ein Buchgeschenk. (Im Grunde waren sie ja froh über jedes neue Mitglied, und es musste schon viel zusammenkommen, damit einem Antragsteller die Aufnahme verweigert wurde. Und selbst ein Spitzel oder Provokateur entpuppte sich ja erst danach, wenn überhaupt, als solcher und bekannte sich nicht schon bei der Aufnahme zu seiner Schlechtheit und beabsichtigten Wühltätigkeit.) Vom Sympathisanten zum Parteibuchgenossen mit allen Rechten und Pflichten. Mitglied des Neuen Bundes. Eine Wiedertaufe im Geiste des Materialismus. Das rechtfertigte eine gewisse Feierlichkeit. Denn wie Brecht mal schrieb: „... die Besten kämpfen ihr Leben lang." Oder so ähnlich. (Ein Zitat, wie geschaffen, um die Todesanzeigen in ‚Höhe der Zeit' zu zieren.) Wenige nur sind auserwählt. Klessmann und auch Pia gehörten dazu, waren schon eingetreten und erklärten sich bereit, für mich zu bürgen. Ich fand es aufregend, ab jetzt im Klassenkampf an vorderster Frontlinie zu kämpfen, und so brauchten sie mich nicht lange zu dem Schritt zu überreden. Irgendwie konnte man sich als KP-Mitglied auch als Teil der Avantgarde fühlen und wurde vom bürgerlichen Staat und seinem Establishment geächtet und bekämpft. Bedeutsam war auch, dass man mit den Klassikern die Weltweisheit gepachtet hatte. Und, viel besser: Die Zukunft! Ist doch die Zukunft alles, worauf man sich hinausreden kann. Der Marxismus-Leninismus erwies sich als wissenschaftlich erprobte Weltanschauung. Eine Wissenschaft kann man sich aneignen. Dazu empfahlen die Genossen die Aufnahme eines Grundlagenstudiums, das natürlich mit dem Kommunistischen Manifest beginnen sollte. Praktisch, da man die Schrift meist schon zur Aufnahme geschenkt bekommen hatte. „Ein Gespenst geht um in Europa ..."; und wir verliehen ihm seine moderne Gestalt in der Epoche des weltweiten Übergangs vom Kapitalismus zum Sozialismus.

Solange ich noch an der Hochschule war, bildete ich mit meinen beiden Paten und zwei anderen Genossen ein sogenanntes FK, was nicht etwa Fußballklub abkürzte, sondern Fünferkollektiv. Wir trafen uns einmal wöchentlich, und zwar reihum, zu Hause. Gleich bei der ersten Sitzung erläuterte Klessmann, der Leiter unseres FKs war, das er gelegentlich als Fünferbande titulierte, warum unser erster Aufgabenschwerpunkt in der Unterstützung des Kampfes für die Kinder und ihre in der BRD leider sehr eingeschränkten Rechte bestehen sollte. Von den paradiesischen Verhältnissen für Kinder in der DDR, wir dachten an Errungenschaften wie kostenlose Krippenplätze und gleiche Bildungschancen, konnten wir nur träumen – oder um sie kämpfen. Angestrebt werden sollte dabei eine enge Zusammenarbeit mit den Jungen Pionieren, der sozialistischen Kinderorganisation, die im Parteijargon als JuPis durchgingen. Als wichtigstes Recht auch der Kinder betrachteten wir das Recht auf Frieden, den Erhalt des Weltfriedens folglich auch als das überragende politische Ziel.

Es war angenehm kühl im Treppenhaus der alten Villa. Ich nahm zwei Stufen in einem Schritt. Im Funk jaulte ein bekannter Blödel-Barde zur Gitarre, als mir Esther Themenaikos-Lobschütz ihre Wohnungstür aufschloss. Die aufdringliche Fistelstimme drang bis ins Treppenhaus, und ich erkannte erleichtert, dass sie in einem Radio der Nachbarwohnung erzeugt wurde. Esther begrüßte mich und bat mich in die gemütliche Küche, wo mir sofort ein Plakat der KKE, unserer griechischen Schwesterpartei, auffiel, das mit Reißzwecken an der Wand über dem Esstisch befestigt war. Esther war eine zierliche Schönheit. Deutsch-Griechin oder Griechisch-Deutsche, wie heißt es nun korrekt und warum? Ihr Vater war Arbeitsmigrant oder Gastarbeiter. Er stammte aus einem Dorf in der Nähe von Thessaloniki und schuftete seit einer Ewigkeit am Hochofen bei Hoesch in Dortmund. Nicht lange nach seiner Ankunft hatte er Esthers zukünftige Mutter kennen gelernt, deren Elternhaus im Stadtteil Marten stand, und endlich geheiratet. Esther war ihr einziges, innig geliebtes Kind geblieben, dem sie alles ermöglichten, nicht nur den Besuch des Gymnasiums. Damals keine Selbstverständlichkeit für ein Mädchen aus diesen Kreisen. Sie studierte Psychologie, eine Disziplin, die ja bevorzugt von Einzelkind-Töchtern zum Studienfach erkoren wird, während ihre männlichen Pendants sich im Fach Betriebswirtschaftslehre für ihre Kindheit schadlos zu halten versuchen. Während des Studiums hatte Esther den Kammersänger Viktor Lobschütz kennen und lieben gelernt und mit ihm ausgerechnet in der heißen Prüfungsphase ihren Kinderwunsch realisiert. Kurz nach der Geburt von Ingmar bekam der zu Karrierehoffnungen berechtigende Sänger ein Engagement in Mannheim angeboten. Seither lebte die schwarzhaarige Genossin allein mit dem inzwischen zweijährigen Sohn in der kleinen Wohnung am Kaiser-Wilhelm-Ring, über dessen Namensgebung ich mich jedes Mal ärgerte, wenn ich mit dem Rad dort einbog. Esther unternahm einen neuen Anlauf zur Prüfung als Diplompsychologin. Das alles hatte mir Klessmann tags zuvor erst erzählt. Ich füge alldem noch hinzu, dass Esther seitens der Partei verantwortlich war für den Aufbau einer lokalen JuPi-Gruppe. Kinder sind unsere Zukunft. Das gilt auch für die Kommunisten. Und jeder Genosse hätte gesagt, dass mit Esther genau die richtige Person mit dieser wichtigen Aufgabe betraut worden war.

Wir trafen uns zum ersten Mal und tauschten ein paar persönliche Informationen aus. Ich sagte, dass ich die Musik von Mikis Theodorakis mochte, dessen Konterfei auf dem KKE-Plakat abgebildet war. Dann schellte es Sturm und Esther meinte: Das muss der Genosse Bernd sein. Sehr zart, wie sie das Wort Genosse aussprach, sehr lieblich, wie der Name Bernd aus ihrem Munde klang, und für einen Augenblick vermutete ich, sie und Klessmann hätten eine Liebschaft. Ich glaube, es hätte mich geärgert. Der Verdacht verflüchtigte sich, als ich mitbekam, wie unbefangen sie sich in der offenen Wohnungstür begrüßten. Zwar zeugte ihre Umarmung von einer gewissen Nähe, aber es war eindeutig die Vertrautheit zwischen Genossen, die wissen, was sie im rauen Klima eines kapitalistischen Kernlands aneinander haben. Klessmann entschuldigte sich bei uns. Sein Bus sei an einer Kanalsanierung im Stau stecken geblieben. Unter dem Arm trug er eine Papierrolle, die er jetzt vorsichtig gegen die Zimmerwand lehnte. Ich sagte, Scheiß ÖPNV, wann richten sie endlich separate Busspuren ein?

Macht gar nix, sagte Esther zu uns und schaute zur Küchenuhr hinauf, wir haben eine gute Stunde Zeit, gegen halb sechs muss ich Ingmar bei seiner Kinderfrau abholen. Sie stellte uns Gläser und eine Flasche Stilles Wasser auf den Tisch. Bedient euch. Sie ging ins Zimmer nebenan. Durch die geöffnete Tür erkannte ich einen Schreibtisch, in dem sie etwas suchte, und ein Bett. Sie brachte eine Zeichenmappe mit zurück, die sie auf dem Küchentisch ablegte. Sie schob mit beiden Daumen die Gummihalterungen herunter, öffnete die Deckklappe und kramte darin herum. Sie trug einen schönen Fingerring, silbern mit einem grünen Stein. Dann zog sie einige Blätter hervor und reichte sie mir. Zunächst einmal die Entwürfe, sagte sie.

Hier, das wären jetzt meine Vorschläge für die nächste Kinderseite. Ich bewunderte ihre gleichmäßige, kindlich penible Schreibschrift, die mich an die kurzen Texte auf den bunten Seiten meiner ersten Lesefibel erinnerte. In dieser Schrift hatte sie einen Aufruf an die Kinder unserer Stadt verfasst:

Liebe Kinder!

In letzter Zeit hängen in den Straßen überall Plakate mit Politikern. Das sind die Männer und Frauen, von denen die Erwachsenen im Oktober einige für eine neue Regierung in unserer Bundesrepublik wählen. Diese neue Regierung wird dann darüber entscheiden, ob in unserem Land neue Atomraketen aufgestellt werden, ob alle Menschen Arbeit haben oder ob die Mieten immer teurer werden.
Unsere Freunde in der Kommunistischen Partei sagen: Arbeitsplätze statt Raketen! Das Geld soll nicht für Atomraketen, sondern besser für neue Wohnungen oder schönere Spielplätze ausgegeben werden.
Nicht alle Politiker wollen das. Nicht alle Politiker sind Engel. Fragt doch mal eure Eltern, ob die Politiker, die sie wählen, das auch wollen!
Auch Kinder brauchen Frieden und Eltern, die Arbeit haben. Deshalb sind die Wahlen auch für Kinder wichtig!

Der Textblock wurde durch lustige Zeichnungen aufgelockert: fröhlich lachende Kinderköpfe, das JuPi-Logo und eine gedrungene Gestalt nach Mainzelmännchenmanier, die den fidelen Baggerführer Willibald darstellte, eine Figur aus einem bekannten Kinderlied, von den Jungen Pionieren als Maskottchen adoptiert. Ich reichte das Blatt beeindruckt an Klessmann weiter und trank einen Schluck Mineralwasser. Die übrigen Blätter enthielten Variationen des Themas. Ich war ganz angetan davon und lobte die Arbeiten über den grünen Klee. Klessmann brauchte mehr Zeit zum Lesen als ich. Ich glaube, er las den Text mehrmals durch und unterzog ihn insgeheim bereits einer Prüfung. Esther und ich warteten gespannt auf seine Einschätzung. Dadurch entstand eine länger anhaltende, mir etwas unangenehme Stille in der Küche. Lediglich durch die Katzenmusik konterkariert, die aus der Nachbarwohnung grässlich verzerrt zu uns herüberdrang. In dem alten Gemäuer hätte ich eigentlich schalldichte Wände erwartet. Aber ich bin auch kein Architekt. Endlich ließ Klessmann sich auf eine Wertung der Vorlagen ein: Ich finde, wir können diesen Entwurf hier nehmen. Er deutete auf das zuerst gelesene Blatt. Wir sollten aber unbedingt den Hinweis auf unser diesjähriges Lambertussingen am Ostmarkplatz, der mehr als 50 Jahre nach dem ‚Anschluss' immer noch so hieß, aufnehmen. Mit den genauen Daten bezüglich Ort und Zeit. Esther notierte sich seine Anregungen und versprach, die Druckvorlage bis zum kommenden Montag fertig zu stellen. Es handelte sich um eine erstmals erscheinende Kinderseite, die ab sofort in allen Kleinzeitungen der Kreisorganisation mit abgedruckt werden sollte. Das Zauberwort hieß ‚flächendeckende Verbreitung'.

Diese Beratung in Esthers Küche war kurzfristig zustande gekommen. Wir drei waren beauftragt worden, im kleinen Kreis die Möglichkeiten der Unterstützung auszuloten, die unser Fünferkollektiv der örtlichen JuPi-Gruppe und ihrer Leiterin angedeihen lassen könnte. Zur Gruppe gehörten sechs bis sieben Kinder im Vor- und Grundschulalter, die bereits auf dem Ostermarsch und der Kundgebung zum 1. Mai mit roten Halstüchern und lustigen Gesängen als Makarenko-Pioniere für Freude gesorgt und große Anerkennung eingeheimst hatten. Esther hatte sich dafür stark gemacht, dass die Münsteraner Gruppe den Namen des sowjetischen Pädagogen Anton Semenovič Makarenko tragen konnte. Auch das Motto der Gruppe war den Werken Makarenkos entnommen und lautete: „Ich halte den Sozialismus in den schönsten Formen menschlichen Zusammenlebens für möglich." Wir wollten an diesem schönen Sommernachmittag einen konkreten Maßnahmenplan aufstellen. Zwar hatten weder Klessmann noch ich eigene Kinder, aber das muss beileibe kein Nachteil sein. Weder im politischen Engagement für, noch im pädagogischen Bemühen mit den lieben Kleinen. Schließlich haben auch längst nicht alle Lehrer Nachwuchs gezeugt. Selbst Makarenko hatte sich ganz bewusst gegen Kinder entschieden. Und gegen das Joch der Ehe. Die erste gemeinsame Aktion – Klessmanns Beharren auf dem entsprechenden Hinweis in Esthers Druckvorlage deutete es an –, mit der die Makarenko-Pioniere Aufsehen erzielen wollten, war das traditionelle Lambertussingen, das also in diesem denkwürdigen Herbst auch um seine sozialistische Variante bereichert werden sollte. Altes Brauchtum fortschrittlich gewendet.

Der Namenstag des heiligen Lambertus fällt auf den 17. September. Traditionell wird am darauf folgenden Freitag das nach dem Heiligen benannte Singen unter Laternenlicht veranstaltet. Die gesamte Inszenierung dreht sich um eine blumengeschmückte Pyramide. Holländische Kaufleute trugen den Brauch über den Horstmarer Landweg, eine alte Handelsstraße, ins Münsterländische. Bereits vom Jahr 1781 datiert eine erste Überlieferung, ein schriftlicher Bericht im ‚Coesfeld'scher Courier', das Lambertusfest betreffend. Lambertus? Heilig? Bah, ein kirchliches Fest!, werden Sie einwenden, aber wie mancher kirchliche Feiertag geht auch das Lambertussingen auf eine viel ältere, weit weniger fromme Gepflogenheit zurück. Wir können annehmen, dass dessen vorchristlicher Ursprung im Feiern der Tag- und Nachtgleiche liegt, die den Übergang vom Sommer zum Herbst markiert. Eine letzte Äußerung der Lebensfreude vor dem

Eintritt in die dunkle Jahreshälfte. Lichterkränze und auf der Straße aufgestellte Unschlittkerzen begünstigten ein ausgelassenes Treiben, bei dem sich mit ein bisschen Fortune und Courage auch der Partner für eine Nacht, einen Winter oder gar fürs Leben finden ließ. Alkoholmissbrauch und Ruhestörungen waren die ungelittenen Begleiter des unzüchtigen Treibens und führten dazu, dass die Belustigung zeitweise verboten wurde. Später kam dann die mit Blumen geschmückte Lambertuspyramide auf und aus den herbstlichen Exzessen wurde ein harmloses, aber beliebtes Laternenfest mit Ringelreihen für die Kinder. Seit Einführung der Sommerzeit in Mitteleuropa hat es an Bedeutung verloren, da der Anbruch der Dämmerung zu weit nach hinten verschoben worden ist, als dass kleine Kinder noch unbeschwert daran teilnehmen könnten.

Klessmann hatte sich eingehender mit der Geschichte des sinnenfrohen Brauchtums auseinandergesetzt und war bei seiner Lektüre auf ein weitgehend vergessenes Kapitel gestoßen. Dem Jungen vom Bauernhof bei Bramsche war es vergönnt, den subversiven, quasi proletarischen Gehalt dieses von heimattümelnden Traditionalisten bis zur Unkenntlichkeit vereinnahmten Festes freizulegen. Dabei ist der von Klessmann entdeckte und rekonstruierte Zusammenhang evident und kann nur durch das Anlegen ideologischer Scheuklappen aus dem Blickfeld geraten sein. Ein distanzierter Beobachter mit unverstelltem Blick hätte ihn wohl ohne weiteres in der Gestalt des verarmten ‚Buer', dessen derber Auftritt den viel umjubelten Höhepunkt des herbstlichen Ringelreihens bildet, auch erkennen können. Gewandet in schäbig geflickte Arbeitskleidung, angetan mit strohgefüllten Holzschuhen, feilscht dieser gewitzte Vertreter des ländlichen Kleinbürgertums im ewigen Wechselgesang mit dem johlenden Publikum („O Buer, wat kost dien Hei ...?") um einen gerechten Preis für sein Heu, das duftende Erzeugnis seiner schwieligen Hände Arbeit. Materialistisch betrachtet kämpft er ganz offensichtlich gegen seinen sozialen Abstieg ins Lumpenproletariat. Kind, Magd, Knecht, Kuh, Hund und – Zugeständnis an die possenhafte Grundstimmung des Singspiels – zuletzt der Pottlecker sind die Forderungen des verzweifelten Bauersmanns, in deren Zusammenstellung wir eine kluge Strategie bewundern können: Sie alle sollen ihm die Reproduktion der eigenen Arbeitskraft garantieren. Dazu fehlt ihm natürlich noch die wichtigste personale Ergänzung: In dem dramatischen Finale eines turbulenten Auftritts raubt er sich aus der gaffenden Menge eine Frau, mit der er während einer tumultuarischen Szene in den Schutz der Dunkelheit entwischt.

Klessmann, der seine eigenen agrarischen Wurzeln niemals verleugnet hat, war genau von diesem volksnahen Schelm zu seinen Forschungen inspiriert worden. Entdeckerglück war ihm alsbald beschieden. Im Archiv stieß er auf einen vergilbten Zeitungsausriss, eine polizeiliche Verbotsanordnung aus dem Jahre 1850: „Das Aufstellen der Pyramiden in engen und häufig befahrenen Straßen ist verboten; ebenso lautes Schreien, Juchzen und Rufen sowie das Absingen unanständiger Lieder." So harmlos wie heutzutage kann es also nicht gewesen sein. Offensichtlich erblickte die besorgte Obrigkeit in den unkontrollierbaren, anrüchigen Herbstumzügen eine Gefährdung der herrschenden Ordnung. Unanständige Lieder, damit waren wohl nicht nur Texte gemeint, deren Strophen sexuelle Zweideutigkeiten feilboten, sondern vor allem solche mit dem Hautgout politischer Aufmüpfigkeit. Aha, kombinierte Klessmann blitzgescheit, zwei Jahre nach dem Scheitern der bürgerlichen Revolution sitzt die Angst vor dem großen Lümmel Volk noch immer tief. Und zu Recht, dachte er, denn nicht selten in der Geschichte gingen sexuelle Libertinage und politische Unverfrorenheit Hand in Hand auf die Straße. Seine Auswertung anderer Quellen erbrachte deutliche Hinweise darauf, dass sich das abendliche Spektakel vor allem in den sozialen Kreisen der Mägde und Arbeitergesellen einer besonderen Beliebtheit erfreute. Aus der Beteiligung dieser Schichten leitete Klessmann den proletarischen Klasseninhalt eines klerikal vereinnahmten Brauchtums fest. Er fasste die Ergebnisse seiner Forschungen in einem Artikel zusammen und veröffentlichte den Text in der Wochenendbeilage von ‚Höhe der Zeit'. Der gut lesbare Aufsatz fand Beachtung, galt bald als Musterbeispiel für eine parteiliche Herangehensweise an regionale Traditionslinien und das Brauchtumserbe und wurde wie viele Musterbeispiele oft zitiert.

Damit nicht genug. Den proletarischen Charakter des alten Laternenfests wieder herzustellen, dem Singspiel seinen fortschrittlich-emanzipatorischen Gehalt zurückzugeben, dieser ehrgeizige politische Anspruch manifestierte sich nun als ein neues Steckenpferd von Klessmann, das leider zu jeder passenden wie unpassenden Gelegenheit mit ihm durchging. In der Partei machte er sich für die ‚klassenmäßige Rekonstruktion' des Brauchtums stark, stieß aber nicht überall auf eine gleich starke Begeisterung. Die Stimmung mancher Beratung und das Klima manchen Gesprächs wurden getrübt durch seine unverdrossen vorgetragenen Forderungen nach einer politischen Initiative für ein gewendetes Lambertusfest. Wie weiland Cicero jede seiner Reden mit der Forderung nach der endgültigen Zerstörung Karthagos zum Abschluss führte, so brachte Klessmann, bevor er sich nach einem Diskussionsbeitrag schweigend setzte, seine Wünsche den Genossen zu Gehör: Außerdem bin ich der Meinung, dass wir uns des Lambertusfests annehmen sollten. Fackelt nicht lange, Genossen, und lasst uns für den kommenden Herbst mobilisieren! Um des lieben Friedens willen gab eine Mitgliederversammlung im zurückliegenden Frühjahr seinem Drängen endlich nach und beschloss die Durchführung des ersten Roten Lambertusfests. Da dies sich über die Jahre zu einem ausgesprochenen Kinderspiel gewandelt hatte, wurde eine Zusammenarbeit mit der eben frisch gegründeten Gruppe der Jungen Pioniere angeregt. Der politische Mehrwert bei dieser Strategie: Über die Kinder an die Eltern.

So dachte auch Klessmann, als wir in Esthers Küche den organisatorischen Handlungsrahmen für unseren Lambertusauftritt absteckten. Er hatte seine Hausaufgaben bereits gemacht und griff zur Papierrolle. Dann entrollte er eine Blaupause, deren Ecken er mit drei Wassergläsern und einer Blumenvase beschwerte, und ging mit uns eine Liste von pikanten Vorschlägen durch, die in der Tat dem traditionsreichen Fest ein gänzlich neues Gepräge verpassen würden. An die Stelle der mit Astern und Dahlien ausgeschmückten Pyramide sollte ein aus unbehandelten Holzlatten gezimmertes Gerüst treten, dessen stilisierte Sachlichkeit an die Umrisse eines Fabrikschlots denken ließ. An der Spitze der etwa zwei Meter hohen Konstruktion prangte statt eines ausgehöhlten Kürbiskopfes ein gewaltiger roter Stern, den Klessmann von seiner Frühjahrsdelegation in die DDR eingeführt hatte. Die in ihren Ausmaßen beeindruckende Konstruktion aus Pappmaché und Transparentpapier konnte von innen mit dreifachem Kerzenschein illuminiert werden. Die Birkenreiser, welche gewöhnlich rund um die Pyramide einen Spielkreis absteckten, sollten mit roten Nelken geschmückt werden, die mit dem Grün der Birken einen besonderen Farbeffekt besorgen würden. Aber sie stellten auch eine Beschaffung dar, die ins Geld gehen würde. Die Anlieferung eines Fuders Strohballen hingegen, die zumindest einigen von vielen erwarteten Zuschauern eine warme Sitzfläche bieten würden, hatte Klessmann bereits von Werner, seinem Bruder in Bramsche, zugesagt bekommen. Der dem Geschehen als Schauplatz zugedachte Ostmarkplatz lag inmitten von dicht besiedelten Wohngebieten wie Hafen, Hansa und Mauritz oberhalb einer Umgehungsstraße. Auf einer Teilfläche war ein geräumiger, aber mickrig ausgestatteter Spielplatz angelegt, den gleichwohl – in Ermangelung erreichbarer Alternativen – viele Familien aus dem Wohnumfeld mit kleinen Kindern häufig besuchten. Die hölzerne Schlotkonstruktion mit dem roten Stern als strahlendem Höhepunkt würde also gut sichtbar ins Viertel hineinleuchten und gewiss öffentliches Aufsehen erregen. Doch bei der äußeren Verwandlung ließ es Klessmann nicht bewenden. Seine Vorstellungen sparten das Dramaturgische nicht aus. Ihm schwebte eine ideologische Entrümpelungskur vor. Er stellte uns nun dar, wie er sich über das dem Fest zugrundeliegende Liedgut einen kritischen Kopf gemacht hatte, und schlug im Ergebnis vor, zu einer bekannten Melodie ein gänzlich neues Spiel zu verfassen, in dem die überlieferte Gestalt des ‚Buer' durch einen perfekt herausgeputzten Proletarier in Manchesterhose und Budjonnymütze ersetzt werden sollte. Die eigentlich revolutionäre Neuerung, an der jeder experimentierfreudige Theatermacher ebenfalls ein kreatives Vergnügen gehabt hätte, war indessen die Einführung einer zweiten Spielfigur, eine Art Deus ex machina: Ein Kapitalist mit Dokumentenkoffer, Zigarre und Melone würde vom bestirnten Himmel der Sozialpartnerschaft herabfallen und in der Laternenfabrik ‚Roter Stern' eine Lohnkürzung durchzusetzen versuchen. Am Ende würde der bedrängte Arbeiter, um den Wert seiner Arbeitskraft zu erhalten, zum Streik gezwungen sein, Solidarität einfordern und mit allen Zuschauern guten Willens, also allen Kindern, in die Dunkelheit verschwinden. Klessmann blickte mich bei dieser kühnen Vorstellung unentwegt an, dass ich schon befürchten musste, er habe mir die anspruchsvolle Aufgabe der Textrevision zugedacht. Ich starrte also die Zeichnungen auf der Blaupause an und tat sehr interessiert. Aber nein, es stellte sich heraus, dass er schon mit Esther gesprochen hatte, die sich durchaus zutrauen würde, einen ordentlichen Songtext zustande zu bringen, der Klessmanns dramaturgischer Neukonzeption angemessen war. Vielleicht hatten die beiden doch was zusammen. Ich stellte mir vor, was Pia dazu sagen würde.

Ich staunte nicht schlecht und äußerte aufrichtige Bewunderung für Klessmanns einschneidende Lambertus-Planung, blieb aber auch skeptisch. Im Interesse vor allem der unschuldigen Kinder hoffte ich, dass er nicht auf den vertrackten Einfall geraten würde, während der Veranstaltung spontan die sowjetische Hymne auf seine bekannt anrüchige Art zu intonieren. Esther enthüllte nun erste Überlegungen, deren Erkenntnisse ihrer Textrevision unter Beibehaltung formal-rhythmischer Strukturen zugrunde liegen würden. Sie taufte den früheren Buer und jetzigen Laternenmacher auf Lambert Krist; der Kapitalist bekäme nur einen Nachnamen und würde Esser heißen wie der damalige Präsident der Arbeitgeberverbände. Die einzige Verbindung zum Buer der traditionellen Textvorlage sowie zur klerikalen Ausrichtung des Fests würde darin bestehen, dass in der Neufassung die Fabrik in Gelsenkirchen angesiedelt sein würde, und zwar im Ortsteil Buer. Ich freute mich mit Esther über ihre glänzenden Einfälle. Einzig der Rückgriff auf den Namen des Arbeitgeber-Präsidenten kam mir ein wenig uninspiriert vor. Meine vorfestliche Besorgnis hing eher mit der nicht auszuschließenden Möglichkeit mangelnder Resonanz zusammen. Dass vielleicht nicht genügend Kinder mit ihren Laternen und Eltern zusammenkämen. Dass also unsere sorgfältig ausgetüftelte Lambertusrevision nicht angenommen werden würde, wie man damals zu sagen begann. Dringlicher noch erschien mir die Beantwortung der Frage, mit welchen Genossen die beiden neu entworfenen Rollen letztendlich besetzt werden sollten. Ich selbst neigte diesbezüglich eher zu kleinmütiger Abstinenz. Meine rhetorisch geschickt verpackte Anmerkung, ob es unter den obwaltenden Umständen nicht vernünftiger sei, bei der althergebrachten Festgestaltung mit dem Buer als einziger Hauptperson zu bleiben, tat Klessmann brüsk ab. Das Alte im Neuen beseelen, philosophierte er. Ich verstand das nicht ganz. Auch was die verbleibende Zeit zur Umsetzung des Konzepts anging, blieb ich skeptisch. Noch war der Sommer heiß und wir schwitzten. Aber seien wir realistisch, in wenigen Wochen wird der Herbst seinen Einzug halten, dachte ich, als Klessmann und ich aus dem Treppenhaus der alten Villa in die drückende Gewitterschwüle eines frühen Augustabends traten. Die Zeit wird verdammt knapp.

Sechs Wochen später. Die Wipfel der Ahornbäume am Ostmarkplatz trugen das erste Herbstgold zur Schau und ein freundlicher Septembertag bescherte uns Bilderbuchwetter, das sich günstig auf die Stimmung auswirkte. Wir waren voller Zuversicht und trafen uns um 17.00 Uhr beim Genossen Jürgen Schramm aus unserem Fünferkollektiv, der unweit des Platzes in der Schillerstraße wohnte. Jürgen war Diplompädagoge, arbeitslos, und lebte davon, dass er sich und seinen betagten Renault F 6 mit Erfolg als Lastentaxi (Schramms Taxi – kann's maxi) andiente. Die beiden transportierten so gut wie alles. (Ich kann es aus eigener Anschauung bestätigen, denn im Frühjahr desselben Jahres hatten sie mir eine vorsintflutliche Schaukelwaschmaschine mit schwerem Elektromotor und einem Bottich aus Eichendauben, die ich für ein hübsches Sümmchen verkauft hatte, aus dem Abstellkeller meiner Eltern in einen gepflegten Vorgarten an der Piusallee gebracht. Wenn ich heute an dem stets tadellosen Gartenparadies vorbeiradle, schaue ich dem Monstrum noch manchmal dabei zu, wie es die Blumen der Saison in einen honigsüßen Schlaf schaukelt.) Schramm, der nach einem damals im Zenit seines Könnens stehenden BRD-Eiskunstläufer gleichen Familiennamens nur Norbert genannt wurde, hatte Courage bewiesen und sich in die Rolle des Proletariers Lambert Krist gefunden. Er wolle sich ausprobieren, sich wieder fühlen und annehmen lernen. Nun, an dem Jargon ist unschwer zu erkennen, dass der Genosse sich der Selbsterfahrung in einer Theatergruppe verschrieben hatte, was wiederum seine Abwesenheit bei einigen wichtigen Parteiterminen der letzten Zeit erklärte. Dagegen war Helmut Thomsen ein zur Vierschrötigkeit neigender Sargtischler Ende Dreißig. Er würde in der Laternenarena den Kapitalisten geben, war aber noch nicht in der Schramm'schen Wohnung eingetroffen. Verspätungen waren bei Thomsen nichts Ungewöhnliches; umso gespannter waren wir, wie er sich im Nadelstreifenzwirn und mit Melone machen würde. Den Anzug hatte Klessmann bei einem Kostümverleiher in der Bahnhofstraße aufgetrieben, überraschenderweise fand sich dort auch etwas in Thomsens Größe. Der Totentischler war ein gemütlicher Kerl und paffte dicke Zigarren bei der Arbeit. Vielleicht hatte Klessmann ihn deshalb für diese Rolle ausgewählt, zu der eine qualmende Zigarre als Statussymbol unabdingbar gehörte. Um halb sechs schellte das Telefon bei Schramm und Thomsen gab bekannt, er habe Überstunden machen müssen und käme auf seiner Puch direkt zum Ostmarkplatz gefahren.

Dort hatte Klessmann mittags mit ein paar Genossen das hölzerne Turmskelett aufgestellt, das Helmut Thomsen nach Feierabend in seiner Firma, der Sargtischlerei Gutbrod, zusammengenagelt hatte. Als wir ankamen, überragte die fertige Konstruktion bereits alles auf dem Platz und machte einen sehr stabilen Eindruck. Eben befestigte Klessmann mit Hilfe einer Stehleiter den über alle Maßen eindrucksvollen Roten Stern. Ein paar Jugendliche aus der benachbarten Hauptschule, die gewöhnlich auf dem Spielplatz herumlungerten und rauchten, waren von Esther zu einer sinnvollen Tätigkeit überredet worden und banden begeistert taufrische rote Nelken an das Rund aus Birkengrün. Natürlich konnte erst jetzt, unmittelbar vor Beginn des Laternenfests, letzte Hand an die Dekoration gelegt werden, denn die Gefahr der Zerstörung durch Stoßtrupps des Klassenfeinds wäre bei einem früheren Beginn viel zu groß gewesen. Wir hätten Wachen postieren müssen. Ich beobachtete, wie ein junger Mann – ach, es war Bruder Werner – Strohballen von der Ladefläche eines abgestellten Hängers warf. Schade, dachte ich bei seinem Anblick, dass Esther und Klessmann eine Neufassung des Singspiels erarbeitet hatten, denn der stämmige Werner mit seinen zupackenden Händen und flachsblonden Haaren hätte zweifelsfrei einen Buer von echtem Schrot und Korn hingelegt. Ich freute mich, ihn nach langer Zeit wieder zu sehen. Er goss mir einen Wacholder ein und wir tranken auf Elfe, Mona und Pauline, die drei Klessmann-Schwestern, die leider nicht mitgekommen waren. Am meisten erfreute ich mich indessen am Anblick der vielen kleinen Kinder, die nun bereits von allen Seiten auf den Platz geeilt kamen, sich neugierig umtaten und tausendundeine Frage stellten, die ihnen Pia geduldig zu beantworten suchte. Sie machten große Augen und würden mit ihren Laternen und Eltern gewiss um halb sieben zum Beginn des Lambertussingens zurückkehren. Ja, wir hofften auf guten Besuch. Die Werbetrommel hatten wir in den letzten Tagen noch einmal fleißig gerührt. Handzettel waren überall dort eingeworfen worden, wo wir Kinder vermuteten. An gut sichtbaren Stellen klebten Plakate mit einer stilisierten Pyramide aus Esthers Hand, auf denen allen kleinen und großen Anwohnern das erste rote Lambertusfest in der schwarzen Domstadt angepriesen wurde. Selbst die örtliche Presse hatte in einem Artikel verwundert darauf abgestellt, dass sich ausgerechnet die Kommunisten an eine Modernisierung des Lambertusspiels wagten. Ebenfalls hatte Esther Kinder aus dem Viertel am Montagnachmittag zu sich in den Garten eingeladen und mit ihnen wunderschöne Lampions gebastelt, die allerdings eher traditionelle Formen und Motive aufwiesen wie

Sterne oder Sichel-, Halb- und Vollmonde mit Gesicht. Als Veranstalter des Spektakels zeichneten die Kreisorganisation der Partei und erstmals die Münsteraner Makarenko-Pioniere. Doch wo blieb Thomsen? Endlich begann es zu dämmern. An der Ringstraße flammte das kalte Licht der Peitschenlampen auf. Klessmann erklomm die Stehleiter erneut und brachte mit nur einem Luzifer-Streichholz alle drei Kerzen im Innern des Roten Sterns zum Leuchten. Von dem Himmelskörper aus Pappe und Klebstoff erging eine wunderbare Lichtwirkung, die sich mit zunehmender Dunkelheit steigerte. Der Anblick erinnerte mich gerührt an den Spasski-Turm im Kreml. Von allen Seiten schaukelten jetzt Lichtpunkte wie Glühwürmchen durch den Abend und wuchsen sich aus zu phantasievoll gestalteten Laternen, hinter denen glänzende Kinderaugen auftauchten. Die Kleinen zappelten überwiegend an den Händen ihrer Mütter, die argwöhnisch darauf Acht gaben, dass keine Laterne an dem Kerzenlicht Feuer fing und abbrannte. Sobald ein Kind allzu sehr mit dem Laternenstock wackelte, fiel ihm seine Mutter in den Arm. Größere Kinder trugen ausgehöhlte, rotgoldene Runkeln, in die Mund, Augen und Nase geschnitzt waren. Kunstwerke aus Biomasse, bei der die Feuergefahr bedeutend niedriger zu veranschlagen war. Es waren nur wenige Väter mitgekommen, aber einige Familien hatten ihre Omis mobilisiert. Sie alle reihten sich erwartungsvoll um den Turm. Während dieses Aufzugs der Laternenkinder ereignete sich ein bizarrer Auftritt. Aus einem winzigen Lichtfleck, begleitet von einem anschwellenden Geknatter, entwickelte sich ein veritabler Scheinwerfer, der zu einem heranbrausenden Mofa gehörte, auf welchem der sehnsüchtig erwartete Hauptdarsteller Thomsen hockte. Er hatte den geborgten Nadelstreifenanzug bereits angelegt, der ihm ersichtlich zu eng saß. Ein weißes Spitzentaschentuch lugte aus der Brusttasche hervor. Die Melone klemmte auf dem Gepäckträger, seine Füße steckten in klobigen schwarzen Arbeitsschuhen. Die langen schwarzen Haare glänzten fettig. Sie klebten ihm an der Kopfhaut. Die Krönung seiner Erscheinung war indessen eine dicke Zigarre, die glimmend zwischen seinen Lippen wippte. Thomsen bremste scharf und schlängelte sich elegant zwischen den beiden Eingangsbarrieren hindurch. Dann drehte er auf und jagte mit atemberaubendem Tempo in den Lambertuskreis. Er fädelte um den Turm herum. Staub spritzte auf wie bei einem Sandbahnrennen. Die Kinder jauchzten, die Mütter kreischten und Thomsen grunzte immerzu wie ein Irrer: Hurra, ich bin Esser – der Arbeitsplatzfresser! Nicht gerade originell, befanden wir, und jeder vermutete bei dieser grotesken Einlage wohl, dass sich Thomsen bei Ableistung seiner Überstunden einen zuviel hinter die Binde gekippt hatte. Ich beobachtete Klessmann, wie er besorgt zur Turmspitze hochsah, auf der die Rote Laterne bedenklich schaukelte. Dann verließen Mensch und Maschine das Birkenrund. Wir registrierten, wie Thomsen irgendwo in der Dunkelheit den Motor abwürgte, und in der plötzlich eintretenden Stille ergriff Esther das Wort zur Begrüßung.

Es formierte sich dann ein ansehnlicher Zug, dessen viele, in Kinderhänden schwankende Lichter eine erstaunliche Leuchtkraft ergaben. Ich hatte mich gleich nach dem Einbiegen in die Schillerstraße an den Straßenrand gestellt und ließ ihn an mir vorbeiziehen. Vorne gingen Esther, die ihren Ingmar im Tragetuch hatte, und Pia, dahinter, mittlerweile zur Zwölfergruppe angewachsen, die adretten Makarenko-Pioniere mit ihren roten Halstüchern. Die übrigen Kinder mitsamt ihren Begleitern kamen auf eine Gruppe von etwa sechzig Personen und mittendrin liefen Thomsen und Schramm und machten allerlei Faxen, an denen die Kinder ihre helle Freude zu haben schienen. Die Route erstreckte sich auf ein Karree, das bis zum Bahnhof heranreichte und über die Wolbecker Straße wieder an den Ausgangspunkt zurückführte, wo Klessmann mit seinem Bruder als Wache zurückgeblieben war. Ich hing mich mit einem kleinen Windlicht an das Zugende an. Vorne verteilten die Makarenko-Pioniere nun Textzettel. Esther und Pia stimmten ein traditionelles Lambertuslied an, ‚Guter Freund, ich frage dich‘, in das die meisten Kinder sofort einstimmten. Danach ging es weiter mit ‚Laterne, Laterne, Sonne, Mond und Sterne‘, ‚Ein Schneider fing 'ne Maus‘ und nach und nach gingen sie fast alle bekannten Lambertuslieder durch. Mit Ausnahme des ‚Buer‘-Lieds, das in aktueller Textversion erst am Turm präsentiert werden sollte. So bog der Zug schließlich singend und ohne dass sich besondere Zwischenfälle ereignet hätten wieder in den Ostmarkplatz ein, wo mittlerweile die Schalmeienkapelle ‚Münsterland‘ aufmarschiert war. Zum Glück war keine Laterne in Flammen aufgegangen, aber vielleicht war die Marschroute etwas lang gewesen. Einige der kleineren Kinder wirkten müde und begannen zu gähnen, wurden aber schnell hellwach, als die Schalmeienkapelle mit viel Schwung ‚Seht, ihr Herren, seht‘ intonierte.

Der Rest ist schnell erzählt. Als die beiden ungleichen Protagonisten mit der Zurschaustellung ihrer sorgfältig einstudierten Rollen begannen, wurde es vollkommen still. Thomsen begann als wehklagender Kapitalist Esser: ‚Lambert, wat kost' diene Arbeid? Lambert, wat kost' diene Nachtarbeid?‘ und so weiter, während Schramm als kesser Proletarier dessen trotzigen Widerpart gab: ‚Miene Arbeid, dee kost 'ne Launerhöhung, miene Arbeid de kost 'ne Launerhöhung!‘, als der Polizei-Passat um die Ecke rauschte. Zwei uniformierte Beamte sprangen heraus, erkundigten sich nach dem Verantwortlichen und fragten Klessmann nach der amtlichen Genehmigung und den beiden Handfeuerlöschern, die gemäß irgendeiner Verordnung aus Sicherheitsgründen bei solchen Feiern griffbereit sein müssten. So stünde es im Kleingedruckten. Leider ging genau in diesem unpassenden Moment ein schönes Mondgesicht in Flammen auf. Ein Kind schrie und ließ die lodernde Fackel zu Boden fallen, wo der Brand von zwei Erwachsenen ausgetreten wurde. Der gesamte Vorgang stellte nicht die geringste Gefahr dar, schien aber trotzdem den Feuerlöscher-Forderungen der Beamten Gewicht zu verleihen. Natürlich hatte Klessmann das Schreiben des Ordnungsamts parat, musste aber in puncto Feuerlöscher passen. Trotz aller Proteste brachen die Ordnungshüter die Veranstaltung bedauernd ab und schickten per Megaphondurchsage Eltern und Kinder nach Hause. Wir kochten vor Wut und manch einer hätte sich statt der Handfeuerlöscher vermutlich jetzt lieber den Besitz von Handfeuerwaffen gewünscht, aber Klessmann zeigte sich auch in dieser brenzligen Situation souverän. Er forderte die Genossen auf, sich nicht von der reaktionären Gewalt des Staates provozieren zu lassen. Dessen Reaktion zeige deutlich, wie tief die Herrschenden durch das Rote Lambertspiel beunruhigt worden seien. Auch früher, vor vielen Jahren, habe man das Fest schon einmal verboten. Man stehe also heute Abend in einer guten klassenkämpferischen Tradition.

Später, als alles leer- und abgeräumt war, sah ich, wie er Esther nach Hause begleitete. Esther trug den schlafenden Ingmar im Arm und Klessmann schleppte einen Karton voller Laternen. Vielleicht haben sie doch etwas miteinander, argwöhnte ich. Nun, ich hielt mich an diesem Abend an Pias Begleitung.

Die Entwicklung der JuPi-Gruppe ‚Makarenko' konnte durch diesen Eklat nicht aufgehalten werden. Eher im Gegenteil. Unmittelbar nach dem Fest stießen ein paar Eltern mit ihren Kindern aus Solidarität dazu. Mit ihren politischen Erfolgen begann Esthers Aufstieg in der Partei. Zum nächsten Pfingstcamp fuhren über zwanzig Kinder aus der Domstadt mit, davon allerdings etliche Genossenkinder, die auch immer zahlreicher wurden.

Das Spektakel erfuhr keine Wiederholung im folgenden Jahr. Im Spätsommer sprach ich Klessmann einmal darauf an. Der linke Lambertusforscher reagierte unwirsch. Seine miese Stimmung rührte, wie ich vermutete, wohl daher, dass Viktor Lobschütz eben aus seinem Mannheimer Engagement zurückgekehrt und mit offenen Armen aufgenommen worden war. Esther hatte dem Sänger eine kleine Kammer in ihrer Wohnung am Kaiser-Wilhelm-Ring freigeräumt. Ich fragte mich, wie Lobschütz mit den Flurnachbarn und deren Blödel-Barden-Faible klar kommen würde. Jedenfalls war mit Viktors Wiederkehr die proletarische Lambertusversion ad acta gelegt. Es gibt Wichtigeres. Wichtig ist allein, zur rechten Zeit das Richtige zu tun ..., druckste Klessmann.

147

Friedenskünstler

Friede auf Erden und allen Menschen ein Wohlgefallen, jubiliert, ach jubiliert, all ihr pausbäckigen, goldlockigen Engel aus der christlichen Weihnachtsbotschaft. Den Menschen zum Wohlgefallen. Der Friede ist nicht alles, aber ohne Frieden ist alles nichts, lautete die profane Adaption durch die bewegte Welt der 80er Jahre des vergangenen Jahrhunderts. Für den Frieden, zumindest einen als friedliche Koexistenz relativierten Sparflammenfrieden in Europa, und seine Erhaltung waren eigentlich fast alle schon immer irgendwie gewesen. Doch in jenen Jahren des Aufbruchs erwuchs überraschend aus dieser eher gefühlsmäßigen Einstellung ein veritables politisches Programm: Als das beschwörend vorgetragene Mantra ‚Give peace a chance!' in ‚Weg mit dem Nato-Doppelbeschluss!' übersetzt wurde, in die neue Qualität einer glasklaren politischen Forderung umschlug, welche die Allmacht des Militärisch-Industriellen-Komplexes in Frage zu stellen begann. Es bedurfte keines großen Aufwands, sich als Friedensfreund zu bekennen. Eine weiße Friedenstaube ans Fließheck des ersten eigenen Volkswagens gepappt – schon ließ sich das Bekenntnis zur Friedfertigkeit mit gutem Gewissen durch die raketenbedrohte Tiefebene fahren. Dazu schickte sich ein entsprechender Sticker über dem Herzen. Er konnte durch jede Wetterlage getragen werden. Auch dieses offenherzige Bekenntnis kostete einen nicht sehr viel. Bedrohungen des Weltfriedens – reale oder real befürchtete – hatte es früher schon gegeben, nur wurden sie jetzt als Szenarien durchgespielt, in denen immer geringer werdenden Vorwarnzeiten immer bedeutendere Rollen zufielen. Das Schicksal der japanischen Städte Hiroshima und Nagasaki wurde beschworen und zeigte allen Gutwilligen, wie schnell aus einem Rüstungsprogramm vernichtender Ernst werden konnte. Künstler aller Disziplinen und Sparten fanden in der nuklearen Bedrohung ihr Thema; in Talk-Shows ließen sich Prominente und Möchtegern-Prominente weitschweifig dazu aus. Pädagogen, Psychologen, Pathologen waren betroffen: Beinahe jede Berufsgruppe rang um ihren spezifischen Zugang zur Friedensproblematik und fand sich zumeist auf der Plattform eines branchenspezifischen Appells zusammen. Unterschriften wurden unter all diesen Aufrufen gesammelt und gesammelte Betroffenheit fand ihren Niederschlag in beeindruckenden Zeitungsanzeigen: Sag Nein! oder Wir sagen Nein! Jasager mussten erst wieder lernen, Nein! zu sagen. Frauen aller Altersgruppen entschieden, das Problem sei zu wichtig, um seine Lösung allein den Männern, und schon gar nicht den schrecklichen alten Männern, zu überlassen. In den großen christlichen Kirchen schienen die Tage der Standortpfarrer und ‚Gott-mit-uns-Theologen' endlich endgültig gezählt zu sein. Pax-Christi-Pazifisten verweigerten nicht nur den militärischen Gehorsam. Mit ihren lila Halstüchern waren sie auf den Kirchentagen optisch dominant und stachen auch im Fernsehen heraus. Sie organisierten Abrüstungsworkshops und Friedensgottesdienste; und mancher verschlafene Teilnehmer rieb sich verwundert die Augen, um seinen Schöpfer insgeheim zu befragen, wo das Happening aufhörte und die Heilige Liturgie begann. Sportler sprangen, hopsten und schossen für den Frieden. Olympiasieger stiegen vom Treppchen auf die Rednertribüne einer Abschlusskundgebung um und widmeten Gold, Silber oder Bronze dem Erhalt des Friedens oder der Friedensbewegung. (Nur in seltenen Fällen tat ihr gesellschaftliches Engagement der sportlichen Leistung einen Abbruch). Nachdem sie frühpensioniert waren, wechselten hoch dekorierte Generäle die Fronten und schlossen ihren Frieden mit dem Frieden. Schriftsteller warfen sich vor Panzer und Philosophen ketteten sich an die Tore von Raketenbasen. Trotz Verbots demonstrierten mutige Rekruten in Uniform. Sie gerieten ins Visier des Militärischen Abschirmdienstes und bekamen nach ihrer Rückkehr in die Kasernen Arrest aufgebrummt. Während sie die schikanöse Strafe stoisch verbüßten, erhielten sie Waschkörbe voller Solidaritätsschreiben. Pop- und Rockheroen schufen populäre Hymnen mit schönem Peace-and-Understanding-Feeling. Dies alles und noch viel mehr ergab ein wärmendes Zusammengehörigkeitsgefühl, einen wunderbaren Kraftquell, auch wenn die Friedensaktivisten sich gelegentlich als nützliche Idioten (Moskaus) in der Scharfmacher- und Raketenpresse verunglimpft sahen.

Die Aktivitäten der Friedensbewegung waren in ein Kalendarium eingebettet. Beinahe parallel zum Kirchenjahr existierte auch ein Friedensjahr mit seinen spezifischen Fest- und Protesttagen. Im beginnenden Frühjahr machten bundesweit die Ostermärsche den fulminanten Auftakt. Diese Manifestationen der Gewaltfreiheit waren in den 50er Jahren aus Protest gegen die Wiederbewaffnung der jungen Bundesrepublik entstanden und entwickelten sich seit dem Nato-Doppelbeschluss zum echten Demo-Klassiker. Zigtausende Menschen jeden Alters marschierten, radelten oder ritten durch die erwachende und viel zu oft auch völlig verregnete Natur. Zu Christi Himmelfahrt, Fronleichnam oder Pfingsten gab es eine dieser geschichtsträchtigen gigantischen Demonstrationen, die unter wolkenlosem Himmel bei höllischer Hitze in Bonn oder Krefeld stattfanden. Von einem Stützpunkt zum anderen wurden Menschenketten geschlossen und verbanden über Hunderte von Kilometern die Friedensfreunde zu einem riesigen politischen Organismus. Zwischen dem 4. und 6. August wurde der verheerenden Atombombenabwürfe auf Hiroshima und Nagasaki gedacht. ‚Fat Boy' hatten die Amerikaner ihre erste Atombombe genannt. Aus dem Land der aufgehenden Sonne stammte der schöne Brauch, mit selbst gefalteten Papierkranichen an die Opfer zu erinnern. Der

1. September, Datum des deutschen Überfalls auf Polen 1939, gilt auch heute noch international als Antikriegstag und wurde traditionell mit einer Kranzniederlegung auf den Gräbern der sowjetischen Kriegsgefangenen in Stukenbrock begangen. Der 12. Dezember war als Gedenktag noch jung. An diesem Datum war wenige Jahre zuvor der Nato-Doppelbeschiss gefasst worden, der die Stationierung amerikanischer Mittelstreckenraketen und Marschflugkörper auf dem Territorium der BRD vorsah. Im Kriegsfall wäre das Land Opfer eines sowjetischen SS 20-Angriffs geworden und im atomaren Inferno versunken. Ob Erst- oder Gegenschlag, das würde für die Toten keine Rolle mehr spielen. Die Amerikaner wären in jedem Fall fein raus gewesen: Weit vom Schuss. Weit weg vom atomaren Fall-out. Also gab es politische Aktionen an diesem Tag. In der gesamten Republik: Frieden um jeden Preis, Frieden für jedermann. Der Enkel und der Opa – für Frieden in Europa. Ein Moratorium für beide Seiten würde einen Sinn ergeben: Solange verhandelt wird, wird nicht geschossen, hieß die Botschaft. Um Weihnachten herum nahm sich die Friedensbewegung eine Atempause. Dafür wurden die christlichen Feiertage als eigentliches Friedensfest neu inszeniert. Schalmeien erklangen mit ‚Blowin' in the Wind'. Unter dem Tannenbaum lagen Antikriegsliteratur und Bots-Platten. Geschenke, die niemanden mehr überraschen konnten. Kooperativen-Rotwein funkelte in geschliffenen Gläsern und von manch einer immergrünen Baumspitze prangte, mit dem Trank der Götter um die Wette funkelnd, der Rote Stern. Kriegsspielzeug jeder Beschaffenheit war längst schon von den Wunschzetteln gestrichen worden. Von denen der Kinder mit besorgten Eltern versteht sich, hingegen nicht von denen, die die Rüstungsgewinnler und Lobbyisten nicht nur zur Weihnachtszeit ihren Politikern präsentierten. Und im Fernsehen liefen die langweiligen Filme mit Heinz Rühmann, der sich immerhin jüngst auch in einem Interview für den Frieden stark gemacht hatte.

Der Unmut über die Stationierung der Cruise Missiles und Pershings hatte sich festgesetzt im Bewusstsein der Menschen. Die Bewegung war zur materiellen Gewalt geworden, um auf Marx zu rekurrieren. Ihre Aktivisten nisteten in den Lebenswelten der Bonner Republik: In Schulen, Universitäten, Betrieben und Wohnvierteln, auf der Straße und in Vereinen hörte man ihnen bereitwillig zu. Überall dort sammelten sie unablässig Unterstützungsunterschriften, überall dort rekrutierten sie neue Friedensbewegte aus allen gesellschaftlichen Schichten. Überall dort machten sie den Frieden zum Thema Nr. 1, denn ohne Frieden ist alles nichts ...

Das Propsteiviertel mit seinen schönen alten Bürgerhäusern ist eine beliebte Wohngegend und beginnt direkt hinter der Bahnstrecke nach Osnabrück. Auch in diesem beschaulichen Viertel, in dem Thomas

Bitterschulte neuerdings mit Betty Lehmkuhl drei sündhaft teure Zimmer unterm Dach bewohnte, ging es zeitweise turbulent zu. Denn auch hier kümmerten sich besorgte Menschen um den Erhalt des Weltfriedens. Betty arbeitete in einer Friedensinitiative des Viertels mit, die sich vierzehntäglich im Billardzimmer des Café Ding-Dong traf. An diesem Abend ruhte der Spielbetrieb, wofür die meisten Billardfreunde, die friedensmäßig längst eingelocht und ihre eigene Initiative gestartet hatten, Verständnis aufbrachten. Die Friedensfreunde aus der Propstei hatten es sich zur Aufgabe gestellt, den gesamten Stadtbezirk durch eine namentliche Abstimmung symbolisch zur atomwaffenfreien Zone zu erklären. Das zu realisieren bedeutete zähes Diskutieren und wochenlanges Unterschriftensammeln. Von Straße zu Straße, von Haustür zu Haustür. Beharrliche Überzeugungsarbeit in Tausenden von Gesprächen. Diese Aktionsform wurde damals in allen möglichen Bereichen erfolgreich ausprobiert. Ein Gymnasium konnte so zur atomwaffenfreien Zone werden, eine Kirche oder ein gewerblicher Betrieb. Ganze Städte erklärten sich per Ratsbeschluss dazu und beklebten ihre gelben Ortseingangsschilder mit dem Zusatz ‚Atomwaffenfreie Zone'. Die schossen wie Pilze aus dem Boden.

Die Mitwirkung an dieser Aktion empfand Betty als neue Bewohnerin des Propsteiviertels als ihre selbstverständliche Pflicht. Ihr Herzblut hingegen pulsierte in der Initiative ‚Bibliothekare und Bibliothekarinnen für den Frieden'. Diese bücherkundigen Menschen hatten einen Auftrag in der Verbreitung friedensbewegter Literatur gefunden, deren aktuelle Titel sie vierteljährlich bibliographisch auflisteten und als Rundbrief verschickten. Sie setzten sich zudem für die Ächtung militaristischen und gewaltverherrlichenden Schrifttums und dessen Entfernung aus den Beständen öffentlicher Bibliotheken ein. Thomas organisierte in der Grundeinheit ‚Propstei' der Partei die Öffentlichkeits- und Pressearbeit. Da er bis zum Beginn seines Referendardienstes im Herbst noch einige Monate Zeit hatte, verfasste er Gedichte, die er der Parteipresse zur Veröffentlichung anbot und die in seiner an Majakowski und Droste-Hülshoff geschulten Betty ihre unbestechlichste Kritikerin und zugleich begeistertste Leserin fanden. Zusammen mit ein paar Bibliotheks-Kolleginnen stellte Betty in den Wochen vor Ostern eine Broschüre mit Friedens- und Antikriegsgedichten zusammen. Die Sammlung sollte ihren Bestand aus dem Fundus der Weltliteratur schöpfen und ‚Friedenslese' betitelt werden. Zumindest lautete so der Arbeitstitel des ambitionierten Projekts. Die daraus entstehende Lektüre wollten sie dann in Schulen und anderen Bildungseinrichtungen verteilen sowie bei den Aktionen der Friedensbewegung verkaufen. Da der Kern ihrer Friedens-Ini, trotz der explizit heterosexuellen Namensausrichtung, aus Frauen bestand, hatten sie sich bereits über ein persönliches Interesse verständigt und beschlossen, diese Zusammenstellung ausschließlich mit Texten von Dichterinnen zu bestücken. Im Augenblick bewegten sie sich im Stadium des Forschens, Suchens und Abwägens. Natürlich wurde Betty auch bei der Droste fündig und legte mit der Ballade ‚Der sterbende General' einen schönen Grundstock für die Auswahl. Bei der Suche nach weiteren Texten schätzte sie Thomas' Rat und forderte ihn, falls sachlich berechtigt, zum Widerspruch auf. Seine gut gemeinte Frage wiederum, ob die Herausgeberinnen unter dieser geschlechtlichen Prämisse überhaupt ausreichend viele, vorzeigbare Gedichte zusammenkriegen würden, bewirkte indessen zunächst Bettys Verstimmung, führte alsbald zu heftigem Streit und endlichem Schweigen zwischen ihnen. Dessen gemeinsame Ursache konnte Thomas erst am darauf folgenden Abend mittels eines Versöhnungsgeschenks neutralisieren. Er brachte Betty für die Anthologie das Gedicht ‚Der Frieden' von Anna de Noailles mit, jener heute leider weithin vergessenen Muse der dritten französischen Republik. Er hatte den Text aus einer Literaturzeitschrift kopiert. ‚Die schönste Sache seit Antigone'; kein Geringerer als Marcel Proust pries mit diesem apodiktischen Urteil Anna de Noailles' Gedichtband ‚Eblouissements'. Eine außergewöhnliche Frau. Tochter eines rumänischen Prinzen und einer griechischen Prinzessin. Comtesse. Glanzvoller Mittelpunkt der Pariser Salons bis zu ihrer schweren Erkrankung Mitte vierzig. Anna de Noailles starb am letzten Tag im April, im Jahre 1933, wusste Thomas. Ihre Grabstätte ist auf dem Friedhof Père Lachaise zu finden. ‚Die Sintflut sank. Man redet wieder, / zählt die Lebenden. Und staunt: / Ein altes Glück senkt neu sich nieder – / der Frieden! ...' Betty las und versprach, sich im Herausgeberinnenkollektiv für das Gedicht einzusetzen. Es war ein lauer Abend Ende März und sie versöhnten sich nun bereitwillig. Eben hatten sie sich entschieden, für den Film ‚Coming Home', eine präzise Analyse der Traumata von Vietnamkriegsveteranen, noch ins ‚Eisenstein' zu gehen, als das Telefon klingelte. Geh nicht ran, meinte Betty spontan, aber ihr besorgter Rat kam schon zu spät. Podgorny meldete sich mit seinem üblichen, in Parteikreisen jedoch ungewöhnlichen ‚Grüß Gott'. ‚Hallo, Podgorny.' Betty seufzte, als sie Thomas' Antwort hörte.

Robert Podgorny, der seine Schriftsätze mit Rob. Pod. unterfertigte, war bereits weit in seinen Dreißigern fortgeschritten. Er hatte im Fach Katholische Theologie über das Thema ‚Der Chiliasmus und die Theologie der Befreiung. Geschichte eines Missverständnisses' erfolgreich promoviert. Das proletarische summa cum laude erwarb er sich indessen, als er direkt nach seiner Promotion in die kommunistische Partei eintrat, mit deren Zielsetzungen er schon während seines Zivildienstes in einem Altenheim sympathisiert hatte. Mit diesem radikalen Schnitt hatte er die Aussicht auf eine akademische Laufbahn preisgegeben. Er lebte fortan von Gelegenheitsjobs: Taxifahren, Tankstelle, Teeversand. Allein für diese Haltung genoss er den Respekt der Genossen. Er lebte äußerst genügsam und nahm jegliche Beschäftigung an, sofern sie ihm ausreichend Geld einbrachte. In dieser Hinsicht war er sich für nichts zu schade, wenn ihm neben der jeweiligen Tätigkeit nur genügend freie Zeit für die Parteiarbeit übrig blieb. In langen Nachtstunden brütete er zudem über einer grundlegenden Monographie, die sich mit den Gottes- und Heilsvorstellungen der Täuferbewegung zu Münster auseinandersetzen sollte. Wer ihn kannte, fragte sich manchmal, ob und – gegebenenfalls – wann dieser rastlose Mensch einmal schliefe. Dr. Podgorny war nicht nur gelehrt, sondern verfügte zudem über die Gabe einer unerschrockenen Eloquenz. Ein Virtuose auf der Klaviatur der Dialektik, dem deren jesuitische wie marxistisch-leninistische Tonart in ihrer je spezifischen Klangfülle jederzeit zu Gebote standen. Kanzel und Tribüne. Sonntagsprediger und Sonntagsredner. Mit solchen Gaben versehen, hatte er es zu einer beachtlichen Reputation gebracht, die ihm inner- und außerhalb der Partei Anerkennung verschaffte. Er räsonierte trefflich über das ideologische Grenzgängertum und verfasste dazu kluge Artikel, die ihm gerne von Fachzeitschriften und einem linkskatholischen Wochenblatt abgenommen wurden. Seine Ansicht galt nicht wenig beim wissenschaftlichen Nachwuchs sowie in den ‚Kirche von unten'-Kreisen. All diese Gaben prädestinierten ihn für die Arbeit in Bündnissen und rasch war er zu einem der beiden Sprecher im Ratschlag der Friedensinitiativen gewählt worden. (Neben Ulrike Brüning, einer Kinderärztin, die mit einem vietnamesischen Chirurgen verheiratet war und mit ihrer Ärzte/Ärztinnen-Initiative schon viel Geld für die Jungen/ Mädchen Vietnams gesammelt hatte.) Eine prominente Stellung, die ihn wiederum für die Partei unersetzbar machte und zu seinem außerordentlichen Ruf beitrug, der offenbar bis in die DDR vorgedrungen war. Die Genossen dort hatten ihn im vergangenen Spätherbst zu einer universitären Vortragsreise eingeladen.

Podgorny stammte aus Koblenz. Sein Vater besaß in dieser uralten Stadt am Zusammenfluss von Mosel und Rhein eine florierende Druckerei. Ein alt eingesessener Familienbetrieb, der vor allem Kirchenaufträge honorig abwickelte und sich damit glänzend über alle historischen Runden gebracht hatte. Als Robert fünf geworden war, starb seine Mutter. Ein Frauenleiden, hatte der Vater dem kleinen Robert gegenüber angedeutet. Sein Vater hatte zwei Jahre darauf wieder geheiratet. Marlen, die junge Angestellte aus der eigenen Verwaltung. Ein Schock für den kleinen Robert? Von seinem Vater hatte Podgorny sich beizeiten losgesagt. Endgültig. Wie der von ihm. Schon dass er aus Gewissensgründen den Kriegsdienst verweigerte, konnte der Vater nicht tolerieren. Natürlich wegen des Geschäfts, aber nicht nur. Der Vater war Leutnant gewesen im Krieg. Was hätte ein Gewissen daran ändern können. Notwendige Korrespondenzen liefen fortan über Rechtsanwälte. Sein Vater, so berichtete es Podgorny gelegentlich den staunenden Genossen, die sich ergriffen befragten, ob jeder von ihnen dieselbe Konsequenz aufgebracht hätte für die Sache des Fortschritts, habe ihn dann enterbt, weil er wohl nicht zu Unrecht befürchtete, nach seinem Tode würde der verlorene Sohn den traditionsreichen Betrieb zu einem kommunistischen AgitProp-Zentrum umfunktionieren und statt des Herz-Jesu-Erbauungsschrifttums die Parteipresse dort drucken lassen. Als Robert aus dem elterlichen Haus und dem Familienbetrieb war, hatte der rüstige Vater mit seiner zweiten Frau noch ein Kind bekommen, einen Jungen, den sie Volker nannten. Dieser Volker würde also die Firma ‚Podgorny-Druck' eines Tages übernehmen. Auf Widerruf, fügte sein promovierter Stiefbruder dann süffisant hinzu, und zwar nur so lange, bis wir ihn eines hoffentlich nicht allzu fernen Tages enteignen werden.

Wenn Podgorny sich bei jemandem meldete, geschah dies im wohl verstandenen Parteiinteresse. Er rief gewöhnlich am frühen Abend an, wenn die meisten Menschen nach getaner Arbeit wieder zu Hause sind und sich auf den freien Abend freuen. Bettys, das kommende Ungemach antizipierender, Seufzer beruhte auf einschlägigen Erfahrungen mit Podgornys gewiefter Methode. Notrufe der Partei hatten für Podgorny ihre eigene Dringlichkeit, die der Lovestory zwischen Jane Fonda und Jon Voight im kleinen Programmkino am Ebertplatz keine Chance mehr einräumen würde. Der Klassenkampf machte auch in dieser auf den ersten Blick so friedlichen Stadt keinen Feierabend. Weil der Klassenfeind selbst nicht an eine Verschnaufpause dachte. Fast immer ging es bei Podgornys Rundrufen um irgendeine politisch bedeutsame Aktion, für deren Gelingen er dringend personelle Unterstützung benötigte. Flugblätter, die bis zum nächsten Morgen in die Briefkästen gesteckt sein sollten; Plakate, die im Schutze der Dunkelheit noch an Stromkästen oder an die Wände dunkler Unterführungen geklebt werden mussten; Kuchenplatten, die bis zum Nachmittag für eine Kinderbelustigung gebacken sein mussten. Anfang Dezember hatte er in einer höchst geheimen Angelegenheit, über die er sich wegen ihrer Militanz am Telefon nur verklausuliert ausließ, Mitstreiter an die Einfahrt zum städtischen Busdepot bestellt. Während sich nun einige eingeweihte Genossen, und Podgorny vorneweg, bei immer noch völliger Dunkelheit mit rasselnden Stahlketten an die tonnenschwere Schiebetür anschlossen, die Schlüssel im nächsten Gully verschwinden ließen und so, mit der erzwungenen Immobilität des eigenen Körpers, die Ausfahrt der Stadtbusse vorerst zu verhindern suchten, schwärmten andere nach einem von Podgorny exakt terminierten Plan entlang der Buslinien aus. Diese Fahrradkuriere drückten den an vielen Haltestellen fröstelnd Wartenden Flugblätter in die klammen Hände, auf denen ihnen in dürren Worten politische Aufklärung zuteil wurde; also warum die Busse an diesem besonderen und besonders kalten Morgen zirka eine Stunde später eintreffen und sie selbst entsprechend später am Arbeitsplatz erscheinen würden: Zwölfter Dezember! Das Datum schlug ihnen entgegen. Jahrestag des NATO-Doppelbeschlusses, an dem die Friedensbewegung Stärke demonstrieren und andeuten wolle, wozu sie erst fähig sei, wenn damit begonnen werden würde, das Teufelszeug wirklich in diesem schönen Lande zu stationieren. Die versetzten Fahrgäste warteten jedoch bereits sehnsüchtig auf einen der gut geheizten Busse und waren für politische Nachhilfe per Fahrrad kaum empfänglich. Deshalb kann man es ihnen nicht verdenken, wenn sie, selbst bei grundsätzlicher Sympathie für das friedenspolitische Engagement der vermummten Radkuriere, überwiegend unwirsch auf das Ausbleiben der Wagen reagierten. Vielen der Flugblattverteiler erging es, wie es Überbringern schlechter Nachrichten seit jeher ergangen ist. Sie wurden unflätig beschimpft. Andere, denen Prügel angedroht wurde, entgingen dieser Schmach nur mittels eines schnellen Antritts ins kalte Zwielicht der Morgendämmerung. Insofern kratzte die Busgeschichte ein wenig am Ansehen ihres geistigen Urhebers Podgorny, ohne es allerdings ernsthaft ramponieren zu können. Podgorny übte sich in Selbstkritik. Auch diese Disziplin beherrschte er. Wir hätten ihnen mehr anbieten müssen als ein dröges Flugblatt, meinte er zerknirscht, heißer Kaffee und Zigaretten dazu hätten die Akzeptanz für unsere militante Aktion erhöht.

Eine gute Blockade geht runter wie Blockschokolade. Nichts geht mehr durch. Nichts außerhalb dieses Zwecks bestimmt ihren Erfolg. Aber konnte im vorliegenden Fall von einer durchgreifenden Wirkung überhaupt die Rede sein? Angesichts der bescheidenen Zeitspanne, in der den Bussen das Ausfahren verwehrt werden konnte? Der ÖPNV rollte bereits wieder rechtzeitig und planmäßig vor dem Beginn des Schulunterrichts. Und der hätte laut Aktionskalkül an diesem Morgen nachhaltig gestört werden sollen. Für Podgorny und die übrigen angeketteten Genossen hatte die Angelegenheit ein Nachspiel. Sie waren von den rasch mit brauchbarem Zangenwerkzeug eintreffenden Polizeikräften losgeschnitten und umgehend wieder, wenn auch nur vorübergehend, festgesetzt worden. Nach Feststellung der Personalien durch den Staatsschutz drohten den Aktivisten straf- und zivilrechtliche Konsequenzen. Über diese machte sich ein Podgorny indessen keine übertriebenen Sorgen. Ihn interessierte zuvörderst das mediale Echo auf den Paukenschlag. ‚Busverkehr an die Kette gelegt', ‚Verkehrsfrieden gestört'. Die Lokalpresse stieg groß ein und wendete die Begriffe ‚Ernstfall' und ‚Bedrohung' in mehreren Artikeln über die Blockade demagogisch gegen die gesamte Bewegung. Das Ausmaß journalistischer Infamie war zu erwarten gewesen. Bedenklicher war der politische Sturm unter Gleichgesinnten. Im Friedensbündnis führte die spektakuläre Aktion der Kommunisten zu kontroversen Diskussionen. Schadete sie dem Ansehen der Friedenskräfte? Verprellte sie potentielle Bündnispartner wie die gestriegelten Mitglieder der Reiterlichen Vereinigung, die sich mit ihren Pferden unter dem Motto ‚Atomwaffenfreie Parcours' am kommenden Ostermarsch beteiligen wollten? Kaum jemand würde nach dem politischen Copyright für diese Aktion fragen und sein Urteil differenzieren. Die besonnene Ulrike Brüning etwa ging Podgorny diesmal hart an. Sie befürchtete infolge derart militanter Aktionsformen finanzielle Einbrüche für ihre Vietnamkindersolidarität. Auch diese leidenschaftliche Auseinandersetzung unter den Friedensfreunden lag durchaus in Podgornys politischem Kalkül, der über eine Polarisierung in der Frage der Aktionsformen die Friede-Freude-Eierkuchen-Mentalität aufbrechen wollte, in der sich die zahlenmäßig rasch angewachsene und in ihre eigene Größe verliebte Bewegung seit einiger Zeit zu gefallen wusste. Zudem rechnete sich der gewiefte Taktiker verlässlich aus, dass er mit der Einforderung aktiver Solidarität für die von der Staatsgewalt verfolgten Genossen über einen langen Hebel verfügte, der auch die Kritiker nachträglich hinter die umstrittene Blockade der Stadtbusse bringen würde. Für den Fall, dass die Reiterliche Vereinigung wirklich den Schwanz einziehen würde, versprach er Abhilfe. Die Genossen der eben auf seine Anregung hin im Westmünsterland gegründeten RRR (RoteReiterRotte) würden mit ihren Pferden auf jeden Fall beim Ostermarsch präsent sein.

Auch an diesem, wie gesagt, wunderbar milden Frühlingsabend, den Betty und Thomas cineastisch fortzusetzen und weinselig zu beschließen gedachten, trieb Podgorny beim Telefonieren ein höchst spezielles Anliegen um. Grewe kommt jetzt doch, vernahm Thomas seinen triumphierenden Tonfall in der Leitung. Grewe kommt, gab der an seine Betty weiter, die gerade ein Gedicht von Ingeborg Bachmann auf seine Anthologietauglichkeit untersuchte und abwehrend beide Hände in die Luft streckte. Ja, Grewe kommt, wiederholte Podgorny noch lauter, der Thomas' zwischenmenschliche Bemerkung fernmündlich als Zweifel an seiner Erfolgsmeldung registriert hatte. Er hat sich doch noch für Münster entschieden. Erst heute Nachmittag hat er angerufen und endgültig zugesagt. Was sagst du? Wir können uns alle auf ihn freuen.

Wer war Elmar P. Grewe? Ein Dichter? Jedenfalls beanspruchte er einer zu sein und viele Leser hielten ihn für den derzeit talentiertesten im Lande. Grewe bekannte sich frank und frei zur Sache der kommunistischen Partei und im Unterschied zu anderen Literaten blieb er dabei. Die Schar seiner Kritiker schied sich dann auch an der Frage, ob dieser Schritt seinem unbestreitbaren Talent nun eher Abbruch getan oder erst recht zum Durchbruch verholfen habe. Grewe schrieb vor allem Gedichte. Politische Gedichte. Er hatte eine Zeitlang in Nicaragua gelebt und in einer Agrar-Kooperative mitgearbeitet. Über diese Monate manueller Solidarität war ein sehr intimes, hoch gelobtes Revolutionstagebuch erschienen: ‚Mutterlauge' lautete sein zunächst vielleicht etwas irritierender Titel. Die meisten seiner Gedichte waren in freien Rhythmen verfasst. Sie erschienen ihres Gebrauchswerts wegen regelmäßig in der ‚Höhe der Zeit'. Grewe dichtete reimfrei und bevorzugte die Kleinschreibung. Seine knappen, lakonisch gebrochenen Texte waren dem am Tagesgeschehen interessierten Leser leicht zugänglich und wurden häufig zitiert. Sie enthielten luzide Aussagen über den Klassenkampf, die internationale Solidarität und manchmal auch zur Liebe. Der Liebe im Kampf oder der Liebe zur Klasse. Seine geschmackvoll ausgestatteten Gedichtbände wurden auf Veranstaltungen der Partei zusammen mit einer roten Nelke gern an verdiente Genossen verschenkt. So viele Dichter dieser entschiedenen Art gab es nicht in der BRD. Auf dem letzten Parteitag in Hannover war der Genosse Elmar P. Grewe – ein P. für Pilatus – deshalb in den Parteivorstand gewählt worden. Hernach hatte Grewe als erster Dichter überhaupt ein Poem auf Günter Kessel, den langjährigen, leicht übergewichtigen Parteivorsitzenden, zu Papier gebracht, das zu dessen 60. Geburtstag auf der Titelseite von ‚Höhe der Zeit' erschienen war. Mit diesem Gedicht, einem Machwerk nicht nur wegen der obskuren Wortschöpfung ‚Kesselballon' als metaphorische Überhöhung der Partei, meinten nun viele, auch ihm Wohlgesinnte, hätte er sich und seinem Werk selbst keinen Gefallen getan und dem Genossen Kessel erst recht nicht. Aber auch das war Grewe, er nahm keine Kritik an und blieb, offen kritisiert, erst recht unmissverständlich stur.

Diesen Grewe nun hatten sie sich zum diesjährigen Ostermarsch aufgehalst. Podgorny hatte ihn nach langen Diskussionen beim Komitee durchgesetzt. Die Auftaktkundgebung war für Karfreitag vor der barocken Schlosskulisse geplant. Bereits zum Eintritt in die Karwoche sollte er in einer linken Buchhandlung und später bei den Gewerkschaften am Zumsande-Platz aus seinen Werken lesen und mit den Menschen diskutieren. Außerdem hatte es Podgorny dank seiner Verbindungen zu Stande gebracht, dass sich die Universität des bekannten Dichters annahm. Die Studenten des Germanistischen Instituts würden nach seiner Poetikvorlesung die Gelegenheit zu einem Workshop-Gespräch am Gründonnerstag erhalten. Eine Programmplanung, die sich gewiss sehen lassen konnte und einem Grewe, der Podgorny bereits am Aschermittwoch begeistert zugesagt hatte, nicht in jeder Woche geboten wurde. Und dennoch war das gesamte Arrangement seit vierzehn Tagen dadurch in Frage gestellt gewesen, dass Grewe überraschend für Ostern eine Einladung zum 17. Schriftstellerkonvent in St. Gallen erhalten hatte. Er sollte auf diesem weithin respektierten Forum den neuen Gedichtband ‚Menetekel' vorstellen und die Maßgaben seiner Poetik erläutern. Für diesen verlockenden

Auftritt im Rampenlicht des bürgerlichen Feuilletons hatte Grewe nun Podgorny und die gesamte lokale Parteiorganisation brüskiert, indem er hartnäckig auf eine Wahrnehmung der überraschenden Einladung aus der Schweiz bestand. Nicht ganz zu Unrecht war er der Meinung, eine Teilnahme an der eidgenössischen Zusammenkunft wäre seinem Ansehen, ganz abgesehen von seiner Geldbörse, förderlicher als die Polit-Tour in der Bischofsstadt. Denn eine Einladung nach St. Gallen stellte quasi den Ritterschlag durch den Literaturbetrieb dar. Erst ein empörter Anruf Podgornys beim Genossen Kessel in der Düsseldorfer Parteizentrale hatte zu des Dichters Sinnesumschwung beigetragen. Grewe kam also jetzt doch zu seinen treuen Lesern in die Provinz und Podgorny suchte mit Nachdruck eine geeignete Bleibe für ihn.

Eigentlich hatte er sie bereits gefunden. Ein Quartier für eine knappe Woche. Ich habe zuerst an euch gedacht, Thomas, schmeichelte er durchs Telefon. Kriegt ihr das gebacken? Ihr wohnt stadtnah und schön ruhig, seid beide literarisch ambitioniert. Außerdem könnt ihr mit solchen etwas kompliziert strukturierten Genossen umgehen. Denkt an die interessanten Gespräche, die ihr während seines Aufenthalts führen könnt. Literatur aus erster Hand. Die Bekanntschaft mit einem bekannten Dichter. Mensch, Thomas, Grewe im eigenen Wohnzimmer zu Gast. Eine einmalige Gelegenheit. Vielleicht gibt Elmar Pilatus euch eine Privatvorlesung. Dann schneidet bitte alles mit. Wort für Wort. Wer weiß? Die Literaturgeschichte könnte euch einmal dankbar sein dafür. Also gebt mir doch bitte bis morgen früh einen Bescheid. Thomas, ich rechne stark auf euch. Auf eure Gastfreundschaft. Ich? Na, was sag ich da? Ich. Die Partei! Er legte auf. Grewe kommt, sagte Thomas zu Betty, aber nicht mehr heute Abend. Wir sollten noch ins ‚Eisenstein' gehen. Betty bestand darauf, vorher noch seine Beurteilung des Bachmann-Gedichtes zu erfahren und trug ihm ‚Alle Tage' vor. Thomas kannte es noch nicht. Ihm gefiel der Schluss, in dem vom armseligen ‚Stern der Hoffnung über dem Herzen' die Rede ist: ‚Er wird verliehen / für die Flucht vor den Fahnen, / für die Tapferkeit vor dem Freund, / für den Verrat unwürdiger Geheimnisse / und die Nichtachtung / jeglichen Befehls.' Eine große Hoffnung, sagte Thomas, wir können nicht auf sie verzichten in unserem Kampf für den Frieden. ‚Die Uniform des Tages ist die Geduld ...', zitierte Betty ihre Lieblingsstelle. Sag nicht ‚Kampf', sag lieber ‚Bemühen'. Sie beschlossen, später am Abend irgendwo bei einem Glas Wein sich über den Text Gewissheit zu verschaffen.

Grewe kam am Montag nach Palmsonntag an. Schon den ganzen Tag über hatte es geschüttet. Es war noch einmal empfindlich kühl geworden in der Tiefebene. Die Leuchtspur des Intercitys aus Frankfurt stieg pünktlich aus dem Nachtdunkel herauf. Beinahe lautlos fuhr der Zug in den feuchten Bahnhof ein. Ein riesiger Scheibenwischer glitt monoton über das große Frontfenster der Lok, hinter dem schemenhaft zwei Köpfe zu erkennen waren. Betty und Thomas schauten sich unter den wenigen aussteigenden Fahrgästen um. Eine weibliche Lautsprecherstimme schnarrte ihr standardisiertes Willkommen und nannte den Ankömmlingen die nächsten Anschlusszüge. Sie wiederholte ihren Text bereits, als Grewe als einer der Letzten ausstieg. Hinter ihm erschien nur noch eine junge Frau. Der Dichter schlenkerte eine messingbeschlagene Landarzttasche in der linken Hand. Sein heller Popelinemantel war geöffnet und wurde von einer Windböe aufgebauscht. Unter der rechten Armbeuge klemmte die zusammengerollte Tagesausgabe der ‚Höhe der Zeit'. Thomas und Betty kannten den Dichter von zahlreichen Fotos aus der Parteipresse. Betty hatte sich zur Sicherheit gestern ein paar seiner Gedichtbände angeschaut, die auf den Covers den Autor abbildeten. Der Regen schlug jetzt schräg unter die Bahnsteigüberdachung. Im verwaschenen Neonlicht sah Elmar Pilatus Grewe exakt so aus wie sein fotografisches Portrait. Das überraschte sie. Günter Kessel zum Beispiel, den Thomas einmal als Redner bei einer Parteiaktivtagung erlebt hatte, sah real ganz anders aus als auf seinen seelenlosen Konterfeis. Grewe hatte schmale, beinahe asketisch wirkende Gesichtszüge. Das dunkelbraune, gewellte Haar war kurz geschnitten und gescheitelt. Er trug runde Brillengläser in einer silbrig schimmernden Metallfassung. Bei der Begrüßung gab sich Grewe herzlich. Betty und Thomas stellten sich mit Namen vor. Grewe stellte den Arztkoffer auf dem nassen Boden ab, verstaute die Zeitung in der Innentasche seines Mantels, breitete die Arme aus und drückte beide an sich. Er verlieh seiner Freude darüber Ausdruck, wieder einmal in der schönen Bischofs- und Universitätsstadt sein zu dürfen. Schön schwarz, präzisierte er mit einem feinen Grinsen. Danach zog er die junge Frau nach vorne, die hinter ihm ausgestiegen war. Die Genossin Friederike, meine Begleiterin und Sachwalterin, so präsentierte er sie wörtlich. Friederike Tanski war hübsch und blond und vielleicht fünfzehn Jahre jünger als ihr berühmter Klient. Sie trug ungeachtet des Wetters eine Sonnenbrille und reichte ihren verblüfften Gastgebern lächelnd die Hand. Ich hoffe, der Platz bei euch reicht für uns beide, meinte Grewe leichthin. Wir sind bescheiden.

Thomas lächelte mit einer guten Miene. Von einer literarischen Sachwalterin namens Friederike war allerdings niemals die Rede gewesen bei Podgornys fernmündlicher Quartiermache und Thomas schaute sich nervös nach dem gewieften Quartiermacher um, der als Vertreter des Kreissekretariats dem Dichter sozusagen das offizielle Willkommen aussprechen sollte. Wo blieb Podgorny denn jetzt? Wahrscheinlich war er mit dem Taxi unterwegs, ein lukrativer Krankentransport zur Uniklinik, den er eben erwischt hatte. Die vier wollten angesichts der nasskalten Witterung nicht länger auf ihn warten und gingen nach unten in die zwar trockene, aber nicht minder zugige Bahnhofshalle. Grewe blieb vor der großen Buchhandlung stehen, stellte die gewichtige Reisetasche ab und inspizierte die Auslagen in den Schaufenstern. Von diesem Kontrollgang kehrte er erbost zurück und schickte Friederike mit einem Auftrag ins Ladeninnere: Sie möge sich höflich danach erkundigen, ob sein ‚Menetekel'-Buch vorrätig gehalten würde, und sich, falls nicht, beim Verkaufspersonal darüber beschweren. Weise sie auf meine Lesungen in dieser großartigen Stadt hin. Sie täten gut daran, sich mit diesem Titel einzudecken. Noch in dieser Woche. Die Nachfrage nach dem ‚Menetekel' wird steigen, prophezeite er selbstbewusst. Umsatz! Ihr müsst entschuldigen, aber der Buchhandel boykottiert meine Werke schon seit einiger Zeit, erklärte Grewe seufzend für Betty und Thomas. Seitdem ich mich offen zur kommunistischen Bewegung bekenne. Nachweisen kann man das den Ganoven natürlich niemals. Perfide Strategie, erregte sich Grewe. So was funktioniert ohne Absprachen. Nun kann ich mir diese Missachtung von den Buchhandlungen aber auch nicht einfach gefallen lassen. Deswegen interveniere ich hin und wieder direkt vor Ort. Vielleicht verfängt's ja auch bei dem einen oder anderen. Ganz uneigennützig gedacht. Im Interesse der gesamten fortschrittlichen Literatur.

Bitterschulte, dem ein politisch motivierter Boykott des Grewe'schen Œuvres durch den Handel plausibel vorkam, bestätigte den Dichter in seinem heiligen Zorn. Just in diesem Moment tauchte Podgornys Kopf auf der Rolltreppe des Fußgängersubways auf. Er winkte lebhaft, als er Grewe in Gesellschaft von Betty und Thomas erblickte, und steuerte zielstrebig auf die Gruppe zu. Grüß Gott, Genossen. Er habe seine Mietdroschke eben erst abstellen können und entschuldige sich für sein Zuspätkommen. Seine rechte Faust umschloss einen Strauß roter Nelken, den er Friederike galant überreichte, als sie aus dem Buchladen zurückkam. Also wusste er bereits, dass Grewe mit weiblicher Begleitung anreist, kombinierte Thomas konsterniert. Warum hat er gestern am Telefon nichts gesagt? Fast schien es, als habe Podgorny Thomas' gedankliche Schlussfolgerung auf das Nelkengebinde geahnt. Welche Freude, Genossin Friederike, deklamierte er alsbald. Ich habe erst heute Morgen erfahren, dass du mitkommen wirst. Willkommen im tiefschwarzen Münster. Grewe, der natürlich wusste, auf wessen Demarche hin ihm der St. Gallen-Auftritt vermasselt worden war, erwiderte Podgornys Begrüßung sehr zurückhaltend. Der wünschte ihm Glück und Erfolg bei seinen Auftritten in der Stadt des Westfälischen Friedens. Leider wurde dem Dichter nun durch Friederike eröffnet, dass kein einziges seiner Bücher im Bahnhofsbuchladen vorrätig gehalten werde. Nicht einmal das bekannte Revolutionstagebuch aus Nicaragua, auf das er sich diesbezüglich eigentlich immer verlassen konnte. Na ja, Bahnhofsbuchhandlung, Laufkundschaft, schnaufte Grewe verächtlich und schaute angewidert in ein mit dem neuen Simmel-Roman beeindruckend reich bestücktes Schaufenster. Die Chefin hat mir versprochen, das ‚Menetekel' wegen deiner Lesungen umgehend zu bestellen, beschwichtigte ihn Friederike. Podgorny schaute erst auf Grewes Tasche, dann auf die große Bahnhofsuhr und überlegte kurz. Er bot sich an, alle Genossen unentgeltlich in die Propstei zu befördern. Wegen des immer heftiger herabstürzenden Regens.

Das Wetter im April ist der meteorologische Mikrokosmos des gesamten Kalenderjahres, dazu krisengeschüttelt wie eine kapitalistische Konjunktur, hatte Grewe spätabends beim Wein poetisiert. Am nächsten Morgen schien bereits wieder die Sonne. Die alteingesessenen Bewohner der Propstei rüsteten sich für die Osterfeiertage. Sie waren früh auf den Beinen und bienenfleißig in dieser heiligen Woche der Christenheit. Teppiche, vollgesogen mit Winterstaub, hingen aus den Fenstern. In den zerzausten Vorgärten wurde der Boden aufgehackt und mit Stauden neu bepflanzt. Blumen wurden ausgesetzt oder umgetopft. Verkrautete Rasenflächen mit einem Vertikutierer drangsaliert und mit großer Geste gedüngt. Thomas riss an diesem Dienstagmorgen das Küchenfenster weit auf und reinigte die Weingläser, die vom gestrigen Willkommenstrunk auf der Anrichte stehen geblieben waren. Die Neige hatte sich am Boden zum roten Satz verfestigt, und wie immer ärgerte er sich darüber, dass er die zierlichen Gläser nicht schon vor dem Zubettgehen ausgespült hatte. Auf dem Esstisch fand er einen in Bettys akkurater Handschrift beschriebenen Zettel vor, der mit dem Salzstreuer beschwert war. Sie war heute als Erste, ohne dass er es bemerkt hätte, aufgestanden und schon früh zur Bibliothek gegangen. Vorher hatte sie ihm diesen Zettel mit einem Gedicht von Anna Achmatowa beschrieben: ‚Wir sind zu viert'. Dazu erfragte sie Thomas' Ansicht. Ein Friedensgedicht? Ein geeigneter Text, tauglich für die Anthologie? Er las ihn aufmerksam durch und beschloss, sich jetzt noch keine Meinung zu bilden. Danach leerte er den überfüllten Aschenbecher aus und begann mit den Vorkehrungen für das Frühstück. Er horchte an der Tür zum Wohnzimmer, das sie dem Dichter und seiner jungen Sachwalterin als Quartier gerichtet hatten. Elmar P. und Friederike schienen noch tief und fest zu schlafen. Thomas steckte etwas Kleingeld ein und machte sich auf den Weg zu ‚Bäcker-Becker', seinem Lieblingsbäcker am Pagodengraben.

Als er wenig später mit der lokalen Tageszeitung und einer Kingsize-Tüte, randvoll mit backwarmen Brötchen, zurückkam, hockte Grewe am Küchentisch. Die Kaffeemaschine arbeitete geräuschvoll und verströmte ein anregendes Aroma. Grewe, bereits komplett angekleidet und akkurat frisiert, machte sich Notizen in ein rotes Quartheft. Der Dichter grüßte kurz und schrieb flink und beschwingt weiter. Thomas bestückte den automatischen Eierkocher und stellte ihn ein. In seinem Rücken begann Grewe leise zu reden. Der Tag gestern zum Beispiel, sprach der Dichter gedehnt, der Alltag als Stichwortgeber. Darin verlässlich. Eine Fingerübung. Kleine Beobachtungen, kurze Reflexionen, Aphorismen, Sottisen, Maximen. Spitzfindiges zum Warmwerden. Er suchte nach einem Beispiel und deklamierte lauter: Podgornys Nelken, sie welken so schnell. Er schrieb das eilig auf und deutete hernach theatralisch mit der Spitze seines Bleistifts auf die grell bemalte Steingutvase auf dem Fenstersims, in die hinein Thomas gestern Nacht den Blumengruß gezwängt hatte. Dem fiel angesichts des Dichters Theatralik plötzlich ein, dass er dazu das Wasser vergessen hatte. Er beschloss, sich keine Blöße zu geben und das Leben verlängernde Nass später nachzufüllen. Grewe legte das Schreibgerät nun beiseite und war Thomas behilflich. Er stellte das Geschirr auf und füllte ihnen zwei Tassen mit Kaffee ein. Er nippte, kostete und zog eine Schnute. Leider kein Nicaragua-Kaffee, bemerkte er kopfschüttelnd und spielte damit auf die aktuelle Solidaritätskampagne mit dem kleinen, heldenhaften, vom USA-finanzierten Contra-Terror gepeinigten Land in Mittelamerika an: Kaffee kaufen zum fairen Preis. Kaffee trinken für die sandinistische Revolution. Grewe nahm die aufgeschnittene Folienpackung aus dem Supermarkt in die Hände. Kaffee, an dem Blut klebt. Auf sein fein gezeichnetes Gesicht trat ein angewiderter Ausdruck. Zwar ist der Soli-Kaffee etwas teurer als der aus der Aldi-Filiale, erwies sich Grewe zugleich als Marktanalyst wie Connaisseur des belebenden Gebräus, dafür hat er aber auch einen besonderen, unvergleichlichen Geschmack. Hochland-Kooperative. Biologischer Anbau. Ist also sein Geld wert. Bohne für Bohne. Der Duft des schnöden Discount-Kaffees entfaltete indessen – jenseits aller ideologischen Betrachtungen – seine würzig belebende Wirkung, und sein Aroma war immerhin mächtig genug, dass es durch eine geschlossene Tür bis an Friederikens Lager hatte vordringen und die Schöne von ihrem Schlafsofa im Wohnzimmer treiben können. Sie erschien schlaftrunken im Türrahmen und tapste in einem schwarzen Satinnachthemd, das von einer roten Bordüre gefasst war, durch die sonnendurchflutete Küche. Das zerzauste Blondhaar fiel weich auf ihre halb entblößten Schultern. Bei ihrem niedlichen Anblick stand Grewe auf, sagte „Guten Morgen, du Holde" und küsste ihre traumschweren Lippen. Friederike erwiderte gar nichts, sondern ließ sich ächzend auf einen Stuhl fallen. Sie räkelte sich und schlürfte begierig vom heißen Kaffee, den Thomas ihr derweil eingefüllt hatte. Grewe schnitt ihr ein krosses Mohnbrötchen auf, bestrich die eine Hälfte daumendick mit Schleuderhonig und die zweite mit einer aromatischen Stachelbeermarmelade, die Thomas' Mutter im vergangenen Herbst aus selbst geernteten Gartenfrüchten hergestellt hatte. Dann stellte sich die Automatik des Eierkochers mit einem gellenden Alarmsignal ab, was Grewe offensichtlich als akustisches Ereignis an sich bemerkenswert fand, griff er doch zu seinem Notizbuch und begann etwas hineinzukritzeln. La beauté se lève tard, dachte Thomas und servierte die hartgekochten Eier.

Grewe präsentierte sich bei diesem Frühstück als passionierter Kaffeetrinker mit profunden Literaturkenntnissen. Achmatowa, Anna Achmatowa, sagte Grewe erstaunt, als er die Kaffeetassen nachfüllte und dabei Bettys Lyrikzettel auf der Anrichte erblickte. Er betonte den Namen der russischen Dichterin auf der zweiten Silbe statt, wie Thomas es getan hätte, auf der ersten. Grewe betrachtete andächtig das kurze Gedicht. Dann zitierte er daraus diese Verse: „Wir sind alle beim Leben ein wenig nur Gast, / Und leben – ist einzig Gewöhnung." Sehr weise, sehr schön. Sie schrieb dieses Gedicht in der Nacht vom 19. auf den 20. November 1961 im Krankenhaus von Gawan, erklärte er. „Wir sind zu viert" – ein selbstbewusster Titel. Er vereint das große Viergestirn der russischen Poesie dieses Jahrhunderts: Ossip Mandelstam, Boris Pasternak, Marina Zwetajewa und Anna Achmatowa selber. Und diese transparenten Verse: „Mir schwebt vor, dort auf Luftwegen, dass / Sich zwei Stimmen jetzt rufen, versöhnen." Das stellt einen eindeutigen Bezug her. ‚Luftwege', müsst ihr wissen, heißt eine Prosaarbeit Boris Pasternaks von 1924. Grewe war jetzt in seinem Element. Und hier am Schluss: „Wächst ein dunkler und frischer Holunderzweig ... / Das ist – ein Brief von Marina." Die Verse beziehen sich auf Marina Zwetajewas Gedicht ‚Holunder' aus dem Jahre 1931. „Und leben – ist einzig Gewöhnung", wiederholte er andächtig leise. Fürwahr eine Größere als wir, seufzte er. Und Thomas fragte sich, wen er mit ‚wir' gemeint haben könnte, wagte aber nicht die Harmonie dieser Empfindung durch eine Frage zu zerstören.

Das tat Grewe jetzt selbst: Er erkundigte sich nach der Bewandtnis, die der vorgefundene Gedichtzettel habe, und Thomas erläuterte den illustren Gästen bereitwillig Bettys Mitarbeit an dem Anthologieprojekt der ‚Friedensgedichte'. Der Dichter zeigte sich vom poetischen Vorhaben der Bibliothekarinnen auf angenehme Weise berührt und äußerte gar den Wunsch, sofern es sein eng gesteckter Zeitplan zulasse, mit einigen Mitgliedern der Friedensinitiative über Auswahl der Autorinnen und Zusammenstellung der Texte in ein kollegiales Gespräch zu treten. Vielleicht, dass er sich ja an dem in jeder Hinsicht begrüßenswerten Vorhaben – Grewe sagte ‚Vorhaben' statt ‚Projekt' – mit geeigneten Hinweisen und Vorschlägen verdient machen könne. So oder so aber lade er herzlich alle daran beteiligten Frauen zu seiner Auftaktlesung am heutigen Abend in die Kollektiv-Buchhandlung ein. Nach diesen Versprechungen griff er endlich zur ‚Westfalenpost', zu dessen Titelblatt die Blickrichtung seiner blauen Augen schon während seiner Erklärungen hin und wieder sehnsüchtig gewechselt war. Er blätterte raschelnd zur einzigen Kulturseite um, überließ Thomas den Sportteil und fand endlich auch einen schmalen Vorbericht über seine heutige Lesung unter dem belanglosen Titel: Grewe liest. Darunter ein wenig aussagekräftiges Standardfoto des Autors. Er las Friederike und Thomas den Artikel laut vor und fragte seine Sachwalterin, die gerade einem Frühstücksei geschickt mit dem Messer die Spitze abhieb, nach ihrer Meinung. Beide kamen überein, dass es in der Tendenz ein akzeptabler Artikel war, der jedoch für einen Dichter von Grewe'schem Rang eindeutig zu kurz ausgefallen war. Der äußerte nun seine Zweifel daran, dass am Abend genügend Zuhörer zusammenkämen. Thomas versicherte dem Dichter, dass die Partei sich nicht auf die bürgerliche Presse verlassen habe. Wedi habe den ganzen Apparat in Bewegung gesetzt und die Werbetrommel für die Veranstaltungen mit Grewe gerührt. Dazu seien zahlreiche Bündnispartner persönlich oder per Brief eingeladen worden. Er könne dem heutigen Abend, der unter dem Motto ‚Besser das Buch in der Hand – als das Blatt vor dem Mund' stehe, gelassen entgegensehen. Grewe trank aus, stand auf und begab sich mitsamt Feuilletonseite zur Toilette. Thomas goss rasch ein paar Tassen Wasser auf die Nelken.

Thomas hatte dem Dichter nicht zuviel versprochen. Der Literaturabend in der Kollektivbuchhandlung, die, Stolz und Aushängeschild der Parteiorganisation, über den Geschäftsräumen einer Bankfiliale in einem schönen Patrizierhaus am Durchschnitt untergebracht war, nahm einen verheißungsvollen Auftakt. Bereits um zwanzig vor acht lugte Grewe sichtbar zufrieden und erleichtert zwischen den Plastikbahnen des Vorhangs heraus, der die kleine Teeküche vom bereits gut besuchten Geschäftsraum abtrennte. Junge Frauen mit lila Halstüchern saßen ganz vorn in den zwischen wohl gefüllten Bücherregalen eigens aufgebauten Stuhlreihen. In ihren Augen lag ein subtiler Glanz. Auf entspannten Schößen sah er Jutetaschen liegen, in denen mitgebrachte Bücher steckten, die ihm später zum Signieren gereicht werden würden. Er signierte gerne, allerdings lieber neue Bücher, die die Menschen während der Veranstaltungen erwarben. Auch an diesem Abend lagen alle lieferbaren Werke des Autors auf einem Aktionstisch zusammen mit den durch verschiedene Röstverfahren erzeugten drei Sorten Nica-Kaffee zum Kauf aus. Friedenstauben-Sticker und Nicaragua-Abzeichen prangten an Pullovern oder Jackenaufschlägen. Am Eingang sammelten Studenten bei den Eintreffenden Unterschriften zur Umbenennung des Hindenburgplatzes. Der riesige Parkplatz lag vor dem barocken Schloss, das einst als fürstbischöfliche Residenz gedient hatte und jetzt die Universitätsverwaltung beherbergte. Der Name von Hitlers präsidialem Steigbügelhalter sollte zugunsten des Namens ‚Hiroshimaplatz' weichen. Natürlich war auch Grewe um eine Unterschrift gebeten worden und hatte sie gern gegeben. In der ersten Stuhlreihe warteten Thomas und

Betty mit Kolleginnen aus ihrer Friedens-Ini auf den Beginn der Lesung. Unmittelbar davor, an der Stirnwand des Raums, unter dem großen Regal mit DDR-Belletristik, stand das Pult, an dem er gleich lesen würde, darauf eine alte, stilvolle Leseleuchte als Blickfang.

Bis acht Uhr war auch der letzte freie Platz besetzt. Klaus Kandetzky, der Genosse Buchhändler, schleppte keuchend ein paar modrige Klappstühle aus dem Lagerraum im Keller herauf. Diese schweißtreibende Arbeit musste er nur selten verrichten und deshalb griente er zufrieden in seinen nach Friedrich Engels' Vorbild markant geschnittenen schwarzen Klassikervollbart hinein. Um fünf nach acht hastete Konrad Schummel, doppelt freier Mitarbeiter der ‚Westfalenpost', keuchend durch das Stiegenhaus und ließ sich einen Stuhl in der ersten Reihe freimachen. Um zehn nach acht winkte Kandetzky in Richtung Podgorny, der mit Frowein und Friederike ins Gespräch vertieft war. Dr. Henning Frowein, ein fortschrittlich denkender und bedacht handelnder Akademischer Rat vom Germanistischen Institut, der an einem Lexikonartikel über Grewe arbeitete und sich für die Begrüßung der Gäste gern hatte gewinnen lassen, schaute bedeutsam auf seine Armbanduhr. Er bat vernehmlich um Ruhe und die Gespräche erstarben alsbald. Frowein begrüßte nun den Autor – Willkommen, Elmar Pilatus! –, wandte sich ans verehrte Auditorium und verlas eine kurze Einführung in Leben und Werk, die sich der Autor stoisch anhörte. Frowein betrachtete beides in einem Kontext zeitgenössischer Literatur und fortschrittlicher Politik, die sich heute Abend sinnfällig manifestierten und engagierten im Kampf gegen die atomare Bedrohung. Er gab dem Dichter das Wort.

Der eröffnete die Vorlesung mit einer trefflich zusammengestellten Auswahl seiner Gedichte. Die meisten dieser kurzen Texte waren bereits einmal publiziert und oft zitiert worden, somit vielen Zuhörern in ihrem Wortlaut bekannt. Zuletzt erklangen die weniger bekannten aus ‚Menetekel', dem neuen Gedichtband. Für diese überzeugend vorgetragene Lyrik-Sequenz heimste der Autor abschließend frenetischen Beifall ein, welchen er stehend und unter beschwichtigenden Gesten entgegennahm. Grewe trank ein wenig Wasser, spülte die Mundhöhle und nach dieser kleinen Verschnaufpause kündigte er dem geneigten Publikum, das bei diesen Worten sofort wieder ganz still wurde, eine Premiere an. Aus ‚Bräute im Bad', so der Arbeitstitel eines noch nicht veröffentlichten Buchvorhabens, werde er am heutigen Abend erstmals einen Auszug vortragen. Zumindest sei er gewillt. Ein Roman über die Selbstbespiegelung in der Kunst wie über die Kunst der Selbstbespiegelung. Literarisches Neuland. Nicht dass er der Lyrik, seiner alten Liebe, überdrüssig geworden sei, aber er habe sich einmal an einem anderen Genre probieren müssen und schon lange habe es ihn gedrängt, seine mannigfaltigen Einblicke in die Peripetien des Kunst- und Literaturbetriebs zu einer veritablen Romanhandlung zu verdichten. Er bitte also um Zustimmung etwas daraus vorzutragen. Die wurde ihm durch lebhaften Applaus angezeigt und er griff in seine braune Ledermappe und zog ein Konvolut eng mit Maschine beschriebener Blätter daraus hervor. Er sortierte den Stoß auf dem Tisch, räusperte sich und fing, als die Stille beinahe hörbar geworden war, endlich an zu lesen.

Grewe erschuf dem Auditorium nun mit seiner bedachten Wortkunst das lebensnahe Portrait der Claudia Ewigleben, einer jungen Malerin mit großem Talent und wenig Fortune. Sie stammt aus der niedersächsischen Provinz und lebt in Hannover, jener langweiligen Landeshauptstadt an der Leine. Sie malt (Öl auf Leinwand) vor allem leere Tierkäfige, immer wieder leere Tierkäfige, die in kleinbürgerlichen Interieurs die Stammkonsolen der Fernsehempfänger eingenommen haben. In wuchtigen Sesseln und auf komfortablen Sofas räkeln und tummeln sich Reptilien, Vögel, Hunde und Affen, die eigentlichen Bewohner der Käfige also, die ihre verlassenen Behausungen in etwa so entgeistert anstarren, wie Menschen dies nach Feierabend mit dem Fernsehmonitor tun. (Anti-Neutronenbomben-Kunst?) Die neunmalklugen Betrachter dieser apokalyptisch anmutenden Bilder fragen sich natürlich sofort, wohin die Menschen entschwunden sind. Einige Kunstfreunde, die sich deshalb für wirklich klug halten, nehmen freilich an, dass die Malerin mit ihrem Kunstschaffen genau diese Frage des Betrachters provozieren will: Quo vadis, homo sapiens? Obwohl Claudia Ewiglebens Bilder bereits den Zuspruch namhafter Kunstkritiker gefunden und bei verschiedenen Ausstellungen auf sich aufmerksam gemacht haben, ist sie vom großen Durchbruch noch weit entfernt. Ihre Einkünfte aus der Malerei sind bescheiden und sie darbt. Den unspektakulären Lebensunterhalt zu sichern, verkauft sie morgens belegte Brötchen, Zeitungen und Kaffee in einem Bistro am Hauptbahnhof. Oda Liske und Resi Gnatiev verkörpern das proletarische Element in dieser Geschichte. In den beiden Kolleginnen aus der Bistroschicht findet Ewigleben engagierte Gewerkschafterinnen und solidarische Kritikerinnen ihrer Kunst. Nach Feierabend gehen sie oft gemeinsam ins Sprengel-Museum und schauen sich dort Claudias Zyklus ‚Intermezzi 1–3' an, den das Museum vor zwei Jahren angekauft hat. Mit ihrem jüngsten Bild – seit langem ihr erstes, das mal wieder ein menschliches Wesen aufweist – hat sie sich für ein Arbeitsstipendium des Landes Niedersachsen beworben. Ihre übliche Versuchsanordnung hat sie auch auf diesem Bild beibehalten. Den wieder ins Bild gerückten Homo sapiens, einen, im Verhältnis zu der Familie von Bartgeiern auf den Rückenlehnen der Fauteuils arg geschrumpften General, hat sie natürlich in einen monströsen, mit weißen Exkrementen verkoteten Käfig platziert, der wieder auf einer klotzigen Kommode steht. Das Bild trägt den Titel ‚Käfighaltung I – Neue Folge'. Die Malerin setzt große Hoffnungen in dieses Bild. In der Auswahljury sitzt auch der Galerist Karl Zinom, der das Potential der Malerin erkannt hat und sich als ihr Förderer profiliert.

Claudia Ewigleben ist befreundet mit Ben Uron, einem Nachwuchsspieler von Hannover 96, der von einer steilen Karriere als Fußballer träumt und besessen dafür trainiert. Der Traditionsclub ist mal wieder in akute Abstiegsnot geraten. Keine Zeit für taktische Experimente, keine gute Zeit für Talente. Die Malerin erhält endlich das Stipendium gewährt und zieht sich von dem Geld für ein paar Wochen auf die Hallig Hooge zurück. Es ist bereits November und meistens neblig dort. Die ersten Herbststürme toben gegen die Küste. Auf der Überfahrt wird ihr schlecht, sie muss sich übergeben. Sie fühlt sich hilflos. Sie fährt ohne den blonden Ben auf die Hallig, der auf der 96er-Ersatzbank seine große Profi-Chance erwartet und deshalb bis zur Winterpause unabkömmlich ist. Sie zieht in ein schönes Atelier auf der Westerwarft ein, das dem Galeristen Karl Zinom gehört. Auf Hooge, diesem winzigen Stück Land im Meer, trifft sie auf den Schriftsteller André Nalin, der an einem neuen Gedichtband arbeitet und eine verflossene Liebe beweint. Die umgekehrte Reihenfolge wäre korrekter, denn erst sein Liebesschmerz weitet ihn für die gültigen großen Empfindungen der Poesie.

An diesem Punkt seiner Erzählung gönnte sich Grewe eine kleine Trinkpause. Er nippte an dem Wasserglas und lächelte ostentativ in sich hinein. Das Auditorium im Verkaufsraum der Kollektivbuchhandlung schwieg ergriffen. In dem aufgewühlten Poeten seiner Textprobe konnten die Zuhörer unschwer den Vorlesenden selbst erkennen. Eine feierliche Stimmung hatte sich ausgebreitet und wurde auch fortan durch keinen Laut gestört. Wer steckte aber hinter dem Portrait der Claudia Ewigleben? Vielleicht Friederike Tanski? Thomas musterte Grewes Begleiterin und verglich ihr Aussehen mit der Beschreibung Ewiglebens. Was jedoch die meisten im Saal wohl schon geahnt oder vom fiktiven Schicksal der Protagonisten erhofft haben mochten, traf nun auch folgerichtig ein.

Bis Weihnachten verliebt sich Ewigleben in Nalin. An Heiligabend trifft aber auch Ben Uron, der am Samstag im verloren gegangenen Punktspiel gegen Waldhof Mannheim einen zehnminütigen Einsatz gehabt hat, mit der letzten Fähre bei stürmischem Wetter auf der Hallig ein. Er hat trainingsfrei bis nach Neujahr. Er hat seiner Freundin ein Geschenk mitgebracht, einen Walkman und dazu eine Kassette, mit Liedern bespielt, von denen er meint, diese seien ihre gemeinsamen Lieblingslieder. Sie hat nicht an ihn gedacht. Sie hat kein Geschenk für ihn besorgt. Vielleicht schläft sie deshalb in dieser Nacht noch einmal mit ihm. Am ersten Weihnachtstag stellt sie ihm Nalin vor. Als es dunkel wird, feiern sie alle zusammen bei der Familie Jürgensen, die mit Zinom befreundet ist, auf der Westerwarft.

Sie singen Lieder unter dem Weihnachtsbaum. Nalin hat eine Schallplatte mitgebracht: Süverkrüps garstige Weihnachtslieder. Vertraute Melodien, progressive Texte. Sie erfreuen sich an der giftigen Mixtur, sitzen warm am Herdfeuer und trinken sehr steifen Grog. Sie reden vor allem über Kunst und Literatur, da Nalin dem Fußballsport nichts abgewinnen kann. Bei dieser Konstellation ist wiederum der Fußballer benachteiligt. Er fühlt sich rasch ins kommunikative Abseits gestellt und erkennt bald, dass sein Gefühl nicht allein von den Gesprächsthemen herrührt, sondern viel mehr noch durch ein heimliches Verständnis, ja Einverständnis, das er in Blicken und Gesten, die zwischen den beiden anderen getauscht werden, zu erkennen glaubt. Die Wetterlage verschlechtert sich. Schon seit dem Nachmittag haben die Menschen ihre wenigen Autos und das viele Vieh auf die Warften geholt. Gegen Mitternacht vermeldet das Radio eine Sturmflutwarnung für die deutsche Nordseeküste. Sie gehen nach draußen in den tosenden Sturm und beobachten vom sicheren Warfthügel aus, wie schwere Brecher über die Sommerdeiche greifen. Wie schnell die Hallig voll läuft. Gegen drei Uhr meldet Hallig Hooge ‚Land unter'.

Der zweite Weihnachtstag bringt den Hallig-Hader, das große Zerwürfnis der sich einmal in Liebe Zugetanen. Ben Uron, der in der vergangenen stürmischen Nacht feststellen musste, dass seine Ewigleben sich ihm entfremdet hat, sucht während eines langen Spaziergangs rund um die Hallig die Aussprache mit ihr. Überall liegt Strandgut herum, Holz vor allem, das von der Flutwelle herangespült worden und beim Ablaufen des Wassers liegen geblieben ist. Vehement verlangt Uron von der Malerin eine Entscheidung, *die* Entscheidung. Der Fußballer bedrängt die Abwanderungswillige, mit ihm auf das Festland zurückzukehren und den Silvesterabend mit Freunden in Hannover zu feiern. (Welche Freunde?, denkt Ewigleben.) Er will sie forthaben, weg aus der Nähe des unglücklichen Dichters, der tagsüber das Meer entlangschreitet, der abends in glühender Geduld über seinen vertrackten Versen brütet, die er in eine voluminöse Kladde einträgt, und der ihnen zwischendurch am Herdfeuer Ausschnitte aus Pablo Nerudas ‚Canto general' rezitiert. Den Ballartisten beunruhigt die Seelenverwandtschaft zwischen den beiden Künstlern und im Grunde weiß er schon, während er sie immer noch anfleht, dass er Claudia bereits verloren hat. (Falls er sie je besessen hat.) Am Festtag der Unschuldigen Kinder reist Ben Uron geschlagen ab. Es ist ein klarer und bitterkalter Tag. Die See liegt spiegelglatt und reflektiert funkelnd das Sonnenlicht. Dieselbe Fähre, die er frierend am Anleger vor der Backenswarft erwartet, bringt Ewiglebens Kolleginnen auf die Hallig. Die Malerin hat sie telefonisch eingeladen. (Feine Freunde!, schnaubt der Kicker bei ihrem Anblick.) Die beiden Bistrofrauen blicken zu ihm herüber. Sie kennen den Nachwuchsstar von gemeinsam besuchten Partys und

Ausstellungseröffnungen. Er stolpert ihnen auf der engen Landungsbrücke entgegen und schiebt die Sonnenbrille in die Stirn. Sie erschrecken über sein Aussehen. Die zerzausten Haare, der unrasierte Fieberblick, die geöffnete Lederjacke. Oda und Resi pressen sich hart an das Geländer, als er schweigend vorbeischrammt. Das Verhalten eines Irren, denken sie. Die Freundinnen fürchten bereits das Schlimmste für die Malerin und atmen erst erleichtert durch, als sie Ewigleben auf der Westerwarft in die Arme schließen können. Sie bleiben bis zum Dreikönigsfest bei ihr und verleben unbeschwerte Tage. Ewigleben und Nalin verbringen den gesamten Januar auf der Hallig. Für beide ein schöpferischer Monat.

Wenige Wochen nach seiner überstürzten Abreise schießt Ben Uron sein erstes Bundesligator. Er reift jetzt zum Stammspieler bei 96 und wechselt nach dem Abstieg des Clubs zur Borussia in Mönchengladbach. Im April richtet Karl Zinom in seiner Galerie der Malerin eine Präsentation ihrer Hallig-Werke aus. Ewigleben hat etwas Neues ausprobiert. Ihre Motive sind diesmal direkt auf ausgemusterte Schiffssegel gemalt, düstere Nachtvögel, die melancholisch auf ihren leeren Käfigen hocken. André Nalin hält eine kluge Eröffnungsrede, in der er ihr Kunstkonzept als ‚Nautisches Lamento' begrifflich festschreibt. Die Ausstellung der Segelbilder läuft unter dem Titel ‚Windstille' und wird für Ewigleben und ihre Kunst zu einem umjubelten Erfolg. Das Ereignis wird enthusiastisch besprochen und der Marktwert ihrer Bildersegel steigt rasch an. Aus Flensburg meldet sich eine Firma für Schiffszubehör, die mit einigen Motiven in Serie gehen will.

Hier, mit dem Ende eines Kapitels, sei nun ein guter Zeitpunkt gegeben, mit der Kostprobe abzuschließen, entschied Grewe. Trotz vieler bedauernder Ausrufe legte er das letzte Blatt auf den Papierstoß zurück. Mehr wolle er auch gar nicht verraten. Eine Kostprobe werde schließlich gewährt, um den Appetit zu wecken. Wer alles wissen möchte, müsse wohl die ‚Bräute im Bad' später erwerben. Das Buch liege hoffentlich bis zum Herbst in den Buchhandlungen. Er erhob sich von seinem Stuhl und genoss den verdienten Beifall.

Nun wurde Grewe belagert. Er konnte liebenswürdig sein. Er ließ sich herab, beantwortete geduldig allerlei Fragen zu seinem Werk, seinem Leben, seinen politischen Auffassungen, seiner Mitgliedschaft in der kommunistischen Partei. Ulrike Brüning sorgte für allgemeine Heiterkeit, als sie den Dichter als Nalin ansprach, was den mit seinem Romanhelden Verwechselten nicht davon abhielt, ihr einen stattlichen Betrag für die Vietnamkindersolidarität zuzustecken. Er bedankte sich bei der Brüning für ihre Arbeit, da ihm als Internationalisten das Schicksal des demokratischen Vietnams besonders am Herzen liege. Er sei stolz darauf, fügte er hinzu und ließ die Angesprochene erröten, solch beeindruckende Frau zu seinen Leserinnen zählen zu dürfen. Eine fortschrittliche Kirchenfrau schüttelte Grewe die Hand und wollte von ihm wissen, wie er wohl zu seinem zweiten Vornamen ‚Pilatus' gekommen sei. Wahrscheinlich erwartete sie irgendeine skurrile Anekdote. Als Bibelkennerin müsse ihr der wahrscheinlich bekannteste Ausspruch des Pilatus doch bekannt sein. Er sah ihr fragend in die Augen. Leidensgeschichte Jesu. Genau deshalb hätten ihm seine Eltern diesen Namen als zweiten Vornamen ausgesucht, hielt ihr Grewe kryptisch entgegen. Sie schien jedoch mit dieser Antwort beglückt worden zu sein und versprach, über deren Sinn nachzugrübeln. Sie ließ sich von Kandetzky die Bücher des Autors zeigen. Grewe bekam viel zu signieren, ging bereitwillig auf individuelle Formulierungswünsche ein und posierte für ein Foto, das für die ‚Westfalenpost' zu machen Schummel sich umständlich anschickte. Der Dichter hielt dazu eine dralle Frau mit rotem Haarschopf und Latzhose im Arm, die wiederum ein Grewe-Buch in der Hand hielt und die sich zunächst ein wenig dagegen sträubte, zusammen mit dem Dichter auf das Pressefoto zu kommen. Beim ersten Blitzlicht fügte sie sich indessen in ihr Geschick. Grewe küsste der Rothaarigen gerötete Wangen und entließ sie nach der Session mit einem ‚Menetekel'-Buch zum Dank. Als der Saal sich mählich leerte, beglückwünschte Podgorny seinen Gast zum Erfolg der Lesung und Friederike fiel ihm darob um den Hals. Grewe musste sie bei dieser Hängepartie fest um den Rücken fassen, da sie beide Unterschenkel wie eine Eiskunstläuferin beim Paarlauf abwinkelte, was Thomas wie eine misslungene Turnstundenübung vorkam, da sie nicht wie die Vorgenannte ein raffiniert geschnittenes Kostüm trug, sondern lediglich ihre leidlich sitzenden Jeans. Als er diesen Ansturm überstanden hatte, bedankte sich Grewe bei Henning Frowein für die freundliche Moderation und lud alle Verbliebenen, also auch Betty und Thomas, zur Nachlese in den ‚Dekanter'. Auch Schummel schien an dem Abend nichts anderes mehr vorzuhaben und packte sein Equipment zusammen. Kandetzky zählte zufrieden die Abendeinnahmen und versprach, später nachzukommen.

Das kleine Weinlokal in unmittelbarer Nähe zu den Städtischen Bühnen wurde in den Stunden um Mitternacht stets lebhaft frequentiert. Theaterbesucher reflektierten ihre frischen und dramatischen Eindrücke, Ratsherren jeglicher Polit-Couleur redigierten bei einem Quantum Beaujolais lebhaft an der lokalpolitischen Dramaturgie herum. Eine flirrende Atmosphäre geschäftiger Wohlanständigkeit und kultureller Beflissenheit erfüllte ein Lokal, das zudem dafür bekannt und geschätzt war, dass es der polizeilichen Sperrstunde kaum Beachtung schenkte. Kaum schenken musste, mutmaßten viele, wegen der dort verkehrenden und zechenden Lokalprominenz, und das also bis in die Bäckerstunden hinein einen sicheren Port für Nachtschwärmer darstellte, auf den auch ausländische

Touristen im Stadtführer bereits aufmerksam gemacht wurden. Henry Bliss-Grange, der zottelige Wirt dieser trauten Schwemme, der sich selbst lieber als Patron angesprochen hörte, begrüßte die neuen Gäste und geleitete sie persönlich zu einem reservierten Tisch unterhalb einer kleinen Bühne. Eher eine Art von Podium mit einem Klavier und Kerzenbeleuchtung an der Wand, auf dem Schauspieler des benachbarten Theaters gelegentlich Kostproben aus ihrem Lied- oder Chansonrepertoire zum Besten gaben. Als sich der Nebel einer lebhaft geäußerten Wiedersehensfreude lichtete, stellte sich heraus, dass Grewe und Bliss-Grange alte Freunde waren, die sich beim Studium in Heidelberg kennen gelernt hatten. Bliss hatte, als die Studentenrevolte radikale Entscheidungen auf die Tagesordnung setzte, eine Magisterarbeit über die französische Revolution abgebrochen und Ludwiga Grange, eine stämmige, der Kochkunst zugetane Elsässerin, geheiratet. Mit dieser herzensguten Frau war er, als die Protestwelle abzuebben begann, ins gastronomische Fach gewechselt, hatte sich über einige Zwischenstationen endlich nordwärts bis nach Münster vorgewirtschaftet und dortselbst mit dem ‚Dekanter' fest etabliert. Seine Frau veränderte seinen Taufnamen eigenmächtig in Henry, sodass wir annehmen dürfen, dass der Wirt vor langer Zeit einmal als Heinrich Bliss in Fulda das Licht der Welt erblickt hatte. Bliss-Grange, den Grewe ‚Granger' nannte, in englischer Artikulation, während der Freund ihn breit verzogen mit ‚ElPi' ansprach, brachte Gläser und stellte der Runde zum Bienvenu einen Dekanter mit Burgunder auf den Tisch, schenkte ein und setzte sich zu ihnen. Die beiden stießen auf ihre langjährige Freundschaft an und Grewe erweiterte seinen Trinkspruch um eine politische Dimension, indem er auf den Erhalt des Weltfriedens prostete. Dann stellte der Autor dem Wirt seine heutigen Begleiter vor und Bliss-Grange begrüßte noch einmal jeden Einzelnen persönlich, freute sich, dass Schummel mitgekommen war, und ganz besonders herzlich widmete er sich Friederike Tanski, die er bisher noch nicht kennen gelernt hatte und die er täppisch-galant als Überraschung des Abends apostrophierte. Passend dazu erwähnte Grewe just in diesem Augenblick, es seien jetzt wieder fast drei Jahre vergangen, dass sie sich letztmalig gesehen hätten. Während der großen Friedensdemo im Bonner Hofgarten, wo er auch lesen durfte. Vor 100 000 Menschen. Ein unvergessliches Erlebnis. Wenig später stieß auch Ludwiga, die für die Gäste des ‚Dekanter' ein paar elsässische Gerichte kochte, zu Grewe und seinem Anhang. Sie freute sich ganz offensichtlich, den lang entbehrten Dichter wiederzusehen, und herzte und küsste ihn, misstrauisch beäugt von Friederike.

Das Gespräch bewegte sich rasch auf die abendliche Lesung in der Kollektivbuchhandlung zu, und Bliss-Grange entschuldigte sich wortreich bei Grewe dafür, dass er nicht habe dabei sein können. Er habe aber schon gehört, dass ElPi erstmalig aus seinem Romanmanuskript ‚Bräute im Bad' vorgetragen habe. Diesmal scheine ihm literaturhistorisch ja etwas entgangen zu sein. Eine Mutmaßung, in der die anwesenden Zeugen ihn wortreich bestärkten. Wie wäre es aber, fuhr der ambitionierte Wirt fort, er wage kaum den Vorschlag zu unterbreiten, wie wäre es also, wenn er, ElPi, jetzt noch eine kleine Privatvorlesung für Ludwiga und ihn gäbe. Ein kurzer Ausschnitt, hier am Tisch gelesen. Nur damit sie beide einen Eindruck von der Fabel und von der Machart des Textes bekämen. Er setzte beim Anblick von Grewes abwehrend erhobenen Händen flehentlich hinzu, dass er, falls ElPi sich seinem Wunsch bequeme, die komplette Tischrunde für heute Abend als Gäste betrachte und freihalte. Bei diesem verlockenden Angebot sah sich der ermüdete Dichter verständlicherweise mit Appellen aus seiner Entourage konfrontiert, Bliss-Granges Offerte zu akzeptieren. Besonders Podgorny bedrängte ihn geradezu und konstatierte, ein Austausch von edlem Wein gegen erlesene Literatur sei ein für alle Beteiligten wohlfeiler Handel. Grewes verkniffene Mimik deutete jedoch an, dass er für seine Person davon noch nicht ganz überzeugt war. Immerhin schien er mit sich zu ringen und unterbreitete seinem Freund endlich ein Alternativangebot: Lesen ja, Granger, aber nicht aus ‚Bräute im Bad'. Denn vorhin, das war für mich ein Testlauf. Ein sorgfältig vorbereiteter Probelauf. Jetzt vielleicht ein paar Gedichte, dazu eine Parabel, die ich am Freitag auf der Auftaktkundgebung zum Ostermarsch vortragen werde. Gilt dein Angebot auch für dieses Programm, Granger? Inzwischen waren die Hellhörigen unter den Gästen auf diese seltsamen Verhandlungen aufmerksam geworden. Einige hatten auch wohl mitbekommen, dass ein bekannter Dichter dem ‚Dekanter' die, wie sie vielleicht meinten, Ehre gab, oder hatten Grewe gar nach dem heute veröffentlichen Zeitungsfoto erkannt. Sie kamen nun von den Nachbartischen herbei und bedrängten den Patron, seine Zusage unter allen Umständen einzuhalten, und den hofierten Dichter, allen ‚Dekanter'-Gästen das Zuhören zu ermöglichen, indem er zum Lesen auf das Podium steige. Natürlich griff Bliss-Grange, der für sein Lokal eine kulturelle Sternstunde herangereift sah, die Anregung seiner Gäste enthusiastisch auf, und auch Grewe ließ sich jetzt, da er seinen offensichtlichen Anhängern keinen Korb geben wollte, nicht lange bitten. Ludwiga räumte einige Stühle vom Podium herunter und entzündete die Kerzen eines Wandleuchters. In diesem Moment betrat Klaus Kandetzky mit einer Aktenmappe unterm Arm das Lokal. Er befand sich in Begleitung von Ulrike Brüning, deren Erscheinen bei Podgorny anzügliche Bemerkungen auslöste. Unter all dem Rummel packte Schummel seinen Fotoapparat wieder aus. Die beiden Nachzügler wurden lebhaft begrüßt und über die Entwicklung der letzten knappen Stunde in Kenntnis gebracht. Brüning verlieh ihrer Freude, Augenzeugin eines wichtigen Ereignisses zu werden, dadurch Ausdruck, dass sie spitze Schreie ausstieß und Kandetzky um den Hals fiel. Mittlerweile hatte Bliss-Grange einen weinfrohen Musiker aus dem Orchester der Städtischen Bühnen auf das Podium gezerrt, der die improvisierte Soiree pianistisch einleiten sollte. Der umtriebige Wirt hatte ihm dafür weitgehenden Erlass seiner zu beträchtlicher Höhe aufgelaufenen Trinkschulden in Aussicht gestellt. Der hagere Berufsmusikus blinzelte nun durch seine Brillengläser von der illuminierten Bühne herab, rückte den wackligen Hocker zurecht, sammelte sich und begann zum Warmwerden mit ein paar artistisch aussehenden Fingerübungen, die endgültig die Aufmerksamkeit aller Gäste auf das bevorstehende Kulturereignis zogen.

Die zahlreichen Menschen in dem verschachtelt eingerichteten Lokal positionierten ihre Stühle zu einem freien Blick auf die Bühne, die jetzt von dem bärenhaft schwankenden Bliss-Grange höchstselbst erklommen wurde. Der Patron gab seiner Freude darüber Ausdruck, den bekannten Elmar P. Grewe leibhaftig als Gast begrüßen zu dürfen. Er habe ihn eben zur Darbietung einer kleinen Textauswahl bewegen können und versprach allen Anwesenden einen besonderen, weil überraschenden und kostenlosen Genuss. Vorher werde jedoch, und bei diesen Worten zog er den neben ihm schattenhaft verrenkten Musikus zu sich hoch, der allseits geschätzte B. B. sie musikalisch einstimmen. Als der Beifall verrauscht war, begann Balduin Bandura zu spielen. Er interpretierte einige Protestsongs von Joan Baez und Georges Moustakis ‚Le Mètèque', Bliss-Granges Lieblingslied, und sang recht gefällig dazu. Am Ende ließ er Dylans ‚Blowin' in the Wind' erklingen, die altbekannte Hymne der Gewaltfreiheit. Bei den Refrains stimmte die ganze Gesellschaft weinselig ein, und nach diesem kleinen Potpourri erhob sich lang anhaltender Beifall für Bandura, der sich in Anbetracht wiedererlangter Kreditwürdigkeit durch Bliss-Grange gleich ein Glas Hausmarke an den Tisch tragen ließ. Nun wurde für Grewes Part ein klappriges Stehpult heraufgetragen. Bliss-Grange stellte Grewe vor und der Autor wandte sich an sein Publikum. Er wolle mit ein paar Friedensgedichten beginnen. Bevor er die Bühne verließ, gab der Wirt an Konrad Schummel das Zeichen für ein Foto mit ihm und Grewe, der danach mit dem Vortrag seiner Gedichte einsetzte. Diese Art von Lyrik, in der ein appellativer Grundton zum Tragen kam, wurde nach den einschlägigen Liedern natürlich gut angenommen. Alsdann forderte Grewe alle Anwesenden auf, sich an den bevorstehenden Ostermärschen zu beteiligen und auf jeden Fall zur Auftaktkundgebung vor dem Schloss zu kommen. Am Karfreitag möchte ich euch alle wiedersehen. Gegen die Rüstungslobbyisten und Wall-Street-Magnaten. Ob es auch regne oder schneie – zu Ostern in der ersten Reihe! In diesem Jahr muss es uns gelingen, den Raketenbeschluss zu Fall zu bringen, klang er pathetisch unter dem Jubel der aufgekratzten Nachtschwärmer. Dann bat er um Aufmerksamkeit. Mein letzter Text verlangt vollkommene Konzentration beim Zuhören.

Zum Abschluss seiner kleinen und spontanen Performance möchte er ihnen eine hübsche Parabel zum Nachdenken und Weitererzählen mitgeben. Ein wichtiger Text, den ihm ein Schriftstellerfreund aus Warschau zum letztjährigen Antikriegstag geschenkt habe und der ihm so trefflich Antwort auf die Frage zu geben scheine, die alle Menschen guten Willens in diesem Jahr bewege: Wird es Krieg geben? Genau das sei auch der Titel der Parabel und er bitte noch einmal darum, genau hinzuhören. Es werde sich lohnen. Jetzt war es totenstill geworden. Dann zog er ein zerknittertes Blatt Papier aus der Innentasche seiner Jacke und begann noch einmal mit seiner warmen, bereits etwas kratzig gewordenen Stimme vorzulesen.

Wird es Krieg geben?

In den alten Zeiten, als es in Krasnogaj noch einen Rabbiner gab, war der alte Kuperholz zu ihm gegangen, um ihn zu fragen, ob es Krieg geben werde.

„Du machst", so sprach der Rabbiner, „mittags deinen Laden zu und gehst nach Hause. Du trittst in den Flur und riechst gebratene Zwiebel. Oh, wie sie duftet! Du gehst weiter, und in deine Nase steigt der Geruch von gehackten Eiern mit Zwiebel, von gebratener Leber, von Huhn in fetter Brühe, von Honigfladen ... Du trittst ins Zimmer, und der Tisch ist weiß gedeckt, alles ist da, Bestecke, Teller und Schüsseln. Was meinst du, Kuperholz? Wird es Mittagessen geben?"

Als er den Vortrag geendet hatte, blieb es zunächst merkwürdig ruhig im Saal. Lediglich Ulrike Brüning ventilierte ein grelles Bravo. Eine Atmosphäre zwischen Nachdenken und Beklemmung erfüllte den Raum. Dann hatte auch der letzte unter den Zuhörern den Sinngehalt des kleinen Textkunststücks begriffen. Grewe nutzte den kurzen Augenblick, in dem eine Menge dankbar ergriffen durchatmet, bevor sie mit dem Beifallklatschen beginnt, für seine Schlussworte. Er ersehe an dessen Schweigen, dass er diesem Publikum die verborgene Wahrheit der Parabel nicht zu erläutern brauche. Er möchte aber gerne ihren impliziten Appell herausstellen: Krieg werde es immer dann geben, wenn er vorbereitet wird. Wer aber den Krieg verhindern wolle, müsse bereits dessen Vorbereitung verhindern. Sehr simpel sei das und jeder einzelne sei aufgefordert, sich den profitgeilen Propädeutikern des 3. Weltkrieges in den Weg zu stellen. Danke für eure Aufmerksamkeit. Damit war der Applaus freigegeben. Die Zuschauer klatschten frenetisch und stampften mit den Füßen auf. Spontan stimmten Sangesfrohe ‚We Shall Overcome' an und Balduin Bandura eilte zum Klavier zurück, stellte das Weinglas und einen Aschenbecher darauf ab und begleitete den Chor. Grewe begab sich zu seinem Tisch und küsste Friederike auf ihren hübschen Scheitel. Wegen des wieder einsetzenden Beifalls stieg er zurück zu Bandura auf das Podium. Beide Akteure verneigten sich noch mehrere Male. Eine zu Tränen gerührte Ratsherrin riss ein paar Tulpen aus einer Tischvase und verteilte sie zwischen den beiden Künstlern.

Großartig, flüsterte Podgorny, der auch mit Ausdauer applaudiert hatte, zu Thomas herüber, einfach großartig, genau deshalb wollte ich ihn hier haben. Du verstehst? So was bringt nur ein Grewe fertig. Diese Menschen, die eigentlich nur gekommen sind, um vor dem Schlafengehen gemütlich ihren Wein zu trinken, um zu entspannen, derartig anzupolitisieren. Ist dieser mitternächtliche Auftritt, flüsterte Thomas zurück, der literaturgeschichtliche Augenblick, auf den du spekuliert und den du Betty und mir angekündigt hast? So könnte man es vielleicht sehen, aber letztendlich muss das die Nachwelt beurteilen, erwiderte der Quartiermacher der Partei ungerührt. Warum denn nicht, wenn Schummel auch etwas Ordentliches daraus macht. Bei seinen letzten Worten klopfte er dem Reporter aufgeräumt auf die Schulter. Der verschluckte sich, hustete und verpflichtete sich schnell zu einem Artikel, der sich gewaschen habe, und er versprach in seiner verqueren Diktion, in ihm die Bedeutung des heutigen Abends zur Gänze zu erfassen. Schummel bat Grewe um eine Kopie der Parabel und auch Frowein, Grewes Leibbiograph, verlangte es danach. Grewe versprach beiden einen Abzug und verpflichtete Friederike, morgen dafür zu sorgen. Der Germanist fragte nun nach dem Namen des polnischen Schriftstellers, dem Urheber des erstaunlichen Textes. Minkowski, mein Freund Aleksander Minkowski hat ihn geschrieben, gab Grewe Auskunft, einer der wichtigsten Autoren in Polen. Leider führt die polnische Literatur bei uns ein Schattendasein. Bei uns, damit meine ich in der BRD, sehr im Unterschied zur DDR, wo sie auch übersetzt wird. Schwer beladen tauchte Bliss-Grange, dem es jetzt oblag, seinen Teil des literaturkulinarischen Vertrags zu erfüllen, aus den Tiefen seines Weinkellers auf. Er offerierte ihnen verstaubte Weinflaschen unterschiedlicher Provenienz und beriet sie bei der Auswahl. Sie entschieden sich für einen 82er Cabernet Sauvignon aus dem Pays d'Oc. Keine schlechte Entscheidung, ein exquisiter Tropfen, versicherte ihnen der Wirt. Santé! Im Übrigen hätten sie freie Auswahl bei den Getränken. Betty bestellte daraufhin für sich eine Flasche Mineralwasser. Sie müsse wohl oder übel in ein paar Stunden wieder am Counter der Unibibliothek stehen, rechtfertigte sie ihre ernüchternde Order. Und wenn schon nicht ausgeschlafen, dann wenigstens mit klarem Kopf, wie sie betonte. Unvermittelt wandte sie sich an Grewe, der gerade

Henning Frowein von dem Anthologieprojekt ‚Friedenslese' in Kenntnis setzte und dies Unterfangen selbst wie auch die Bibliothekarinnen in hohen Tönen lobte. Sie wurde zunächst abgehalten durch Ludwiga, die schon eine ganze Zeit lang nicht zu sehen gewesen war. Die Wirtin trug schwer an einem mit Baguetten gefüllten Korb, die mit Salami und Camembert belegt waren. Dazu stellte sie Oliven und Obst auf den Tisch. Auch Bestandteil deines Honorars, ElPi, himmelte sie den Dichter an. Bon appétit.

Kennst du die polnische Dichterin Szymborska?, nahm Betty den Dichter nun für sich in Anspruch. Wislawa Szymborska?, gab der postwendend zurück. Er zog die Stirn zu Falten. Die polnischen Genossen haben ein paar Bauchschmerzen ihretwegen. Betty hatte sich vorgenommen, das Stichwort ‚Polnische Literatur' aus dem Gespräch zwischen Grewe und Frowein für ihre Anthologiezwecke aufzugreifen. Und ohne auf Grewes Nachfrage einzugehen, fuhr sie fort. Gestern, während der Arbeit, habe ich wenige Sachen von ihr lesen können. Ich meine, ein paar ihrer Gedichte könnten durchaus für unser Buch in Frage kommen. Sie nannte als Beispiel ‚Vietnam', ein Text, der sie wegen seiner extremen Schlichtheit und dialogischen Struktur angesprochen habe. Ein wahres Meisterwerk ihrer Ansicht nach. Grewe konnte natürlich zur Autorin Weiteres beitragen. Ein ganzes Jahrzehnt älter als mein Freund Minkowski, ließ er biographisches Detailwissen durchscheinen, musste jedoch beim erwähnten Gedichttitel passen, was ihn ersichtlich ärgerte. Betty zitierte die ersten Verse von ‚Vietnam' aus dem Gedächtnis heraus: ‚Wie heißt du, Frau? Ich weiß nicht. / Wo bist du geboren, wo kommst du her? Ich weiß nicht.' In dieser Art ginge es weiter. Auf alle Fragen antworte die Frau in dem Gedicht monoton mit ‚Ich weiß nicht'. Bis zu den ergreifenden Schlussversen, den Fragen neun und zehn: ‚Steht dein Dorf noch? Ich weiß nicht. / Sind das deine Kinder? Ja.' Eine unerwartete Pointe, die wegen ihrer Selbstverständlichkeit einen Eindruck vermittelt von der Größe der Sache, nach der hier gefragt wird, analysierte Henning Frowein ungefragt, und Grewe sprach manieriert von einer Hymne auf die Mutterliebe. Als solche bewundernswert und absolut geeignet für eure Anthologie. Mutterliebe könnte uns eine Metapher für den Frieden bedeuten. Eine uralte und ewig gültige Metapher. Ein schönes Bild, sehr anrührend, pflichtete ihm Friederike bei. Grewe bat Betty, ihm den Gedichttext zu besorgen.

So schritt der Austausch verschiedener Texte an diesem Abend voran. Zumindest wurden die Versprechen dazu abgegeben. Was davon in bewusster Erinnerung blieb am nächsten Morgen, welcher Text, welche Abschrift wen auf welchen Wegen auch erreichte, ist mit letzter Sicherheit nicht mehr feststellbar. Die Nacht im ‚Dekanter' jedenfalls hatte ganz sicher ihre Spuren auch im Gedächtnis der Protagonisten hinterlassen. Als Erste verließen Brüning und Kandetzky Arm in Arm das Lokal. Thomas und Betty standen gegen zwei Uhr auf und hinterließen Grewe und Friederike einen Wohnungsschlüssel. Um drei Uhr verabschiedete sich Podgorny, angeblich, um eine Taxischicht zu fahren. Der Dichter und seine Sachwalterin verließen gegen vier Uhr das Lokal. Mit ihnen wankte Henning Frowein hinaus. Kurz vor fünf wurden Konrad Schummel und Balduin Bandura, den Grewe an ihren Tisch geholt hatte, von Bliss-Grange hinauskomplimentiert. Um Viertel nach fünf Uhr kroch Henry selbst, zufrieden mit sich und der ‚Dekanter'-Welt, zu seiner Ludwiga ins gemachte Bett.

Elmar P. Grewe hinterließ einen guten Eindruck bei seinen übrigen Auftritten in Münster. Auch Schummel hielt Wort. Am Gründonnerstag erschien in der ‚Westfalenpost' ein gut aufgemachter Bericht über die Lesung in der Kollektivbuchhandlung und das anschließende Happening im Weinlokal. Unter der Titelzeile ‚Prägnanter im Dekanter' waren Schummel ein paar ebenso geistreiche wie zutreffende Bemerkungen über Grewes Art zu schreiben und zu lesen gelungen. Am Karfreitag sprach Grewe auf der Auftaktkundgebung zum Ostermarsch und formulierte vor der Kulisse des Schlosses einige beachtliche Sätze zum Thema ‚Krieg und Frieden im 20. Jahrhundert'. Anschließend stellten ihm die Genossen der RoteReiterRotte einen betagten Fuchswallach, der auf den Namen Barbarossa hörte, zur Verfügung, auf dem er die Friedensreiter bei ihrem Ritt nach Osnabrück ein Stück begleitete. Eine historische Wegstrecke, deren neuerliche Zurücklegung zur Erinnerung aufforderte an den Westfälischen Frieden, mit dem 1648 der Dreißigjährige Krieg beendet wurde. So verließ der Dichter die Bischofsstadt auf dem Rücken eines Pferdes, auf dem er auch keine schlechte Figur abgab, weil er während seiner Zeit in Nicaragua neben vielem anderen auch das Reiten hatte lernen müssen, wie er einem Reporter ins Mikrophon herabsprach. Am Samstag reisten Grewe und Friederike wieder ab. Podgorny war mit dem Verlauf der Karwoche hochzufrieden. Er bedankte sich bei Thomas und Betty und ging über Ostern Taxifahren. Bitterschulte dachte nach über die Tragfähigkeit der Konzeption von ‚Bräute im Bad' und räumte ihre Wohnung in der Propstei auf. Betty Lehmkuhl traf sich mit ihren Kolleginnen. Sie arbeiteten hart an der Fertigstellung ihrer ‚Friedenslese'-Anthologie, die endlich zu Pfingsten, dem christlichen Fest der Geistausschüttung, vorlag und in den Verkauf gelangte.

Aus Bitterschultes Klessmann-Notizen

Fünftes Bild: Ballverlust mit Beduinin

Gehen wir in die Offensive, Genossen! Heran an die Massen! Durch hohe, schlanke Seitenfenster dunkelte es bereits in den Saal hinein, als sich Klessmann schwungvoll dem umjubelten Ende seines Grundsatzreferats näherte. Die schwarze Vorherrschaft in unserer schönen Stadt brechen! Kommunisten ins Rathaus!, resümierte er routiniert mit Pathos. Seine langen Arme fuchtelten in der rauchgeschwängerten Luft herum. Er strich eine blonde Haarsträhne aus der Stirn und das Saallicht blitzte wider in den runden Gläsern seiner Nickelbrille. Neue Mitglieder werben im Ernst-Thälmann-Aufgebot der Partei. Genossen, Genossinnen, lasset uns die ersten Schritte auf dem Wege zur Massenpartei mutig gehen. Mit diesem beschwörenden Appell zog er den Schlussstrich auf der KoPoKo, der Kommunalpolitischen Konferenz der Kommunistischen Partei, die in der bildungsbiederen Aura der Paulinum-Aula tagte. Die Delegierten erhoben sich aus gepolsterten Stuhlreihen und klatschten den Redner rhythmisch ab. In offener Abstimmung verpflichteten sie sich anschließend einmütig zur Umsetzung des ‚Kurs D' betitelten ehrgeizigen Maßnahmenplans, wobei ‚D' als lateinische Ziffer 500 das angestrebte Ergebnis der jüngsten Mitgliederkampagne quantifizierte. Danach standen alle wieder auf und intonierten mit hochgereckter Faust die Internationale. Ich stimmte vollmundig ein, obwohl ich mir auf meine Sangeskünste noch immer nicht besonders viel einbildete. Seitdem in der Sexta meine Interpretation der britischen Hymne von der Englischlehrerin mit einer schallenden Ohrfeige quittiert worden war, hatte ich mit dem Singen ein Problem (Psyche) und nur noch unter Dusche oder Droge (Alkohol) zum Gesang gefunden. Zum Glück ließen die Kommunisten jeden ungehindert mitsingen, der guten, also proletarischen Willens war. Dem schmächtigen Hausmeister Ilsebrock indessen, der ansonsten harmonischere Weisen in seiner humanistischen Bildungsanstalt zu genießen wusste, stand die schiere Wut ob des respektlosen Kommune-Treibens nicht nur im Gesicht geschrieben. Er kauerte in einer dunklen Saalecke und ballte, wie ich mir ausmalte, in den ausgebeulten Taschen seines grauen Kittels gleichfalls die Hände zu Fäusten. Da die Veranstaltung länger als vorgesehen und beantragt gedauert hatte, drückte Klessmann dem verstimmten Vertreter des werktätigen Volkes als Dankeschön für seine Geduld eine Flasche Mariacron in die Hände, die Ilsebrock auch flink herzeigte und öffnete. Alkohol ist bekanntlich ein ganz unideologischer Seelentröster. Ob als Wodka, Whisky oder Weinbrand destilliert.

Ich hatte als Ersatzdelegierter erstmals an einer Zusammenkunft dieser Art teilgenommen und war von ihren Ritualen schwer beeindruckt. An diesem Abend, als auch mir beim gemeinsamen Singen Schauer der Ergriffenheit über den Rücken liefen, ahnte ich noch nicht, dass ich binnen kurzem bei der Umsetzung des beschlossenen Maßnahmenplans eine nicht unbedeutende Rolle spielen sollte. Dabei hatte ich mich in der Diskussion weder zu Wort gemeldet noch über die wegweisenden Anträge mit abgestimmt. Diese Involvierung hing vielmehr mit meinem Faible für den Fußballsport zusammen, den ich zwar seit Aufnahme meines politischen Engagements aus Zeitgründen sträflich vernachlässigt hatte, bei dessen gelegentlicher Ausübung auf der Sentruper Höhe ich jedoch immer noch eine ganz passable Figur abgab. (Am Ball wie im Spiel ohne Ball.) So gut zumindest, dass dies den Genossen des kommunalpolitischen Arbeitskreises nicht verborgen geblieben war. Jedenfalls befand ich mich bald danach in ein Kadergespräch verwickelt, zu dem Klessmann, der kommunalpolitische Sekretär des Kreisvorstands, noch andere ballverliebte Genossen geladen hatte. Es ging um die Rettung der SV Concordia, eines traditionsreichen Arbeitervereins, der am jenseitigen Ufer des Dortmund-Ems-Kanals sportlich und finanziell darbte und um seine nackte Existenz fürchten musste. Der Verein rekrutierte seine Anhängerschaft unter den Bewohnern Maxhafens, einem Einfache-Leute-Viertel auf der hiesigen Kanalseite. Die meisten von ihnen arbeiteten bei Pfingstmann & Stehle, einem holzverarbeitenden Betrieb unweit des Concordia-Areals. Da Platz und Sanitäranlagen seit langem in einem deplorablen Zustand waren, geriet der Spielbetrieb vor allem in den Wintermonaten arg in Gefahr. Spielabbruch lag stets in der Luft. Die Misere trug nicht gerade zur Attraktivität des Vereins bei. Er litt unter dem Ausbleiben neuer Mitglieder – dies Problem hatte er durchaus mit meiner Partei gemeinsam – und war sportlich in die Anonymität der Kreisklasse abgerutscht. Da es in dieser Stadt nicht so viele Arbeiterviertel gab, hatte sich die Partei Maxhafen als kommunalpolitischen Schwerpunktbezirk erkoren. Sie veranstaltete Nachbarschaftsfeste, warb für preiswerte Kinderferienlager der Jungen Pioniere und verteilte den ‚Kanalarbeiter', eine Zeitung für das Wohngebiet. Im Advent ließ sie den roten Nikolaus heraus und einmal die Woche zog die befreundete Schalmeienkapelle klingend durch den Kiez und gab den ‚Kleinen Trompeter' und andere proletarische Standards zum Besten. Die Musiker waren adrette Autodidakten, trugen selbst geschneiderte Uniformen, bliesen aber auf Qualitätsschalmeien des VEB Blechblas- und Signalinstrumente, einem – zumindest in diesem Marktsegment – Monopolisten aus Markneukirchen/DDR. Auch die SV Concordia konnte sich bei ihren Heimspielen auf die akustische Unterstützung der Blechbläser verlassen, was ihr seitens ihrer Gegner einen bisher nicht gekannten Respekt einbrachte. Den etablierten Parteien im Stadtrat setzten die Kommunisten im beginnenden Wahlkampf gehörig zu. Sie propagierten nicht ohne Erfolg ihre These, diese Parteien und die Verwaltung der Stadt, die vom schleichenden Niedergang des traditionsreichen Vereins unberührt zu bleiben schienen und nicht eine müde Mark zur Linderung seiner Misere bereitstellen wollten, spekulierten insgeheim auf dessen Auflösung oder Fusionierung mit den Erzrivalen vom benachbarten SC 05. Hernach könnten sie das Concordia-Gelände gewinnbringend an die Firma Pfingstmann & Stehle veräußern. Die einzige Partei also, welche die berechtigten Forderungen nach Neubau des Umkleidetrakts und Neuanlage der Sportplätze ver- und so den Kapitalinteressen entgegentrete, sei die kommunistische. Einige ihrer Mitglieder hatten es inzwischen bis in den geschäftsführenden Vereinsvorstand geschafft. In konsequenter Umsetzung ihrer Politik der Massenverankerung. Geschickt nutzten sie diese Position, um den Anliegen der Sportler eine breite Öffentlichkeit zu verschaffen. In dieser zugespitzten Situation hielt Klessmann die Zeit für reif, durch eine Infusion fußballerischer Kompetenz auch das Spielniveau der ersten Seniorenmannschaft zu erhöhen. Dadurch würde es gelingen, so sein Kalkül, den Forderungen des Vereins noch größeren Nachdruck zu verleihen und den Einfluss der Partei zu verstärken. Aufstieg in die Bezirksklasse? Mit uns wird er möglich! Natürlich geht das nur über fleißiges Training und revolutionäre Disziplin. Sprücheklopfen und Phrasendreschen bringen uns nicht weiter. Das überlassen wir den bürgerlichen Schönwetterkickern. Er stellte uns Adi Bewerunge vor, den agilen zweiten Vorsitzenden der SV Concordia, gleichzeitig Genosse, der uns von der Notwendigkeit unseres fußballerischen und gesellschaftspolitischen Engagements überzeugen sollte. Kicken im Parteiauftrag? Ich war ganz angetan.

Um meinen Konditionsrückstand aufzuholen, verbrachte ich die Sommerferien mit Kanufahren und Laufen in der Provence. Ende August fand ich mich mit nagelneuen Fußballschuhen zum ersten Vorbereitungstraining auf die neue Saison ein. Die Verhältnisse auf dem Sportgelände waren weit schlimmer, als ich sie mir nach den Schilderungen Bewerunges vorgestellt hatte. Staubwüste im Sommer, Morast im Frühjahr und Herbst, Eisbahn im Winter. Schlechte Aussichten für meine schicken Mario-Kempes-Treter. Dazu als Umkleidegelegenheit lediglich eine ungeheizte Bretterbude mit irreparabler Warmwasseranlage. Zur Pflege der Geselligkeit existierte noch die ‚Dritte Halbzeit‘, ein vom vierten Vorsitzenden bewirtschaftetes Vereinsheim. Dessen spartanische Ausstattung konservierte eine Gemütlichkeit à la Wartesaal. Allerdings lag auf dem blank gescheuerten Tresen neben einem Teller hausgemachter Frikadellen auch das Parteiorgan ‚Höhe der Zeit‘ zur gefälligen Lektüre und zum Erwerb aus. Die ‚Dritte

Halbzeit' war die einzige Lokalität dieser Art, wo die kommunistische Tageszeitung derart unbefangen angeboten wurde. An diesem Tresen stand Klessmann oft nach den Spielen, trank seine halben Liter mit dem Segen der Partei und agitierte beherzt für ihre Politik. Wenn die erste Mannschaft gewonnen hatte, was sich zu Beginn meiner Mitgliedschaft noch nicht so oft ereignete, intonierte er eben dort am Spielsonntag die sowjetische Hymne mit der bekannt anrüchigen, instrumentalen Begleitung. Er intonierte dies Kabinettstückchen einem stets gebannten Auditorium und imponierte mit seiner Technik vor allem den Bläsern der Schalmeien. Die Dauer seiner Soli wurde naturgemäß auch von der Höhe seines Bierkonsums und den anhängigen Verdauungsprozessen bestimmt.

Selbstverständlich gab es nicht nur Kommunisten im Verein, was schon unter dem Gesichtspunkt kontraproduktiv gewesen wäre, dass diese dann niemanden gehabt hätten, den sie hätten politisch beeinflussen können. Schließlich sollte ihr Engagement sich über kurz oder lang auch bei der Mitgliedergewinnung für die Partei auszahlen. Neben ausgesprochenen Sympathisanten und notorisch Indifferenten in Sachen Politik gab es auch unverbesserlich konservative Vereinsmitglieder, welche die roten Kicker mit Argwohn begleiteten oder ihren Auftritt als ferngesteuert denunzierten: Vereinsmeierei à la ZSKA Moskau. Unterwanderung in Fußballstiefeln, lautete noch der geringste ihrer Vorwürfe. Vor allem Bewerunge hatten sie als 2. Vorsitzenden in ihr antikommunistisches Fadenkreuz genommen. Sie erkannten sich, tuschelten, vergossen Krokodilstränen um den guten Ruf des Vereins und fanden sich schließlich auf einer eigenen Plattform zusammen, die zu den Vorstandswahlen Personalvorschläge einbrachte. Diese Kräfte gewannen schnell an Unterstützung aus anderen politischen Parteien. Insbesondere der sozialdemokratische Ortsverein Maxhafens dachte nicht daran, den rührigen Kommunisten dies Wählerstimmen verheißende Terrain zu überlassen. Von Aktionseinheit, wie sie Klessmann, der im Verein nur einfaches Mitglied war, unter Verweis auf Thomas Manns Ausspruch vom Antikommunismus als Grundtorheit unseres Jahrhunderts fortwährend propagierte, hielt Jendrossek, Schatzmeister bei Concordia und Vorsitzender im SPD-OV, gar nichts. So waren die Mitgliederversammlungen des Vereins alsbald von leidenschaftlichen politischen Auseinandersetzungen geprägt, deren Intensität den Wortgefechten in universitären Hörsälen nicht nachstand. Auch die Vertreter der örtlichen Presse gehörten nun zu den Stammgästen der ‚Dritten Halbzeit' und berichteten genüsslich über die publikumswirksamen Querelen der Vereinspolitik. Leider viel ausführlicher als über die bald beginnende Siegesserie der Ersten.

Zweifellos waren die Übungsleiter bei den vereinsinternen Machtkämpfen potentielle Verbündete von strategischer Bedeutung. Ich hatte diesbezüglich Glück. Unser Trainer war der immer noch ziemlich berühmte Lothar Czernik, Fußball-Fachmann und Concordia-Urgestein. Er hatte für Offenbach und Dortmund in der ersten Bundesliga gestürmt und dort insgesamt 47 Treffer erzielt. Seit jenen ruhmreichen Tagen nannten sie ihn aus unerfindlichen Gründen Luther. Mit seinen drei Länderspielen aus 1974 ist er auf immer und ewig in der DFB-Statistik verzeichnet. Gegen Schottland, Ungarn und Schweden ist er zum Einsatz gekommen. Alles Spiele zu Hause in Deutschland, wie er stets bedauerte. Leider war der Reformator, wie ihn die Genossen unter sich nannten, mit einem der einflussreichen Bayern-Spieler nicht klargekommen. Diese Animosität wurde ihm hier in Maxhafen hoch angerechnet: Kein Anpasser also, keiner, der die Schnauze hielt vor den Großkopfeten. Wurden die alten Geschichten zum Besten gegeben, wehte ein Hauch des großen Fußballs über der Sandwüste am Kanal. Für den bodenständig gebliebenen Ex-Auswahlspieler zählte immer nur der Erfolg. Leistungsprinzip auch in niedrigster Spielklasse. Deshalb widerstand er als Trainer jeglichen Einflüsterungen und laut geäußerten Empfehlungen, die als kommunistisch erkannten oder denunzierten Kicker nicht zu berücksichtigen. Guter Fußball muss über den linken wie rechten Flügel gespielt werden, pflegte er solche Reaktionäre auflaufen zu lassen. Systemfrage? Die stelle er ausschließlich im Fußball. Und zwar er allein. Zu einem erfolgreichen Torschuss brauchst du Instinkt, keine Ideologie, war seine tadellose Einstellung. Ich agierte schon seit jenen fernen Zeiten, da wir in traurigen Hinterhöfen mit dem Ballspiel begonnen hatten, auf der linken Verteidigerposition und hatte bald auch bei ihm diesen Stammplatz inne. Wenn überhaupt, kommt nur einer vorbei, Ball oder Gegenspieler, niemals beide zusammen, lautete meine diskrete Devise, die beim Reformator sofort anschlug. Wenn einmal doch Gefahr drohte, war ich mir auch nicht zu schade, die Beinschere einzusetzen. Sie merken schon, dass ich in den 90 Minuten zwischen An- und Abpfiff nicht gerade als Ästhet galt. In der Kreisklasse bekommt das Wort ‚Klassenfeind' eben eine hautnahe Realität. Zudem spielte ich absolut mannschaftsdienlich oder, wie wir uns damals zu sagen bemühten, für das Kollektiv, das vergötterte. Und nicht für die Galerie, wenn man die Handvoll Zuschauer, die sich sonntags am Spielfeldrand verlor, überhaupt so bezeichnen wollte. Rückblickend betrachtet weiß ich gar nicht sicher, ob uns das Bewusstsein, mit unserem Sport auch einen wichtigen Parteiauftrag zu erfüllen, in den Spielen beflügelt und zu unserer Leistungssteigerung beigetragen hat. Jedenfalls waren wir stolz auf das Vertrauen, das der Kreisvorstand in uns setzte, und legten uns mächtig ins Zeug. Die Erfolge blieben nicht aus und der ehrwürdige Name Concordia schmückte dank kommunistischer Kickerkunst bald den ersten Tabellenrang in der Kreisklasse.

Natürlich pflegten wir auch die geselligen Kontakte, saßen bei Bier und Frikadellen zusammen, besuchten allerlei Festivitäten. Während der beiden Halbzeiten auf dem Platz kann man schließlich nur sportlichen Einfluss nehmen und höchstens den Schiedsrichter agitieren, was einem zumeist schlecht bekommt. Mir fiel die Geselligkeit nicht immer leicht. Für Karneval etwa hatte ich noch niemals etwas übrig gehabt, sah mich aber plötzlich mit einigen anderen Genossen auf die Vorschlagsliste für den Vereinselferrat gesetzt. Daran hatte Bewerunge gedreht, der selbst in diesem närrischen Rätesystem eine kommunistische Sperrminorität durchsetzen wollte. Für die Prinzenrolle hatten sie meinen Trainer vorgesehen, der also als Luther II. in die Vereinsannalen eingehen würde. Am meisten sträubte ich mich innerlich gegen die für den Auftritt unumgängliche Kostümierung – die Elferratsmitglieder sollten sich in jener denkwürdigen Session als Scheichs verkleiden. Um mich behutsam an die Maskerade zu gewöhnen, bot mir Pia Orzessek an, als Nikolaus in der ‚Dritten Halbzeit' aufzutreten. Als dramaturgischer Höhepunkt einer Kinderweihnachtsfeier, die sie mit ihrem vom DFB geförderten Spielerfrauen-Projekt ‚Fitness für Kopf und Körper' erstmals organisierte. Der Gedanke schien mir unter drei Gesichtspunkten sympathisch: Erstens konnte ich der schönen Pia, die als angehende Ärztin schon manchem Spieler eine erste Hilfe hatte angedeihen lassen, einen Gefallen tun; zweitens konnte man die beliebte Heiligenfigur mit ihrer historisch verbürgten Nächstenliebe bei etwas Fantasie auch als im Doppelsinne roten Nikolaus geben; drittens ist ihre Kostümierung derart beschaffen, dass die wahre Identität der darstellenden Person hinter einem Rauschebart verborgen bleibt. Hinzu kämen auch noch leuchtende Kinderaugen beim Überreichen der Geschenke, wahrlich ein köstlicher Lohn – und vielleicht waren einige von den lieben Kleinen im Sommer für das Kinderferienlager der Jungen Pioniere am Scharmützelsee bei Berlin zu gewinnen.

Für den Auftritt selbst kam mir die Erinnerung an meine fromme Kindheit zugute. Meine Eltern hatten ihren Sprösslingen damals mehrere Besuche des Heiligen Mannes organisiert und ihn einmal auch – offenbar in einer Phase von Erziehungsnotstand – mitsamt Knecht Ruprecht in unserer engen Küche aufmarschieren lassen. Der Schwarze las in eindringlichen Worten meine damaligen Verfehlungen vor und überreichte mir mit einer grotesken Geste eine Rute, die ich mitsamt der eingeflochtenen roten Schleife bei nächster Gelegenheit dem Feuer unseres Küchenherds übergab.

Jetzt allerdings war ich froh, dass mir die schwarzgelockte Pia eine profane Weihnachtsmannkutte besorgt hatte und ich nicht mit Mitra und Bischofsstab posieren musste. Mit geschickten Händen half sie mir beim Ankleiden und ich dachte: Pia, sei du fortan meine Pianistin. Welche Töne würdest du meinem Klangkörper entlocken! Auch später lief alles glatt. Die Kinder hatten fromme Lieder einstudiert und sagten aufgeregt ihre Verslein auf. Mürbe Mütter tunkten Spekulatius in ihre Kaffeetassen und knackten Walnüsse. Ich trank Glühwein gegen das Lampenfieber, gab erbauliche Sprüche zum Besten, lobte, ermahnte und tätschelte. Jedes brave Kind erhielt eine Nikolaustüte und ging danach quengelnd an Muttis Arm nach Hause. Die Tüten waren von den gleichmacherischen Kommunisten bis hin zur Anzahl der Erdnüsse gerecht aufgefüllt worden. Alles in allem eine gelungene Generalprobe, aber wenig geeignet, um meinen Maskeraden-Ekel zu überwinden. Denn Karneval, das würde eine ganz andere Geschichte sein, die ungleich höhere Anforderungen an mich stellen würde. Die Kostümierung als Scheich stellte noch das geringste Problem dar. Zwei weiße Laken, viel Theaterschminke, ein Paar alter Sandalen. Schließlich hatte ich früher bei den Sternsingern den Mohren gegeben. Jedoch hatte Klessmann die fünf Genossen unter den Elferratsmitgliedern in die Pflicht genommen, eine gepfefferte Büttenrede zu halten, in der kommunalpolitischer Zunder enthalten sein sollte. Unsere politische Generallinie sollte zum Ausdruck gebracht werden, zudem die SPD, die wir wegen der historischen Lehren aus dem Faschismus immer noch für die Aktionseinheit gewinnen wollten, nicht vollends verprellt werden. Da ich bereits ein paar respektable Artikel für den ‚Kanalarbeiter' verfasst hatte, wurde ich mit dem Entwurf dieses Textkunststücks beauftragt. Ich grübelte in jenen Tagen viel. Gibt es einen marxistisch fundierten Humorbegriff?, fragte ich mich ernsthaft und suchte vergeblich Rat. Humor ist das Lächeln der Weisen? Marx und Engels schweigen sich aus. Keine Humoreske auch unter den Themen des Parteilehrjahres. Ich wälzte Wörterbücher, erfuhr, dass arabisch ‚Scheich' wörtlich ‚Greis' heißt und entdeckte ‚Humor' in der Nachbarschaft zu ‚Hummer'. Ich fand Hummer humorlos – aus ihrer Sicht verständlich – und zog selbst die Bibel zurate. Im ‚Buch der Weisheit' stieß ich wenigstens auf diese Verse an der Schnittstelle zwischen Fußball und Fasching: „Keine Wiese bleibe unberührt / von unserem närrischen Treiben. / Überall wollen wir Zeichen der Fröhlichkeit zurücklassen ..." Aber religiös getrimmte Gags sind ein zweischneidiges Schwert, weil man niemals wissen kann, wie Menschen auf diese Melange reagieren. Ich begab mich in Humor-Klausur, um bei einigen Flaschen Wein das Gerüst meiner Büttenrede zu zimmern. Vergeblich. Das Einzige, was ich in jener Nacht zustande brachte, war ein Nonsensgedicht über einen Onkel mütterlicherseits, der schon lange dem Rotwein verfallen war. Da es eines meiner ersten war, habe ich es nicht vergessen. Sehen Sie es mir hier nach.

Mein Onkel schätzte seinen Roten
zum Weihnachtsfest von den Lofoten.
Der Segen traf bereits am zwoten
Dezember ein, und zwar per Boten.

Zur ersten Flasche seines Roten
notierte Onkel Wertungsnoten,
zur dritten gab er Anekdoten
und spät am Abend Wehrmachtszoten.

Der Trauer um die lieben Toten
zu widmen einen vierten Roten
galt nirgends nie als streng verboten
außer in Sparta den Heloten.

Zur fünften Flasche seines Roten
verlangte er gefüllte Schoten,
die aß er samt belegten Broten
und rülpste stark wie einst die Goten.

Stets nüchtern blieben nur Piloten
im Cockpit Sprit tränken Chaoten,
hienieden sei's jedoch geboten,
sprach Onkel vor dem sechsten Roten.

Den Dunkelmännern und Despoten,
den Schwerverbrechern und Verrohten
schlug Onkel bei dem siebten Roten
mal comme-il-faut auf ihre Pfoten.

Beim Öffnen seines achten Roten
gewahrte er bereits Coyoten.
Hyänen brüllten. – Dem Bedrohten
verschlangen Worte sich zu Knoten.

Viel war das nicht gerade und ich brütete weitere Nächte über dem Opus magnum eines marxistischen Humorverständnisses, bis ich Ende Februar etwas Vorzeigbares zustande gebracht hatte. Unsere Scheicharabeske fiel jedoch ins Wasser, da Luther sich vehement gegen die Besetzung des Elferrats durch seine erste Mannschaft wehrte. Alle Konzentration dem Endspurt im Aufstiegskampf!, so lautete sein unmissverständliches Credo. Schließlich sei Concordia laut Satzung ein Fußball- und nicht etwa ein

Karnevalsverein, empörte er sich. Ein schwer widerlegbares Argument. Der erfahrene Coach fürchtete nicht ganz zu Unrecht um die Fitness seiner Spieler, und so mussten die Kämpen aus dem Alte-Herren-Team in die Bütt. Auch in dieser betagten Mannschaft kickten Genossen mit, Adi Bewerunge und Luis Grashoff, der Tambour der Schalmeienkapelle. Mir fiel ein Stein vom Herzen. Ich zerriss die Manuskriptseiten und absolvierte am Abend der närrischen Sitzung eine freiwillige Trainingseinheit. Alles für den Aufstiegskampf. Wie ich später hörte, sollen die Senioren ihre Scheichsache nicht schlecht gemacht haben, sollen jedoch von Pia, die mit ihren bauchfreien Beduininnen tanzte, ins Abseits gestellt worden sein.

Die Meisterschaftsrunde geriet nun in ihre alles entscheidende Phase. Unser Team hatte sich in der Tabelle einen knappen Vorsprung vor dem Türkspor Pluggendorf herausgearbeitet. Am Sonntag nach Aschermittwoch traten die Kicker vom Bosporus auf dem Sportplatz am Kanal gegen uns an. Seit Tagen herrschte Tauwetter, was meiner Spielweise entgegenkam. Aufgeweichter Platz. Schweres Geläuf. Abwehrschlacht. Die Partie habe ich als knüppelhart in Erinnerung. Luther hatte uns gut eingestellt und jeder wusste, was auf dem Spiel stand. Im Falle unseres Sieges hätten die Türken vier Punkte hinter uns gelegen. Der Aufstieg wäre in greifbare Nähe gerückt worden. Es wurde ein hektisch geführtes Spiel mit wenigen, aber verteilten Großchancen.

In der 34. Minute luchse ich einem Angreifer das Leder ab und schlage es weit nach vorne auf Schulze-Erding, Student der Sinologie und ballverliebter Linksaußen. Der sinniert nicht lange, tanzt zwei Türken aus und passt in die Mitte auf den mit aufgerückten Tristan, einen angehenden Diplompsychologen und praktizierenden Opernliebhaber. Er nimmt direkt ab und platziert einen trockenen Schuss ins linke untere Toreck. Wir springen ihm um den Hals und jubeln vorbehaltlos. Praktizierte Aktionseinheit, wie Klessmann solch sportliches Zusammenspiel und die anschließenden Verbrüderungsszenen zu kommentieren pflegte. Nach dem Tor suchen wir die Entscheidung. Aus heutiger Sicht vielleicht ein wenig vorschnell. Angriff auf Angriff rollt gegen die Hohe Pforte. Die Schalmeien blasen wie verrückt, als wollten sie allein die gegnerische Abwehrmauer zum Einsturz bringen. Unsere Freude an dem Spielstand währt indessen nicht lange. In der psychologisch äußerst ungünstigen 43. Minute schlagen die Türken zurück. Ein zunächst harmlos anmutender Angriff durch die Mitte, den wir abfangen können. Eine überflüssige Tändelei in unserer Deckung führt wieder zum Ballverlust. Eine Körpertäuschung und der behände Türke steht frei vor Herzkamp, unserem Keeper, der eigentlich Jürgen heißt, aber in einer Ökobäckerei arbeitet und deshalb Brezel gerufen wird. Ausgleich.

In der Halbzeitpause hielt Luther uns allen eine Gardinenpredigt. Er gab sich enttäuscht und appellierte an unser Ehrgefühl. Uns Kommunisten, die fast die komplette Abwehr stellten, forderte er allen Ernstes auf, im Gegner den Klassenfeind zu sehen und uns in ihm zu verbeißen. Mit Lenin gefragt: Wer wen? Nicht unfair, aber kompromisslos. Er setzte darauf, dass die Türken nicht austrainiert wären und in der zweiten Halbzeit Konditionsprobleme bekommen würden. Er sollte sich diesmal irren. Es sollte alles noch viel schlimmer kommen: Bereits in der 57. Minute erhalten die ausländischen Mitbürger einen unberechtigten Elfmeter zugesprochen, den ausgerechnet Schorsch Grabbe, ihr einziger deutscher Mitstreiter, der eine türkische Frau geheiratet hat, zum 2 : 1 verwandelt. Dabei bleibt es bis zum Schlusspfiff. Von Konditionsproblemen keine Spur. Dafür blasen sich die Schalmeien vergeblich die Lunge aus dem Hals. Meisterschaft und Aufstieg adieu. Wir können dem maßlos enttäuschten Reformator nicht in die Augen sehen und schleichen mit hängenden Köpfen in unsere klammen Kabinen. Niemand vermag uns an dem Tag zu trösten.

Wir Kommunisten schätzten das Spielergebnis auch als politische Niederlage ein. Als definitiven Ballverlust im Klassenkampf: Unsere Aufstiegsmission bei der SV Concordia war gescheitert. Zum nächsten Quartalsersten verschwand die ‚Höhe der Zeit' vom Tresen der ‚Dritten Halbzeit', auf dem jetzt wieder ein Boulevard-Blatt die Buletten-Beilage abgab. Jendrossek, dessen fade Rhetorik auch in Zapfhahnnähe nichts an Stammwürze hinzugewann, wurde neuer Tresenkönig.

Wenige Spieltage später erwischte mich in der emotionslos geführten Partie gegen die Fortunen-Reserve aus Schapdetten eine böse Verletzung, an der ich selbst schuld war. Ich überschlug mich nach einem Tackling gegen einen enteilten Fortunen, stürzte auf mein linkes Handgelenk und schied aus. Nachdem der komplizierte Trümmerbruch ausgeheilt war und ich schon mit krankengymnastischen Übungen begonnen hatte, stellte mich die Partei auf einem anderen wichtigen Posten auf: Ich würde mich in den Bereich Gesundheitspolitik einbringen und das eben beschlossene Aktionsprogramm mit umsetzen. (Wir schworen natürlich auf das System der Polikliniken.) Schließlich stellen die Beschäftigten im Gesundheitswesen einen wichtigen Faktor dar. Und krank wird jeder einmal, prophezeite Klessmann, der in diesem Kapitel einmal nicht das letzte Wort behalten soll.

Gesundheitspolitik. Der Gedanke an die neue Aufgabenstellung war mir nur aus einem einzigen Grunde sympathisch: Ich würde eng mit Pia zusammenarbeiten, die inzwischen der Personalvertretung einer Großklinik angehörte. Vielleicht würde ich der schönen Beduinin eines Tages beim

Auskleiden helfen können. So könnte es kommen. Meine begreifliche Spekulation. Und so formulierte ich in Gedanken mein ganz persönliches, gesundheitspolitisches Allheilprogramm.

Ein gutes Jahr danach, als ich Pia gerade beim Ankleiden geholfen hatte, las ich in der Morgenzeitung vom ersten Spatenstich auf dem Concordia-Gelände. Sie sollten dort eine großzügige Anlage mit feinstem Sanitärbereich hingesetzt bekommen. Das war ihnen von Herzen zu gönnen. Hoffentlich würde sich dann auch der Aufstieg endlich einstellen. Eine der vielen Reden auf der Feier hatte Jendrossek gehalten. Ich schaute wehmütig auf meine Mario-Kempes-Treter, die blankgeputzt an der Wand hingen. Erfolg hat viele Väter. Ich fragte Pia, als sie duftend vom Bäcker zurückkam, ob sie auch mich zu ihnen zählen würde.

Datensätze

Damals sagte Bitterschulte zum smarten Richter Theuerkauf neben weniger Bemerkenswertem auch dies: Wollen Sie bitte zur Kenntnis nehmen, Euer Ehren, wie ein bedeutender Mann sich den Staat zurechtstutzt. Seinen dreisten Anmaßungen mutig die Stirn bietet!
So schreibt Hyperion an Bellarmin.

Du räumst dem Staate denn doch zu viel Gewalt ein. Er darf nicht fordern, was er nicht erzwingen kann. Was aber die Liebe gibt und der Geist, das läßt sich nicht erzwingen. Das laß er unangetastet, oder man nehme sein Gesetz und schlag es an den Pranger! Beim Himmel! der weiß nicht, was er sündigt, der den Staat zur Sittenschule machen will. Immerhin hat das den Staat zur Hölle gemacht, daß ihn der Mensch zu seinem Himmel machen wollte.

Sein Vortrag hatte gerade an Fahrt gewonnen. Vereinzelter Beifall wurde vernehmbar, als er begann, sich auf Hölderlin zu berufen. Dies genau war der Moment, in dem Richter Theuerkauf die Ausführungen des Angeklagten Bitterschulte energisch unterbrach. Den zahlreichen Genossen und Sympathisanten im Zuschauerrang des Gerichtssaals sehr zum Missfallen. Sie kommentierten die hochrichterliche Einlassung durch schrille Pfiffe und Buhrufe, sodass Edmund Theuerkauf jetzt eindringlich um Ruhe und Respekt vor dem Gericht nachsuchen musste. Er verwies ein weiteres Mal auf seine Befugnis, die Öffentlichkeit jederzeit von der Verhandlung ausschließen zu können, und ermahnte Bitterschulte, dem er vor fünf Minuten erst das Wort erteilt hatte, sich auf das Wesentliche zu beschränken. Zur Sache zu kommen. Theuerkauf verbat sich zudem die Anrede ‚Euer Ehren'. Sie, die Angeklagten, stünden hier nicht vor dem Supreme Court. Auch befänden sie sich nicht in einem politologischen Proseminar. Deshalb erübrigten sich grundsätzliche Erläuterungen zur Rolle und zum Charakter des sogenannten bürgerlichen Staates, die in keinem Zusammenhang mit den ihnen zur Last gelegten Vorwürfen stünden und also keinesfalls zur Wahrheitsfindung beitrügen. Argumentation werde heutzutage offenbar leicht verwechselt mit Agitation. Aber die wirklich wilden Jahre seien doch wohl vorüber.

Bitterschulte raschelte demonstrativ mit dem eng beschriebenen Papierstoß in seinen Händen. Er bestand darauf, seine gesamte, zu Hause sorgfältig ausgearbeitete und wortwörtlich fortgeschriebene Stellungnahme zum Vortrag bringen zu dürfen. Er habe eben erst mit dem Verlesen der zweiten Seite begonnen und sehe sich durch den Eingriff des Richters um die Früchte seiner häuslichen Anstrengungen gebracht. Von Herzen gönnte er der flinken Gerichtsschreiberin, die ihn jetzt mit ihren hübschen grünen Augen aufmerksam anschaute, die kleine Erholungspause. Zwischen ihr und Theuerkauf hing ein gerahmtes Foto des Bundespräsidenten Carstens an der mit hellem Holz vertäfelten Wand. Thomas suchte die Blicke der beiden Genossinnen, die neben dem Rechtsanwalt Hannes Herking unter der Wucht derselben Anklage neben ihm auf der Bank hockten, und empfing Zeichen der Ermutigung von ihnen. Er schaute sich unter den Besuchern um und registrierte verstohlene Gesten, ein Kopfnicken, das Zukneifen eines Auges, einen in die Höhe gereckten Daumen. Stumme Signale der Solidarität, die ihn bestärkten. Er sah auf Betty Lehmkuhl, die hochschwanger in der ersten Stuhlreihe saß und ihm zuwinkte. Er beobachtete zufrieden Konrad Schummel, der also doch von seiner Redaktion hergeschickt worden war und sich eifrig Notizen machte. Er sah die jungen Leute aus dem Politikkurs des Stein-Gymnasiums, die hier mit ihrem Lehrer Anschauungsunterricht in puncto Gewaltenteilung respektive Unabhängigkeit der Justiz genossen. Auch sie schauten ihn an, als warteten sie gespannt auf seine Replik. Er spürte die Gegenwart der zwei Dutzend Menschen, die draußen auf dem Flur ausharren mussten, weil im Saal bereits alle Plätze besetzt gewesen waren. Er suchte erneut den Blickkontakt mit der Schreiberin. Wie um Entschuldigung dafür bittend, dass er gleich wieder anheben müsse zu sprechen, zog Thomas beide Schultergelenke in die Höhe.

Bestärkt wie beherzt wandte er sich nun erneut an den Richter Theuerkauf: Wie wollen Sie jetzt, da Sie eben erst ihre lediglich ausholende Einleitung vernommen haben, bereits sicher wissen, ob die Gesamtheit meiner Ausführungen im inhaltlichen Zusammenhang mit den Anklagepunkten steht. Ich bin gerade dabei, Ihnen und den Zuhörern die Legitimität meiner inkriminierten Handlungen darzulegen. Ich kann mir kaum vorstellen, dass das Auditorium auf die Entwicklung meiner Argumentation, also auf ihre Plausibilität, verzichten möchte. ‚Auf keinen Fall' oder ‚Nicht auf ein einziges Wort' ertönten jetzt von hinten einige Zwischenrufer, die Theuerkauf jedoch zu überhören gedachte. Er nestelte an seiner Robe herum, während Thomas seinen Ton verschärfte. Wollen Sie mir meine prozessualen Rechte beschneiden? Ich habe mich sorgfältig vorbereitet und erachte keines einzigen Wortes für überflüssig. Es liegt in der Natur dieser Causa criminalis, dass meine Darstellung auch einen aufklärenden Exkurs über das Verhältnis des Bürgers zum Staat beinhalten muss. Ein Verhältnis, welches kein statisches ist, sondern abhängig vom jeweiligen Stand der politischen und ökonomischen Kräfteverhältnisse. Welcher wiederum zu tun hat mit der Dialektik von Basis und Überbau. Ein Staat, über dessen Rolle, und das möchte ich Ihnen selbstverständlich konzedieren, wir beide zu höchst divergierenden Auffassungen gekommen sind. Theuerkauf schluckte, erwiderte jedoch nichts mehr darauf, ließ sich vielmehr zu einer Wischbewegung der rechten Hand über die Tischfläche hinreißen, die wohl einen resignativen Zug zum Ausdruck brachte, die Bitterschulte jedoch als Aufforderung interpretierte fortzufahren. Welche Anmaßung seitens des Staates kommt in dieser Volkszählung zum Ausdruck. Dabei sind solche Aushorchungen bisher immer gescheitert. Bevor Thomas auf ein historisches Beispiel rekurrierte, steckte er mit überrissener Gebärde seine rechte Handfläche durch die Knopfleiste seiner Jacke. Ich möchte Sie darauf hinweisen, Sire, dass selbst der große Napoleon mit diesem Vorhaben kläglich gescheitert ist. Er hatte die Präfekten in den Departements damit beauftragt, mit Hilfe von Fragebogen und Karteien eine vollständige Beschreibung aller Personen anzulegen. Sein Ehrgeiz verstieg sich sogar dazu, auch alle heiratsfähigen Töchter des Landes mit Angabe ihrer Mitgift, ihrer religiösen Grundsätze und ihrer körperlichen Vorzüge zu erfassen. Wie Sie sich denken können, Sire, scheiterte die Unternehmung an der Schlauheit der Untertanen, denn jeder machte solche Angaben, die ihm Vorteile versprachen oder ihn vor Schaden bewahrten. Eine Anekdote aus den Kindertagen der Datenverarbeitung. Thomas hatte seinen Vortrag eingeübt, dessen Sprechdauer auf der Küchenuhr gestoppt und wusste also genau, dass er ohne jede Unterbrechung damit auf einviertel Stunden käme. Da für die gesamte Verhandlung gegen ihn und die beiden mitangeklagten Frauen lediglich eine Zeitdauer von 45 Minuten eingeplant worden war, wie die in einer Plastikhülle steckende Sitzungsrolle an der Eingangstür verriet, konnte er den Unmut des Richters verstehen, der sich vielleicht mit seiner Frau am Prinzipalmarkt zwecks vorweihnachtlichen Einkaufsbummels oder mit seiner Geliebten zum Match im Tennisclub verabredet hatte. Bitterschulte schaute erneut in die Gesichter der beiden Leidensgenossinnen an seiner Seite, die ihm ihr Einverständnis mit seiner Verteidigung signalisierten.

Eine Dreiviertelstunde für die Aburteilung der ‚Drei aus der Propstei', wie sie in der lokalen Solidaritätsbewegung schon bald bezeichnet wurden. Eine Viertelstunde der Wahrheitsfindung, auf jeden Einzelnen von ihnen gerechnet. Ein sehr kurzer Prozess, der den Genossinnen Rotraud Dorenkamp, Gerda Bertling und dem Genossen Thomas Bitterschulte da gemacht werden sollte. Boykotteure der Volkszählung, der groß angelegten Aushorchung durch den imperialistischen Staat. Den gläsernen Bürger zu verhindern, dazu hatten sie mit ihrer Aktion beitragen wollen. Das Zentralregister. Den Datenmoloch. Die drei hatten in der ‚Propstei-Postille' nicht nur detailliert begründet, warum sie selbst boykottieren würden. Sie hatten ihre Nachbarn und Mitbürger im Wohnviertel frank und frei aufgefordert, es ihnen darin gleichzutun. Über vollem Vor- und Zunamen hatten ihre schrägen Automatenfotos auf einer Sonderausgabe der ‚PP' geprangt, mit der ihnen vorhin der Richter Theuerkauf vor den Nasen herumgefuchtelt hatte. Ein KP-Blättchen!, hatte er sich ereifert. Sie sind also allesamt Mitglieder der KP? Sie hatten darauf nicht geantwortet, obwohl der Richter mehrmals insistierte. Herking hatte ihm erwidert, es gebe triftige Gründe, die es den Angeklagten als angeraten erscheinen ließen, auf die Frage nach einer eventuellen Parteizugehörigkeit nicht zu antworten. Sie selbst hatten auch in dieser Situation das Recht auf informationelle Selbstbestimmung reklamiert: Meine Daten müsst ihr raten! So lautete das schnippische Motto ihrer Verweigerung. Sehr lustig las sich das. Frechheit mit Binnenreim. Die warf man ihnen jetzt vor. ‚Öffentliche Aufforderung zur Begehung von Straftaten' lautete die schwerwiegende Anklage, die heute Nachmittag im Saal 45 des Amtsgerichts verhandelt wurde. The Empire Strikes Back. Die Quittung des Apparats.

Richter Theuerkauf, ein schmallippiger Mittvierziger, hatte auf die zweimalige Anrede mit ‚Sire' nicht reagiert. Er hatte sich in seinem Drehsessel zurückgelehnt und schaute ins fahle Licht des Dezembernachmittags hinaus, als ginge ihn das ganze Procedere heute nichts mehr an. Ostentativ gelangweilt drehte er einen billigen Kugelschreiber zwischen den Kuppen seiner feingliedrigen Finger. Wahrscheinlich sieht er sich um Glühwein und Reibekuchen mit seiner Frau gebracht, dachte Thomas, oder um die langen Ballwechsel mit seiner Freundin. Er betrachtete interessiert den goldenen Ehering am rechten richterlichen Ringfinger. Eine schlichte, gediegene Arbeit. Thomas hatte sich allmählich an den Angeklagtenstatus gewöhnt. Ja, ihm gelang es bereits, die ihm deswegen entgegengebrachte Aufmerksamkeit seiner Freunde und Genossen zu genießen. Er atmete durch und wiederholte den letzten Satz aus dem Hölderlin-Textausschnitt: „Immerhin hat das den Staat zur Hölle gemacht, daß ihn der Mensch zu seinem Himmel machen wollte." Bedenken Sie! Vor 200 Jahren ist schon so radikal gedacht worden. Und derart entschieden formuliert worden, dass sich zu allen Zwischenzeiten die Demokraten darauf besinnen konnten und hier und heute wieder darauf berufen müssen. Bitterschulte war stolz auf seine Hölderlin-Ausgrabung. Den ‚Hyperion' hatte er von Friedel Liesenkötter zum 25. Geburtstag geschenkt bekommen. Liesenkötter hatte ihn zuvor selbst gelesen und pries Buch wie Autor nun als wichtige Entdeckung. Eigentlich war es also Liesenkötter gewesen. Thomas hatte das Taschenbuch zuerst zu den vielen anderen Literaturpräsenten gelegt. Auf den Turm aus ungelesenen Büchern geschichtet, aus dem man hin und wieder eins herauszieht. Im Sommer weniger, im Winter mehr. Vorsichtig zupfend und den Stapel abstützend mit der Linken, dass er nicht zusammenkracht. Als er mit den ersten Oktoberstürmen angefangen hatte, im ‚Hyperion' zu lesen, hatte er gleich gewusst, wie sehr er das Buch einmal lieben würde.

Dass er Zeilen in diesem Buch hervorhob, ganze Abschnitte aufspürte und markierte, die er in seine Stellungnahme einzubauen gedachte, war eher ein willkommener Nebeneffekt seiner Hyperion-Lektüre. Mein Zitat, dein Zitat. Ein schönes Spiel mit der Verwendbarkeit von Textsplittern. Durchaus anregend. Er liebte es, mit Zitaten zu arbeiten – jeder in der Partei arbeitete damit – und er dachte sich, in lobenswerter, weil didaktischer Absicht, die Genossen würden sich freuen, einmal andere Kostbarkeiten vorgesetzt zu bekommen als jene Kostproben aus dem faden Zitateneintopf, dessen Ingredienzien gewöhnlich aus den Werken von Marx, Engels und Lenin herausgeklaubt wurden. Ein Selbstbedienungsladen waren die Gesamtausgaben der Klassiker geworden, aus deren Kanon seit 1956 der Name Stalin gestrichen war. Ein gut sortierter Supermarkt, in dem jeder dürstend Suchende, wenn er nur genügend Ausdauer mitbrachte, schließlich genau das fand, was ihm in den rhetorischen Kram passte. Bitterschulte empfand hingegen, je exotischer die Herkunft eines Textbelegs, desto verblüffender, ja überzeugender könnte dessen Wirkung sein. Ein Hölderlinwort würde den Zuhörern nicht schlecht bekommen. Ein bereits oft zu Gehör gebrachtes Zitat hingegen von Lenin mit einer pointierten Aussage über den imperialistischen Staat wäre kaum beachtet worden. Es hätte Bitterschultes Ausführungen lediglich abgesegnet, ihnen das ideologische Imprimatur verliehen. Ein Stildekor. Das geschulte Auditorium hätte dergleichen Brimborium erwartet, ja vermutlich würden sich einige später verwundert zeigen, dass der Genosse Bitterschulte sich nicht ein einziges Mal bei ‚Staat und Revolution' bedient hatte. Solche Allerweltszitate gehörten wie selbstverständlich nicht nur zum rhetorischen Arsenal politischer Traktate, sondern fanden auch in wissenschaftlichen Arbeiten ihren respektierten Platz. Eine wissenschaftlichen Ansprüchen genügen wollende Abhandlung über Georg Lukács' Realismustheorie etwa wäre kaum umhin gekommen, dessen Zugriff auf Lenins ‚Materialismus und Empiriokritizismus' bei der Herausarbeitung des Widerspiegelungsphänomens zitatorisch zu belegen. Nun hatte Thomas ihnen Hölderlin geliefert und den Dichter sozusagen eingereiht als Bundesgenossen der bunten Bewegung für den Boykott der Volkszählung. Den großen Hölderlin. Armer Irrer im Turm über dem Neckar. Was hatte Lukács eigentlich von Hölderlin gehalten? Was wussten die Zuhörer über ihn und sein Werk? Gerade im Zusammenhang mit Friedrich Hölderlin war sich Bitterschulte der Fragwürdigkeit seiner Zitatenklauberei bewusst. Die beabsichtigte und eingetretene Wirkung ließ ihm seine Vorgehensweise jedoch als entschuldbar erscheinen. Selbst der smarte Richter Theuerkauf war angesprungen auf das Hölderlin-Zitat. Erstaunlich, denn wer liest heute noch Hölderlin?, dachte Bitterschulte. Außer einem Brückenbauingenieur namens Liesenkötter und ihm selbst, dem Volkszählungsboykotteur.

Schon in den Tagen, als die drei die Partei-Postille in allen Briefkästen der Propstei versenkten, sie vor dem Edekamarkt an die Passanten verteilten und an der Kinokasse des ‚Eisenstein' auslegten, wurde ihnen klar, dass ihnen der Datenstaat mit Konsequenzen begegnen würde. Die strafrechtlichen Sanktionen gegen die Gegner der Volksaushorchung waren in den letzten Wochen verschärft worden. Verfassungsschutz und politische Polizei schienen die Szene ganz genau zu observieren, jegliche Aktivität zu registrieren und unter strafrechtlichen Gesichtspunkten auszuwerten. Mit Anklagen und drakonischen Geldbußen sollten die Protagonisten der Bewegung offenbar kriminalisiert und die übrigen eingeschüchtert werden. Die verantwortlichen Politiker in Bonn waren nervös geworden, der Innenminister warnte eindringlich davor, sich an den Boykottmaßnahmen zu beteiligen. Denn längst waren die Verweigerer staatlicher Volksaushorchung in allen politischen Lagern und gesellschaftlichen Milieus anzutreffen. Sie hatten sich mit ihren Warnungen Gehör verschafft. Die Boykottkampagnen und Gegenstrategien hatten Wirkung gezeigt und drohten den Erfolg dieser ebenso gigantisch aufgeblasenen wie sündhaft teuren Enquete ins Gegenteil zu verkehren. Trendig herausgeputzte Hochglanzbroschüren, die für die offiziellen Ziele (Steigerung des Gemeinwohls, verlässliche Planung der Zukunft) der fragwürdigen Unternehmung warben, wurden unter das zu zählende, aber seiner in übergroßen Mehrheit zählunwillige Volk gestreut. Aber selbst den Menschen – und solche gab es auch –, die freudig bekannten, die Fragebögen bedenkenlos und nach bestem Wissen und Gewissen auszufüllen, fiel, zur Rede gestellt, als Rechtfertigung ihrer Auskunftswut meist nichts Besseres ein als zu behaupten: Ich habe schließlich nichts zu verbergen! Mein Herz ist rein. Womit sie sich und die regierungsamtlich behaupteten Volkszählungsziele gekonnt desavouierten. Denn um Aushorchung von Verborgenem sollte es sich offiziell ja gerade nicht handeln. In den Kirchengemeinden erinnerten Gläubige an die überlieferte Volkszählung zur Zeit des Königs Herodes, wie sie im Lukas-Evangelium beschrieben wird: „In jenen Tagen erließ Kaiser Augustus den Befehl, alle Einwohner des Reiches in Steuerlisten einzutragen. Dies geschah zum ersten Mal; damals war Quirinius Statthalter von Syrien. Da ging jeder in seine Stadt, um sich eintragen zu lassen." Ein bekannter Kabarettist nahm den biblischen Text als Vorlage für eine viel zitierte und belachte Satire auf die Listenführer in Bonn. Also sind wir begierig zu erfahren: Welcher Messias wird wohl bei dieser Volkszählung gekreißt werden?, fragte er im Fernsehen. Viele Menschen hatten Angst vor einem allwissenden Staat mit seinem Zentralcomputer bekommen. Das sagte der datengeile Chef des Bundeskriminalamts im Fernsehen: Hoffnung gilt dem Computer als einem gesamtgesellschaftlichen Diagnose-Instrument. Das ist eine Prävention neuen Stils. Wissen ist Macht, sprach

Heising, der junge Pastor an der Epiphanias-Kirche von der Kanzel herab. Damit der Staat nicht zuviel Macht bekommt, darf er nicht alles wissen, sondern so wenig wie möglich. Überraschend viele Bürger trauten diesem Staat alles zu, eben auch die Skrupellosigkeit, seine Macht zu missbrauchen. Wenn er die Möglichkeit dazu hätte, im Überwachungsstaat einer nicht mehr ganz so fernen Realität! ‚1984' lautete ein in jenen Wochen als Graffiti viel gesprayter Romantitel. Bitterschulte kannte das Werk aus dem Englischunterricht, aber die wenigsten hatten den Orwellschen Albtraum je ausgelesen, und die Jahreszahl war ja auch schon überholt. Den meisten war aus dem Buch der ‚big brother' geläufig, die begriffliche Chiffre für den totalen Überwachungsstaat. „Dann gebt dem Kaiser, was dem Kaiser gehört, und Gott, was Gott gehört!", stellte Heising seine Sonntagspredigt auf ein bekanntes Bibelzitat ab und begab sich damit, ohne dass er sich dessen wahrscheinlich bewusst war, ganz nahe zu Hölderlin. Denn Gott darf alles wissen, der Staat aber darf nur bitten.

Die Volkszählungsgegner ließen sich nicht über einen einzigen Datenkamm scheren und schon gar nicht auf eine einheitliche Strategie festlegen. Viele von ihnen setzten darauf, überhaupt nicht zu reagieren, die Fragebögen einfach nicht auszufüllen, geschweige denn zurückzusenden. Sie hofften, sich mit einer Art Vogel-Strauß-Strategie durchzulavieren. Von diesen hatten einige Glück und blieben fortan unbehelligt; die meisten wurden allerdings wieder und wieder angeschrieben, von professionellen Zählern zu Hause bedrängt und mit Geldbußen bedroht. Spätestens, als ihnen Erzwingungshaft angedroht wurde, zogen die letzten den Kopf aus dem Sand ihrer privaten Dateninsel, kramten ihre Fragebögen aus der Altpapierkiste hervor und erteilten jede gewünschte Auskunft. Andere schworen darauf, die vielfältigen Fragen bewusst falsch zu beantworten, um so, vorausgesetzt möglichst viele mündige Bürger würden sich dieser Strategie des Unterlaufens anschließen, das Gesamtergebnis grob zu verfälschen und damit unbrauchbar zu machen. Nihilistischer Nonsens, meinten die Genossen. Alles schön und gut. Der harte Kern der Boykotteure jedoch, dem die Akteure der grün-alternativen Bewegung angehörten, der ohne die kommunistischen Kader jedoch weit weniger entschlossen gewesen wäre, verwies darauf, dass die Staatsstatistiker eine solche Fehlerquelle bei ihren Auswertungen schon einkalkuliert hätten und rein politisch gesehen diese klandestine Strategie natürlich wenig fruchten würde. Die Gesamtzahl der Verfälscher würde bei solcher Vorgehensweise ja niemals publik werden, politisch also nicht ins Gewicht fallen. Natürlich wäre es immer noch weit besser, unrichtige Angaben zu machen, als sich überhaupt nicht gegen diesen dreisten Zugriff der Politik auf die Privatsphäre zu wehren. Und als Ausweg auch verständlich, weil bequemer und kostengünstiger, unter dem Gesichtspunkt möglicher strafrechtlicher

Konsequenzen. Um die staatliche Anmaßung, die in dieser Volkszählung zum Tragen käme, jedoch wirksam, also politisch, zu bekämpfen und staatliches Datensammeln als solches ein für allemal zu diskreditieren, sei nur der offene Boykott Erfolg versprechend. Klipp und klar und öffentlich zu sagen: Mit mir nicht. Volkserhebung statt Datenerhebung. Auf mich, auf uns könnt ihr nicht zählen. Auf die Kommunisten erst recht nicht. Eine Gegnerschaft erster Klasse.

Als ihnen nach wenigen Tagen vom überlasteten Postboten die Aufforderung des 14. Kommissariats zugestellt wurde, sich an einem bestimmten Termin zwecks Einvernehmung im Polizeipräsidium einzufinden, gab es für die ‚Drei aus der Propstei' die erste Bewährungsprobe auf ihre rigorose Haltung zu bestehen. Betreff: Verdacht auf Begehung einer strafbaren Handlung. Sie wunderten sich ein wenig, dass alles so schnell vonstatten gegangen war. Wie rasch der Apparat ihr öffentliches Bekenntnis ausgewertet und auf dessen Inhalt reagiert hatte. Sicherlich war es das reinste Ermittlungskinderspiel gewesen, die zu den Namen und Fotos gehörenden Adressen ausfindig zu machen. Keiner von ihnen dachte jedoch daran, auf die vage Vorladung zu reagieren. Seitens der Partei existierte ein klarer Verhaltenskodex: Schlapphüte werden ignoriert, Vorladungen des Staatsschutzes nicht befolgt. Ihr eigener spezieller Unvereinbarkeitsbeschluss. Zu den Diensten bestand eine unüberschreitbare Trennlinie. Jenseits derer die unappetitliche Welt der Schnüffler, Spitzeldienste und Dreigroschenjungs begann. So ließen die drei den Termin im Polizeipräsidium genüsslich verstreichen und trafen sich abends zur Lagebesprechung mit Kaspar Rüschenschmidt im Café Ding-Dong. Lagebesprechung, das sagt sich einfach daher und klingt gut. Nach Analyse, nach Strategie, nach kühlem Kopf. Vollmundige Klarheit. Das klang auch gut bei denen, die vor ihnen so gehandelt hatten, die vor das Amtsgericht gezerrt und verurteilt worden waren. Die überrascht zur Kenntnis nehmen mussten, wie viele private Fakten die staatlichen Organe auch ohne Volkszählung von ihnen bereits besaßen, welche Datenmengen da schon zusammengesammelt waren. Die verurteilt wurden zu empfindlichen Geldstrafen, und dazu wurden die Kosten des Verfahrens addiert. Erdrückende Geldsummen kamen dabei zusammen. Viele der Abgestraften studierten noch oder befanden sich in der Berufsausbildung. Sie hatten plötzlich Schulden und galten zudem als vorbestraft. Natürlich gab es die Solidaritätsaufrufe und das schlechte Gewissen derjenigen, deren Verweigerungsmut nicht bis zum Boykott gereicht hatte oder die aus irgendwelchen unerfindlichen Gründen ungeschoren davongekommen waren, ließ sich durch einen geldwerten Ausgleich beruhigen. Die Zahlungen flossen in einen Boykott-Fonds, der treuhänderisch von der Kinderärztin Ulrike Brüning verwaltet wurde. Falls dessen Einlagen also hinreichten, würden daraus die Geldstrafen beglichen und die Rechtsanwälte bezahlt werden, wenn diese nicht ebenfalls aus praktizierter Solidarität auf ihr Honorar oder zumindest auf einen ansehnlichen Teil davon großzügig verzichteten. Schließlich musste der Kampf gegen den Überwachungsstaat auch in ihrem ureigenen Interesse liegen.

Aber die Angst hat einen stinkenden Atem und lässt sich nicht so einfach ersticken. Von den paar Gläsern Rotwein, die sie sich abends in der Kneipe gönnten, ließ sie sich für ein paar Stunden beschwichtigen. Genug an Zeit, genug an Alkohol, um das Gefühl von Gemeinsamkeit auszukosten, an der gemeinsamen Strategie zu feilen. Gemeinsamkeit in der Gefahr. Aber auch Wendigkeit, wozu Rüschenschmidt sie aufforderte, Wendigkeit in der Gefahr. Wichtige Absprachen mussten getroffen werden. Sollten sie die bevorstehende Verhandlung politisch nutzen oder lediglich versuchen, recht und billig davonzukommen? Welche Informationen sollten während der Verhandlung preisgegeben werden? Rechtsanwalt ja oder nein? Wenn ja, welcher? Wer würde die Honorarkosten übernehmen? Wie ließe sich der Prozess politisch am besten nutzen?

Der Minutenzeiger der Wanduhr hüpfte wieder einmal ruckartig vor. Er sprang den Feierabendplänen des Richters unaufhaltsam davon. Wissen Sie nicht, dass es in der DDR vor einigen Jahren auch eine Volkszählung gegeben hat?, fuhr Theuerkauf ärgerlich dazwischen, als Bitterschulte en détail Gefahren für den mündigen Bürger ausmalte, die von einem unkontrollierbaren Staatsapparat, der sich den Zugriff auf eine derartige Datenmenge verschafft hätte, künftig zu erwarten wären. Eine Gefahr nicht nur für den einzelnen Bürger, sondern für den Bestand der Demokratie insgesamt!, ignorierte er des Richters rüde Rhetorik. Dein Staat – das bekannte Unwesen. Trauen Sie ihm etwa immer über den Weg?, sprach er in Richtung Theuerkauf. Wären Sie glücklich darüber, wenn er wüsste, was Sie in Ihrer Freizeit treiben? Der rhetorisch Gemeinte schien sich jetzt in einen Disput einlassen zu wollen und kam auf die realsozialistische Volkszählung zurück. Damals haben Sie den Mund aber nicht aufgekriegt? Warum sind Sie damals nicht aufgestanden?, fasste Theuerkauf nach. Thomas, der darauf hinaus wollte, dass er angesichts der offenkundigen Gefährdung demokratischer Rechte durch die Volkszählungspläne es für seine Pflicht und sein demokratisches Recht angesehen habe, nicht nur die Herausgabe der Daten zu verweigern, sondern auch andere über seinen Schritt zu informieren, hatte mit einer derartigen Frage gerechnet, die ihnen oft gestellt wurde. Nicht selten in provokatorischer Absicht. (Es war dieselbe Haltung, die bei der Frage nach der Gefährlichkeit russischer Mittelstreckenraketen oder bei der nach der Sicherheit sozialistischer Kernkraftwerke zum Vorschein kam. Wie sollten sie antworten? Nach der Katastrophe von Tschernobyl erübrigte sich jede Antwort darauf.) Thomas hatte keine große Lust, dem blasierten Theuerkauf den prinzipiellen Unterschied zwischen der Funktion des sozialistischen und der des imperialistischen Staates aufzuzeigen, hielt solches Unterfangen auch hinsichtlich seiner eigenen Argumentationskette in der Verteidigung für wenig opportun. Außerdem hätte ihn Theuerkauf dem Sinne nach kaum verstanden. Weil er ihn nicht verstehen wollte. Deshalb beschränkte Thomas sich auf das folgende Statement: Ich bin, ob es Ihnen gefällt oder nicht, ein Bürger der BRD und nicht etwa der DDR. Ich kümmere mich als mündiger Bürger um die Verhältnisse in der BRD. Die möchte ich kritisieren können und ändern dürfen. Das ist mein gutes Recht. Ich freue mich, dass ich in einem Staat lebe, in dem ich dieses Recht noch wahrnehmen kann. Die Entwicklungen in der DDR oder in anderen Ländern tangieren mich lediglich allgemein als politisch teilnehmenden Menschen. Der Richter schien sich nicht weiter für diese Differenzierung zu interessieren und meinte lediglich: Bitte sagen Sie hinfort Bundesrepublik Deutschland statt BRD! Nehmen Sie sich die Zeit dafür. Bitte sehr, sagte Bitterschulte, Bundesrepublik Deutschland also. Ich kümmere mich als mündiger Bürger um die Verhältnisse in der Bundesrepublik Deutschland. Verhältnisse, die wir so nicht akzeptieren können. Verhältnisse, die wir zum Tanzen bringen wollen. Bei dieser damals, wegen ihrer vermeintlichen Spontaneität äußerst beliebten Wendung prasselte wiederum Beifall auf von den Rängen, den sich Theuerkauf ein für allemal verbat. Sie seien hier nicht im Bolshoi-Theater, bemühte er sich um einen neuen Beweis ironischer Gelassenheit. Bitterschulte beschwichtigte die Getreuen hinter der Schranke. Er legte den rechten Zeigefinger auf die fest geschlossenen Lippen. Theuerkauf interpretierte diese Intervention wohl als Anzeichen einer Kooperationsbereitschaft und bat Thomas durchaus höflich, nun doch endlich zum Schluss zu kommen, was seiner Ansicht nach, trotz divergierender Auffassungen die Rolle des Staates betreffend, durchaus in beiderseitigem Interesse liege.

Da alle drei Fälle vom Sachverhalt her gleich lagen, hatten sie sich abends im Café Ding-Dong darauf geeinigt, dass Rotraud Dorenkamps Sache offiziell durch einen Rechtsanwalt vertreten werden sollte. Sie war die Ängstliche unter den dreien, zumindest diejenige, die ihre Angst am wenigsten verbergen konnte und darunter am meisten litt. Ihre Angst hatte Gründe, die sie anderen greifbar und verständlich machte. Sie fürchtete berufliche Nachstellungen, falls Ausmaß und Richtung ihres politischen Engagements bekannt werden würden. Die lieben Kleinen in der Obhut einer politisch Vorbestraften. Dorenkamp war Kindergärtnerin aus Passion und bekleidete inzwischen den Posten einer stellvertretenden Leiterin. Öffentlicher Dienst ist öffentlicher Dienst. Sie arbeitete nicht in einer konfessionell gebundenen Einrichtung, aber in einer militanten Kommunistin im Kindergartendienst sähen manche Presseorgane wohl etwas Ähnliches wie im bösen Wolf im mutterseelenlosen Wohnzimmer der sieben Geißlein: Ein gefundenes Fressen. Deshalb setzte die Genossin darauf, die leidige Affäre, wie sie nun selbst, den Tränen nahe, sagte, ohne öffentliches Aufheben zu überstehen und womöglich mit der Zahlung eines Bußgelds davonzukommen. Diese Strategie verriet natürlich weder eine ausgeprägt politische Haltung, noch ließ sich daraus eine offensive Herangehensweise ableiten. Der Ansicht war zumindest Rüschenschmidt, Statistiker im Kirchendienst und Koordinator der Partei in Sachen Volkszählung, der bereits während Dorenkamps Erläuterungen eine krause Stirn zog und mehrmals hörbar den Atem durch die Nasenlöcher blies. So nicht, war sein erster Kommentar. Bußgeld! Das hört sich an, als hättest du etwas zu bereuen. Du hast doch nichts Unrechtes getan. Gerda Bertling pflichtete ihm bei. Sie war Lehrerin für Deutsch und Sport und jobbte als Schreibkraft in einer Steuerberatungssozietät, nachdem der Rektor in Lünen-Brambauer sie damals aus dem Unterricht herausgeholt hatte. Seitdem rieb sie sich im juristischen und politischen Kampf gegen ihr Berufsverbot auf. Sie war keinesfalls gewillt, den Herrschenden in der Frage der demokratischen Rechte irgendwelche Zugeständnisse zu machen. Entgegenkommen liefert dich aus, der Gnade ihrer Justiz, fuhr sie die Genossin Dorenkamp an. Dann lieber unerschrocken und mit offenem Visier. Oder nimmst du allen Ernstes an, durch Wohlverhalten oder Anbiederung seiest du sicherer in deinem Beruf? Sicher bist du niemals in der Ausbeutergesellschaft, nahm Rüschenschmidt ihren Faden auf, du könntest doch morgen schon arbeitslos sein. Thomas, der seit einigen Wochen den Referendardienst in der Kollwitzrealschule in Schroffheim absolvierte, rechnete insgeheim sowieso nicht damit, nach dem 2. Staatsexamen als Lehrer übernommen zu werden, und tendierte dahin, nach dem Motto ‚wenn schon, denn schon', die Auseinandersetzung politisch zuzuspitzen. Sollen sie doch ihre Maske fallen lassen, sagte er, und zeigen, wie weit sie beim Abbau demokratischer Rechte zu gehen bereit sind. Ich meine schon, wir sollten kein Blatt vor den Mund nehmen und den Gerichtssaal als Tribüne nutzen.

Thomas konnte den genervten Richter beruhigen. Er sei ohnehin bald am Ende seiner Ausführungen angelangt. Er legte das vorletzte Blatt aus dem Redemanuskript auf das langgestreckte Pult, das vor dem Angeklagten-Trio stand. Er schaute auf das große Zifferblatt der Wanduhr und sah, dass er im vorhergesehenen Zeitplan stand. Er prüfte noch einmal das letzte Blatt, auf dessen Kopfleiste unter einer fettgehaltenen Überschrift ein kurzer Text gedruckt war. Darunter befanden sich nummerierte Linien, die in senkrechte Spalten eingeteilt waren. Ich habe wohl überzeugend dargestellt, wandte Thomas sich erneut dem Richter zu, dass die Prozesse gegen die Gegner der Volkszählung eindeutig politisch motiviert und durch nichts zu rechtfertigen sind. Ich persönlich empfinde ein solches Vorgehen als Willkürjustiz. Theuerkauf verdrehte bei diesem Wort die Augen. Seine Mundwinkel zuckten wie unter einem plötzlich auflebenden Schmerz. Sieh an, der Richter ist wortempfindlich, dachte Thomas. Ein Feingeist, dem die ins Recht gesetzten Wörter zusetzen. Ich nenne solch ein Vorgehen auch Auftragsjustiz, fügte er deshalb hinzu. Thomas hob jetzt das Blatt ins Fensterlicht und las jene knapp gehaltene Entschließung vor, die ‚Sofortiger Stopp aller Volkszählungsprozesse' betitelt war. Es wurde darin zudem die Forderung nach einer Rehabilitierung der bereits Verurteilten erhoben. Dann wandte er sich den Saalbesuchern zu: Schließt euch dieser Resolution an, unterschreibt bitte! Thomas ging die wenigen Schritte an das Geländer zur Zuschauerempore und drückte Liesenkötter, der ihm am nächsten saß, die Liste mitsamt Tintenstift in die Hand. Jetzt erst hatte Theuerkauf begriffen, was hier gespielt werden sollte, und vermochte zu reagieren. Nehmen Sie sofort diese Liste zurück!, blaffte er Bitterschulte an, ich lasse nicht zu, dass in diesem Haus ein Happening inszeniert wird. Danach drohte er Liesenkötter, der gerade seinen Namen in die erste Zeile setzen wollte: Sobald der Erste von Ihnen den Wisch unterschreibt, fliegen alle raus! Harsche Worte, rüder Ton, bisher nicht von ihm gehört, aber des Richters Mimik verriet jetzt eine unzweifelhafte Entschlossenheit. Thomas nahm kommentarlos die leer gebliebene Liste an sich und bat die Zuschauer, diese nach der Urteilsverkündung vor dem Gerichtseingang zu unterschreiben. Er forderte Konrad Schummel auf, die eben erlebte Szene in seiner Berichterstattung nicht zu übergehen. Der Schülergruppe, die gebannt dem verbalen Schlagabtausch gefolgt war, gab er den Rat, das Gehörte und Gesehene nicht zu vergessen sowie im Unterricht nachzubehandeln. Meine Ausführungen sind damit beendet, sagte er, ich habe nichts mehr hinzuzufügen. Der Richter atmete auf. Die hübsche Gerichtsschreiberin warf ihre Haare gekonnt nach hinten und schüttelte eine Schreibverspannung im rechten Arm aus.

Rüschenschmidt hatte an jenem Abend lange auf Rotraud Dorenkamp eingeredet. Er versuchte ihr Mut zu machen. Am Ende hatten sie sich auf eine abgestufte Vorgehensweise geeinigt. Zu einer Frage nach Mitgliedschaft in der Partei würden sie die Aussage verweigern. Dorenkamp würde gänzlich schweigen. Dafür sollten die beiden anderen politisch offensiv gegen die Volkszählung agitieren. Sie würden sich nicht auf eine Paragraphenreiterei einlassen, bei der sie von vornherein unterlegen wären. Dieser Part wurde dem Rechtsanwalt Herking zugedacht, der seiner Mandantin Dorenkamp zur Seite stehen würde. Gläserner Bürger. Verletzung der Privatsphäre. Schritt in den Überwachungsstaat. Das würden ihre eigenen Ansatzpunkte sein. Ein qualitativ neuer Schritt, so würden sie es darstellen, bei der Formierung des staatsmonopolistischen Kapitalismus, von dem sie knapp als Stamokap sprachen. Thomas sollte nach diesen Vorgaben das politische Statement entwerfen und vortragen. Rüschenschmidt riet Dorenkamp, ihren Arbeitgeber und Beruf, falls sie in der Verhandlung danach befragt werden würde, gar nicht anzugeben, sondern schlicht mit ‚Angestellte' zu antworten. Wenn sie wollen, dachte Thomas bei sich, bekommen sie ja doch alles raus. Sie berieten dann noch darüber, wie sie die Solidarität für sich und die anderen Volkszählungsgegner organisieren und Öffentlichkeit am Prozesstag herstellen konnten. Rüschenschmidt versprach ihnen, dass sich die Partei ihrer Verhandlung annehmen würde. In den nächsten Tagen würde Wedi ein Flugblatt verteilen lassen, das über den Fall informierte und zum Besuch der Verhandlung aufriefe. Tenor: Vor Gericht – Die Drei aus der Propstei – Wir sind dabei! An den Pressemitteilungen des Solidaritätskomitees würde bereits gefeilt werden. Der Genosse Klemens Lachnit, Lehrer am Stein-Gymnasium, habe bereits angekündigt, mit den Schülern seines SoWi-Leistungskurses das Hohe Gericht zu beglücken. Vorher würde er im Unterricht das Thema ‚Volkszählung' aufgreifen und speziell auch die laufende Prozessserie problematisieren. Lernziel: Kritisches Denken. So schien ihnen alles bestens geregelt. Sie bestellten noch eine Runde Rotwein und spielten zusammen Pool-Billard. Zwei gegen zwei. Genossinnen gegen Genossen. Das Spiel erforderte Konzentration und lenkte sie ab von dem bevorstehenden Prozess. In seinen Spielpausen stützte sich Thomas auf das Queue und formulierte in Gedanken die ersten Essentials seiner politischen Stellungnahme. Es musste etwas Beeindruckendes werden. Etwas gegen die Angst.

Der Richter fragte nun alle drei Angeklagten, ob sie noch ein Schlusswort zu sagen hätten. Rotraud Dorenkamp schüttelte stumm den Kopf, dafür stand ihr Rechtsanwalt auf. Herking wies wortgewaltig noch einmal alle Vorwürfe gegen seine Mandantin zurück und reklamierte einen glatten Freispruch. Nach ihm stand Gerda Bertling auf. Nicht schuldig, sagte sie und giftete Edmund Theuerkauf direkt an: Das wissen Sie auch genau. Ich kann mir nicht vorstellen, dass Sie sich wohl dabei fühlen, gegen Ihre Überzeugung entscheiden zu müssen. Werden Sie heute Abend noch in den Spiegel schauen können? Na, dachte Bitterschulte, der hat was anderes vor, der wird heute Abend nicht mehr in den Spiegel schauen. Laut fügte er hinzu: Oder haben Sie schon lange alle Spiegel aus Ihrem Heim verbannt? Dafür bekamen sie jetzt doch noch das Wort entzogen.

Es gab eine kleine Pause, während der sich der Richter in das Beratungszimmer nebenan zurückzog. Dann sprach er das Urteil. Thomas hörte die Formel ‚Im Namen des Volkes', die er damals bereits einmal gehört hatte, als er den Kriegsdienst mit der Waffe verweigert hatte. Im Namen des gezählten Volkes, dachte er bitter und hätte beinahe überhört, was die Jurisdiktion ihnen zugedacht hatte. Jeder von ihnen erhielt eine

Strafe in Höhe von 500 Mark. Dazu kamen Kosten in Höhe von 350 Mark. Sie setzten sich und Theuerkauf erläuterte das Urteil. Thomas hörte gar nicht mehr richtig hin. Herking kündigte eine Berufung an, dann war alles vorbei. Die Saaltür öffnete sich plötzlich, auf dem Gang wurde ihnen Beifall geklatscht. Irgendjemand schoss Fotos und Rüschenschmidt überreichte ihnen die obligatorischen Rotnelken. Einige Schüler aus Lachnits Gruppe erbaten gar Autogramme von ihnen. Thomas schloss Betty in den Arm. Danach zogen alle in das besetzte Haus an der Frauenstraße, um in der Kneipe des Bewohnerinnenkollektivs trotz des unverschämten Urteils noch zu feiern.

Ein Bedürfnis verspürend, war Bitterschulte eine Viertelstunde nach der Urteilsbegründung noch einmal mit dem Richter allein zusammengetroffen. In der Gerichtstoilette stand Edmund Theuerkauf im Zivilanzug vor dem mittleren der Spülbecken, die als Fünferreihe an der Wand hingen. Unter einem Arm presste er einen länglichen schwarzen Kasten. Sein linker Arm hielt das Glied. Er verdrehte den Kopf nach hinten, als die Eingangstür ins Schloss schnappte und nickte Thomas zu. Der hörte, wie der richterliche Strahl plätschernd im Urinal auftraf, erblickte den richterlichen Rücken und überlegte, für welches der freien Becken er sich entscheiden sollte. Eine vorgeschobene Frage, hinter der sich eigentlich das Problem verbarg, für welches Benehmen er sich entscheiden sollte. Sollte er Theuerkauf ansprechen oder dessen Anwesenheit schlicht ignorieren? Er hatte sich noch nicht entschieden, als der Richter laut und explosiv furzte. Auf der Toilette ist alles erlaubt, Bitterschulte, belehrte er sachlich. Theuerkauf sackte kurz in die Hocke, stopfte das Glied hinter die Stoffbahnen zurück, betätigte die Druckspülung und drehte sich herum. Ihre Propstei-Postille zum Beispiel, die hätten Sie auch auf dem Lokus verwenden sollen, wenn Sie wissen, was ich meine. Als er am Reißverschluss seines Hosenschlitzes zerrte, fiel ihm der schwarze Kasten hinunter und öffnete sich beim Aufprall. Ein Blasinstrument fiel raus und rutschte ein Stück über die blanken Bodenfliesen hinweg. Fagott, sagte Theuerkauf. Thomas hätte sich das Instrument nicht so groß vorgestellt. Der Richter bückte sich behänd danach und überprüfte die Funktionsfähigkeit, indem er in Hockstellung darauf ein kurzes Probeblasen veranstaltete. Das rechte in der Ecke, dachte Thomas, ich benutze das Eckbecken rechts. Der Richter schob sein Instrument ins Futteral zurück, klappte den Deckel zu, drehte das Verschlusshäkchen wieder auf und baute sich vor Thomas auf. Er blickte ihm streng in die Augen. Fagott, gab er ihm dann zu verstehen, Bläserquintett, ich muss zur Probe, allerhöchste Zeit. Mein Gott, Fagott, dachte Thomas einen sehr kurzen Augenblick sehr intensiv nach, dann habe ich ihm also Unrecht getan mit meinen Vermutungen über Weihnachtsmarktbummel und Tennisliebchen. Er wusste, dass er den

Richter nicht gehen lassen konnte, ohne dessen sanitäres Schlusswort pariert zu haben. Bevor Thomas sich also an das Becken rechtsaußen begab, sein Wasser zu lassen, kommentierte er des Richters Abgang. Schön, also Fagott, sagte Thomas, Fagott sind alle gleich. Auf der Toilette auch.

Ein gutes halbes Jahr später, als sich die Volkszählungswogen allenthalben geglättet hatten, kam es zur Berufungsverhandlung am Landgericht. Hannes Herking hatte hinter den Kulissen gut gearbeitet und einen Kompromiss ausgehandelt. Wendigkeit in der Gefahr: Die drei erklärten sich schuldig und beteuerten ferner, sich an keiner Wiederholung der strafbaren Handlung zu beteiligen. Als Gegenleistung wurde Theuerkaufs Urteil aufgehoben und alle drei wurden zur Zahlung einer Geldbuße verdonnert, die in ihrem Umfang nun weit geringer ausfiel als die ursprüngliche Strafe. Einen großen Teil der Summe steuerte Ulrike Brüning aus dem Soli-Fonds bei. Die Restsumme verbuchte Thomas in seiner privaten Bilanz als eine Art Studiengebühr für die wichtigen Lektionen zum Verhältnis von Basis und Überbau.

Aus Bitterschultes Klessmann-Notizen

Sechstes Bild: Klassenlängen voraus

Wie ich wohl schon erwähnt habe, brauche ich mich meines proletarischen Stammbaums nicht zu schämen. In einer Partei, die allergrößten Wert darauf legte, als die einzig legitime Partei der Arbeiterklasse zu gelten, fühlte ich mich gut aufgehoben. Insbesondere in einer Kreisorganisation, die sich vornehmlich aus den Schichten der kleinbürgerlichen Intelligenz rekrutiert hatte. Das hört sich schlimmer an, als es in Wirklichkeit war. Schließlich wurde doch die Intelligenz als natürlicher und strategischer Bündnispartner der Arbeiterklasse betrachtet. Ging man von den objektiven Interessen beider aus ... Ich lernte auch auf diesem Gebiet dazu, kannte ich doch vorher den Intelligenzbegriff nur als mehr oder minder ausgeprägte Eigenschaft einer natürlichen Person. An den soziologischen Bedeutungszusammenhang dieser Bezeichnung musste ich mich erst gewöhnen. Genau wie an den Doppelsinn von ‚Klasse‘, mit der wir natürlich keineswegs einen Schulraum oder die darin schwitzende, formelle Lärmgruppe bezeichneten.

Als Klassen bezeichnet man vielmehr große Menschengruppen. Ein wenig Theorie hat noch niemandem geschadet und ist für das rechte Verständnis des Folgenden unabdingbar. Ich zitiere hier, um nichts Falsches zu sagen, Klessmann, unseren Experten, der sich auf Lenin beruft, also Lenin nach Klessmann. Große Menschengruppen also nach ihm, die sich voneinander unterscheiden nach ihrem Platz in einem geschichtlich bedingten System der gesellschaftlichen Produktion, nach ihrem größtenteils in Gesetzen fixierten und formulierten Verhältnis zu den Produktionsmitteln, nach ihrer Rolle in der gesellschaftlichen Organisation der Arbeit und folglich nach der Art der Erlangung und der Größe des Anteils am gesellschaftlichen Reichtum, über den sie verfügen. Bis hierher alles klar? Klasse! Und aufpassen! Denn es geht noch weiter. Klassen sind Gruppen von Menschen, von denen die eine sich die Arbeit einer anderen aneignen kann. Damit wären wir bei der kapitalistischen Klassengesellschaft mit ihrem antagonistischen Grundwiderspruch angekommen. Die sowohl historisch mögliche als auch notwendig gewordene Aufhebung der Klassen zu vollziehen, ist die historische Mission der Arbeiterbewegung. Diese Aufhebung der Klassen kann nur auf revolutionärem Wege erfolgen. (Logisch, da nicht damit zu rechnen ist, dass die Ausbeuterklassen ihrer Herrschaft freiwillig entsagen werden.) Für diesen Vorgang existierte seit Marx mit ‚Expropriation der Expropriateure‘ ein schaurig-schöner Begriff, den wir gerne aufgriffen. (Den wir gerne in unser Vokabular übernahmen, weil er so finster und jakobinisch entschlossen daherkam. Wir träumten nachts von dieser ‚Expropriation der Expropriateure', die sich uns als Kulminationspunkt der proletarischen Revolution darstellte, als ihr überbordender Orgasmus.) Der leider, zumindest in Westdeutschland, nicht auf der Tagesordnung stand. Soweit Lenin, den Klessmann damals in- und auswendig kannte und zu jedem Disput passgenau beisteuern konnte, wie ich selbst in weit zurückliegenden Zeiten die lateinische Fassung des Stufengebets – mea maxima culpa – herunterleiern konnte.

Soweit die Vorgaben der Theorie, die im Marxismus-Leninismus alles andere als grau war. Dieser unansehnliche Farbton charakterisierte eher die Praxis, die auch genau danach war. Im alltäglichen politischen Geschehen stellte sich manches weitaus verzwickter und problematischer dar als nach den Gesetzmäßigkeiten der Theorie. Zu einer anständigen proletarischen Klasse gehört nämlich nicht nur die Existenz einer großen Menschengruppe, sondern auch das Vorhandensein eines Klassenbewusstseins, über das diese verfügen musste. Und ein ordentliches Klassenbewusstsein fällt nicht vom wolkenlosen Himmel der Sozialpartnerschaft, sondern lässt sich erwerben nur in der harten Schule der Klassenauseinandersetzungen und entwickeln ausschließlich durch gründliche Schulung im Marxismus-Leninismus. Leider war es so, dass das Klassenbewusstsein unter den westdeutschen Arbeitern damals nur rudimentär ausgebildet war. Ein Großteil von ihnen verharrte auf sozialdemokratischen Positionen oder war politisch desinteressiert. (Oder beides zusammen? Doch, das geht.) Den meisten Proletariern, die sich selbst Arbeitnehmer nannten, ein Begriff, der uns verrückt machte, genügte als Lektüre die Bildzeitung. Sie weigerten sich, auch nur einen Blick in die ‚Höhe der Zeit' zu werfen, wenn unsere Betriebsaktivs ihnen das Parteiorgan an den Fabriktoren entgegenstreckten. Das entwickelte Klassenbewusstsein manifestiert aber exakt den Unterschied zwischen einer Klasse an sich und einer Klasse für sich. Eine Klasse an sich ist wehr- und hilflos wie der schlafende, gefesselte Riese in ‚Gullivers Reisen', während eine Klasse für sich der erwachte, befreite, sich seiner Kraft bewusst gewordene Riese ist, das Proletariat, das durch nichts und niemanden mehr aufgehalten werden kann in seiner historischen Mission. Frankreich und Italien etwa waren entwickelte kapitalistische Länder, in denen die Arbeiterklasse sich in zahlreichen Kämpfen ein weit höheres Bewusstsein erworben hatte. So nahmen wir es jedenfalls an und machten die Höhe des Bewusstseinsstandes fest an dem jeweiligen Einfluss der kommunistischen Partei. Unter diesem Vergleichspunkt musste das Bewusstsein der westdeutschen Arbeiter natürlich minimal entwickelt sein, da die hiesige Partei in bundesweiten Wahlgängen niemals über Splitterstatuswerte hinausgekommen ist. Sieht man von der alten KP bis zu ihrem Verbot in den allerersten Jahren der Bundesrepublik ab.

Diese Misserfolge haben uns niemals sonderlich beeindruckt, denn im Grunde unseres Intelligenzlerherzchens (Soll niemand drin wohnen als wer allein?) hielten wir die westdeutsche Arbeiterklasse für durch und durch korrumpiert. Durch Kindergeld und durch Konsum. Vermögensbildung in Arbeitnehmerhand. Das Sein bestimmt das Bewusstsein und Bauland muss bezahlbar bleiben. Bei einem derart verkümmerten Klassenbewusstsein konnte es logischerweise nur langsam bergauf gehen mit dem kommunistischen Einfluss und deshalb arbeiteten wir zäh und einfallsreich an der ständigen Hauptaufgabe für alle Mitglieder der Partei: Verankerung in der Arbeiterklasse. Dieses hehre Ziel ließ sich auf verschiedenen Wegen in Angriff nehmen. Der Königsweg hieß Kleinarbeit, Mitarbeit in den Massenorganisationen. Darunter wurden zuallererst die Gewerkschaften als umfassende Interessenvertretung der Arbeiterklasse verstanden, aber auch Sportvereine, Kleingartenkollektive, Lottogemeinschaften und Kegelclubs. Natürlich gab es auch Hindernisse auf diesem Weg, denn schnell war der politische Gegner mit dem Unterwanderungsvorwurf zur Stelle. Die Mitarbeit in den Gewerkschaften war aber das A und O jeglichen proletarischen Selbstverständnisses. Als verdiente Belohnung und eigentliche Krönung langjährigen Engagements galt uns die Erlangung eines Mandats im Betriebsrat oder in der Personalvertretung, das als Vertrauensbeweis auch für die kommunistische Partei und ihre Politik gewertet wurde. Je größer ein Betrieb, umso wertvoller Mandat und Vertrauensbeweis. Klessmann selbst, der mittlerweile bei irgendeinem universitären Forschungsprojekt einen prekären Angestelltenvertrag ergattert hatte, war Mitglied in der Gewerkschaft des Öffentlichen Dienstes, damals einer mitgliedermäßig besonders großen und schlagkräftigen Organisation, deren Bataillone jederzeit für einen Arbeitskampf gewappnet standen.

Ich arbeitete in der Zeit nach meinem Staatsexamen als Aushilfskellner im ‚Henkelmann', einer nicht nur von Studenten besuchten Szenekneipe in der Nähe der Unikliniken. Der Job hatte den Vorteil, dass ich mich häufig mit Pia Orzessek treffen konnte, die als Famula in derselben Gewerkschaft wie Klessmann organisiert war und manchmal ihre Mittagspause im schattigen Biergarten des ‚Henkelmann' verbrachte. Auf Klessmanns Anraten hatte ich das befristete Arbeitsverhältnis gleich dazu benutzt, einen Aufnahmeantrag bei der zuständigen Gewerkschaft Nahrung-Genuss-Gaststätten zu stellen, und hatte vom Bevollmächtigten zum Willkommen eine hübsche Anstecknadel bekommen. Im Gaststättengewerbe schien allerdings der Organisationsgrad unter den Beschäftigten äußerst gering zu sein, wie ich bereits am nächsten Abend feststellen musste. Als ich meinen Kollegen diesen Schritt erläuterte und voller Stolz auf meine Nadel wies, hielt sich ihre Begeisterung in Grenzen. Yilmaz, der türkische Koch, der gerade dabei gewesen war, die Küche auf Vordermann zu bringen, schaute kurz vom Töpfescheuern auf und zischelte etwas in seiner Heimatsprache. Ratze Schmedding, der hinterm Tresen die Zapfanlage mit einem Fensterleder wienerte, meinte, das Pfeifen einer verhunzten Verdiarie unterbrechend, die gewerkschaftlichen Monatsbeiträge seien bei ihm besser angelegt. Außerdem die ewigen Abendtermine. Babsi Willing und Claudia Preuß, zwei kesse Kunststudentinnen, die im ‚Henkelmann' ihre BAföG-Bezüge aufbesserten, nestelten an meinem Jackenaufschlag herum und befummelten die Anstecknadel. Allem Anschein nach interessierte sie lediglich deren devotes Design. Alles in allem ein bisschen desillusionierend und ich fragte mich, was meine Kollegen wohl in ihrer Freizeit so umtrieb. Wahrscheinlich nur das Fernsehprogramm. Dann überraschte mich Rolf Koschmieder. Der Chef des ‚Henkelmann', ein abgebrochener Philosophiestudent und ehemaliger Mao-Jünger – er war Mitglied der RotZPhil, also der Roten Zelle Philosophie, gewesen – beglückwünschte mich zu meinem Eintrittsschritt und gab sich ad hoc selbst als Gewerkschaftsmitglied zu erkennen. Alle Räder stehen still ... Na prima, Kollege, erwiderte ich erleichtert und wählte bewusst die vertrauliche Anrede, dann sollten wir flugs einen ‚Henkelmann'-Betriebsrat wählen. Dies spontane Engagement stieß dem Ex-Maoisten allerdings sauer auf. Er disqualifizierte meinen Vorschlag abwertend als Trade-Unionismus, schickte mich für den heutigen Abend zur Arbeit in die Küche, genauer gesagt an die Spüle, wo man wenig erlebt und eine Drecksarbeit verrichtet, andererseits aber auch kontemplativ abtauchen kann. Wenn Yilmaz nicht gerade seine berüchtigten Kassetten von Ibrahim Tatlises abnudelte, einem stimmgewaltigen Istanbuler Herzensbrecher, und dabei herzerweichend mitsang. Allahseidank war an diesem Abend das Gerät defekt und produzierte Bandsalat. Wenn schon kein Betriebsrat im ‚Henkelmann', dachte ich mir deshalb ungestört aus, dann vielleicht die Erprobung eines gewerkschaftlichen Kampfmittels. Streik im ‚Henkelmann'. Ich sah die Schlagzeile schon vor mir und stellte mir Koschmieders betretene Visage vor. Ja, ich sann ab diesem Abend ernsthaft darüber nach, meine Kollegen für eine bescheidene Lohnerhöhung – ich dachte an eine Mark die Stunde –, die schon lange fällig gewesen wäre, in den notfalls unbefristeten Streik treten zu lassen. Sie über die Streikerfahrung zu politisieren. Vielleicht könnte der Ausstand ausgerufen werden beim bevorstehenden Karnevalsfest der HNO-Klinik, die für ihren Klamauk den ‚Henkelmann' exklusiv gebucht hatte. Ein günstiger Moment ist einer, in dem die größtmögliche Wirkung erzielt werden kann. Klingt gut, dachte ich, könnte beinah von Lenin stammen. O sole mio! Schließlich rufen auch die Gondolieri am liebsten dann zum Streik auf, wenn die Filmfestspiele in Venedig beginnen.

Ein anderes gesellschaftliches Ereignis kam mir zunächst bei der Verwirklichung eigener Streikpläne dazwischen. Wieder einmal verhalfen mir sportliche Ambitionen, diesmal mein regelmäßiges Bemühen im Dauerlauf oder Joggen, wie man neuerdings sagte, mit dem ich mich seit einiger Zeit fit hielt, zu einem Erlebnis der besonderen Art. Es war das Jahr, in dem die westdeutsche Arbeiterklasse mal wieder vorübergehend aus dem Traum der Sozialpartnerschaft erwachte, die Muskeln spielen ließ und dem Kapital einen erbitterten Kampf um die Erhaltung von Arbeitsplätzen lieferte. Eine kurze historische Reminiszenz: Ausschließlich wegen der Profitmaximierung sollte das Krupp-Stahlwerk Rheinhausen in Duisburg, ein kerngesunder Betrieb, platt gemacht werden. Der soziale GAU für einen ganzen Stadtteil. Kompletten Familien drohte die Existenzvernichtung. Diesmal traf das Kalkül der Sanierer auf eine kampferprobte und disziplinierte Belegschaft. Die Stahlkocher verbündeten sich mit den Bewohnern Rheinhausens und organisierten eine bis dahin nicht bekannte Solidaritätswelle in der gesamten Bundesrepublik. Monatelang stand der heroische Kampf der Rheinhausener um ihre Arbeitsplätze im Brennpunkt der Politik und im Blickpunkt der Medien. Parteiübergreifend unterstützten viele Menschen diesen Kampf, wohl wissend, dass sie dabei eine neue Qualität der Arbeitsplatzvernichtung, der ganze Standorte zum Opfer fielen, in die Schranken weisen konnten.

Läufst du immer noch durch die Gegend?, fragte mich Klessmann eines Tages in der Mittagspause einer Betriebsarbeiterberatung, zu der die Partei regelmäßig in ihr neues Zentrum am Mittelhafen einlud, dem ehemaligen Kontor einer Spedition. Im Mittelpunkt dieser Tagung hatte der verzweifelte Kampf der Rheinhausener Kumpel und ihrer Familien gestanden. Wohl wissend, dass er mit seinen Fragen stets eine konkrete Absicht verfolgte, antwortete ich ihm: Joggen, ja, bei Wind und Wetter, ein wichtiger Bestandteil meiner bewegungsorientierten Persönlichkeitsstruktur. Schön, schön, du wirst bald Gelegenheit haben, diese einer veritablen Belastungsprobe auszusetzen, entgegnete mir der Kreissekretär in seiner trockenen Art. Die Metaller wollen einen Fackellauf von Rheinhausen nach Münster organisieren. Stell dir vor, quer durch das gesamte Ruhrgebiet. Spektakulär, oder nicht? Praktische Solidarität mit den Stahlkochern. Lasst tausend Feuer brennen! Wir werden das einzigartige Unternehmen selbstverständlich unterstützen. Ich habe dem Kollegen Völker von der Metallgewerkschaft bereits fünf kommunistische Läufer zugesagt. Bist du dabei?

Na, warum denn nicht, dachte ich mir. Training ist Training. Ob ich nun frühmorgens um den Aasee oder nachts auf der B 1 durch das Ruhrgebiet laufe ... bei Letzterem kann ich zudem einen Beitrag aktiver Solidarität vollbringen ... Womöglich würde unser Lauf sogar im Fernsehen gezeigt werden. Denn sie brachten in letzter Zeit, seitdem die Ereignisse um die Hütte in ganz Deutschland für Aufsehen sorgten, ganz gerne was über die

Rheinhausener. Die nächtliche Mahnwache vor dem Haupttor mit Fackeln und Feuer. Demonstrierende Frauen und Kinder, Menschenketten über den Rhein. Stimmungsvolles im winterlichen Gegenlicht, das sich gut ins Bild setzen ließ. Na klar, erwiderte ich Klessmann, ich bin dabei. Der grinste nervös und schlug mir auf die Schulter: Sportliche Einstellung. Na, dir täte etwas Sport aber auch gut, dachte ich bei mir, denn Klessmann sah schlecht aus. Fahle Gesichtsfarbe. Überarbeitet. Kaugummi im Mund. Wie ich gehörte hatte, versuchte er wieder einmal, von den Selbstgedrehten loszukommen. Das führte bei ihm zu Verdauungsstörungen, die sich wiederum negativ auf seine instrumentellen Fertigkeiten auswirkten. Grüß Pia von mir, rief er mir noch hinterher. Er hatte sie wohl lange nicht mehr gesehen. Als ich später vom Mittelhafen her mit dem Fahrrad nach Hause fuhr, tauchte eine untergehende Sonne die blinden Fenster in den alten Speichergebäuden in glühendes Rot. Ich löste die rechte Hand vom Lenker und ballte eine Faust. Es war ein schöner Winterabend. Es ging mir gut. Die Welt schien mit mir im Einklang zu sein. Ich beschloss, vor Schichtbeginn im ‚Henkelmann' noch eine Trainingsrunde um den Aasee zu drehen.

Einige Tage später saß ich im Versammlungssaal des Gewerkschaftshauses und erwartete Völkers Instruktionen. Mit mir hockten dort gegen fünfzig ausdauertrainierte Kollegen, unter ihnen vielleicht zehn Frauen. Alle Jogger respektive Joggerinnen. Alle Feuer und Flamme für den Lauf der Solidarität. Sie lauschten dem Kollegen Völker, der eben dabei war, die Route, den Laufplan und alles andere zu erklären. Völker gehörte einer neuen Generation von Gewerkschaftsfunktionären an: studiert, ehrgeizig, kommunikativ und liebäugelnd mit der Revolution, also nicht unbedingt ein Anhänger der Sozialpartnerschaft. Seine Idee, den Lauf auch als Medienereignis zu inszenieren.

Am frühen Freitagabend fuhren wir voller Tatendrang los. Wir trugen Trainingsanzüge und Laufschuhe. In die Rucksäcke hatten wir Regencapes, Saunatücher, Getränke und Obst gepackt. Ich hatte auch eine Rolle Pfefferminz und ein Buch eingesteckt, einen Schmöker von Gabriel Garcia Marquez, der gerade vom europäischen Literaturbetrieb entdeckt worden war und als persönlicher Freund Fidel Castros galt. Ein Bus kutschierte uns durch den Münsterländer Nieselregen und setzte uns direkt vor dem Krupp-Stahlwerk in Rheinhausen ab, wo wir gerade rechtzeitig für die Teilnahme an einer Versammlung des Bürgerkomitees in der Menage eintrafen. Reden wurden geschwungen, Adressen wurden verlesen. Wir waren von der aufgeladenen Atmosphäre sowie der kämpferischen Disziplin schwer beeindruckt und bewunderten die vielen Kollegen. Darunter die, deren ernste Gesichter durch ihre Fernsehauftritte schon berühmt geworden waren. Auch der Sprecher des Bürgerkomitees, ein populärer Pfarrer, war zugegen. Ich schrieb alles mit.

Dieser Abend wird mit einem kulturellen Highlight eröffnet. Ein Gewerkschaftschor aus Rüsselsheim tritt auf. Die Kolleginnen und Kollegen bieten einen halbstündigen Ausschnitt aus ihrem aktuellen Programm. Als Zugabe bringen sie das bekannte Streiklied von Hannes Wader. Alle singen mit. Irgendwann wird Völker zum Rednerpodium gerufen. Er stellt unsere Gruppe vor und übermittelt den kämpfenden Stahlwerkern die solidarischen Grüße der Gewerkschafter aus dem Münsterland. Dafür gibt es den ersten Beifall. Durch den Mittelgang schiebt sich eine Kamera nach vorn. Fernsehen, ZDF. Grüße aus dem ländlichen Siedlungsraum, Solidarität aus dem schwarzen Münsterland, steigert sich Völker. Der Beifall schwillt an und wird durch Fußgestampfe und Bravorufe ins Tumultuarische gesteigert, als er den Zweck unserer Abendvisite erläutert. Von diesem Orkan der Begeisterung wird der sonst so reservierte Sekretär mitgerissen. Wir tragen die Fackel des Widerstands durch das Ruhrgebiet, ruft er aus. Kollegen, heute Nacht laufen wir für euch von Duisburg bis nach Münster. Heute ihr – morgen wir. Rheinhausen ist überall, kann zum Flächenbrand werden. Er berichtet von den plattgemachten Textilbuden in den Kleinstädten der Region. Dann müssen wir Läufer aufstehen und uns der Menge präsentieren. Die Wogen der Begeisterung schlagen über uns zusammen. Die aufrichtige Freude gilt unserem Vorhaben. Wir genießen es, als sich das Kameraobjektiv auf uns richtet. (Ich gestehe an dieser Stelle, dass ich hineinwinkte.) Unsere Arbeit steht ja noch bevor, alle anderen können nachher schlafen gehen. Ich höre gut zu, als uns der evangelische Pastor Glück und Ausdauer für unser lobenswertes Vorhaben wünscht. Der Segen Gottes begleite euch. Diesmal also mit dem Segen der Kirche, denke ich verwundert und mir fällt in dem Moment auch mein letztes polit-sportliches Engagement bei der SV Concordia wieder ein, das unter der Ägide der Partei gestanden hat.

An der Mahnwache am Tor 1 werden wir wieder von Presseleuten fotografiert. Ein wahres Blitzlichtgewitter bricht über uns herein. Selbst die Bildzeitung hat jemanden geschickt. Es ist Punkt Mitternacht, als wir unsere Wachsfackeln an den Koksfeuern entzünden, die in zwei alten Loren Tag und Nacht brennen und dort niemals ausgehen sollen. Es riecht ganz kräftig nach Olympischem Feuer und ein wenig fühlen wir uns auch wie Träger der Heiligen Flamme, als wir endlich starten. Dabei sein ist alles. Fünfzig Läufer mit ihren fünfzig Fackeln stellen ein imposantes Bild dar. 130 Kilometer liegen vor uns. Natürlich laufen wir nicht durch. Nach zwei Kilometern beginnt die Stafette. Jeweils drei Kollegen legen Teilstücke von drei bis sechs Kilometern zurück. Je nach Trainingsstand und Tages- respektive Nachtform. Danach Ablösung und Ausruhen im Begleitbus. Der Regen hat jetzt aufgehört. Ich sehe zu, dass ich mit Elke Lewandowski in ein Lauftrio komme. Sie ist Vertrauensfrau in einer Metallbude in Münster.

Sie hat schon auf der Hinfahrt neben mir im Bus gesessen und mir vertrauliche Tipps gegeben, wie ich meinen Streikplan im ‚Henkelmann' verwirklichen könnte. Ich laufe gern neben ihrem wippenden blonden Haarschopf her. Sie trägt keinen BH. Ihre vollen Brüste schaukeln unter dem Sweatshirt auf und ab. Sie macht eine gute Figur. Das finden auch die Leute vom ZDF-Team, die jetzt heranfahren und einen langen Take von unserer Dreiergruppe machen. Ein günstiger Moment. Wir traben gerade durch eine Kneipengegend irgendwo in Oberhausen. Die Leute treten mit ihren Biergläsern aus den Kneipen heraus, Nachtschwärmer bleiben stehen und klatschen und feuern uns an. Taxi und Busse stimmen ein Hupkonzert an. Das Laufen fällt uns leicht. Wir geraten in eine euphorische Stimmung. Anstrengend wird es auf die Dauer nur, die Fackeln in die Höhe zu recken. Der rechte Arm wird schwer. Vor uns her fährt das Auto mit eingeschaltetem Blaulicht. Eine Polizeieskorte, die an jeder Stadt- bzw. Kreisgrenze von einem Wagen der nächsten zuständigen Dienststelle abgelöst wird. Nach unserer Laufetappe sitze ich neben der Kollegin Lewandowski im Bus. Ich rieche ihren Schweiß, Frauenschweiß, aber wir sind beide noch nicht erschöpft. Mein regelmäßiges Training am Aasee zahlt sich aus. Bei Wind und Wetter. Der Plan muss eingehalten werden. Ich knipse die Leselampe an. Ich biete ihr einen Pfefferminzdrops an. Als sie mein Marquez-Buch sieht, unterhalten wir uns über Literatur. Sie bekennt sich zu Heinrich Böll, gegen den ich heute Nacht nicht viel einwenden will. Mein leichter Hang zum Opportunismus. Ich knipse die Leselampe aus. Irgendwann schlafe ich doch einmal ein.

Kurz vor Herten weckt Völker unser Trio für den nächsten Einsatz. Es geht bereits auf vier Uhr zu. Samstagmorgen. Vor uns laufen drei vermummte Kollegen durch die einsame Ruhrgebietsnacht. Mit den bleischweren rechten Armen stemmen sie die blaffenden Fackeln tapfer in die Höhe. Wieder Nieselregen. Im angepassten Lauftempo fährt immer noch ein Polizeiwagen mit Blaulicht vor den drei Kollegen her, ein Wagen mit RE-Nummer. Das Fernsehteam hat sich in irgendein Hotel verzogen. Die Straßen sind menschenleer und der nasse Asphalt reflektiert die neongrelle Straßenbeleuchtung. Elke zieht sich die Kapuze ihres Shirts über die blonden Locken. Ich wecke TT, Tim Tecklenborg. Mit ihm ist unser Trio komplett. Vorne neben dem Fahrer sitzt Völker. Er schlürft schwarzen Kaffee und scheint noch gar nicht geschlafen zu haben. Ich frage mich, ob er irgendwas geschluckt hat. Er hat sich eine Leselampe in den Zigarettenanzünder gestöpselt und studiert seine akribisch angefertigten Einsatzpläne und Lauftabellen. Guten Morgen, liebe Kollegen. Geht's schon wieder? Ihr lauft gleich bis an die Stadtgrenze von RE. Raus in die Kälte. Um diese Stunde gibt es kein Spalier aus Beifall mehr. Einmal sehen wir einen Zeitungsboten in einem düsteren Hauseingang verschwinden.

Das heiße Wachs tropft von den Fackeln auf unsere Hände. Den Schmerz haben wir während unserer ersten Etappe gar nicht bemerkt. Wir beißen die Zähne zusammen. Durchhalten. Schließlich laufen wir in höherem Auftrag. Aufgeben ist nicht unser Ding. Schließlich freuen wir uns alle auch schon auf den Empfang in Münsters Guter Stube, den uns die Gewerkschafter dort bereiten wollen. Also muss auch der Zeitplan einigermaßen eingehalten werden.

Hinter einer Autobahnbrücke laufen wir durch eine Bergmannssiedlung. Zwei Frauen stehen im gelben Ölzeug am Straßenrand. Sie winken energisch unter einer Plane her. Mit der beschirmen sie heißen Tee, den sie uns mit Zwieback und Bananen reichen. Sie haben aus der Presse von unserem Lauf erfahren. (Völker hat alle Redaktionen längs der Strecke mit Informationen versorgt.) Die gelben Engel. Einer von ihnen steigt in den Bus und versorgt die Schlummernden mit ihren milden Gaben. Ich muss dringend austreten. Ich frage die andere Frau, ob ich ihr Klo benutzen darf. Sie weist auf das Siedlungshaus mit der offenstehenden Haustür: Gleich links hinter der Tür. Ich klemme meine Fackel in die Ritze eines Fahrradständers. ‚Böcker' steht an der Klingel. Im schummrig beleuchteten Flur befindet sich der Lokus unter einer Holzstiege, die linkerhand ins Obergeschoss führt. Außen auf der Tür kleben zwei ausgeschnittene Papierziffern: Eine 0 und eine 4. Ich finde den Lichtschalter, ziehe meine Jogginghose herunter und setze mich auf die Holzbrille, die sich warm anfühlt. An der Wand klebt ein Mannschaftsposter vom Bundesligisten Schalke. Auf dem Boden liegen mehrere Ausgaben des ‚Kicker' herum. Die Seiten mit Schalke-Berichten sind aufgeschlagen. In ihnen geht es um die anhaltende Misserfolgsserie. Der miserable Tabellenplatz wird dem Trainer angelastet. Das Örtchen ist gut geheizt. Wahrscheinlich Deputatkohle, denke ich. Ich lasse mir Zeit. Zeitplan hin, Zeitplan her. Ich kann mich einer kontemplativen Anwandlung nicht erwehren. Weit ist es mit dir gekommen. Sitzt im Morgengrauen auf einem wildfremden Klo am Stadtrand von Herten, joggst durch die klamme Nacht, und alles für die Menschen in Rheinhausen. Einen Moment male ich mir aus, wie es wäre, hier einfach sitzen zu bleiben und am Nachmittag zum Heimspiel ins Parkstadion zu gehen. Dann spüle ich ab, schaue in den Wandspiegel und bin ein wenig stolz auf mich. Im Flur höre ich die Treppenstufen knarren. Herunter steigt ein aufgeweckter Steppke im Schlafanzug. Ausgiebig mustert er mich und meine durchnässte Sportmontur. Bist du denn der neue Trainer vom S 04?, fragt er jetzt erstaunt. Ich denke rasch: Bevor du viel erklären musst, frag ihn nach seinem Namen. Zu spät. Bevor der Kleine antworten kann, kommt ihm die schrille Stimme seiner Mutter zuvor. Olaf, warum schläfst du nicht? Olaf, du sollst nicht ohne Schlappen herumlaufen! Abmarsch, ins Bett!, befiehlt sie, als sie hereinkommt. Da sieht Olaf die Fackeln und die Menschen am Bus. Er mault herum und will auch nach draußen gehen. Ich sage, Olaf, ich bin doch nur der neue Assistenztrainer. Da draußen, das ist der Schalke-Mannschaftsbus. Ich musste einmal dringend eure Toilette benutzen. Stopp, sagte ich vorhin zum Fahrer, hier wohnt der kleine Olaf. Die Familie ist komplett dem FC Schalke verfallen. Wartet hier, die werden sich freuen. Ich beobachte Olaf, der sich an meiner Erzählung auch zu freuen scheint, mich aber wenig beeindruckt anschaut. Du musst wissen, Olaf, wir kommen gerade aus dem Trainingslager. Anstrengende Tage. Die Spieler schlafen, sie brauchen unbedingt ihre Ruhe. Ab jetzt weht ein anderer Wind auf Schalke, das kann ich dir sagen. Schluss mit dem Schlendrian. Du wirst es ja selbst erleben. Heute Nachmittag gegen den HSV. Wenn du sofort ins Bett gehst, verspreche ich dir hoch und heilig, dass wir nicht absteigen werden. Es funktioniert. Olaf beginnt, die Treppe wieder hochzuklettern, als Völker ins Haus eindringt und gereizt herumschreit: Wie lange brauchst du eigentlich zum Scheißen? Die Zeit läuft uns davon, verdammt! Unwiderruflich hängt die vage Metapher im Flur. Olaf starrt Völker mit großen Augen an. Tja, Olaf Böcker, sage ich, du hast es selbst gehört. Das ist die Stimme des neuen Cheftrainers. Wenn er sagt, keine Zeit mehr, dann ist auch keine Zeit mehr. Dagegen können wir schlecht anstinken. Also schnell ins Bett und blauweiße Träume. Blauweiße Nacht, sagt Olaf zufrieden und verschwindet hinter der Treppenbiegung. Völker sieht mich entgeistert an. Ich erklär's dir später, beruhige ich und schiebe ihn nach draußen. Wir bedanken uns recht herzlich bei den Frauen, besonders bei Olafs Mutter, und sie wünschen uns Glück. Zwanzig Minuten müssen irgendwie aufgeholt werden. Also, ab die Post. Endlich kündigt ein Straßenschild Recklinghausen an. Wir werden abgelöst und können in die Wärme zurück. Im Bus empfängt uns eine abgestandene Atemluft. Es riecht nach Übernachtung, unruhigem Schlaf und plötzlichem Erwachen. Nach erkaltetem Schweiß in ungewaschenen Sportklamotten. Wir trocknen uns gegenseitig die Haare und nach unserem zweiten Einsatz schlafe ich bald zufrieden ein. Im Halbschlaf kriege ich noch mit, wie Elke ihren Walkman herauskramt und aufdreht. Sie hört eine Kassette von AC/DC. Dann träume ich von haartrocknenden Hardrockern.

Als ich Stunden später die Augen erneut aufschlage, ist es hell geworden. Mit dem Jackenärmel putze ich eine beschlagene Fensterscheibe klar. Über den Feldern im Osten prahlt ein pathetisches Morgenrot. Es mag kurz vor 10.00 Uhr sein. Wir fahren durch Appelhülsen. Ein verschlafenes Nest, nicht nur am Samstagmorgen. Von dort geht es über die Bauernautobahn nach Münster. Die gute Elke kommt mit zwei Plastikbechern Kaffee zurück, die sie vorn bei Völker abgefüllt hat. Unser Laufleiter hält sich immer noch kerzengerade im Sitz. Vor dem Bus laufen drei Kollegen. Immer noch mit brennenden Fackeln, die aber bei Tageslicht wenig effektvoll sind. Das Auto der Polizeieskorte hat ein Coesfelder Kennzeichen. Neben den Läufern fährt jetzt wieder der Übertragungswagen vom ZDF. In Bösensell hängt sich ein Kombi vom WDR-Landesstudio daran. Der Anblick der Pressekarawane und der Genuss des Morgenkaffees setzen neue Laufbereitschaft in mir frei. Völker, der sich heute Morgen im hautengen Laufdress präsentiert, meint, unser Trio sei nicht mehr im Ablaufplan vorgesehen. Aber von Mecklenbeck, einem Vorort, bis zum Ziel am Prinzipalmarkt würden wieder alle laufen. Wegen der optischen Wirkung. Er selber auch. Auf den letzten zwanzig Kilometern kommen wir zügig voran. Die Sonne bricht durch. Alle jetzt noch eingesetzten Sportler bekommen ihre zweite Luft. Auf einem Parkplatz an der Weseler Straße gibt es den letzten Stopp. Es ist trocken, aber ziemlich kühl. Wir machen uns frisch, so gut es geht, schauen in den Außenspiegel des Busses, kämmen und deodorieren uns. Elke trägt Lippenstift auf und bändigt ihre Mähne mit einem schicken roten Stirnband, auf dem die 35-Stunden-Sonne aufgeht. Die letzten Fackeln werden angezündet und verteilt. Auf zur allerletzten Etappe! Hinter uns bildet sich schnell ein Autostau. Als wir auf den Prinzipalmarkt einbiegen, sehen wir schon die vielen Spruchbänder und Fahnen im Sonnenlicht. Wir hören den wärmenden Beifall. Viele Kollegen und Genossen haben ihre Samstagmorgenbesorgungen unterbrochen, um uns zu begrüßen. Leider kann ich Pia Orzessek nicht neben Klessmann erblicken. Wir sind erschöpft, aber glücklich, dass wir die sportliche Herausforderung geschafft haben. Natürlich auch deshalb, weil die spektakuläre Aktion ein politischer Erfolg geworden ist. Ein doller Erfolg, wie Völker den Pressevertretern diktiert. Die Redaktion von ‚Höhe der Zeit' hat eine Volkskorrespondentin geschickt. Eine hübsche TV-Reporterin hält mir ein Mikrofon hin, ein Kameramann baut sich vor mir auf. Sie fragt nach meinen persönlichen Motiven für die Teilnahme an dem Solidaritätslauf. Warum haben Sie sich die Nacht um die Ohren geschlagen? Ich fasse mich kurz, wie sie es eingangs verlangt hat, und sage bündig: Ich bin erstens Sportler, zweitens Kommunist. Meine Antwort überrascht sie wohl. Sie sagt nichts, nimmt aber das Mikro auch nicht beiseite. Deshalb füge ich gelassen hinzu: Und drittens Schalke-Fan. Und ich grüße den kleinen Olaf am Stadtrand von Herten.

Am Sonntagabend hatte ich wieder Schicht im ‚Henkelmann'. Meine Arbeitskollegen hatten von unserer Aktion nicht viel mitbekommen. Dass ich dabei gewesen war, beeindruckte sie nicht sonderlich. Ich zeigte ihnen meine Urkunde, die Völker uns allen ausgestellt hatte. Sie bestätigte die Teilnahme am Solidaritätslauf. (Ich ließ sie mir später einrahmen.) Für den Plunder kannst du dir auch nichts kaufen, meinte Yilmaz und walkte seinen Pideteig weiter durch. Bereits in der darauf folgenden Woche traf ich mich abends mit der Kollegin Lewandowski. Wir tranken ein paar

Bier in der Altstadt und schmiedeten das Eisen des ‚Henkelmann'-Streiks. Ein schiefes Bild, weil das sprichwörtliche Eisen in diesem Fall erst noch heiß werden musste. So schürte ich in den nächsten Tagen den Unmut der Kollegen über die wirklich miserable Vergütung durch Koschmieder. Zehn Mark die Stunde waren ja beileibe nicht die Welt und eine Mark dazu würde den Laden, der sich auch dank unseres Einsatzes ganz gut gemacht hatte, nicht in den Bankrott treiben. Koschmieders Sturheit in dieser heiklen Frage war bekannt. Sämtliche Einlassungen im Guten waren erfolglos geblieben, was dem Betriebsklima auch nicht förderlich gewesen war. Ich traf mich noch einmal mit Elke beim Italiener und zusammen entwickelten wir den Plan. Eines Abends bat ich die Kollegen, also Yilmaz, Schmedding, Willing und Preuß, nach Feierabend noch dazubleiben. Ich hätte ihnen etwas Wichtiges mitzuteilen. Ich baute darauf, dass Koschmieder wie immer gegen 1.00 Uhr verschwinden würde, um seinem Labrador auf dem Promenadenring Auslauf zu verschaffen. Danach ging er für gewöhnlich heim. In seine schöne Altbauwohnung in der Propstei. Als er sich an diesem Abend pünktlich von uns verabschiedete und uns wie gewöhnlich gemahnte, abzuschließen und die Alarmanlage einzuschalten, sah ich mich meinem Ziel ein gutes Stück näher gekommen. Gegen 2.30 Uhr komplimentierten wir die letzten Gäste hinaus und schlossen hinter ihnen ab. Ich öffnete für uns auf Kosten des Hauses eine Flasche Chianti und schenkte ein. Ich stellte den Kollegen meine und Elkes Planung vor und bat sie darum, ihre Ansichten frank und frei darzulegen. Ich muss sagen, in dieser Nacht verspürte ich bei ihnen zum ersten Mal so etwas wie ein Zusammengehörigkeitsgefühl (Aktionseinheit) in ihren Worten. Ich war gerührt. Ein Schimmer von Klassenbewusstsein glomm in ihren müden Augen auf. Wir stießen an auf gutes Gelingen und ich hoffte, der Schimmer würde zu einem Brand entfacht werden.

Am Wochenende danach fand die bereits erwähnte närrische Sitzung der HNO-Klinikbelegschaft statt. Sie hatten für Freitag den ‚Henkelmann' gebucht. Volles Haus. Mediziner verstehen zu feiern. (Sie verfügen ja auch über wirksame Mittel für den Kater danach.) Die Stimmung wurde bald gelöst, dann ausgelassen. Ich stand am Ausschank und hielt vor allem Pia Orzessek im Blick, die als eine der Letzten gekommen war. Sie war als Sternschnuppe verkleidet und tanzte häufig mit einem Kosmonauten, den sie mir nach einem Höhenflug am Tresen als Juri Gagarin vorstellte. Sie lachte dabei. Später erfuhr ich, er hieß Georg und war Assistenzarzt. An diesem Abend hatte ich Besseres zu tun, als mich darüber zu ärgern. Außerdem dachte ich an die Gewerkschafts-Elke, mit der ich mich am Sonntag wieder treffen würde, um alles auszuwerten. Ich schaute häufiger auf die Uhr. Die erste Polonaise wälzte sich ausgelassen durch den Schankraum. Wir hatten Mitternacht für den Streikbeginn ausersehen.

Babsi und Claudia schienen mir ausgesprochen nervös zu sein. Claudia hatte vorhin ein Tablett mit Biergläsern fallen gelassen. Zum Glück stand Ratze Schmedding in der Nähe und beruhigte sie. Fünf vor zwölf. Ich füllte die letzten Gläser ab und rief Yilmaz aus der Küche heraus. Schmedding brachte die beiden Studentinnen mit. Die Streikfront stand, stellte ich befriedigt fest. Ich rief Koschmieder heran, der mit dem Chefarzt und dessen Frau an einem Tisch saß und Sekt trank. Das Medizinerehepaar ging als Laurel (er) und Hardy (sie), wozu sie auch figürlich prädestiniert waren. Koschmieder schaute sich verwundert um, als er uns alle beisammen stehen sah. In ruhigem Ton trug ich dem Ex-Maoisten unsere Forderung vor. Streik, sagte ich, Ausstand. Eine Mark mehr, Konjunkturzuschlag. Rückwirkend von Beginn des heutigen Abends, oder wir machen den Laden dicht und gehen nach Hause. Alle. Koschmieder war perplex. Wahrscheinlich zweifelte er an dem Gehörten. Bedrohlich knurrte sein Labrador. Sitz!, krächzte Koschmieder. Er erblasste und erwiderte: Das könnt ihr nicht machen, Leute. Das hat doch mit Streik nichts zu tun, das nenne ich Erpressung. Kommt, lasst uns morgen in Ruhe über alles reden. Was sollen die Gäste denken? In der Tat wurden schon einige der närrischen Mediziner, die es nach gehaltvollem Nachschub verlangte, unruhig. Ich konnte Koschmieder klar machen, dass es uns ernst war. Nenne es, wie du willst. Streik oder Erpressung. Als er das begriffen hatte, wurde er krebsrot und willigte zähneknirschend ein. Elf Mark, weil Karneval ist, sagte er. Ich dachte, er hätte Humor, und freute mich. Er hatte aber keinen.

Am nächsten Abend zahlte er mich aus. 11 Mark die Stunde, bitte sehr!, meinte er. Aber dich will ich hier nicht mehr sehen. Er betrachtete mich wohl als Rädelsführer. Die anderen durften bleiben und erhielten fortan ihre elf Mark. Ich nahm es achselzuckend hin und bildete mir sogar ein wenig darauf ein, wegen Rädelsführerschaft gefeuert worden zu sein. Am Sonntagmorgen traf ich Elke. Wir werteten den Arbeitskampf im ‚Henkelmann' positiv aus und nach der Bilanz gewährte sie mir einen Konjunkturzuschlag. Nachdem ich den verkraftet hatte, zahlte ich ihr den überfälligen Inflationsausgleich auf die nackte Haut.

Später erbat ich mir Klessmanns Analyse. Er lobte meine ‚Henkelmann'-Agitation trotz meines persönlichen Rauswurfs als beispielhaft. Nur auf die Art kommen wir voran. Die Art seiner Antwort gab mir zu denken: Die historische Tätigkeit ist nicht das Trottoir des Newski-Prospekts, sagte der große russische Revolutionär Tschernyschewski, sagt Lenin, sagte Klessmann.

Bruderkuss und Rosenkranz

Schon immer hatten sie vom Alter und Erscheinungsbild der Generalsekretäre der KPdSU ein Bauchgrimmen bekommen. Über beides konnten auch die marmorglatten, buddhahaft leblosen TASS-Portraits nicht hinwegtäuschen, die nach dem Hinscheiden der mächtigen Genossen die mit Trauerrahmen erscheinenden Frontseiten von ‚Höhe der Zeit' und sämtlichen anderen Zentralorganen austauschbar machten. Eine Ästhetik retuschierter Glätte, deren wächsern gespenstischer Wirkung auch die Erinnerung an die Lebzeiten der abgebildeten Politiker nichts Ansprechenderes entgegensetzen konnte. Lamettabrüste. Frigide Frisuren. Nomenklatura-Lächeln. Moderne PR war die Sache des Moskauer Zentralkomitees wahrlich nicht. Der hölzern steife Breschnew etwa war mitsamt seiner stattlichen Gemahlin Viktoria Petrowna von wenig Vertrauen erweckender Statur für die westliche Pop- und Protestgeneration, die mit 99 Luftballons den Schwebeflug probte und mit packenden Parolen à la ‚Petting statt Pershing', die kaum als kremlkompatibel gelten konnten, demonstrieren ging. Wer sich gegen Treibjagden leidenschaftlich engagierte und Pelzmäntel olfaktorisch kontaminierte, konnte den Jagdgesellschaften des Generalsekretärs wenig abgewinnen. Breschnews Vorgänger an der Spitze der Sowjetunion, Nikita Sergejewitsch Chruschtschow, war aus anderem Holz geschnitzt, hatte wenigstens mal mit seinem derben Schuhwerk auf das Rednerpult einer UNO-Vollversammlung eingedroschen. Kein Zeichen diplomatischer Etikette oder staatsmännischer Besonnenheit, aber ein Lebenszeichen immerhin. Und ein Bild, vor allem ein Bild, das sich einbrannte. Polternder Bauer. Glatzköpfiger Steppenbewohner. Kolchoskobold. Romantik. Cholerik ist als ausgeprägter Charakterzug menschlich allgemein verständlich und kann in dieser besonderen Situation bei etwas gutem Willen sogar als antiimperialistisch oder revolutionär interpretiert werden. Umgekehrt gehen Handlungsunfähigkeit oder Willenslähmung auf die Dauer nicht als Besonnenheit durch. Und revolutionär? Was wirkte an L. I. Breschnew trotz seines erschröcklichen Titels ‚Marschall der Sowjetunion' noch revolutionär?

Diese Frage hatte ihnen auch der Parteivorsitzende Günther Kessel an diesem Abend nicht schlüssig beantworten können. Kessel, der vom Genossen Leonid Iljitsch während dessen jüngstem Staatsbesuch in Bonn zum Gedankenaustausch empfangen und vorher brüderlich geküsst worden war. Wie schon gesagt stimmte das biblische Alter des Generalsekretärs und seiner Mitstreiter in Politbüro und ZK – und ein gesegnetes Lebensalter hatten beinah alle Mitglieder der höchsten Staats- und Parteiorgane in den Staaten des Warschauer Pakts bereits erreicht – viele einfache und jüngere Genossen bedenklich. Und viele Genossinnen sowieso, die lieber einen russischen Guevara oder wenigstens Castro im Kreml gesehen hätten. Die bürgerlichen Medien schossen sich mit den Jahren auf die übergroße Lebenserfahrung der östlichen Repräsentanten ein, kreierten mit Gerontokratie ein giftiges Begriffsungetüm und erläuterten in ihren politischen Kommentaren genüsslich die Erscheinungsformen des Altersstarrsinns sowie die Vorstadien bestimmter Krankheiten. Wenig an Trost lag für die Genossen auch in der offenkundigen Tatsache, dass die amerikanischen Präsidenten, die nach Kennedys Ermordung ins Oval Office einzogen, ebenfalls nicht jünger geworden waren. Der Raketenpräsident war ein ausgesprochener Greis bereits, als er im Weißen Haus Quartier machen durfte. Mit einer anrüchigen, weit zurückreichenden Vergangenheit. Kein gütiger Greis. Ein Zuträger und Denunziant während der Kommunistenhatz unter Senator McCarthy. Ein affektierter, längst ausgemusterter Schauspieler. Der aber aufgrund teuflischer Elixiere und modernster Errungenschaften der amerikanischen Beauty-Industry immer noch fast genauso jung und hemdsärmelig wirkte wie auf den alten, längst vergilbten Plakaten seiner schäbigen B-Movie-Filme, welche offensichtlich ebenso wie er selbst zur Inauguration restauriert worden waren. Vor allem wusste sich der alte Cowboy vor den Kameraobjektiven zu bewegen. Die Macht der Bilder erwies sich an den Bildern der Macht: Der täppische Breschnew jagte bedauernswerte Elche in der Taiga; der schlanke Reagan ritt im gestreckten Galopp in den Sonnenuntergang hinein. Shakehands gegen Bruderkuss.

Wer ist Ronald Reagan wirklich? Aufklärung tat also Not und den Jungen Pionieren wurde der Erstschlagsfanatiker in ihrer Zeitschrift ‚Willibald' auf Mausart so nahe gebracht:

Piff! Paff! Puff! Früher im Film war Ronald Reagan ein Westernheld und knallte alle ab, die ihm nicht passten. Heute ist er Präsident der USA. Die USA sind ein großes Land. Ihr Präsident möchte immer noch rumknallen – aber heute mit Atomraketen, die er in unserem Land aufstellen will. Das darf nicht passieren! Wenn es zum Krieg kommt, wird unser Land als erstes vernichtet. Deshalb setzen sich immer mehr Menschen für den Frieden ein. Auch Kinder können dabei schon mithelfen.

Gerontokratie? Aus den Worten des Genossen Kessel: Trau keinem über Dreißig? Ein unsinniger, ein dekadenter Spruch. Warum sollten wir den Jugendlichkeitswahn der vergreisenden westlichen Gesellschaften mitmachen?, fragte der Vorsitzende rhetorisch, der selbst auf die Sechzig zuhielt, als er den Genossen der Kreisorganisation vom Empfang bei L. I. Breschnew berichtete. Warum sollten wir auf den Erfahrungsschatz der alten, im Kampf erprobten Genossen verzichten? Der Klassenfeind hätte sein Ziel erreicht und würde sich ins Fäustchen lachen über unsere Einfältigkeit. Erfahrungen gerade dieser Alten, einer heroischen Generation, der Kriegsgeneration, die in ihrer Jugend unter großen persönlichen Opfern den Hitlerfaschismus bekämpft und besiegt hat, sind einzigartig und unverzichtbar. Es sind die Unerbittlichkeit dieses Kampfes, dieses Großen Vaterländischen Krieges, als welcher er in der Sowjetunion ja zu Recht bezeichnet wird, die Härte ihrer Lebenserfahrung, die in ihrer unbeugsamen Haltung und in manch kompromissloser Entscheidung zum Ausdruck kommen. Wer von euch will denn allen Ernstes behaupten, dass Jugend an sich eine Garantie für bessere oder gute Politik darstellt. Unsere gesamten politischen Erfahrungen, unsere eigenen Schlussfolgerungen aus Krieg und Faschismus müssen sich in unserer unverbrüchlichen Treue zur Sowjetunion niederschlagen, welche die Hauptlast des Kampfes getragen und den höchsten Blutzoll entrichtet hat bei der Befreiung Europas. Aus dieser historischen Lehre erwächst ja gerade ihre Politik der friedlichen Koexistenz. Zu der es bei Strafe des Untergangs keine Alternative gibt.

Da klingt es wieder auf, das Hohe Lied von den unsterblichen Opfern, dachte Bitterschulte enttäuscht. Als wäre damit alles erklärbar, alles entschuldbar. Unser Feind ist nicht die Generation der Alten, fuhr Kessel fort, sondern die Klasse der Kapitalisten. Egal, ob junger oder alter Kapitalist. Das individuelle Alter, die persönlichen Interessen oder Vorlieben ändern doch nichts an seiner objektiven Stellung im gesellschaftlichen Produktionsprozess. Friedliche Koexistenz, ja, unter allen Umständen. Friedliche Koexistenz von Ländern mit unterschiedlichen, mit antagonistischen Gesellschaftsordnungen ist im Zeitalter einer vielfachen nuklearen Overkillkapazität eine Frage von existenzieller und globaler Wichtigkeit. Friedliche Koexistenz auf allen möglichen Gebieten. Ja und tausendmal ja. Ein einziges bleibe ausgespart. Eine Ausnahme davon sei gestattet. Auf ideologischem Gebiet darf es niemals eine Annäherung, niemals eine Aufweichung unserer klaren Klassenstandpunkte geben. ‚Nichts habe ich jemals gemeinsam / Mit der Sache des Klassenfeinds', zitierte Kessel abschließend Brecht.

Lorenz Ostendorf, ein vielversprechendes, in mancher Hinsicht noch zu impulsiv spontanes, aber gleichwohl politisches Naturtalent, meldete sich per Handzeichen zu Wort. Podgorny, der ihn bei einer Lehrstellenaktion entdeckt und eingebunden hatte, freute sich darüber und ermunterte ihn zu reden. Ostendorf, ein angehender Buchdrucker und seit kurzem eingeschriebenes Mitglied der Sozialistischen Arbeiterjugend, wünschte sich von Kessel eine Auskunft darüber, ob der Bruderkuss, der ja üblich sei zwischen den hochrangigen Genossen der sozialistischen Länder und der in aller Medien-Öffentlichkeit ausgetauscht, ja regelrecht zelebriert werde, eher als Eigenheit des russischen Nationalcharakters zu betrachten sei oder auf die Traditionen der westeuropäischen Arbeiterbewegung zurückginge. Oder sei die Kussart aus dem tiefen Süden zu uns gekommen? Jeder wisse ja, dass, je weiter man sich im Urlaub nach dem Süden zu bewege, die Intensität körperbetonter Begrüßungsrituale zunehme. Da es in den Zusammenkünften der Partei durchaus üblich war, einfache Fragen durch eine weiter ausholende Erklärung inhaltlich zu fundieren oder ideologisch abzusichern, war Kessels verständnisloses Stieren wohl nicht durch die Frageform, sondern durch ihre inhaltliche Ausrichtung verursacht, die ihm offenbar wenig behagte. Ostendorf spürte Kessels Zögern und die plötzlich einsetzende angespannte Aufmerksamkeit im Mandela-Saal des Parteizentrums. Er glaubte, sich deshalb weiter erklären zu müssen, und fuhr fort, er, Ostendorf, wolle für ihre Lehrlingszeitung ‚Linke Gerade' eine satirisch gefärbte Abhandlung über diesen Kussbrauch oder vielleicht besser -missbrauch verfassen und stehe derzeit im Stadium der Recherche. Als müsse er dies beweisen, hielt er einen prall gefüllten Schnellhefter in die verqualmte Luft. Er befrage den Vorsitzenden Kessel über das Thema, da dieser in ‚Höhe der Zeit' bei besagtem Tun abgebildet worden sei, also dabei, wie er Breschnew oder – wohl besser – wie der Generalsekretär der KPdSU ihn geherzt und abgeküsst habe, und weshalb er, Lorenz Ostendorf, ihn, Kessel, sozusagen als Experten in Sachen Bruderkuss betrachte. Kessel schien auch von Ostendorfs Erklärungsnachschlag nicht überzeugt worden zu sein und musterte den jungen Genossen konsterniert, der ihn jedoch unbefangen anlächelte. Bevor sein Schweigen beredt zu werden drohte, räusperte sich der Vorsitzende der bundesdeutschen Partei lang und effektvoll. Er erkundigte sich besorgt, inwieweit die Frage in Beziehung zur heutigen Aussprache stünde, die ja zum Gegenstand, den man im Interesse der eigens dafür erschienenen Genossen und Sympathisanten nicht allzu lange vernachlässigen solle, den Staatsbesuch des Genossen Breschnew in der Bundeshauptstadt Bonn sowie seinen Stellenwert in der gegenwärtigen Phase des Entspannungsprozesses habe. Er selbst fühle sich durch die Art und Weise der Fragestellung, offen gesagt, auch ein wenig veralbert.

Nichts habe ihm ferner gelegen. Ostendorf versuchte Kessel zu besänftigen, indem er präzisierte: Sein Interesse am Geschmuse unter Brüdern sei durchaus von ernsthafter Natur. Ihm sei bereits aufgefallen, dass diese Kussvariante innerhalb der westdeutschen Partei kaum einmal zur Anwendung gelange. Gottseidank, setzte er unter einem aus der Tiefe der Versammlung aufsteigenden, befreienden Gekicher hinzu. Wenngleich eine Umarmung oder eine Wange-an-Wange-Berührung oder eine Wange-an-Wange-an-Wange-Berührung als legere Begrüßungsform auch unter Männern immer häufiger praktiziert werde. Des Weiteren scheine ihm der rituelle Bruderkuss außerhalb der Arbeiterbewegung nur noch in der männerbündischen katholischen Kirche virulent zu sein. Dort Ausdruck brüderlichen Respekts oder brüderlicher Liebe? Im Klartext: Stecke also mehr dahinter? Sei gar eine homophile Komponente beim brüderlichen Schmatzen zu vermuten? Kessel war nach Ostendorfs vollmundigem Vortrag sichtlich geladen. Er schaute sich im Saal um. Ein Teil der anwesenden Genossen zeigte sich vom Insistieren des couragierten Ostendorf durchaus amüsiert und die Beratung drohte aus dem Ruder zu laufen. Routiniert versuchte Kessel, sich zu beherrschen, was ihm nicht so recht gelang. Er sandte wütende Blicke zu Podgorny hin, der als Versammlungsleiter fungierte und diese bizarre Situation nicht verhindert hatte. Um als Vorsitzender des Parteivorstands nicht das Gesicht zu verlieren, fühlte er sich aber dennoch zu einer guten Miene verpflichtet und ging auf Ostendorfs zuletzt geäußerte Hirngespinste ein. Mit ruhiger, deutlich beherrschter Stimme bemühte er sich um Aufklärung in der Sache: Der Kuss unter Genossen vollziehe sich im Berühren beider Wangen oder einem zarten Berühren, manchmal nur angedeuteten Berühren mit dem Mund, etwa in der Flüchtigkeit eines Handkusses, bei dem es in der Regel auch nicht zum Hautkontakt käme. Natürlich küsse er, Kessel, auch seine Frau und liebe Kampfgefährtin, was, wie der junge Genosse sich denken könne, ein Küssen von gänzlich anderer emotionaler Beschaffenheit und vor allem größerer Intensität sei. Leider bekäme er, wenn ihm diese persönliche Anmerkung ausnahmsweise gestattet sei, wegen seiner vielen politischen Verpflichtungen nicht allzu oft Gelegenheit dazu. Auch heute würde er voraussichtlich nicht vor Mitternacht nach Hause zurückkehren. Der sozialistische Bruderkuss hingegen sei eine schöne Äußerung des Respekts und der Zuneigung unter Genossen. Kessel, der Ostendorfs unbekümmerte Art nicht kannte, hatte einen Fehler gemacht, als er so ausführlich auf dessen Verstiegenheiten einging. Denn Ostendorf, einmal entflammt für ein Thema, war dann nur noch schwer wieder abzulöschen. Er besaß offenbar nicht das geringste Gespür dafür, wenn er anderen Genossen mit seinen Marotten auf die Nerven ging. Wenn er es doch besaß, hätte man annehmen müssen, dass er die Wirkungen seines Verhaltens genossen hätte. Na ja, meinte er mit jugendlichem Brio, als befände er sich im privaten Dialog mit Kessel, die Bruderküsse zwischen Honecker und Breschnew zielten, soweit sie im Fernsehen zu beobachten gewesen wären, schon ganz bewusst auf die Mundpartien. Da beide Genossen Brillenträger wären, ließe sich eine solche Annäherung nur gezielt und mit großer Vorsicht bewerkstelligen. Er sähe darin eine Meisterleistung des Manövrierens, vergleichbar nur dem Andocken einer Raumkapsel an der MIR. Ob auch die greisen Zungen im brüderlichen Zusammenspiel gewesen wären, wäre natürlich in der Fernseheinstellung nicht eindeutig zu bestimmen gewesen. Unmöglich sei das jedoch angesichts der zeitlichen Dauer ihres sozialistischen Lippenbekenntnisses nicht gewesen. Zudem könne er Kessels Vergleich mit dem Handkuss nicht gelten lassen, da dieser doch heutzutage – er wisse zwar nicht, in welchen Kreisen Kessel verkehre – kaum noch zur Anwendung gelange. Ihn, Ostendorf, quäle ferner die Überlegung, ob der Judaskuss, der sicherlich auch den allermeisten Kommunisten noch aus der Bibellektüre geläufig sei, nicht auch als Bruderkuss angesehen werden könne, als dessen dialektische Negation, und ob nicht, parteihistorisch betrachtet, mancher sozialistische Bruderkuss etwas von einem Judaskuss an sich gehabt hätte. Nach dem Motto: Gestern geküsst, heute exkommuniziert, morgen exekutiert. Bei diesem letzten Wort verdrehte Kessel die Augen und schnappte nach Luft.

Bevor Ostendorf weitere Hypothesen zu dem fraglichen Begrüßungsritus in den teils belustigt, teils bestürzt reagierenden Saal stellen konnte, intervenierte Podgorny. Er weise den Genossen Ostendorf erstens darauf hin, dass der Bruderkuss das sittsame Aushängeschild einer ehrwürdigen Tradition der Solidarität innerhalb der Arbeiterbewegung darstelle, dass zweitens die Zeit des Genossen Kessel, der den Nachtzug noch erreichen müsse, begrenzt sei und die noch verbliebene wesentlicheren Aspekten ihrer Arbeit vorbehalten bleiben solle und dass drittens nach dem Ende der Veranstaltung er, Podgorny, mit dem Genossen Ostendorf liebend gerne noch über den sozialistischen Bruderkuss an sich sowie des Genossen geplanten Artikel im Besonderen eine kameradschaftliche Aussprache führen möchte. Zudem halte er, falls gewünscht, die eine oder andere Anregung im Hinblick auf die inhaltliche Ausrichtung der beabsichtigten Kusskolumne in ‚Linke Gerade' parat, gebe dem Genossen Ostendorf aber bereits jetzt zu bedenken, ob das alltägliche Leben in der kapitalistischen Ausbeuterordnung für die Zeitung einer sozialistischen Arbeiterjugendorganisation nicht weit wichtigere Themen bereithalte, etwa die Anprangerung der Lehrstellenlüge und die Propagierung der entsprechenden Vorschläge und Forderungen der Partei. Für seine Anregungen, die als solidarisch und konstruktiv empfunden wurden, erhielt er Beifall. Es klatschte auch Kessel angeregt, und Ostendorf schwieg sich jetzt aus.

Podgorny erteilte nun dem Genossen Liesenkötter das Wort, der von Kessel in Erfahrung bringen wollte, ob dieser mit Genossen Breschnew auch über Fragen der ökonomischen Zusammenarbeit zwischen der BRD und der UdSSR gesprochen habe, und insbesondere darüber, wie dieser die Aussichten für das Zustandekommen eines neuen Erdgas-Röhren-Abkommens zwischen beiden Ländern einschätze, ein gigantisches Geschäft von beiderseitigem Vorteil, dessen Abschluss zweifellos auch den Stahlkochern an der Ruhr auf Jahre hinaus Arbeitsplätze sichere. Ein Geschäft, das dem Generalsekretär, der bekanntlich selber Sohn eines

Stahlarbeiters sei, doch besonders dicht am Herzen liegen müsse. Kessels Mimik entspannte sich bei diesem Beitrag. Die ökonomische Kooperation zwischen Staaten mit antagonistischen Gesellschaftsordnungen, das war sein Element. Er machte sich ein paar Notizen und schlug vor, erst einmal weitere Fragen zum Themenkomplex einsammeln zu wollen. Podgorny gab nun Regina Braam aus dem Kreissekretariat, die schon lange geduldig den Arm gehoben hatte, die Gelegenheit zu einer Fragestellung. Die Genossin war erst vor vierzehn Tagen von einem Studienjahr an der Parteihochschule in Moskau zurückgekehrt und in ihren Augen stand noch immer jenes charakteristische Leuchten, an dem die Eingeweihten aller Schulen zu erkennen sind. Sie zeigte sich entsprechend begierig nach Aussagen des Generalsekretärs zu Fortschritten beim Bau der Baikal-Amur-Magistrale. Jenem Jahrhundertprojekt sowjetischen Pioniergeistes, fügte sie ein geläufiges Epitheton hinzu. Unter diesem Namen ist die durch einen riesigen Kontinent führende, grandiose Eisenbahntrasse bekannt geworden, die von Ingenieuren und Brigaden aus dem gesamten sozialistischen Lager vorangetrieben wurde und die mit ihrem Kürzel BAM in den Mythenbestand sowjettechnischer Pionierleistungen eingehen sollte. Ein Genosse türkischer Abstammung erkundigte sich nach den sozialen Auswirkungen der Wissenschaftlich Technischen Revolution auf die sozialistische ökonomische Integration innerhalb des RGW. Sei der technische Fortschritt nicht einseitig in den Bereichen Raumfahrt und Militär angesiedelt? Könne es nicht auch im realen Sozialismus eines Tages Arbeitslose geben? Diese letzte Frage zauberte den meisten Teilnehmern dieser Aussprache ein von milder Nachsicht gespeistes Schmunzeln ins Gesicht. Ob der Generalsekretär auch zu diesem ernsten Thema Stellung bezogen habe, wollte Hasan Kuray gleichwohl von Kessel wissen. So reihte sich Frage an Frage und noch bevor Kessel zu einer allumfassenden Gesamtantwort ansetzte, schien Ostendorfs Kussquengelei dem Vergessen anheim gefallen zu sein.

Nicht ganz. Denn noch war das Kalumet zwischen Podgorny und Ostendorf nicht geraucht, kein Friedenskuss getauscht worden. Zwar war die Beratung in geordneten Bahnen weiterverlaufen und mit dem gemeinsamen Singen der Internationalen in bester proletarischer Manier zu Ende gegangen, aber nach Versammlungsschluss, als Kessel bereits im Intercity nach Düsseldorf zurückfuhr und sich ärgern musste, weil ihm selbst bei der Lektüre der aktuellen Ausgabe der Zeitschrift ‚Probleme des Friedens und des Sozialismus' die Bruderkussbegebenheit nicht mehr aus dem Sinn geriet, kam es zu der bereits annoncierten kameradschaftlichen Aussprache zwischen Podgorny und dem dreisten Druckerlehrling. Auch andere Genossen äußerten den Wunsch, als Zaungäste der Debatte beiwohnen zu können. Diese waren teils darauf gespannt, wie sich der Kussprolet mit der dicken Lippe aus der Affäre ziehen würde, teils hegten sie, unter ihnen auch Thomas Bitterschulte, die unbestimmte Hoffnung, weiteres Wissenswerte zur Phänomenologie des Kusses von ihm vorgesetzt zu bekommen. Sie konstituierten sich als Gesprächsrunde im Geschäftszimmer des Kreissekretariats. Podgorny platzierte sich an einen mit Papierbergen überhäuften Schreibtisch, hinter dem ein Plakat für das Pressefest von ‚Höhe der Zeit' im Essener Gruga-Park warb, und setzte eine strenge Miene auf. Ostendorf hockte ihm gegenüber und die übrigen Genossen gruppierten ihre Stühle als Halbkreis um die beiden Protagonisten. Zunächst ließ Podgorny seinem lang zurückgehaltenen Zorn über Ostendorfs Diskussionsverhalten, das er als grob unkameradschaftlich und zutiefst undiszipliniert bezeichnete, freien Lauf. Was hätten die Sympathisanten und geladenen Gäste angesichts des krausen Diskurses denken sollen?, bebte er und schlug mit der Faust auf die Tischplatte, dass ein Papierstapel auseinanderrutschte. Ostendorf habe sich benommen wie ein Autist im Porzellanladen. Für diese hübsche Katachrese erntete er beifälliges Gemurmel. Selbst Ostendorf grinste verlegen, eine seiner Situation nicht ganz angemessene Reaktion, die seinem Mentor nicht entging. Ob er die Versammlung zur närrischen Sitzung habe umfunktionieren wollen, fuhr Podgorny entrüstet fort. Damit sei er bei ihm aber an die falsche Adresse geraten. Er wolle Lorenz aber zugute halten, dass dieser noch nicht lange Mitglied in der sozialistischen Bewegung sei und also noch nicht wissen könne, welches Benehmen solchen Versammlungen und solchen Genossen angemessen sei, vor allem dann, wenn der Parteivorsitzende höchstpersönlich zugegen sei und über seine Beratungen mit Breschnew berichte. Man könne es auch so sehen und formulieren: Da sei die kommunistische Weltbewegung höchstselbst im klerikalen Münster zugegen gewesen und ausgerechnet an dem quasi geschichtsträchtigen Abend komme Lorenz mit seinem kindischen Kussgequatsche daher. Unglaublich unsolidarisch! Ostendorf entschuldigte sich nun beim ‚lieben Robert' und den anderen Genossen für den Ärger, der diesen durch seine ungezügelte Wissbegier bereitet worden sei. Aber nichts anderes eben könne er sich vorwerfen lassen als ungezügelte Wissbegier. Er habe von Kessel lediglich Informationen aus berufenem Mund zu erhalten beabsichtigt – und ja auch bekommen –, die er für seinen ‚Linke Gerade'-Artikel zu nutzen beabsichtige. Mit diesen klärenden Worten war der Abbitterei Genüge getan und Podgorny, in dem nun wieder das Wohlgefallen am Tatendrang seines Protegés obsiegte, forderte Ostendorf auf, den anwesenden Genossen einen Einblick in seine Kusskompilation zu geben. Falls er noch Lust dazu verspüre, fügte er gelöst hinzu. Lorenz erklärte sich umgehend dazu bereit, öffnete seine DIN-A4-Mappe, auf deren Vorderseite die rote Rolling-Stones-Zunge pappte, und durchforstete mit flinken Fingern allerlei beschriebene oder bedruckte Papiere. Schließlich zog er ein mehrseitiges, geklammertes Skript aus dem Wust hervor. Er wolle mit einigen Stichworten aus seiner Materialsammlung zunächst einen Einblick in die Vielschichtigkeit des umstrittenen Themas geben. Und Ostendorf las.

Während er las, tat Podgorny einen langen Griff in das unterste Fach seines Schreibtisches, zog grinsend eine fast volle Flasche Wodka daraus hervor, spülte im Handwaschbecken ein paar Schnapsschwenker aus und füllte von der klaren Flüssigkeit hinein.

Während er las, schlug Bitterschulte seine geblümte Kladde auf, in der Kessels Würdigung des Treffens mit Breschnew keinen Niederschlag gefunden hatte, und schrieb alles auf, was er von Ostendorfs Erkenntnissen mitbekam.

Mitschrift der Ostendorf'schen Kuss-Komponenten:

‚Von deinen Lippen, Braut, tropft Honig; Milch und Honig ist unter deiner Zunge.' (Hohelied Salomos 4, 11)

Unter Kussbrüdern
   a) Globuskuss. Rund um den Erdball, also auch im Albanien Enver Hodschas, wird geküsst. Anthropologen schätzen, dass 87 Prozent der verschiedenen Kulturen die romantische Liebe praktizieren und sich 90 Prozent aller Menschen im Küssen üben. Gute Übungsleiter machen auch hier den Meisterkuss.
   b) Medizinalkuss. Bei einem hingebungsvollen Kuss sind 34 Gesichtsmuskeln in Bewegung, der Blutdruck steigt an, die Körpertemperatur nimmt zu, Adrenalin und Glückshormone werden ausgeschüttet, und der Puls beschleunigt sich auf eine Frequenz von 120 Schlägen pro Minute oder noch mehr.
   c) Kussspucke. Zweifellos werden beim Küssen zahlreiche Bakterien ausgeschüttet. Küssen ist aber auch gesund. Beispielsweise für die Zähne. In Erwartung eines Kusses produziert der Mensch mehr Speichel, der dabei hilft, den Zahnbelag aufzulösen. Küsse stärken das Immunsystem.
   d) Fünfjahreskuss. Durch regelmäßiges Küssen soll sich das Leben um bis zu fünf Jahre verlängern. Also ein Fünfjahresplan der Gesundheit. Auch für Breschnew? Dank der aufgeregten Stimmung wird die Produktion des Stresshormons Kortisol eingeschränkt, das für Depressionen und Frustrationen verantwortlich ist. Forever young and strong and …
   e) Kussdiät. Schlanker wird beim Küssen niemand. Je nach Intensität soll der Energieverbrauch während eines stürmischen Kusses nur bei sechs bis zwölf Kalorien pro Minute (!) liegen.

f) Autokuss. Frisch geküsst sollst du auch Autofahren. Du fährst weniger aggressiv und verursachst weniger Unfälle. Und Busserl beim Busfahren?

g) Psychokuss. Sigmund Freud ging davon aus, dass Babys die Grundlagen ihres späteren Kussverhaltens bereits mit der Muttermilch einsaugen. Die Forscher sind sich uneinig in der Frage, ob das Küssen seinen Ursprung im Saugen an der Mutterbrust oder in der Mund-zu-Mund-Fütterung hat. Oder im Futterneid?

h) Wunschkuss. In vielen Grimm'schen Märchen wie ‚Schneewittchen' oder ‚Dornröschen' spielt der Kuss eine Schlüsselrolle: Er bedeutet Erlösung, Entzauberung oder Besiegelung einer ewigen Liebe. Und danach Knüppel aus dem Sack! Und wenn sie nicht daran gestorben sind ...

i) Amikuss. Küsse symbolisieren allerdings nicht nur Liebe und Erotik, sondern auch Verehrung, Freundschaft und Respekt. Die römischen Kaiser pflegten ihren Untertanen die Hand zum Kuss hinzustrecken, Kreuzritter küssten vor der Schlacht das Kreuz. Sportler küssen die Nationalflagge. Fahnenträger die Stange (!).

j) Cupkuss. Objekte der Begierde. Auf der ganzen Welt werden täglich nicht nur Lippen, sondern auch unschuldige Haustiere, Sportpokale, Fotos, Kruzifixe oder religiöse Schriften geküsst. Ein Narzisst küsst sein Spiegelbild. Smash the mirror.

k) Kuss-Kategorien: Es gibt den Friedenskuss, den Bruderkuss, den Judaskuss, den Freundschaftskuss, den Mutter- oder Vaterkuss, den erotischen Kuss, den Negerkuss, das Couscous.

l) Soziuskuss. Der soziale Kuss war ursprünglich ein herzhafter Kuss, mit dem französische Bauern ihre Zuneigung ausdrückten, indem sie einander gleichzeitig an die Schultern fassten und Wange an Wange rieben. Cheek to cheek.

m) Eurokuss. Während die Südeuropäer den ganzen Tag lang Wangenküsse austauschen, küssen die männlichen Briten, Nordeuropäer und Amerikaner nur ihre eigene Frau auf die Wange. Nord-Süd-Gefälle.

n) Hurenkuss. Küssen ist ein beidseitiges Geben und Nehmen, das für viele noch intimer ist als der Koitus. Ein Klischee besagt, dass Prostituierte ihre Freier niemals küssen, weil sie ihnen nicht zu nahe kommen wollen. Das Küssen hat nicht direkt mit der Fortpflanzung zu tun; vielmehr zeigen wir dem Gegenüber damit Nähe, Verletzlichkeit und Vertrauen. Kontrolle ist besser.

o) Historikuss. Nur eine Minderheit der Männer, die vor dem Ersten Weltkrieg geheiratet hatten, gab an, den Zungenkuss zu praktizieren. Viele Nichtküsser empfinden ihn als unhygienisch. Speichellecker!

p) Negerkuss heißt jetzt Afrokuss. Alles küsst im Afrolook.

q) Synonyme: Knutschen, Liebkosen, Schmusen, Schmatzen, Brunzen.

Schon in den Atempausen zwischen den einzelnen Komponenten kommentierten begierig lauschende Genossen Ostendorfs Vortrag durch spontane Lacher oder ermunternde Bemerkungen wie ‚schön', ‚klasse', ‚kussgenau' und spornten dadurch seinen Eifer an. Als der Druckerlehrling sein Kuss-Kolloquium beendet hatte, blickte er erwartungsvoll in den Halbkreis der Zuhörer, die ihm den gebührenden Applaus zollten. Podgorny, der sich beim Klatschen keineswegs zurückhielt, forderte die anwesenden Genossen nun auf, die Schnapsgläser zu erheben und mit ihm auf Ostendorfs Kussplädoyer anzustoßen. Nasdrowje, Towarischi!, erklang es allenthalben, und Podgorny ließ sich die Gläser zurückreichen, um sie erneut aufzufüllen. Ich sage euch eins unter ‚r)', Genossen, tönte Podgorny nach dem zweiten oder dritten Glas, wenn schon Bruderkuss, dann bitte hinfort nur als Alkoholkuss. Als Alkoholkussgenuss oder Alkoholgenusskuss. Zum Einschenken der nächsten Runde stolzierte Podgorny mit der Flasche in der Hand von Genosse zu Genosse. Wieder weitere zwei Gläser später besserte Bitterschulte mit diesem Vierzeiler die Stimmung weiter auf: Mit Mundgeruch wird zum Verdruss / der allerliebste Bruderkuss. / Der linken Liebe Hochgenuss / verschafft dir erst der Wodkakuss. Solche intellektuellen Meisterleistungen – Tendenz lallend – lassen vermuten, dass sie in dieser Nacht nicht nur die besagte Dreiviertelflasche des blanken Fusels leerten. Regina Braam war in Gedanken mal wieder in Moskau und geriet ins Schwärmen. Sie konnte nicht lassen vom Roten Platz mit dem Lenin-Mausoleum und besang irgendwann die Morgenröte der Weltrevolution. (Es wird kommen ein Tag mit viel Arbeit ...) Ostendorf war es – und wer sonst hätte diesem Abend den dramaturgischen Schlusspunkt setzen sollen –, der weit nach Mitternacht noch eine Frage an Podgorny richtete, die ihn, nüchtern und bei Tageslicht besehen, vollends als gefährlichen Romantiker diskreditiert hätte: Mal im Ernst, Robert, wo sind unsere Handfeuerwaffen eigentlich versteckt, und was muss passieren, dass du sie den Genossen austeilst? Podgorny verschluckte sich, spuckte aus und grinste entgeistert. Bist du verrückt, Ostendorf?, bemühte er sich um Fassung, Guerilla, bewaffneter Aufstand? Elender Provokateur! Bist du dir sicher, dass wir nicht abgehört werden? Er überflog mit einem vielsagenden Blick Wand und Zimmerdecke und nahm seine Stimme auf ein konspiratives Wispern zurück. Wenn überhaupt, Ostendorf, dann kommt der Befehl dazu direkt aus dem Hauptquartier der Westgruppe. Westgruppe, weißt du, was das heißt? Aber sicher nicht per Post oder Telefon, Ostendorf. Ha, Ha! Ostendorf und die Westgruppe! Nasdrowje! Alsdann leerte er das Schnapsglas und feuerte es über die linke Schulter gegen die Wand, wo es genau in dem Moment an dem Pressefestplakat zerschellte, als im zugigen Düsseldorfer Hauptbahnhof Kessel von seiner Frau zur Begrüßung nach längerer Funkstille mal wieder zungengeküsst wurde.

Breaking News. Thomas Bitterschulte erinnerte sich nur wenige Jahre später an diesen Themenabend mit Wodkaabschuss im Parteizentrum. Er gedachte Ostendorfs damaligen Kussplädoyers, als er im öffentlich-rechtlichen Programm immer wieder diese Bilder sah von der Begegnung der beiden Generalsekretäre in Berlin/Hauptstadt der DDR. Wo blieb der Bruderkuss? Die Unisono-Kommentare schnarrten, die Lohnredner in den Studios hatten die Witterung aufgenommen. Etwas war faul, oberfaul im Staat der Arbeiter und Bauern. Wer konnte darüber noch hinwegsehen. Ausgerechnet am 7. Oktober, dem 40. Jahrestag seiner Gründung, kulminierte die Entwicklung zur ausgewachsenen Krise. Die Medienmeute hatte den Geruch der Gärung längst schon in die Nasen bekommen. Trotz aller Ausreisen, trotz aller Destabilisierungsversuche: ‚Sozialismus in den Farben der DDR'. Die DDR ist intakt, hatte die Genossin Regina Braam sich gestern noch auf einer Krisensitzung im Parteizentrum unerschütterlich gezeigt und wegen ihres historisch unbegründeten Optimismus großes Kopfschütteln geerntet. Einige Genossen warfen ihr offen Wunschdenken und Realitätsferne vor. Da war es hoch hergegangen, wie man es früher in ihren Reihen nie geduldet hatte, mit Turbulenzen zwischen Reformern und Beharrern. Nicht länger war die Existenz von Strömungen zu leugnen in einer Organisation, die auf den demokratischen Zentralismus setzte. Regina hatte die ‚Höhe der Zeit' aufgeschlagen und fast beschwörend aus dem Referat von Kessel zitiert, das dieser am Wochenende auf der Tagung des Parteivorstands gehalten hatte. Nach wenigen Sätzen alten Verlautbarungsstils war sie von den Erneuerern johlend zum Schweigen gebracht worden. Kaspar Rüschenschmidt, exponierter Vertreter des so genannten Reformflügels, verstieg sich zu der Aussage, die Frage, ob man das heruntergekommene Parteiorgan heutzutage noch lesen solle, sei lediglich unter dem Aspekt des Waldfrevels zu beantworten. Ihre Inhalte seien den Rohstoff Holz für das Papier nicht wert. Dessen ungeachtet rief der alte, wegen seiner heroischen Vergangenheit von allen respektierte Uphoff flehentlich zu Besonnenheit und solidarischem Umgang miteinander auf. Der Feind stehe doch immer noch außerhalb der Partei. Ihre Existenz dürfe bei aller Verschiedenheit der Standpunkte nicht auf's Spiel gesetzt werden. Podgorny gab einen Überblick über den Stand der Austritte. Wieder über zwanzig Genossen, die in den vergangenen vierzehn Tagen ihre Mitgliedsbücher zurückgegeben hatten. Eine Zahl in bedenklicher Höhe bei dem halben Tausend Mitglieder, das die Kreisorganisation zu ihren Glanzzeiten mobilisieren konnte. Austritt könne die Lösung nicht sein, zumindest darin waren sich Erneuerer und Bewahrer an diesem Abend einig gewesen. Das war aber auch die einzige Gemeinsamkeit darüber gewesen, welche Konsequenzen die ernste Krise verlange. Und wer wusste schon, wie lange selbst dieser Konsens noch Bestand haben würde. Denn schon hatten die Erneuerer zu einem Strömungstreffen aufgerufen und den Entwurf einer Plattform vorgelegt, in dem die Bewahrer den ersten Schritt zur Spaltung sahen. Die Bilder vom Bankett. Und der junge Generalsekretär mit seiner Frau, der die Herzen in Ost und West zuflogen. Und wie gut, dass er sich seinen Blutschwamm über der Stirn nicht wegretuschieren lassen habe. Und immer wieder die Bilder von den Demonstrationen in Berlin und in den Kommentaren das Honecker-Zitat: Den Sozialismus in seinem Lauf / Halten weder Ochs noch Esel auf. Alter schützt vor Torheit nicht, dachte Thomas sehr wütend. Oder welcher konterrevolutionäre Geist hatte ihm diese exorbitante Dummheit in den Mund gelegt? Hatte er sich der Weihnachtserzählung erinnert? Wie war es gewesen? Hatten Ochs und Esel nicht auch an der Weihnachtskrippe gestanden? Die folgenreiche Geburt in Bethlehem hatten sie jedenfalls nicht verhindern können.

Wenige Tage später verschickte Robert Podgorny, der die Ursache der Misere in einem eklatanten Theoriedefizit ausgemacht hatte, ein als Diskussionsgrundlage gedachtes Thesenpapier, das mit ‚Zurück zu Lenin' überschrieben war, an die Genossen der Kreisorganisation. Über mehrere Seiten handelte er klug von den neuen Entwicklungen, die schlicht verschlafen worden seien. Er benannte die schwer wiegenden Versäumnisse der letzten Jahre, brandmarkte deren Schönrednerei und verurteilte einen unwissenschaftlichen Voluntarismus in der Herangehensweise an Politik. Die Marxisten dieses Landes seien überall an der theoretischen Front in die Defensive geraten. Insbesondere die ökologische Krise, er benannte hier den ‚Schock von Tschernobyl' als Theorie-GAU, habe die Überzeugung vom unaufhaltsamen Fortschritt der Produktivkräfte als objektiven Garanten für den Sieg der Arbeiterklasse ins Wanken gebracht. So hätten zahlreiche Lehrsätze ihre Bewährungsprobe in den aktuellen und realen Herausforderungen nicht bestanden. Im Kampf um das Überleben der Menschheit als Gattung müsse man sich nun auf eine lange Periode einrichten, in der die Lösung wichtiger Fragen eine zunehmend engere Zusammenarbeit mit dem Klassengegner einschließe. Und zwar international wie auch im nationalen Rahmen. Was eine zumindest zeitweise Relativierung des Klassenkampfes impliziere. Sie alle hätten den Leninschen Hinweis zu wenig beachtet, dass der Marxismus kein zeitlos gültiges Dogma sei, sondern sich auch als Theorie im „Zusammenhang mit den bestimmten praktischen Aufgaben der Epoche" entwickle. An dieser Stelle gab er den Hinweis auf LW, 17, 23. Zwar gebe es keinen Grund, in Panik zu geraten, aber auch keinen Grund, aus Angst vor einer solchen Panik vorhandene Theoriedefizite zu verharmlosen. ‚Zurück zu Lenin' heiße heute vor allem auch: Zurück zur Leninschen Methode des Umgangs mit theoretischen Kontroversen in der Partei. Diese Methode dramatisiere nicht das Auftauchen nichtmarxistischer Positionen, sondern behandle es in bestimmten Grenzen als unvermeidlich, gerade in einer Umbruchperiode. Hier kein Hinweis auf LW. Auch die Widersprüche innerhalb des Marxismus seien nicht in erster Linie gefährlich, sondern reich an Entwicklungschancen. Das gesamte Papier umfasste knappe fünf Seiten und deren Niederschrift musste Podgorny die eine oder andere Nachtruhe gekostet haben. Da die Genossen von ihm Geistreiches erwarten durften, wurde es im Unterschied zu vielen anderen Beiträgen gelesen und als pointierte Stellungnahme begrüßt. Eine Diskussion darüber wollte jedoch nicht so recht in Gang kommen, was wohl an dem Gefühl lag, das alle Leser bereits beim Lesen beschlich, das dumme Gefühl nämlich, dass all das viel zu spät gesagt wurde. In der Tat machten die nachfolgenden politischen Entwicklungen das Podgorny-Paper binnen kurzem zu Makulatur.

An einem Sonntagabend lief im Weltspiegel ein Bericht aus der belorussischen Hauptstadt Minsk, in dem genüsslich über Massentaufen berichtet wurde, die neuerdings jeden Sonntag in der Hl. Simon- und Helenakirche durchgeführt wurden. Der sichtlich beeindruckte Korrespondent stand im Chorgang hinter dem Hauptaltar, der durch das flackernde Licht ungezählter Kerzen erleuchtet wurde. Er sprach mit gedämpfter Stimme in ein Mikrophon. An ihm vorbei zog eine lange Schlange erregter Menschen, gestandene Erwachsene zumeist, die beschwörend aus Gebetbüchern lasen und sich dadurch auf den Empfang der Taufe vorbereiteten, die in einer nicht einsehbaren Kapelle im Minutentakt gespendet wurde. Hin und wieder schritt ein schwarzer Pope vorbei, schlug ihnen das orthodoxe Kreuzzeichen und grummelte etwas in den struppigen Bart, das die Nächststehenden aufheulen ließ. Hysterische Szenen öffentlich vollzogener Bekehrungen. Heiße Tränen der Reue. Heilsame Bilder aus dem Reich des Bösen, kommentierte ein ergriffener Reporter. Wer will den Betrogenen daraus einen Vorwurf machen?, dachte Thomas, der die Szenen vom Schreibtisch aus betrachtete. Er hatte sein kleines Arbeitszimmer nach Nepomuks Geburt geräumt. Im Zusammenbruch lernt selbst der Teufel das Beten. Besser noch: Er lehrt es. Du warst doch mal katholisch. Weißt du noch, fragte ihn Betty, die eben Nepomuk zu Bett gebracht hatte und nun im Sessel Zeitung las, aus wie vielen Kugeln ein Rosenkranz besteht? Eine schöne Frage, nicht wahr? Gut genug für die Quizshow. Sie raschelte mit dem Lokalanzeiger. Als ehemalige Protestantin muss ich leider passen.

  Schon dass ich ein Leben nach katholischer Art führte, ist sehr lang her, meinte Thomas gequält, der sich gerade mit einem Unterrichtsentwurf über Brechts Gedicht ‚An die Nachgeborenen' herumschlug, aber dass ich den Rosenkranz gebetet habe ... Oh Gott, eine ganze Ewigkeit mag dazwischenliegen, aber ja, als kleines Kind wahrscheinlich. Der Rosenkranzmonat. Im Oktober gab es abends immer die Rosenkranzandachten in der Kirche ..., erinnerte er sich. Ich war ihr regelmäßiger Besucher, hatte von einer Tante, meiner dicken Patin, einen Rosenkranz geschenkt bekommen. Ich wollte unbedingt durchhalten. Ein sportlicher Ehrgeiz war auch dabei. Also gab es einmal nicht nur den Roten Oktober für dich!, stellte Betty lakonisch fest. Schon richtig, auch den Rosenkranzoktober, aber gemach, beim Rosenkranzbeten durfte ich auch meine ersten Erfahrungen mit den Klassenunterschieden machen, belehrte Thomas sie. Das verhielt sich so: Es gab billige Rosenkränze von den Fließbändern der Devotionalienindustrie und sündhaft teure, je nach dem verwendeten Material und der Solidität der Verarbeitung. Auch ein von Meisterhand gedrechseltes kunstvolles Einzelstück blieb für mich unerschwinglich. Und nicht nur die Gebetskügelchen machten den Unterschied aus, sondern vor allem Qualität und Wert des anhängenden Kruzifixes. Zwei Rosenkranzklassen im Dienste der Jungfrau. Das stieß mir als kleiner Junge lediglich sauer auf. Rückblickend gesehen eine gute Schule, denn früher oder später gab es mir zu denken auf. Konsequenterweise fragte ich mich, ob das himmlische Guthaben, das mit einem Standardrosenkranz erbetet wird, auch geringer verzinst wird als das von einem Luxuskranz erflehte. Ob also der Ertragswinkel eines ethisch-religiösen Verdienstes durch seine unterschiedliche materielle Ausgangsposition bestimmt wird. Gutendorf wimmelte mich ab, als ich ihm im Religionsunterricht damit kam. Nichts als Fisimatenten, auch von Pfarrer Löbbel, der mich am Ende beschimpfte, ich sei schwerer zufrieden zu stellen als der junge Kuckuck im fremden Nest. Vielleicht bist du auch schwer zufrieden zu stellen!, ärgerte ihn Betty. Und Meiners, der Jugendseelsorger von St. Konrad, gab mir gar keine Antwort, sondern schenkte mir stattdessen einen Rosenkranz aus Brasilien, ergänzte Thomas. Das gute Stück müsste eigentlich noch irgendwo aufbewahrt sein. Handmade von seinen Yanomami-Indianern. Ein Einzelstück. Möchte wissen, wie er die dazu gekriegt hat, das ganze Zeug herzustellen. Vielleicht haben sie's für Zauberei gehalten. Das Rosenkranzbeten hat ja durchaus etwas Magisches oder Beschwörendes an sich. Etwas Beruhigendes auch. Wahrscheinlich ließ sich der Plunder bei den Eine-Welt- und Kirche-von-unten-Gruppen auch ganz gut verkaufen und brachte so einen schönen Profit für die Mission ein. Thomas erinnerte sich an einen Versehgang, zu dem er als Ministrant von Löbbel mitgenommen wurde. An einem mondlosen Januarabend waren sie auf ein Gehöft am Emslaker Venn gerufen worden. Der Hund kläffte ihnen aus der Dunkelheit ein hysterisches Willkommen entgegen. Das kalte Hoflicht schnitt die Eichen als düstere Gerippe aus nächtlichem Hintergrund. Auf der Tenne wurden sie von den jungen Leuten begrüßt. Kühe stierten müde aus ihren Boxen. Der alte Bauer lag sterbenskrank in seinem Schlafzimmer aus Ebenholz. Er war nicht mehr ansprechbar. Das Gesicht eingefallen und blass wie das linnene Bettzeug. Auch Thomas, der noch keinen Augenschein vom Tod hatte, war klar, dass der Mann sterben würde. Auf der Kommode flackerte eine Kerze aus mürbem Wachs. Die Taufkerze, flüsterte Löbbel. Er spendete das Sakrament der Letzten Ölung. Thomas hatte nur Augen für die großen Hände gehabt. Die Hände des Sterbenden, schwielige Pranken, die gefaltet auf der Bettdecke lagen und von einem gewaltigen Rosenkranz aus haselnussgroßen Kugeln umschlungen waren. Und diese Hände an jenem längst versunken geglaubten Januartag hatte er in diesem Moment wieder vor Augen. Hinterher saßen sie am großen Küchenherd. Es gab frisch gebrühten Kaffee und Leberwurstbrote. Der Alte starb noch in derselben Nacht. In Frieden, sagte Löbbel zu den zahlreichen Trauergästen bei der Beerdigung. Versehen mit den Tröstungsmitteln unserer Heiligen Kirche, hatte es wie immer auf dem Totenzettel geheißen. Thomas hatte nicht danach gefragt, woran der Bauer gestorben war. Ihn hatten nur die Hände interessiert, die, da sie sich während der Zeremonie im Schlafzimmer nicht bewegten, auf ihn gewirkt hatten wie eine fromme Skulptur.

Aus wie vielen Kugeln ein einziger Rosenkranz besteht?, sagte er jetzt. Ich weiß es nicht und habe sie als aktiver Beter nicht gezählt. Auf diese Idee bin ich niemals gekommen. Diesen Zeitungsbericht hat sicher ein Protestant verfasst. Sonst hätte er von ‚Perlen' gesprochen. Aber ist nicht eigentlich die Kordel, dachte er laut, die alles beisammenhält und die Gebete als Abfolge strukturiert, das Wichtigste an einem Rosenkranz?

Vielleicht. Aber hör dir das mal an. Dann kennst du die Antwort auf meine Frage nach der Kugelzahl. Freizeitbeschäftigung: Rosenkranzknüpfen. Betty begann aus der Wochenendbeilage zu zitieren und Thomas schob das lyrische Brecht-Vermächtnis erstmal beiseite. Vielleicht würde er später Lachnit um didaktischen Rat anrufen. Ein Kreuz, eine Kordel, eine Häkelnadel und 60 kleine Holzkugeln. Die Nonne Bernhardina von den Schwestern der Ewigen Anbetung übt eine ganz besondere Freizeitbeschäftigung aus: das Rosenkranzknüpfen. 800 Gebetsschnüre hat sie im vergangenen Jahr fertig gestellt. Das sind 800 mal 53 Holzperlen für 53 „Gegrüßet seist du Maria" und 800 mal sieben Kugeln für ebenso viele „Vater unser". Und auch das Bitten um Erhörung hat die unermüdliche Ordensfrau beim Knüpfmarathon nicht vergessen. Ihr Gebetsanliegen war und ist die Stärkung des rechtmäßigen Glaubens in den Ländern des Kommunismus. Sie ist eine von derzeit 50 deutschen Katholiken, die ein überaus ehrgeiziges Ziel verfolgen: eine Million Rosenkränze für Russland und die Ukraine. Fast dreihunderttausend Gebetsschnüre sind bereits geknüpft worden. Fehlen noch siebenhunderttausend Stück, kommentierte

Thomas lakonisch in einer Sprechpause. Mal 60 Kugeln. Schwerer Fall von Persönlichkeitsstörung, wenn du mich fragst. Wahrscheinlich glauben die Schwestern von der Ewigen Ausbeu-, pardon Anbetung auch allen Ernstes daran, sie hätten die ruhmreiche Sowjetunion sturmreif gebetet. Ihr Heuchler, gebt Acht, worum ihr bittet, es könnte in Erfüllung gehen.

Thomas unterbrach sich in seiner Schwesternschelte, als jemand mit Vehemenz gegen das Glas der Wohnungstür klopfte. Im Treppenhaus standen Georgina, die zehnjährige Tochter der Dirksmeiers, die eine Etage höher wohnten, und ihre Freundin Rosalie aus dem Nachbarhaus, die offenbar wieder oben übernachtete. Beide trugen schon einen Schlafanzug und ihre nackten Füße steckten in Pantoffeln, auf denen Ernie und Bert aus der Sesamstraße jeweils an einem Fuß grinsten. Entweder machten beide Figuren zusammen das Paar oder die beiden hatten ihre Pantoffeln ausgetauscht. Sie kicherten und drucksten herum. Auch Thomas versuchte lustig zu wirken: Welche Überraschung! Je später der Abend, desto schöner die Gäste. Was ist euer Begehr?, bemühte er sich um ihre Wünsche, erhielt indessen keine verständliche Reaktion. Möchtet ihr vielleicht reinkommen? – Endlich kleidete Georgina ihr Anliegen in Worte: Könnt ihr uns wohl ein Ei ausleihen? Sie sprach stockend und schien erleichtert, als sie fertig war, was ihre Albernheit noch verstärkte. Wie bitte? Ein Ei! Braun oder weiß, roh oder gekocht?, fragte Thomas nun ernsthaft belustigt. Unter diesem Getue erlosch das Flurlicht und er drückte den Schaltknopf. Ein Ei möchten wir uns ausleihen. Die Farbe ist egal, und ungekocht, bekam er zur Antwort. Er ging zum Kühlschrank und suchte aus dem Ablagegestell ein besonders dickes braunes Ei heraus, das er Georgina mit einem schönen Gruß an die Eltern in den Handteller legte. Die beiden Gören bedankten sich und stiegen kichernd die Treppe hoch. Passt auf, dass euch das Ei nicht herabfällt!, rief er ihnen hinterher und schloss die Wohnungstür. Bin gespannt, ob sie mit dem Ei heil oben ankommen, sagte er zu Betty. Vielleicht backen sie noch einen Kuchen.

Nahrhafter als Kugeln aufzufädeln, nahm diese den Faden wieder auf, aber du solltest doch wenigstens die sportliche Leistung der Kränzeknüpferin zu würdigen wissen. Würdig für einen Eintrag ins Guinness-Buch der Rekorde. Und Betty las weiter aus dem Zeitungstext vor: Spiritus rector des frommen Unternehmens ist Karl-Maria de Haan, ein belgischer Speckpater. Er bringt die fromme Fracht regelmäßig nach Osteuropa. Weißt du, was ein Speckpater ist, Thomas? Der Begriff steht hier in An- und Abführung. Mehr als 30 000 Rosenkränze sind allein schon in den letzten vier Wochen bei seinen Missionsreisen an katholische und unierte Gemeinden verteilt worden. Was mögen dreißigtausend Rosenkränze wiegen?, überlegte Thomas beim Zuhören. Bestimmt viel mehr als der fetteste Speckpater. Wie viel Gewicht mag ein einzelner Rosenkranz haben?

Darauf ging der Berichterstatter indessen nicht ein. ‚Wir verteilen die Rosenkränze nicht wie Kamellen am Rosenmontag', betonte der Pater gegenüber unserer Zeitung. Voraussetzung sei jeweils eine religiöse Vorbereitung der Gemeinden auf das Rosenkranzbeten, die vor allem von den alten und neu gegründeten Schwesternorden in der Ukraine geleistet werde. Zusammen mit dem Rosenkranz werde deshalb auch ein Gebetsheft in russischer, ukrainischer oder weißrussischer Sprache verteilt. Mir wird ganz schlecht, meinte Bitterschulte, das Unternehmen ‚Rosenkranz' scheint langfristig und generalstabsmäßig geplant worden zu sein. Ein Schlachtplan für einen Kreuzzug. Die katholische Kirche hat Erfahrung darin, sie hat in ihrer langen Geschichte schon ganz andere Kreuzzüge erfolgreich durchgeführt und zu ganz anderen Kreuzzügen ihren Segen gegeben. Mir fehlt nur ein ‚m' in dem Wort ‚Schwesternorden', merkte er grimmig an. Der belgische Pater, fuhr Betty unbeirrt fort, hat schon zur Zeit des Eisernen Vorhangs regelmäßige Kontakte zu katholischen und unierten Christen gehabt. Eine seiner wichtigsten Aufgaben damals: Religiöse Bücher durch den Eisernen Vorhang zu schmuggeln. Damit können sie sich jetzt brüsten, ereiferte sich Thomas, mich wundert nur, dass der KGB damals komplett gepennt haben soll. Religiöse Bücher! Nonnenschanz. Was man darunter wohl verstehen soll! Warum ist so ein Speckpater niemals aufgegriffen worden? War es die tief sitzende, offenbar niemals überwundene Ehrfurcht vor dem geistlichen Gewand? Wahrscheinlich werden die Menschen auf dem Gebiet der Sowjetunion in zehn Jahren den Schmerzensreichen Rosenkranz fehlerfrei herunterleiern können, während das Singen der Internationalen dann bereits an mangelnder Textkenntnis scheitern wird. Na, ganz so simpel wird es wohl auch nicht ablaufen, unterbrach Betty jetzt seine Tiraden. Vergiss bei allem nicht die Unbekümmertheit der Jugend und den Einfluss der kapitalistischen Warenästhetik auf sie. Der Konsumrausch wird sie allem Metaphysischen entfremden. Der Materialismus westlichen Zuschnitts wird ihre Träume beherrschen und ihre Sehnsüchte bestimmen. Da wird Rosenkranzbeten bald sehr uncool sein.

Na, ich weiß nicht recht, gab Thomas zu bedenken. Und wenn sich diese Generation gar keinen Konsumrausch mehr leisten können wird? Pauperisiert und perspektivlos. Wenn das ihr Schicksal sein wird? Junge Menschen suchen einen Sinn. Einen Lebenssinn. Bleibt der aus, wird ihnen das Nächstliegende dann die religiöse Transzendenz sein? Wir Marxisten waren wohl nicht freundlich genug. Er nahm das Brecht-Gedicht zur Hand und zitierte daraus: ‚Die wir den Boden bereiten wollten für Freundlichkeit / Konnten selber nicht freundlich sein.' Wohl wahr. Aber benennen diese oft zitierten Verse bereits die ganze Wahrheit? Konnten sie wirklich nicht freundlicher sein im Klassenkampf oder in dem, was sie dafür hielten? Haben sie sich wirklich darum bemüht? Erinnere dich an die Jugendlichen in der LPG Ziegelheim. Die man vom Empfang im Jugendklub ausgeschlossen hatte! Hat man die etwa freundlich behandelt? Selbst wenn es so schlimm kommen sollte, wandte Betty ein, und die Wahrscheinlichkeit dafür ist allen ökonomischen Gesetzmäßigkeiten zufolge groß, so wird unter der ökonomischen Misere der Einfluss der Warenwelt, also die Attraktion des schönen Scheins, nicht leiden müssen. Denn meine Sehnsucht nach einem bestimmten Produkt wird stärker, je weiter sie von seiner Erlangung entfernt ist. Die Sehnsucht bleibt bestehen, solange die Möglichkeit eines Erwerbs nicht gänzlich ausgeschlossen werden muss. So funktioniert es. Der Erstrebenswert als Wert an sich. Das Unerreichbare ist nicht verlockend. Ein Obdachloser unter einer Brücke träumt im Winter von einem geheizten Zimmer und nicht etwa von der Präsidentensuite.

In diesem lichten Augenblick einer ökonomisch-philosophischen Spekulation klopfte es erneut an der Wohnungstür. Thomas schaute verwundert nach der Zeit. Viel zu spät für zehnjährige Kinder, dachte er. Es war bereits zehn nach zehn. Im kalten Treppenhaus hopsten wieder die beiden Mädchen, als müssten sie ganz dringend zur Toilette. Georgina hielt beide Hände hinter dem Rücken versteckt und schaute herausfordernd zu Thomas hoch. Rosalie stand drei Stufen höher und beobachtete von dort den Auftritt ihrer Freundin. Dieses Mal wartete Thomas ab, bis eines der Mädchen beginnen würde zu sprechen. Georgina streckte ihm endlich den rechten Arm entgegen. In ihrer Handmulde lag ein braunes Ei. Wir möchten dir das Ei zurückgeben, Thomas. Besten Dank für das Ei, aber wir hatten es uns ja nur ausgeliehen. Bis dahin hatte sie das Lachen mit großer Anstrengung unterdrückt. Nun brach es aus beiden hervor. Sie kicherten und glucksten und Thomas stand mit dem zurückerhaltenen braunen Ei, das er zwischen Daumen und Zeigefinger hielt, seltsam pikiert im Etagenflur herum und wurde ausgelacht. Schließlich fasste er sich und ging noch einmal auf das Spiel ein: Ich hoffe, das Ei ist unbeschädigt geblieben und ihr habt es nicht angebrütet. Diesen Versuch quittierten die Mädchen mit noch mehr Albernheit. Betty trat zu ihnen heraus und bat sie darum, etwas leiser zu sein. Sonst weckt ihr Nepomuk auf mit dem Gekicher. Daraufhin baten die beiden Betty darum, einen Blick auf den schlafenden Nepomuk werfen zu dürfen, von dem sie nicht genug bekommen konnten. Einen Gute-Nacht-Blick. Dieser wurde ihnen gestattet unter der Bedingung, sich vollkommen lautlos zu verhalten. Sie traten also zu viert in das Kinderschlafzimmer und schlichen vorsichtig an das kleine Bett heran. Unter dem hochgewölbten geblümten Kissen schlief Nepomuk. Das durch den Türspalt fallende gelbe Flurlicht besorgte ein scheckiges Halbdunkel, das die Gesichtszüge des Kleinen traumhaft verschwimmen ließ. Er atmete tief und regelmäßig und nuckelte an einem Schnuller. Seine warme Atemluft stand milchig im Zimmer. Über dem Bett hing eine Spieluhr. Thomas zog an der Schnur und eine alte Melodie klang leise durch Nepomuks Traum: ‚Auf, auf zum Kampf, zum Kampf / Zum Kampf sind wir geboren ...'. Er lächelte. Die beiden Mädchen standen mit leuchtenden Augen beiderseits des Betts, bestaunten den kleinen Erdenbürger und verkniffen sich die üblichen Ausrufe kindlichen Entzückens. Für sie viel zu rasch gab Betty mit der Hand das Zeichen zum Aufbruch, nachdem die proletarische Nachtmusik ausgespielt hatte, und alle zogen sich auf Zehenspitzen aus dem Kinderzimmer zurück.

Nach der Ei-Episode fand Thomas wieder in die Arbeit zurück. Für einen Anruf bei Klemens Lachnit war es zu spät geworden. Als er den Brecht-Text für die Schule aufbereitet hatte, gab es im Dritten den Mitternacht-Talk. Zu den Gästen der Show gehörte Elmar P. Grewe, der einem Bürgerrechtler aus der DDR eloquent die neue Lage erklärte.

Aus Bitterschultes Klessmann-Notizen

Siebtes Bild: Filmgeschichte

Der Chinese am Ebert-Platz hatte nach wochenlanger Renovierung wieder geöffnet. Das Restaurant war schöner und heller geworden, wirkte auf den zweiten Blick aber auch überladener als früher. Ich saß mit Pia Orzessek neben einem von unten beleuchteten Springbrunnen, um den zwei dicke Keramik-Mandarine stoisch hockten. Wir knabberten uns durch einen Teller Kropoek. Das war heute Abend unser Opener. Gegen den intensiven Geschmack der Krabbenchips tranken wir Shanghai-Bier aus bauchigen Flaschen mit Bügelverschluss. Pia, die erstmals hier war, fand, die gesamte Inneneinrichtung der ‚China-Lounge' sei zu aufdringlich, zu kitschig ausgefallen. Insbesondere die Lampions mit den bunt bemalten Drachenschirmen, die von einer hellblau lackierten Kassettendecke herabhingen, verabscheue sie. Jeweils eine Miniaturausgabe der Schirme hatten wir anlässlich der Wiedereröffnung vom Chefchinesen erhalten, als er uns per Handschlag begrüßte und die Jacken abnahm. Pia trug eine schwarze Feincordjacke von elegantem Schnitt. Ich fragte mich, wann sie ihre Lederjacke aussortiert hatte. Ich hatte meine Minilaterne in einem Knopfloch meiner Jacke befestigt. Pias lag auf dem Tisch. Betrachte es als eine uns fremde Kultur, tat ich ihre Nörgelei ab, etliche Facetten der unserigen dürften in fernöstlichen Augen wohl auch Befremdendes an sich haben. Mich interessierten mehr die Menschen. Die Menschen des Abends. Natürlich Pia. Und die des freundlich lächelnden Personals. Volksrepublik oder Inselrepublik? Ich denke immer, Chinese, was heißt schon Chinese? Deshalb fragte ich den Kellner sehr höflich, ob er Festlandchinese sei, Hongkongchinese oder Taiwanchinese. Er schien mein Anliegen aber nicht zu verstehen. Vielleicht ist er Vietnamese?, warf Pia ein. Oder Koreaner. Warum nicht Japaner?, erwiderte ich. Weil du einen Japaner nicht als Kellner in einem Chinarestaurant erwartest, kam ihre knappe, kluge Antwort. Bei dem Stichwort ‚Taiwan' geriet mir der Formosaspargel wieder in Erinnerung, das heißt, eigentlich waren es Spargelstückchen aus der Konserve, die früher als Einlage in der Hühnerkraftbrühe meiner Mutter herumdümpelten. (Auch ein Kolonialname: ‚Ilha Formosa', wunderschöne Insel, nannten die ersten portugiesischen Seefahrer das Eiland, das nach dem Sieg der Revolution auf dem Festland oft auch Nationalchina genannt wurde und dessen Regierung zu jener Zeit von wesentlich mehr Staaten als heute diplomatische Anerkennung erfuhr.) Seitdem ich mich durch den ganzen Proust gearbeitet hatte, fielen mir häufiger Nahrungsspezifika meiner Kindheit wieder ein und ich erinnerte deutlich ihr Aussehen, ihren Geruch und Geschmack. Ich fragte mich, wie es Pia erginge, ob sie manchmal ähnliche Reminiszenzen an ihre Bergmannskindheit in Recklinghausen hätte. Bestimmt hatte sie auch die typischen Kindheitsgerichte genossen, die es nur damals gegeben hatte und seither nie wieder, weshalb ihnen neben dem Eigengeschmack auf immer der ansonsten unwiederbringliche Geschmack der frühen Jahre anhaftet. Bei mir Heidelbeerkuchen oder Bückling. Oder eben Dosenspargel aus Formosa. Für Pia vielleicht Katzenzungen oder saure Drops. Wir bestellten noch zwei Flaschen Shanghai-Bier und studierten die neu zusammengestellte Karte auf der Suche nach dem passenden Hauptgericht.

Wir hatten den Abend im Revuetheater begonnen. Ein etwas schmuddeliges Programmkino hinterm Hauptbahnhof. Ich brauchte keine große Überredungskunst anzuwenden, über die ich auch überhaupt nicht verfüge, um Pia zu diesem Kinobesuch zu bewegen. In einer Jeanne-Moreau-Retrospektive zeigten sie ‚Jules und Jim', einen alten Liebesfilm, den sie sehr mochte. Eine Dreiecksgeschichte trotz des Titels. Schwarz-weiß und todtraurig. Außer der vordem noch wenig bekannten Französin in der Rolle der Cathérine spielen Oscar Werner und Henri Serre die beiden Freunde Jules und Jim. Eine Geschichte aus der Zeit, als die Liebe noch zeitlos war. Nicht zeitgemäß wie heutzutage, da die Titel der meisten Liebesfilme mit ‚Liebe in den Zeiten der/des ...' beginnen oder beginnen könnten. Pia hatte diesen Truffaut-Klassiker schon so oft gesehen und ich hätte gerne gewusst, mit wem jeweils. Sie war wieder sehr angetan von der sanften Kunst Oscar Werners. Ich hatte mein Augenmerk mehr auf die blutjunge Jeanne Moreau gerichtet, die wie eine Naturgewalt in das Leben der Freunde einbricht. Sie hatten allerdings eine lausige Kopie erwischt. Flackern, Laufstreifen, ächzende Tonsprünge. Trotzdem wurde der Film für uns beide zum Erlebnis und ich hatte Pia seit langer Zeit wieder geküsst. Die Vorstellung war schlecht besucht, was den Austausch von Zärtlichkeiten natürlich erleichterte. Die wenigen Zuschauer versanken tief im roten Plüsch. Wir hatten uns eine Zeit lang aus den Augen verloren, waren uns also schon lange nicht mehr so nahe gekommen wie eben im Kino. Sie praktizierte als HNO-Ärztin und hatte sich in der Zwischenzeit an einer Gemeinschaftspraxis im Stadtteil Berg Fidel beteiligt, die gut angelaufen war. Ich hatte per Zufall – aber wer glaubt schon daran? – letzten Winter beim Schwimmen im Stadtbad Mitte ihre Bahn gekreuzt. Danach hatten wir es geschafft, uns einige Male zu verabreden. Nur auf ein paar Biere in der Kneipe und auf höfliche Gespräche. Ein bisschen Wiedersehen vergibt sich nicht viel.

Der Kellner brachte die beiden Flaschen an den Tisch und notierte unsere Bestellungen. Pia bestellte ein Rindfleisch mit Bambussprossen, süß-sauer angerichtet, und ich nahm ein mit dem Hinweis ‚extra scharf' versehenes Rotbarschragout. Ich fragte Pia, ob sie seit unserem letzten

Treffen mal irgendwas von Klessmann gehört habe. Der aktuelle Informationsstand war für die meisten, dass er nach der Öffnung der Mauer in Berlin aus der Partei ausgetreten war. Zwei Monate nach dieser historischen Zäsur hatte er auf der Neujahrsberatung im Zentrum am Mittelhafen das Parteibuch zurückgegeben. Mit einigen anderen Genossen hatte er es feierlich dem Org.-Sekretär überreicht, der selber wiederum zwei Monate später austrat. Das war jetzt ein gutes Jahr her. Klessmann? Pia verneinte. In letzter Zeit nicht mehr. Bernd habe ihres Wissens eine Anstellung gefunden beim ‚Landwirtschaftlichen Wochenanzeiger', bei dem er die neuen Literaturseiten betreue. Wir drückten gegen die Bügel unserer Flaschen, erfreuten uns wieder an dem schmatzenden Geräusch, mit dem die Verschlüsse aus den Hälsen sprangen, schenkten Bier ein und stießen an. Pias Gedanken waren noch bei Klessmann. Buchvorstellungen, Geschenktipps, Anekdoten, ergänzte sie ihre Auskunft. Eine befristete Mitarbeit zunächst. Wahrscheinlich habe ihn sein Bruder Werner dort untergebracht, der mittlerweile den Hof in Bramsche übernommen habe und im Vorstand des niedersächsischen Bauernverbands sitze. Ich schüttelte den Kopf und dachte: Materialismus und Empiriokritizismus. Der Lessing- und Leninexperte als Landwirtschaftsexeget. Laut sagte ich: Hoffentlich vergreift er sich nicht eines Tages im Wort und überzeugt die Bauern von den Vorzügen der Kollektivierung. Pia hielt derlei Ironie für unangemessen. Jeder muss sehen, wo er bleibt, verteidigte sie ihn. Der Kampf ist vorbei und wir haben ihn verloren. Eine heroische Phase kann nicht ein ganzes Leben dauern und seine Liebe gehörte schon immer den Büchern. Das war mir neu, mit Ausnahme des einen, und ich empfand ihre Ausdrucksweise als zu pathetisch. Vielleicht hatte sie Klessmann gegenüber ein schlechtes Gewissen. Vielleicht ließ sie nur mir nichts Anrüchiges gegen ihn durchgehen. Deshalb verkniff ich mir eine Spekulation darüber, mit welcher Melodie er sein spezielles körpereigenes Instrument in der Redaktion des Wochenblatts zur Geltung bringen würde.

Ich fragte Pia, ob sie sich erinnere, wie wir auf jener Semestereröffnungsparty erstmals über Filme und speziell über ‚Jules und Jim' gesprochen hatten. Es stellte sich heraus, dass sie unser damaliges Gespräch im Kakaobunker noch deutlich vor Augen hatte. Auch meine Entgegnung, der Film wäre mir zu traurig, während es ihr seine ungewöhnliche Leichtigkeit angetan hatte. Pia schwärmte jetzt besonders von der vieldeutigen Eingangsszene, in der eine junge Anarchistin in großen Lettern die Parole ‚Mort aux autres!' an eine Mauer pinselt. Das heißt ‚Tod den anderen!', klärte sie mich auf, und darüber ärgerte ich mich. Aber, fuhr sie fort, wer sind ‚die anderen'? Monarchisten, Reaktionäre, Faschisten? Nein, alle außer uns. Immer sind es die anderen. Mit dem Begriff ‚andere' degradiert sich eine politische Losung zur Persiflage, wird bedeutungslos. Ich sehe in der Losung eher eine Chiffre für die Allgegenwart und Unausweichlichkeit des Todes, entgegnete ich. Ausgerechnet vor dem letzten ‚s' geht ihr die Farbe aus. Wir hatten Hunger bekommen und freuten uns, dass der Kellner jetzt auftrug. Die kleine Schärfe-Warnung für meine Fischstückchen auf der Karte erwies sich als sehr berechtigt und ich musste den ersten Happen mit einem kräftigen Schluck Shanghai-Bier ablöschen. Ich verschluckte mich und musste husten. Danach ging ich vorsichtiger zu Werke und nahm vor jeder Gabel Fisch eine Portion Reis in den Mund. Das half. Pia musste solch taktische Überlegungen nicht anstellen. Ihre süß-saure Sauce harmonierte artig zum kross gebratenen Rindfleisch. Später boten wir gegenseitig von unseren Speisen an. Trotz meines warnenden Beispiels vor Augen ging es ihr bei der Fischprobe nicht viel anders. Ich reichte ihr das Bierglas und klopfte ihren Rücken. Als der Kellner vorüberging, bestellte ich noch zwei Flaschen.

Als sie sich wieder beruhigt hatte, sagte ich Pia, dass mir die unverbrüchliche Freundschaft zwischen Jules, dem Österreicher, und Jim, dem Franzosen, gefalle, die sich während des ersten Weltkriegs in den Schützengräben gegenüberliegen. Doch weder dadurch wird ihre Freundschaft beeinträchtigt noch durch ihrer beider Liebe zu Cathérine. Glück und Unglück stoßen immer beiden Freunden zugleich zu. Pia stimmte mir zu. Das treffe auch auf den Schlusspunkt zu, meinte sie, der von Cathérine gesetzt wird. Sie, die einer Bühnenfigur besonders heftig applaudiert, weil diese ihr Leben jeden Abend neu erfindet, kann für sich und Jim nur noch den Tod erfinden. Vor Jules' Augen fährt sie, mit dem gewohnten Lächeln im Gesicht, mit Jim als Beifahrer in den Tod. Wir öffneten die neue Lieferung und tranken jetzt direkt aus der Flasche. Ich fragte Pia, welche Rollen in unserer Geschichte Klessmann und ich spielen würden, wer eher den Jules und wer den Jim verkörpere. Ich glaube nicht, dass sie darüber noch nicht nachgedacht hatte, aber sie tat meine Frage brüsk ab. Als dummes Geschwätz. Film ist Film, sagte sie, selbst wenn wir in ihm den Wirbelwind des Lebens zu erkennen meinen. Das Leben selbst ist aber viel gelassener. Zwar gibt es den Wirbelwind auch, aber der stößt auf die Macht der Gewohnheit, ein lähmendes Gift.

Wir waren beide unsicher, auf welche Weise wir uns verabschieden sollten. Unser Gespräch stockte. Ich glaube, wir merkten uns diese Unschlüssigkeit an. Bis Mitte Februar gibt es in Düsseldorf noch die große Guttuso-Ausstellung, meinte Pia, als uns der Kellner einen Pflaumenlikör kredenzte. Aufmelksamkeit des Hauses. (Ich weiß, es ist schäbig, sich an Sprachabsonderheiten schadlos zu halten. Ich erwähne die Aussprachedefizite des Kellners nur dieses eine Mal und dieses eine Mal nur deshalb, weil es Pia zum Lachen brachte.) Sie probierte ihn, schüttelte sich und kippte den Rest in den Springbrunnen, der keine Fische enthielt.

Ich werde auf jeden Fall hingehen. Willst du nicht mitkommen?, lud sie mich ein. Nun, ich hatte immer schon ein Faible für die Bilder des Picasso-Freundes, Sizilianers und Genossen Renato Guttuso gehabt. Wir schauten uns gleich einen Termin aus. Das war nicht schwer, da wir diesbezüglich jetzt beide flexibler geworden waren. Dann kippte ich den Pflaumenlikör hinunter. Wir bezahlten und gaben ein Trinkgeld. Der Kellner bedankte sich mit einer späten Auskunft: Festlandchinese. Ich küsste Pia beim Abschied. Früher wäre es keine Kunst gewesen, gab ich ihr mit auf den Weg.

Epilog

Goldenes Zeitalter

Ob die Menschen im ganzen sich bessern? ich glaub es, denn einzeln, Suche man, wie man auch will, sieht man doch gar nichts davon.

(Johann Wolfgang von Goethe, Xenien)

Ortsbegehung

Den Abgestürzten fällt eine Ortsbegehung schwer. Die Stelle des Aufschlags wird selten zum Ort der Reflexion. Eher der Schadenserhebung und des Betastens von Wunden. Noch einmal davongekommen? Durchs Loch zu fallen, sich im Keller wiederzufinden, in dunkelfeuchten Geräumen zu erwachen – besser, die Augen noch einmal zu verschließen.

Keller – das Wort rührt Erinnerungen auf, an Vergangenes, Versunkenes, Verschwiegenes, als vor allem für Kinder die Keller ihre Schrecken noch nicht verloren hatten. Verbindungen werden geknüpft zu Worten wie Vorratskeller, Kohlenkeller, Rumpelkeller, Waschkeller. Feuchtigkeit, Dunkelheit. Gewölbe, Verliese. Furcht vor dem Abstieg an einen Ort, an dem unergründliche Gefahren lauerten, der selbst am helllichten Tag niemals ganz geheuer war, der Kindern zur Bestrafung als Aufenthalt angedroht wurde.

Wer hinabstieg, selten freiwillig, hielt sich unterhalb der Erdoberfläche auf, beinahe unterirdisch, Vorstufe zum Grab, Einstieg in die Gefilde des Grauens, Zufluchtsstätte für alle Arten von Gespenstern, Wiedergängern, bösen Mächten, ekelerregenden Insekten, Nagern, Nachtvögeln, verfluchten Mördern, Schlächtern, Menschenfressern womöglich. Unbenennbare Gefahren, nicht irdische, aber auch nicht himmlische Erscheinungen.

Wer hinabstieg, vergewisserte sich vorher, dass die Zugangstür weit geöffnet stehen blieb, arretierte sie vielleicht, indem er ihr einen Keil unterschob.

Fluchtweg. Das angstvolle Erschrecken vor dem Ausgeliefertsein, wenn sie – etwa durch einen geheimnisvollen Luftzug bewegt – laut krachend ins Schloss fiel. Das Frösteln, die Beklemmung.

Wer hinabstieg, tat dies nicht, ohne von einem zwingenden, keinen Aufschub duldenden Grund dazu veranlasst zu werden. Beeilte sich, Eingemachtes, Brennmaterial, Werkzeug oder Wäschekorb der Finsternis zu entreißen. Und immer Geräusche, die der Furcht des Eindringlings neue Nahrung zuführten.

Ein Tröpfeln, Glucksen, Knacken, Knistern, Knarren, Knattern und Quietschen.

Nicht mehr allein? Unerklärliche Laute an diesem Ort der toten Stille.

Der spärliche Lichteinfall, gesiebt, durch ein Kellerfenster, halb in die Erde eingelassen, der Schacht von der Oberwelt durch einen eisernen Rost getrennt. Der Blick nach oben, schräg, erschwert durch Spinnweben, durch von den Jahren abgelagerten Dreck, Unrat, Staub und Gewölle getrübt, oft durch zusätzlich angebrachte, kleinrastrige Metallgitter erblindet. Die Geräusche des Lebens durch die ungewöhnliche Dicke der Scheiben gedämpft, verhangen, kaum noch wahrnehmbar. Krächzende Scharniere. Die Griffe, Schlösser, selten benutzt, eingerostet, nur unter äußerster Kraftanstrengung zur Öffnung zu bewegen. Aus dem Licht gestanzt all die Bilder – wie Plätzchenfiguren zur Weihnachtszeit aus einem ausgerollten Mürbeteig. Reifen, Sträucher, Hunde, Katzen, Blumen, der untere Teil einer Mauer, abgeschnitten auch die Beine vorübereilender Menschen.

Wer sich aufstützte, emporreckte, um mehr zu erspähen, verdreckte Hände und Kleidung, verfing sich mit den Haaren in dem klebrigen Gespinst, stieß mit dem Kopf an und wischte sich die Tränen aus den kohlschwarzen Augen.

Und doch gelang es zuweilen einem Besessenen, dem die Angst den Rückweg verlegt hatte, sich durch den engen Schlund hinauszuwängen, unter Aufbietung letzter Kräfte ans Licht zu drängen, den Kopf voran, Oberkörper, Leib und Beine nachziehend, zerrissene Kleidung, Hautabschürfungen in Kauf nehmend oder gar nicht beachtend, wieder zu ebener Erde gekrochen, atemlos auf dem Bauch liegend, keuchend, dann das Gesicht der Sonne zuwendend, im Aufrichten der Blick zurück, nach unten, ein Zittern, das Frösteln der Haut in Erinnerung an die dunkelgründige Tiefe, an das Erschaute. Gestärkt.

Befreit.

Der Autor

Geboren 1953 in Emsdetten. Sohn eines Textilarbeiters. Studium der Germanistik, Geschichte und Sozialwissenschaften in Münster und Bochum. Literarische und journalistische Arbeiten schon als Schüler und Student. Leiter einer Schreibwerkstatt beim Diözesanbildungswerk in Münster. Bezirkssprecher des Verbands deutscher Schriftsteller (VS). Gründungsmitglied der Internationalen Peter-Weiss-Gesellschaft (IPWG).

Alfons Huckebrink schreibt Lyrik, Prosa und Literaturkritiken in Zeitschriften und im Feuilleton. 1995 Mitbegründer des ‚Büro für intermediale Kunst. transit e. V.' (mit Frank Lingnau), dessen Vorsitzender er seitdem ist. Das Büro richtet seit 1996 die Münsteraner Literaturmeisterschaft aus.

Der vorliegende Roman ist die selbständige Fortsetzung zu:

Wie Thomas Bitterschulte sich von seinem Daseinszweck verabschiedete. agenda Verlag : Münster 2002.